Anton Ritter von Hye-Glunek

Über das Schwurgericht

Anton Ritter von Hye-Glunek

Über das Schwurgericht

ISBN/EAN: 9783743490659

Hergestellt in Europa, USA, Kanada, Australien, Japan

Cover: Foto ©Suzi / pixelio.de

Manufactured and distributed by brebook publishing software (www.brebook.com)

Anton Ritter von Hye-Glunek

Über das Schwurgericht

Ueber das

Schwurgericht.

Sieben Vorträge,

gehalten in der Zeit

vom 16. Jänner bis 20. März 1863

im Vereine zur

Uebung gerichtlicher Beredsamkeit (Plaidir-Verein)

zu Wien

von

Dr. Anton Ritter von Hye-Glunek,

k. k. wirklicher Sectionschef im Justizministerium etc. etc.

(Nach stenografischen Aufnahmen.)

Wien 1864.

Verlag von Friedrich Manz.

„Le jury est une institution admirable dans des temps barbares, mais indigne d'un siècle des lumières; toutefois dans l'état imparfait de nos lois, il peut être nécessaire de la conserver.“

Bentham-Dumont.

„Toute cette théorie si vantée n'a abouti, comme on le voit, qu'à établir une forme de procedure barbare et monstrueuse, qui force les jurés d'avoir continuellement recours à la fraude et au parjure et qui, portant en elle même les causes de sa propre destruction, ne s'est trainée jusqu' à ce jour qu'au moyen des adoucissements que les heureuses contraventions du jury ont apportés à sa rigueur.“

Cottu sur l'état actuel du jury (Paris, 1818) pag. 47.

Vorrede.

Die Veranlassung, welche die hier folgenden Vorträge ins Leben rief, ist im ersten derselben (nachstehend auf Seite 1—4) mitgetheilt. Das leitende Comité des Vereines, in dem diese Vorträge gehalten wurden, liess sie stenographisch aufnehmen, und drückte mir den Wunsch aus, sie auch drucken zu lassen. Gleichwie ich mich aber vor mehr denn einem Jahre erst nach längerem Zögern und Widerstreben bestimmen liess, der ehrenden Aufforderung zur Haltung dieser Vorträge zu entsprechen, so stiegen gegen die zweite dieser Aufforderungen um so grössere Bedenken in mir auf; doch nicht etwa deshalb, weil es mir an dem Muth fehlte, für meine Ueberzeugungen offen auch dort einzustehen, wo sie einer gewaltigen Strömung der Tagesmeinung entgegentreten, sondern wohl nur darum, weil nach meiner Voraussetzung über eine so tief in alle socialen und staatlichen Verhältnisse eingreifende Frage, wie es die Schwurgerichts-Frage ist, jeder Gebildete sich wohl längst seine feststehende Meinung gebildet hat, und weil ich daher wohl kaum hoffen könnte, irgend Jemanden, zumal Juristen, welche auf dem Boden einer mir entgegengesetzten juridischen Ueberzeugung stehen, und gar jene Tausende politischer Enthusiasten dieser Institution von ihrer Meinung abzubringen. Was soll also — musste ich mir selbst sagen — eine Druckschrift bedeuten, welche gegenüber den Gleichgesinnten überflüssig, in Beziehung auf Andere aber überhaupt völlig nutzlos ist? — Doch die mir von vielen Freunden gleichmässig, wie von Gegnern der Jury gewordene Bestätigung, dass es in Beziehung auf unsere Frage trotz alledem und alledem sowohl überhaupt als speciel in Oesterreich noch sehr viele Schwandenke gebe, und dass solche auch unter Männern der Wissenschaft, ja selbst unter den Gelehrten vom Fache und gewiegten Justiz-Praktikern, sowie unter hochstehenden Saatsmännern und zur Mitwirkung bei der vaterländischen Gesetzgebung berufenen Kory-

a *

phien zu finden seien, verbunden mit der Wahrnehmung, dass über diese Frage neben vielem Gediegenen für und wider auch so mannigfach thatsächlich Unwahres, sophistisches Blendwerk und hohles Phrasengeklingel in den Tag hineingeredet und geschrieben wird, haben in mir alle Bedenklichkeiten gegen meine Zustimmung zur Drucklegung dieser nun einmal öffentlich gehaltenen Vorträge überwunden. Ich konnte daher um so weniger Anstand nehmen, auch dem grösseren Publikum meine in mehr als dreissigjährigen ernsten Studien und reichen Erfahrungen gereifte und sich fortan immer tiefer verfestigende, wissenschaftliche und praktische Ueberzeugung vorzulegen, als es nicht blos der historischen Wahrheit willen, sondern vor Allem im Interesse jener heiligen Sache, um die es sich hier handelt, nämlich der Gerechtigkeit willen, gebieterisch gefordert scheint, jenen einseitigen Darstellungen, die da immer wieder behaupten, dass nach allen bisher vorliegenden Erfahrungen überall da, wo die Schwurgerichte bestanden, oder noch bestehen, und so namentlich auch in unserem engeren Vaterlande Oesterreich, die Rechtsprechung derselben auch aus dem Standpunkte der Justiz sich im Grossen und Ganzen als eine sehr correcte und beliebte bewährt habe, — eine lange Reihenfolge von nackten und zu einem grossen Theile bisher noch nicht veröffentlichten Thatsachen aus der rauhen Wirklichkeit entgegenzuhalten. (Vergl. hier unten Seite 18—36, dann 45—50, 61—64, 80—83, 113—122, 124—130, 145—146, 148—169, 192—197, endlich 220—225.)

Ich glaubte mich endlich von dieser Publikation auch durch die Betrachtung nicht abhalten lassen zu dürfen, dass inzwischen einer der begabtesten juristischen Schriftsteller, Herr Professor Dr. Julius Glaser, zwei schwungvoll geschriebene Empfehlungsbriefe für das Schwurgericht im Drucke erscheinen liess.

Die erste dieser Schriften, betitelt: „Die Fragenstellung im Schwurgerichts-Verfahren" (in den Nummern 68—78 der österreichischen Gerichtszeitung von 1863, und sofort auch als Separatabdruck bei Braumüller, 1863, erschienen), ist in meinen hier folgenden Vorträgen bereits berücksichtigt worden, da sie nur der Abdruck von drei Vorträgen war, welche der geehrte Verfasser kurze Zeit vor mir in demselben Vereine gehalten hatte, und denen ich persönlich mit gespanntester Aufmerksamkeit und selbsteigener Niederschreibung ihres wesentlichen Inhalts beigewohnt hatte.

Aus der Vergleichung der aus dieser Schrift in meine Vorträge übernommenen Unterweisungen, wie die Fragen an die Geschwornen gestellt werden, und wie sie nicht beschaffen sein sollen, mit den ihnen von mir entgegengehaltenen mannigfachen Antworten von Geschwornen in der Wirklichkeit (vgl. hier unten Seite 12—37, dann 40—50) wird sich wohl jeder Leser mit mir das Urtheil abstrahiren, dass Glaser in seiner genannten Schrift allerdings die Schwierigkeiten der Fragenstellung im Schwurgerichtsverfahren scharfsinniger und überzeugender als irgend ein deutscher Schriftsteller vor ihm herausgehoben und markirt, aber keineswegs gelöset hat. Doch damit soll, ja kann dem geistgewandten Autor kein Vorwurf gemacht werden, weil es niemals irgend Jemandem gelingen wird, sowie es bisher Keinem gelungen ist, eine so scharf präcisirte Richtschnur für diese Fragenstellung zu formuliren, durch welche irrigen, oder auch nur dem eigenen Willen der Geschwornen selbst widerstreitenden Verdicten derselben zuvorgekommen werden könnte. Lassen sich doch eben die mannigfaltigen Eventualitäten und so höchst verschiedenartigen Gruppirungen der thatsächlichen Umstände der einzelnen Fälle nicht in erschöpfende und alle Zweifel abschneidende Frage-Formeln einzwängen. Auf dieser Unmöglichkeit beruht ja eben jener im Wesen der Schwurgerichts-Institution wurzelnde und davon untrennbare Uebelstand, welcher, zumal bei dem Fragen-Formalismus der französisch-deutschen Schwurgerichts-Einrichtung, absolut unvermeidlich so mannigfache Wirren, Widersprüche und Ablenkungen von der Wahrheit in den Verdicten der Geschwornen herbeiführen muss (Vergl. hier unten Seite 12—50). Sucht man aber für alle obigen Eventualitäten über die Grenzen blos negativer Vorsichtsregeln hinaus — wie es z. B. Glaser in Betreff der alternativen Fragen vorschlägt — wirklich eine positive, allgemeine Vorschrift zu geben, so führt sie auf Resultate, welche wohl kaum auf die Anerkennung rechnen dürften, der Gerechtigkeit, der objectiven Wahrheit, zu entsprechen. (Vgl. Glaser a. a. O. Nr. 78, S. 310 mit S. 21 hier unten.)

Die zweite der oben angedeuteten Glaser'schen Schutzschriften für die Jury: „Die Schwurgerichtsfrage in Oesterreich" (im ersten Bande des Jahrg. 1864 der österr. Revue, und sofort wieder abgedruckt in den Nummern 2—5 des laufenden Jahrg. der österr. Gerichtszeitung) erschien im Drucke, lange nachdem meine Vorträge gehalten waren, und hat unverkennbar auf mehrere Ausführungen der letzteren Rücksicht genommen, was um so natürlicher war, da Herr Professor Glaser hinwieder auch meine Vorträge zum Theile mit seiner persönlichen Anwesenheit beehrt hatte. Eben darum aber, weil auf diese spätere Schrift Glaser's in den hier folgenden Vorträgen nirgends Bedacht genommen werden konnte, darf sie als die glänzendste Apotheose des Schwurgerichtes, die noch jemals in Oesterreich erschienen ist, wenigstens hier nicht ungewürdigt bleiben. Sie schildert mit Geist und reicher Phantasie, ja in blendendster Weise, mit eigenen und fremden Argumenten *), alle Lichtseiten der Jury im

---

*) Anmerkung. Der Herr Verfasser bezieht sich insbesondere mehrfach auf die unter allen Fachgelehrten verdienten Beifall findenden anonymen „Betrachtungen über die Aufgaben und Vorschläge zur Einrichtung eines deutschen Geschwornengerichtes" im zweiten Hefte des Jahrganges 1862 der deutschen Vierteljahresschrift, S. 1—47, und führt daraus zur Unterstützung seiner Ansichten wörtlich mehrere Stellen

Allgemeinen, und die persönlichen Berufs-Qualificationen der Geschwornen insbesondere in jener Rosafärbung, welche man davon sich nur überhaupt ideciren kann. Allein dem schönen Ideale fehlt eben Nichts, als — die Wahrheit des Lebens, die Wirklichkeit. (Vergl. hier unten Seite 12—36, 95—118 und 123—170).

Gleich schwer dürfte es dem enthusiastisch für diese Institution eingenommenen Verfasser werden, irgend Jemanden davon zu überzeugen: „dass die Jury als Organ der Rechtsprechung für die Rechtspflege im Ganzen Vortheile gewährt, welche durch nichts Anderes erreicht werden können, und dass das Verfahren vor dem Geschwornengerichte gründlicher, sorgsamer, **correcter (!)**, beruhigender, als das vor einem auf sich selbst beschränkten Collegium ständiger Richter sei" (a. a. O. Nr. 2, S. 9, und Nr. 4, S. 16 und 17), wenn er zugleich als unbestreitbar zugesteht (ebenda, Nr. 3, S. 12): „dass die Jury als Mittel zur Herbeiführung einer richtigen Entscheidung des einzelnen Falles, vielfach gegen einfache, ständige Richtercollegien im Nachtheile stehe;" — „dass sie mehr als ein wohlbesetztes Collegium ständiger, unabhängiger, geschäftskundiger Richter der Gefahr ausgesetzt sei, durch politische, national-religiöse Leidenschaften fortgerissen, durch Declamationen und Sophismen einerseits, andererseits durch das Ansehen der Staatsanwaltschaft oder eines voreingenommenen Präsidenten vom richtigen Wege abgelenkt zu werden;" — „dass sie leichter verleitet werden könne, ihre richterliche Stellung zu vergessen, und in die Gebiete des Gesetzgebers und Begnadigers hinüberzugreifen;" — „dass der Mangel an Uebung, die Rechtsunkenntniss der Ge-

---

an. — Man müsste durch Einnahme eines entgegengesetzten Standpunktes alle wissenschaftliche Unbefangenheit verloren haben, wenn man verkennen wollte, dass diese Betrachtungen das Geistvollste sind, was in neuerer Zeit über die Aufgabe, welche durch das Schwurgericht erfüllt werden soll, und über die feinen Unterschiede zwischen den Lebens- und Rechtsanschauungen, sowie zwischen den moralischen und socialen Einflüssen auf die Rechtsprechung einerseits von rechtsgelehrten Beamten-Richtern, andererseits von Geschwornen aufgezeigt und noch überdies in eben so massvoller, als schöner, ja hie und da fast plastischer Form geschrieben worden ist. Allein der unbekannte Verfasser wolle mir nicht ungütig deuten, wenn ich auch ihm gegenüber bemerke, dass er von dem Geschwornengerichte gleichfalls nur ein Ideal, ein Bild entworfen habe, wie es sein oder doch werden soll, aber wie es eben nicht ist, und wohl auch kaum jemals verwirklicht werden kann. — Da diese Betrachtungen geraume Zeit vor Abhaltung meiner vorliegenden Vorträge erschienen waren, so habe ich in diesen selbstverständlich auf die in den ersteren enthaltenen Argumente bereits Rücksicht genommen, jedoch ohne sie, gleichwie überhaupt keinen der zu widerlegen versuchten Autoren ausdrücklich namhaft zu machen. Die eingehende Rücksichtnahme auf diese Betrachtungen war für mich um so bedeutsamer, da wohl kaum einer der neueren Bannerträger der Jury zugleich so scharf und einschneidend auch verschiedene Blössen und Mängel derselben anerkennt.

schwornen die complicirteren Formen des Geschäftsganges hier und da Schwierigkeiten und somit Gefahren bereiten werden, welche ständigen Richtercollegien fremd sind."

Der schlichte Verstand des Volkes oder der sogenannten grossen Menge, aber wohl auch die fein zugespitzte Logik der Gebildetsten werden ferner für und für die Güte und Correctheit der Rechtspflege im Staate darnach bemessen, dass die einzelnen Urtheile sämmtlicher Gerichte, und zwar, wenn schon nicht ausnahmslos alle, doch wenigstens in der grossen, vorherrschenden Mehrzahl von Jedermann als gerecht erkannt werden, weil nun einmal der gewöhnlichen Denkweise das Gesammtbild einer guten Justizpflege im grossen Ganzen sich doch immer nur als das Product aus den Factoren der richterlichen Rechtsprechung in den einzelnen Fällen ausprägen wird. Der würdige Autor jener energischen Schirmrede für die Jury wird daher wohl wenige Proselyten für seine folgenden Lehrsätze gewinnen: „Damit, dass im einzelnen Falle ein gerechtes Urtheil vollstreckt und gefällt wird, ist für die Zwecke der Rechtspflege noch wenig gewonnen" (a. a. O. Nr. 5, S. 20), und: „der Werth einer Rechtsanstalt als solcher, und namentlich einer Strafrechtsanstalt, ist nicht verlässlich festgestellt, wenn man lediglich ihre Eignung zum Herbeiführen richtiger Sprüche in einzelnen Fällen in Betracht zieht" (Nr. 2, S. 9); zumal aber, wenn er (ebenda) fast in Einem Athemzuge beifügt: „Ist das Geschwornengericht ein an sich schlechtes und unverlässliches Mittel zum Austrag der einzelnen Strafsachen, setzt es die Staatsgewalt mehr als eine andere Einrichtung der Gefahr aus, durch ihre eigenen Gerichte Recht in Unrecht verkehren zu sehen, so wird keine Rücksicht der Politik, der Homogeneität mit anderen Staatseinrichtungen ihre Einführung rechtfertigen können!"

Endlich kann nicht unerwähnt gelassen werden, dass Glaser selbst in beiden citirten Schriften aus verschiedenen Anlässen überzeugend darlegt, dass die Geschwornen, indem sie die Schuldfrage zu entscheiden berufen sind, nicht blos über That-, sondern allerdings auch über Rechts- und Gesetzes-Fragen zu urtheilen haben, oder — wie er es an einer andern Stelle (a. a. O. Nr. 14, S. 17) anders, aber eben so treffend ausdrückt — „sich nicht bloss die Thatsachen klar zu machen, sondern auch zu erwägen haben, ob sie so beschaffen seien, dass die im (Straf-) Gesetze und in der Frage gebrauchten Ausdrücke auf sie anwendbar erscheinen." — Wenn also nach dieser unbestreitbaren Feststellung die Geschwornen denn doch auch eine strafrichterliche, eine gesetzanwendende Function auszuüben haben, so dürfte Glaser's Schlussfolgerung, dass die Rechtsprechung der Geschwornen, deren Rechtsunkenntniss er doch eben selbst anerkannt hat, dennoch im grossen Ganzen correcter sein soll, als jene der rechtsgelehrten Gerichtshöfe, wohl kaum allgemein überzeugen können, da er anderwärts (a. a. O. Nr. 78, S. 310 und 311) selbst mit Nachdruck die Nothwendigkeit betont: „dass der Strafrichter auf durch und durch wissenschaftlichem Fundamente stehe, indem gerade diese Thätigkeit des Staates, die am tiefsten in das Glück des Einzelnen eingreift, von den dazu verwendeten Organen die höchsten Kraftanstrengungen in Anspruch nehme." *)

— — — — — — — — — — — — — — —

---

*) Anmerkung. Gegen eine Stelle in dem zweiten der erwähnten Aufsätze Glaser's muss ich noch eine persönliche Verwahrung einlegen. Es ist dies nämlich (a. a. O. Nr. 2 der österr. G.-Z. von 1864, gleich im Eingange) ein Citat aus einer meiner früheren Schriften: „die leitenden Grundsätze der österr. St.-P.-O. vom 29. Juli 1854 (Wien, 1854)", indem dasselbe so angeführt wird, dass es, getrennt aus dem Zusammenhange, in dem die citirte Stelle in meinem Werke vorkommt, und dagegen in Verbindung mit der von dem Herrn Verfasser vorausgeschickten allgemeinen Charakteristik verschiedener Stadien der österreichischen Justiz-Gesetzgebung, nur zu leicht in einem entstellten Sinne aufgefasst werden kann. Nachdem nämlich Professor Glaser bemerkt hat: „dass die Verfassungs-Urkunde vom 4. März 1849 den Geschwornengerichten ihren Platz in dem kühn und grossartig entworfenen Plane zur Verjüngung, zur Rettung vielmehr eines zerrütteten und im innersten Lebenskerne bedrohten Reiches gegeben habe," führt er fort, „dass, als später (1851) von diesem im Jahre 1849 eingeschlagenen Wege definitiv abgelenkt wurde, die Aufhebung der Schwurgerichte — wie ich in meiner obigen Schrift ausgesprochen haben soll — eine selbstverstandene Folge der neuen staatlichen und Gesetzgebungs-Gestaltung gewesen sei." — Wer nun möchte in dieser Anführung etwas Anderes finden, als dass auch ich die Aufhebung der Geschwornengerichte in Oesterreich als eine selbstverstandene Folge der im Jahre 1851 eingetretenen — und gewissermassen von mir gutgeheissenen — Reaction und definitiven Ablenkung von dem grossen Plane der Verjüngung der österreichischen Justiz-Gesetzgebung bezeichnet hätte! Und doch steht von alledem in der citirten Stelle meines obigen Werkes Nichts. Es kann sich Jedermann durch gütige Nachlesung der daselbst auf Seite 30—34 vorkommenden Erörterungen überzeugen, dass ich ebenda vielmehr auseinandergesetzt habe, wie selbst derjenige Justizminister (Schmerling), auf dessen Antrag das Schwurgericht in einigen Ländern Oesterreichs im Jahre 1850 eingeführt wurde, in mehreren dort wörtlich citirten Vorträgen an den Monarchen ausgesprochen hatte: „dass er die Einführung des Schwurgerichtes in Ungarn, Siebenbürgen, Kroatien und Slavonien und im lombardisch-venetianischen Königreiche theils wenigstens vorläufig nicht, theils überhaupt nicht empfehlen könnte." Da aber, bemerkte ich weiter, von unserem Herrn und Kaiser Franz Josef I. in dem Thronbesteigungs-Manifeste gleichmässig, wie in den späteren Emanationen vom Jahre 1851, als oberster Leitstern aller organischen Einrichtungen des Staates die Herstellung der staatlichen, sowie der Rechts- und Gesetzes-Einheit aller Volksstämme und aller Länder der Monarchie erklärt worden ist, so habe ich die Beseitigung des

Diese nüchternen Betrachtungen über vorstehende zwei — wohl fast ausschliessend in d o c t r i n ä r e r Richtung gehaltene — Apologien des Schwurgerichtes konnten mich daher in meinem schon früher gefassten Entschlusse nicht irre machen, die nachfolgende Erörterung der hochwichtigen Frage ebenfalls dem Drucke zu übergeben, zumal die von mir unternommene Prüfung nicht blos wissenschaftlich versucht, sondern nebenbei, oder wenn man will, vielleicht vorzugsweise aus dem Standpunkte der E r f a h r u n g, und zwar sowohl der aus anderen Ländern vorliegenden, als der speciel in Oesterreich gewonnenen Erfahrungen, angestellt worden ist. — Dadurch eben, dass die b e i d e r s e i t i g e n, zum Theile in verschiedenen Richtungen gehaltenen und häufig auch zu entgegengesetzten Resultaten führenden Erörterungen zweier von ihren gegenüberstehenden Ansichten gewiss gleich ehrlich überzeugten Männer vom Fache nunmehr dem grösseren Publikum zur Selbstprüfung vorgelegt werden, kann und wird auch im Allgemeinen die Erkennung der Wahrheit gefördert werden, und dies ist um so wichtiger, je näher die social so tief eingreifende Frage in unserem Vaterlande zu ihrer praktischen Lösung im Wege der Gesetzgebung heranrückt.

Die folgenden Vorträge wurden nun s o abgedruckt, wie sie im vorigen Jahre gehalten wurden, ohne dass an denselben irgend eine wesentliche Aenderung oder Weglassung, sei es im Stoffe oder selbst nur an der äusseren Anordnung und Eintheilung, vorgenommen worden ist, und auch ohne irgend welche neue Zuthat, ausser der Beifügung noch einiger weiterer (mir selbst erst später bekannt gewordenen) Fälle zu der langen Reihe von schwurgerichtlichen Entscheidungen in Oesterreich (Seite 151—158). Jede wesentliche Aenderung an dem wirklich Vorgetragenen hätte mir um so unpassender erscheinen müssen, als die stenographische Aufnahme derselben nicht auf meine, sondern auf Veranlassung des Plaidir-Vereines erfolgt war, und als von jedem einzelnen Vortrage jeweilig alsbald nach seiner Abhaltung eine ziemlich detailirte Relation in der Notariats-Zeitschrift von einem anonymen Berichterstatter erschienen war, daher eine historische Unrichtigkeit meiner gegenwärtigen Mittheilungen sofort constatirt werden könnte. — Hiernach wollen denn auch die Leser dieses Buches die bei jedem Vortrage vorkommenden kurzen Inhalts-Recapitulationen oder selbst Ergänzungen des Früheren, welche bei einem Cyclus von mehreren, einigemal durch längere Zeit unterbrochenen und inzwischen in öffentlichen Blättern besprochenen Vorträgen wohl unvermeidlich wurden, gleichwie die Breite mancher

---

Schwurgerichtes, weil es eben nicht in a l l e n Kronländern eingeführt werden könne, für eine selbstverstandene Folge **dieser** — d. h. doch zweifellos der auf S t a a t s -, R e c h t s - und G e s e t z e s - E i n h e i t aller L ä n d e r des K a i s e r s t a a t e s abzielenden — staatlichen und Gesetzgebungs-Umstaltung erklärt, aber keineswegs als einen Ausfluss der damals eingetretenen r e a c t i o n ä r e n Tendenzen bezeichnet.

Ausführung, welche in der Natur explicativer und in durchaus freier Rede gehaltener Vorträge gelegen ist, rücksichtsvoll entschuldigen, und ebenso das eine und andere heisse Wort, das dem Redner hie und da *liquido verbis fluentibus cursu* entschlüpft sein mag, seinem warmen Eifer für die Sache zu Gute halten.

Und dennoch werden diese und jene Heisssporne unter den Gegnern des Schwurgerichtes, zumal die politischen Stürmer wider dasselbe in meinen nachfolgenden Ausführungen so manches Argument vermissen, womit sie aus ihrem Standpunkte diese Institution noch ausserdem siegreich zu bekämpfen vermeinen. Es sind dies aber durchwegs solche Argumente, von welchen Gebrauch zu machen ich weder mit dem Ernste und der Würde eines wissenschaftlichen Vortrages, noch mit meinem Charakter vereinbar hielt, weil sie mehr weniger auf politische Denunciationen, auf Gesinnungsverdächtigungen der Gegner meiner Ansichten hinauslaufen.

Dahin gehört vor Allem die ewig wiederkehrende, wohldienerische Tirade, dass die Jury ein antimonarchisches Institut sei, welches die richterliche Gewalt der Krone zu entziehen suche, um sie in die Hände des Volkes zu spielen, und dass sie darum vorzugsweise von Demokraten reinsten Wassers in der Tendenz angestrebt werde, um das monarchische Princip zu unterwühlen. — Ich halte dieses Argument, selbst ganz abgesehen von seiner tendentiösen Färbung, auch für ein historisch unrichtiges. Bekennen sich doch in dem Stammlande der Jury, in Grossbritannien nämlich, die Geschwornen fort und fort als königliche Richter, die im Namen des Königs ihre Verdicte fällen! Besteht doch ferner das Schwurgericht seit vielen Jahrzehenden noch in so manchen anderen monarchischen Staaten, ohne dass darunter die Integrität des monarchischen Principes gelitten! Finden sich endlich nicht auch unter solchen Staatsmännern, politischen und juristischen Schriftstellern, deren Loyalität, conservative Gesinnung und treue Hingebung für den monarchischen Thron wohl über jeden Zweifel erhaben ist, warme Anhänger und Fürredner der Jury? Ja, zählt dieselbe nicht selbst unter solchen reactionären Ultras, die nichts weniger als volksfreundliche Gesinnungen manifestiren, beredte Stimmführer? — Darum weg mit all' derlei eben so unedlen als falschen Rodomontaden bei einer so ernsten Sache!

Diese in meinen nachfolgenden Vorträgen consequent durchgeführte Haltung konnte aber begreiflich nicht die Obliegenheit ausschliessen, in eine streng wissenschaftliche Kritik des Argumentes derjenigen Vertheidiger des Schwurgerichtes einzugehen, welche dem Ebengesagten diametral entgegen behaupten, dass das Schwurgericht vielmehr in dem Wesen der constitutionellen Monarchie bedingt, ja, von derselben untrennbar sei. (Vergl. unten Seite 173—182.)

Mit nicht minderem Abscheu weise ich sofort jene oft gehörte Verdächtigung des Schwurgerichtes zurück, welche dessen Gefährlich-

keit für das Recht und die sociale Ordnung des Staates, unter hämi-
sche Anwendung des Satzes: „*Timeo Danaos et dona ferentes!*" daraus ableitet, dass dasselbe insonderheit von A d v o c a t e n und S t a a t s -
a n w ä l t e n, d. h. von solchen Personen- befürwortet werde, die bei
jedem Strafprocesse blos einseitige P a r t e i - I n t e r e s s e n und subjective Tendenzen, nicht aber die heilige Sache der Gerechtigkeit —
des objectiven Rechtes verfolgen. — Eine so unwürdige und einseitige Anschauung von dem edlen Berufe eines R e c h t s - (!) A n w a l t s
(Vertheidigers), so wie des nur im Interesse der G e s a m m t g e s e l l -
s c h a f t wirkenden öffentlichen Anklägers muss aus dem Rahmen einer
rein objectiv zu haltenden wissenschaftlichen Discussion absolut ausgeschlossen werden, und ist selbst dann, wenn zugestanden würde,
dass einzelne traurige Ausnahmen des Advocaten- und Staatsanwalts-
Standes solchen Vorwurf verdienen, einer Widerlegung im Principe
nicht einmal werth.

Wenn ich sofort auch gegenüber den Parteigängern dieser ge-
hässigen Angriffsweise des Schwurgerichtes ein entschiedenes „*Odi
profanum vulgus et arceo*" beobachtet habe, so konnte und durfte ich
doch ebenfalls hier wieder die Naivetät derjenigen Schutzredner
der Jury nicht ungewürdigt lassen, welche der eben angedeuteten
Schmähung entgegen vielmehr gerade darin eines der wichtigsten
Empfehlungsmomente für die Jury erkennen, dass sie eben vorzugsweise von Advocaten und Staatsanwälten befürwortet wird (s. unten
Seite 204).

Ebenso wenig wollte ich mich und werde ich mich jemals den
hämischen Unterstellungen derjenigen anschliessen, welche den Propo-
nenten und Vertheidigern des oft erörterten, vorzüglich in unserem
Vaterlande — Oesterreich — beliebten Vermittlungsvorschlages, das
Schwurgericht wohl für alle schweren s. g. g e m e i n e n Verbrechen,
n i c h t a b e r für p o l i t i s c h e und P r e s s - D e l i c t e einzuführen, die
perfide Tendenz unterlegen, dadurch die Regierung nur dupiren und
in ihrer eigenen Falle fangen zu wollen, um nämlich das Schwurgericht
vorerst nur überhaupt zu erlangen, indem die Erweiterung seiner Competenz auch auf die genannten Delicte sich dann schon von selbst
machen werde (s. unten S. 120 u. 121).

Der noch immer nicht abgeschlossene Streit der Wissenschaft und
Gesetzgebungspraktik über unsere Frage kann nur mit e h r l i c h e n
Waffen und a u f o f f e n e r Arena, nicht aber mit gegenseitigen Ge-
sinnungs-Verdächtigungen zu einer segenbringenden Lösung gebracht
werden. Darum werden e h r e n h a f t e Widersacher des Schwurgerichtes
mir die Nichtanwendung ähnlicher Bekämpfungsmethoden, wie die eben
angedeuteten, nicht als Unterlassungssünden zur Last legen.

Aber ist es nicht verwunderlich, wird Mancher fragen, dass ich
diese und jene Verwahrungen gegenüber meinen M e i n u n g s g e n o s -
s e n einlege, und nicht vielmehr jene Motive und Gesinnungen ab-
wehre, welche der vorliegenden Druckschrift und ihrem Verfasser ohne

Zweifel von Seite der zahllosen Gegner der darin vertretenen Ansichten werden unterstellt werden? Die Einen von diesen werden
nämlich in dieser Schrift einen verkappten Servilismus für gewisse
Tendenzen der Regierung erblicken, welche — so wird vielfach behauptet — denn doch der Einführung der Schwurgerichte in ihrem
innersten Inneren nicht geneigt sei; — die Anderen aber, im diametralen Gegensatz hiervon, werden diese Vorträge vielmehr als eine
kühne Opposition gegen die offenliegende Absicht unserer Regierung bezeichnen, da dieselbe schon im Jahre 1861 durch den Mund
dreier Minister in feierlicher Weise und amtlich vor der Volksvertretung des Reiches ihre Sympathie für das Schwurgericht
ausgesprochen, und dessen Wiedereinführung nach dem Vorgange vom
Jahre 1850 in allen jenen Kronländern in Aussicht gestellt hat, deren
Landtage es wünschen werden. — Dritte endlich werden hinter diesem Buche jedenfalls einen nochmaligen, vielleicht sogar selbstauf-
dringlichen Anlauf der im Stillen schleichenden Reaction gegen die
Forderungen der Zeit und insbesondere gegen die Strebungen der
Gegenwart nach Erweiterung der Volksrechte wittern; denn wer von
den vielen tausenden Schwärmern für die Jury stimmt nicht in das
lärmende Geschrei der Tagespresse ein, dass eine Opposition gegen
dieselbe nur von reactionären Gesinnungen und Tendenzen ausgehen könne!?

Diese und ähnliche — ganz zweifellos im Voraus über die
gegenwärtige Schrift absprechende — Urtheile muss sich deren Verfasser selbst aus den entgegengesetztesten Lagern von all Denjenigen gefallen lassen, welche darüber den Stab brechen, ohne sie zu
lesen. — Wer sich aber die Mühe nehmen will, in derselben auch
nur zu blättern, wird sich bald überzeugen, dass darin mit völliger
Abstraction von seiner amtlichen Stellung nur die wissenschaftlichen Privatansichten eines Mannes niedergelegt sind, der vermöge seiner mehr denn 30jährigen theoretischen und praktischen Be-
rufsbeschäftigung über den Gegenstand der Frage zufällig in der Lage
war, darüber reichere Erfahrungen zu sammeln als mancher Andere,
und dass also hierbei weder von Servilismus noch von Opposition gegen
unsere Regierung die Rede sein kann. Wer sich ferner damit befassen will, auch nur die auf Seite 10—12, 132—136, 240—241 und
246—249 vorkommenden Erörterungen zu durchfliegen, wird hoffent-
lich bald erkennen, dass diese Druckschrift trotz dem, dass sie für
Oesterreich die Schwurgerichte perhorrescirt, nichts weniger als reactionäre Tendenzen verfolgt, sondern vielmehr die freiheitlichste
Entwicklung all' unserer staatlichen Institutionen, und
namentlich die freisinnigste Umgestaltung so mancher Theile
unserer Justizgesetzgebung und Justizorganisation anstrebt.
Kann ich doch nach meiner innigsten Ueberzeugung den Fürsprechern der Jury selbst das Zugeständniss nicht versagen, dass das
eben so allgemeine wie fast ungestüme Verlangen nach den Schwur-

gerichten seine natürliche Erklärung und Begründung, um nicht zu sagen, seine Berechtigung eben nur in jenen mannigfachen Mängeln finde, welche den bei uns, so wie wohl in den mehresten Staaten, bestehenden Justizeinrichtungen noch ankleben, und dass dieses Verlangen nicht verstummen könne, als bis endlich überall die ge-setzliche Organisation eines wahrhaft unabhängigen, sorgenfrei und würdig gestellten Richterstandes zu Stande gekommen, und nicht blos das persönliche Schicksal der Richter von jeder administrativen Will-kür, sondern auch die Rechtsprechung selbst, so wie überhaupt die gesammte Justizpflege im Staate von den dominirenden und präoccupirenden Einflüssen der Administration völlig — emancipirt sein wird. (S. uuten Seite 246—249.)

Unter dieser Voraussetzung aber werden einst mehr noch, als es selbst jetzt schon der Fall ist, erfahrene Justiz- und Staats-männer, obgleich, — nein weil sie nach jeglicher Richtung hin von echt liberalen Gesinnungen beseelt und durchdrungen sind, dem Schwurgerichte abhold sein. Sie sind dies und werden es fürderhin deshalb sein, weil die geschichtlich nachgewiesenen zahllosen irrigen und ungerechten Verdicte der Geschworenen der echten Freiheit nach beiden Richtungen hin unheilbare Wunden schlagen, und weil solche Verirrungen von der Institution der Jury untrennbar sind. Durch wahrheitwidrige Freisprechungen gefährlicher Verbrecher und Gesetzverhöhner wird nämlich in der Einen Richtung die Gerech-tigkeit an sich, das Rechtsgefühl und das Rechtsbewusstsein des Vol-kes, die staatliche und gesellschaftliche Ordnung, das Ansehen der Regierung; — durch ungerechte Verurtheilungen aber werden Leben, Ehre, Freiheit und andere Lebensgüter der Staats-angehörigen schwer verletzt und fort und fort in be-drohlicher Weise gefährdet (vergl. die Erörterungen und Nach-weisungen hier unten Seite 44—50, 114—120 u. 159—170). — Müssen denn nicht selbst die Liberalsten unter den Liberalen aus dem Bestande des Schwurgerichtes gerade für die Freiheit der Bürger im Staate die höchsten Gefahren besorgen, wenn sie in jüngster Zeit die erschreckende Nachweisung des berühmten englischen Juristen, Sir Fitzroy Kelly, vernehmen („Wiener Presse" Nro. 27 vom 27. Jänner 1864): „dass in England im Laufe von 57 Jahren nicht weniger als 49 Justizmorde be-gangen worden seien?!" Dass also, füge ich bei, die Jury, denn in England werden ja grundsätzlich alle Verbrechen vor die Ge-schwornengerichte gezogen, sogar in England sich so schwerer Sün-den gegen das Recht und die Freiheit schuldig macht, — ich betone sogar in England, weil das Schwurgericht in diesem seinem Stamm- und Geburtslande nicht nur durch jahrhundertlange Uebung, sondern auch durch eine an sich gesündere Einrichtung so viele Vorzüge vor der französisch-deutschen Jury-Institution voraus hat (vergl. unten die Ausführungen auf Seite 65—76)!

Trotz alledem und alledem wird aber noch durch längere Zeit Jedem, der es wagt, auf die Gefahren hinzuweisen, welche der Gerechtigkeit, welche der Freiheit des Volkes von den Geschwornengerichten drohen, von der grossen Menge die wohlfeile Schmähung entgegengeschleudert werden, dass er „in Reaction mache." — Wer aber wird — kann unter solchen Umständen das Wagniss auf sich nehmen, durch Opposition gegen das Schwurgericht die schwere Wucht allseitiger Impopularität auf seinen Namen zu laden? Gewiss derjenige nur, der ein höheres Ziel im Auge hat und von jener Begeisterung für die Gerechtigkeit durchglüht ist, die ihn eben schon durch die Heiligkeit ihres hohen Zieles über alle anderen Rücksichten stolz erhebt und mit dem furchtlosen Muthe der — Ueberzeugung stählt! — Doch wie? Begeisterung für das Recht in einer Zeit, wo eben das Recht als solches so vielfach in den Hintergrund gedrängt, gänzlich oder doch einstweilen auf die Seite geschoben, oder gar der Politik zum Opfer gebracht oder im Schlepptau der Convenienz verzettelt wird, — in einer Zeit, wo sogar die Geltendmachung des Strafrechtes des Staates zunächst von Opportunitätsrücksichten abhängig gemacht werden soll?! — Wie? Gerechkeit soll heute Jemandem als höchster und unverrückbar fester Zielpunkt aller staatlichen und socialen Bestrebungen vorschweben, jetzt, wo so mannigfach selbst bei Betreuung der höchsten politischen und humanen Interessen den Einen überhaupt weder Ziele noch Mittel ihres Wirkens klar bewusst scheinen, den Anderen aber als einziger Regulator ihres gesammten Thun und Lassens die schnöde Devise gilt: „**Was gefällt nach Oben?**" oder: „**Was gefällt der Menge?**" — d. h. zu gut deutsch: „Was nützt mir selbst, was erhält, festiget oder befördert meine persönliche Stellung oder Popularität?"

Allein auch diese Phase wird vorübergehen, weil das providentielle Walten und die Nemesis der göttlichen Gerechtigkeit es nicht in die Länge duldet, dass die Gebote des ewigen Rechtes unter die Klügeleien einer Tagespolitik gebeugt werden, die von der Hand in den Mund lebt, oder dass gar die Erstrebung der höchsten Aufgaben der Gesellschaft und der Völker in sorglosem Leichtsinne und zuwartender Passivität dem Zufalle des Sich-selbst-machens preisgegeben werde! — Ja, sie wird denn endlich doch heranbrechen jene lichtbringende Aera, wo man in allen Beziehungen des Privat-, des inneren Staats- und des internationalen Lebens den Standpunkt des Rechtes als den ersten und höchsten, als den kategorisch gebietenden und unverletzbaren erfassen und festhalten und wo man endlich zur lebendigen Erkenntniss des ewigen Vernunftdogmas gelangen wird, dass jedes einzelnen Volkes und aller Völker Gesammt-Wohl, so wie die Festigkeit der Throne ihre sicherste Bürgschaft

nur auf den granitenen Fundamenten der Gerechtigkeit finden!
Ja, sie wird zuverlässig kommen jene Zeit, wo endlich alle loyalen
Regierungen und alle rechtbegeisterten Männer sich in geschlossenen
Phalangen zusammenschaaren werden, um den alten Schandspruch der
Geschichte: „Gewalt geht vor Recht" zur ewigen Ruhe einer trau-
rigen Vergangenheit zu legen, und an dessen Stelle den Warnruf zur
siegreichen Geltung zu bringen:

     „Fiat justitia, ne pereat mundus!"

Diesem, und nur diesem Richtpunkte möge insbesondere Jeder
folgen, der über Recht und Rechtsinstitute forscht, lehrt oder schreibt,
weil er ja damit doch nichts Anderes bezwecken kann, als die Erkenntniss und Verlebendigung des Gerechten zu fördern. Dieses Ziel
unverrückt im Auge, lässt jeden redlichen Forscher, und liess daher
auch mich bei der Abhaltung, sowie bei der Veröffentlichung der
vorliegenden Vorträge nicht darnach fragen: „ob und wem ich
damit gefallen oder missfallen werde."

Allerdings mag dieses Buch von manchem Wortführer der nun
einmal herrschenden Tagesmeinung schon im Voraus mit einem
„Damnatur" verfehmt werden, sobald bekannt wird, dass es frevelnd wagt, ein so hoch gehaltenes Idol der Zeitströmung, wie es
die Jury ist, nur überhaupt seines idealen Schimmers zu berauben,
und nun gar so manche für dasselbe laut gewordene Sophismen
als blendende Phrasen zu entpuppen und ihr reales — Nichts auf-
zudecken, ja sogar manche zu dessen Empfehlung gebrauchte thatsächliche Angaben als bare Lügen zu erweisen. — Von solchen extremen Organen, die in Allem und überall ohne Prüfung nur der
Strömung des Augenblicks folgen, wird dieses Buch insonderheit
auch darum geächtet werden, weil dessen Verfasser es für Mannes-
und Patriotenpflicht hielt, noch über die Bekämpfung des Schwurgerichtes hinaus bei verschiedenen gerade gebotenen Anlässen die
Gelegenheit wahrzunehmen, um das neben mannigfachem Schadhaften
und Verbesserungsbedürftigen dennoch vorhandene sehr viele Gute,
ja Treffliche, das kein unbefangener Rechtskundiger an den dermal
bestehenden vaterländischen Justizeinrichtungen verkennen kann,
gegen vielfach laut gewordene Entstellungen, so wie gegen unbegründete
Schmähungen der Ignoranz oder Böswilligkeit energisch in Schutz zu
nehmen. Solchem Beginnen werden aber die mehresten Organe der
heute herrschenden Meinung ebenfalls entgegentreten, da es unter denselben beinahe Modeton geworden zu sein scheint, unsere gesammte
dermalige Justiz-, zumal Strafrechts- und Strafprozess-Gesetzgebung,
insonderheit aber alle legislativen Emanationen des Jahrzehends von
1851—1861 mit Stumpf und Wurzel ausnahmslos und unbedingt zu
verdammen!

Hinwieder aber mögen andere meiner Ausführungen vielleicht
diesem oder jenem Ultra in entgegengesetzter Richtung miss-
liebig klingen, jene Erörterungen nämlich, in welchen ich dort, wo

der Zusammenhang mit meiner Aufgabe den Anlass unabweisbar auf-
drang, manche, wenn auch tiefer liegenden Wunden unseres Justizwesens
mit rauhem Finger sondirte, und nicht immer blos „ererbte,“ sondern
auch manche neu geschaffene Uebelstände der bestehenden Justiz-
gesetzgebung, Justizorganisation, Justizpflege und Justizadministration
freimüthig bloszulegen, und daran den Mahnruf zu knüpfen für nöthig
hielt, dass alsbald von kundiger, zielbewusster und energischer
Hand das grosse Werk ihrer so dringlichen Reform in Angriff genommen, aber auch mit nicht zu ermüdender Thatkraft zu Ende geführt werden möge. — Ich wiederhole es: „für nöthig hielt;“ denn
die segenbringende Aufgabe, die unserer Gegenwart in Beziehung auf
die vaterländischen Justizeinrichtungen obliegt, kann ihrer endlichen
Verwirklichung nur dann entgegen reifen, wenn Männer von Fach
dasjenige mit rückhaltloser Offenheit kundgeben und der
allgemeinen Beurtheilung in den weitesten Kreisen
unterziehen, was sie an dem Bestehenden als gut und erhaltungs-
würdig, und was sie daran für mangelhaft, umgestaltungs- oder doch
verbesserungsbedürftig erkennen. — Dadurch nur, dass nach einem
vollen Triennium steten Negirens, Krittelns und Schimpfens auf die
Vergangenheit endlich einmal auch ein positives Schaffen, ein
massvoll geprüftes Besseres zum Vorschein komme, kann uns
geholfen werden; denn wären auch wirklich die sogar von einem Rath-
geber der Krone als „nicht ungerechtfertigt“ erklärten „Vorwürfe
gegen die allzufruchtbare Codification der jüngst vergangenen Zeit“ in
Wahrheit gegründet: so wird doch diese vorgebliche Superfötation
sicherlich weder durch eine ihr nachfolgende völlige Sterilität, noch
selbst durch blosse, wenn gleich noch so volltönende Verheissungen
sanirt werden; sei es nun, dass das fortdauernde Wartenlassen dieser
goldenen Versprechungen auf ihre Erfüllung — in dem Mangel selbsteigener schöpferischer Kraft oder blos in der *vis inertiæ* der Indolenz
beruhen mag.

Möchten sich daher jene — zweifellos auch in unserem Vaterlande in nicht geringer Anzahl vorhandenen — Männer der Wissenschaft und des praktischen Lebens, welche inneren Beruf dazu
haben, lebhafter, als es bisher der Fall ist, an dem geistigen
Kampfe für die Umbildung unserer Justizeinrichtungen betheiligen und mit positiven Vorschlägen hervortreten; dann wird die sich selbst überschätzende und vordrängende
Eitelkeit derjenigen, die immer nur die Producte Anderer zu begei-
fern wissen, aber Eigenes zu schaffen unfähig sind, völlig verstummen. — Möchten insbesondere bei diesem Wettlaufe der Geister nicht
immer blos die Bannerträger der Extreme — seien dies nun die kritik-
losen Lobhudler alles Neuen, Modernen und Fremden, oder die blinden
laudatores temporis acti und unverbesserlichen Zurückstauer der rollenden
Zeit in vorlängst ausgelebte und jedes Keimes zum Wiederaufleben
ermangelnde Zustände — das grosse Wort führen; sondern, selbst

ohne äussere Aufforderung, doch einmal auch diejenigen hervortreten, welche grundsätzlich allen Extremen nach der einen und der anderen Seite abhold, mit massvoller Objectivität vor Allem der Maxime huldigen: „Man prüfe Alles, das Alte wie das Neue, das Einheimische wie das Fremde; auch das von den Gegnern Geschaffene und Vorgeschlagene, und behalte oder nehme aus Allem das Gute!"

Dabei möge sich endlich auch die doch so nahe liegende Wahrheit die Bahn brechen, dass solch' grosses Ziel weder durch Opposition gegen die jeweilige Regierung *quand même*, noch durch gesinnungslosen Satellitendienst für diesen oder jenen Götzen des Tages gefördert werde. Die wahre Loyalität und der echte Patriotismus bedingen wohl allerdings unverbrüchliche Treue für den angestammten Monarchen und Achtung vor dem bestehenden Gesetze, vor der vorhandenen Autorität; allein sie fordern zugleich unerschrockenen Freimuth bei Kundgebung dessen, was Jeder nach seiner ehrlichen Ueberzeugung an dem Bestehenden für schadhaft und was er für zuträglich zum Wohle des Ganzen hält. Sie verabscheuen gleich stark jenes eckelhafte Kriechen vor der jeweiligen Windströmung der öffentlichen Meinung, das zuletzt doch kein anderes Ziel hat, als durch dieselbe hinwieder in der *Aura popularis* verhimmelt zu werden; gleichwie sie jene Lakaien Augendienerei zurückweisen, welche immer und überall nur auf die Parole irgend eines Gewaltigen lauscht und mit Verzicht auf jede eigene Meinung blos für dasjenige einsteht, was dem huldversprechenden Winke dieses oder jenes momentan Mächtigen schmeichelt, oder seinem Dünkel und seiner Herrschsucht neuen Weihrauch streut.

Doch wozu dies Alles — wird Mancher fragen — wozu dieses Wiederaufwärmen alter und oft gebrauchter Gemeinplätze gerade an diesem Orte? — Allerdings schien mir dies an der Zeit und am Platze zu sein; denn Jeder für das Gesammtbeste warmfühlende Vaterlandsfreund hat gerade in unseren Tagen Anlass und Aufforderung genug, diese oft gehörten, aber immer wieder vergessenen Wahrheiten in Erinnerung zu bringen und sie einer Druckschrift vorauszuschicken, welche den Reigen zu einer grösseren Reihe von Abhandlungen über diese und jene Fragepunkte unserer justizlegislatorischen Reformen eröffnen soll. Denn wer hat bei unbefangener Würdigung der neueren und jüngsten Phasen unserer staatlichen Entwicklung, und selbst unserer heutigen literarischen und bureaukratischen Beziehungen, nicht schon mehrfach die betrübende Wahrnehmung gemacht, dass es zumeist gerade die Nichtbeachtung der eben angedeuteten Momente ist, welche uns auf der Bahn der Gesetzesreformen nicht vorwärts kommen lässt! — Wir kommen vor lauter Parteiungen und Persönlichkeiten, Coterien- und Cliquen-Wesen, Servilismus und Oppositionsgelüsten, Wohldienerei und Popularitätshaschereien nicht — zur Sache! Hüben und drüben will man nur persönliche Triumphe feiern, eine Rolle spielen, das liebe Ich zur Geltung bringen, um jeden Preis auch sich selbst reden hören, Siege über die Gegner erringen, und die gegenseitigen Kräfte messen, die Einen, um zu erproben, dass es für die Gegner schon an der Zeit wäre: „*ôte-toi pour que*

je m'y mette: die Anderen aber, die *beati possidentes*, um zu zeigen, dass
die Situation noch nicht so weit gediehen, um diesen Liebesdienst ihren
unermüdlichen Angreifern schon jetzt erweisen zu müssen! — Wie soll
unter diesem Geplänkel der persönlichen Leidenschaften die Sache gedeihen? Was sachlich noch so gut wäre, aber nicht von der Clique ausgeht oder empfohlen wird, darf und soll nicht aufkommen, und wird
daher im anderen Lager regelmässig im Voraus perhorrescirt, oder doch
verdächtigt und begeifert. Kann ein vielleicht noch so trefflicher Vorschlag der Gegner nicht in der Hauptsache angegriffen werden, so nergelt
man an den kleinlichsten Nebensächelchen, und statt an diesen bessernd
nachzuhelfen, verwirft man lieber das Ganze! Von einem versöhnlichen Entgegenkommen um der Sache willen, das in solchen
Fällen doch allein zum Ziele führen kann, von einem gegenseitigen
Nachgeben in untergeordneten Dingen und Mitteln, um den von beiden
Seiten gewollten Zweck zu erreichen, will man so selten hören: Starr-
sinn, Hochmuth und Selbstvergötterung hier und dort verlangen unbedingtes Sichfügen der Gegner. — Wenigen nur scheint die Sache
als solche am Herzen zu liegen; noch wenigere scheinen von jener
heiligen Begeisterung für Recht und Humanität getragen zu sein.
durch welche allein die Erstrebung grosser Ziele der Gesellschaft
verbürgt wird. — Kann es uns da noch Wunder nehmen, dass unter
solchen Constellationen nicht selten selbst die wichtigsten Interessen
des Gesammtwohls sogar am Rande des dräuenden Abgrundes, an
welchem manche derselben vielleicht schon stehen, wenn nicht völlig
vergessen, so doch einstweilen unbeachtet bleiben, oder bis zu — —
vertagt werden?! — Oder sollen diese Interessen etwa dadurch
gefördert werden, dass man — was wir ebenfalls schon erlebten — in
beiden Lagern mit dem, was man will und warum man es will,
mit dem was unabweisbar noth thut und unverzüglich geschehen
soll, gegenseitiges Versteckensspiel treibt? Ist es nicht jedes
Mannes erste Pflicht, vor Allem wahr zu sein, und ist das gegenseitige Wahrsein nicht insbesondere die unerlässlichste Vor- und Lebens-
Bedingung für das Gelingen solcher Ziele, die nur „mit vereinten
Kräften“ Mehrerer errungen werden können?

Möchte daher Jeder, der irgendwie für die Reform dieser oder
jener öffentlichen Einrichtungen unseres Vaterlandes thätig ist, frank
und frei dasjenige aussprechen, was er für das Wahre erkennt,
und sich hierbei jenes furchtlose Wort des ernsten Stoikers aus einer
klassischen Zeit zur Leuchte dienen lassen, welches auch ich vor einem
Jahre meinen vorliegenden Vorträgen als Schluss- und Schutzwort
angefügt hatte und heute nochmals nachrufe:

> „*Maluerim veris offendere, quam adulando placere.*“

Wien, im März 1864.

Hye.

Inhalts-Register.

b *

Nichtschuld in Strafsachen, weil sie *a)* mehr concrete Fähigkeit und *b)* bessere Geneigtheit besitzen, gerade
über diese Punkte das Wahre zu finden und auszusprechen, als rechtsgelehrte Beamten-Gerichtshöfe.
2. Sie seien aber zu dieser Art Richteramt auch darum geeignet, weil sie stetig das natürliche, jeweilig im
Volke lebende Recht zur Geltung bringen.
Ad I. Z. 1. lit. *a)* Man behauptet, die Geschwornen als Männer des
Volkes hätten mehr Beruf, über strafbare Schuld oder
Nichtschuld und Zurechenbarkeit von Schuld überhaupt in
Betreff ihrer Mitbürger zu sprechen, als rechtsgelehrte Beamtenrichter, da sie vermöge ihrer socialen Beziehungen dem Angeklagten näher stehen als letztere, und da sie zugleich als *vox populi — vox dei* auch
natürlicher und sachgemässer urtheilen (S. 95 und 96). —
Darlegung der thatsächlichen Unrichtigkeit und mehren-
theils fictiven Beschaffenheit dieser Prämisse aus den Verhältnissen des wirklichen Lebens und aus den Ergebnissen
der Strafjustiz-Statistik (S. 96—100), und Aufzeigung derjenigen mannigfachen Geistes-Attribute, welche zur Findung
eines richtigen Urtheiles in Strafsachen unerlässlich sind,
und häufig geübt werden müssen, aber sich nur selten und
selbst da blos bei Einzelnen der Angehörigen jener Volksclassen, aus welchen die Geschwornen genommen werden,
dagegen allerdings in der Regel bei ständigen Gerichtshöfen
und rechtsgelehrten Richtern finden; unter Hindeutung auf
den inneren Widerspruch, welcher dem Institute der Jury gerade in dieser Beziehung dadurch imprägnirt wird, dass alle
Schwurgerichtsgesetzgebungen die angeblich minder fähigen
rechtsgelehrten Richter (den Präsidenten oder Gerichtshof)
dennoch zu massgebenden Regulatoren des ganzen Strafprocesses machen, und sie als Informatoren, Lehrer, Leiter
und Kritiker über die Geschwornen hinstellen; so wie mit
Hervorhebung der mannigfachen Certificate der selbsteigenen
Unzulänglichkeit der Geschwornen zur Rechtfindung und
Rechtsprechung und der eigentlichen Geistesarmuths-Zeug-
nisse für dieselben, welche sich in allen Schwurgerichts-
Gesetzgebungen der früheren und neuesten Zeit ausgeprägt
finden (S. 100—106).
Beleuchtung einer andern Seite der angeblich grösseren Befähigung der Geschwornen, die darin liegen soll, dass sie nicht
nach gesetzlichen Beweisregeln, sondern nach freier
Ueberzeugung urtheilen, und dass sie ihren Verdicten keine
Entscheidungsgründe beizufügen haben, durch die
Hinweisung auf die grosse und wohlthätige Schutzwaffe,
welche nicht blos die Angeklagten gegen ungerechte Verurtheilungen, sondern auch die Richter in Beziehung auf die
Sicherheit ihrer persönlichen Stellung, in den bis nun zu in der
österr. St.-P.-O. vom 29. Juli 1853 festgestellten negativen
Beweisregeln gefunden haben, so wie durch die Aufzeigung jener mächtigen Garantie gegen ungerechte Urtheile,
welche für jeden Angeklagten gerade in jener gesetzlichen
Vorschrift liegt, welche die Richter verpflichtet, ihre Urtheile auch nach Aussen hin durch Beigebung von Entscheidungsgründen zu motiviren und rechtfertigen. Hervorhebung des inneren Widerspruches, welcher zwischen der
modernen und in sich so unbestreitbar begründeten For-

Gesetzgebungen, so wie der wünschenswerthen, ja dringlichen
Reformen auch in der österreichischen Justiz-Organisation
(S. 130—136), und mit Darlegung und psychologischer Erklärung der, trotz dieser Mängel in der Organisation des
Richterstandes, von den ständigen Beamten-Gerichtshöfen
regelmässig bewährten musterhaften Berufstreue und ihres
unbeugsamen Gerechtigkeits-Sinnes, mit Nachweisungen an
einzelnen Fällen aus Oesterreich, dem übrigen Deutschland
und Frankreich (S. 136—140).

Sofort Beleuchtung der andern Seite dieses Schutzargumentes
für die Jury, dass nämlich die Beamten-Richter wenigstens
vermöge ihrer Aussichten auf Gunst- und Gnadenbezeigungen
der Regierung für richterliche Willfährigkeit, von derselben
abhängig seien, unter Hinweisung auf thatsächliche Verhältnisse, wornach sich nicht blos eben diese Abhängigkeit von der
Regierung nur zu häufig auch bei den Schwurmännern des
Volkes, sondern bei den letzteren überdiess viele Momente vor-
finden, welche sie zugleich social abhängig von ihren
Mitbürgern, und in Betreff der Rechtsprechung sehr befangen machen, aber den ständigen Beamten-Richtern des Staates
nicht ankleben (S. 141—144). Dazu kommt, dass unlautere
Regierungen nur zu viele Mittel und Gelegenheiten haben,
um auch die Schwurgerichte zu corrumpiren (S. 144—145),
unter Anführung mannigfacher Vorgänge aus England und
Frankreich, wo Schwurgerichte blos aus Willfährigkeit für
die Regierung oder für die Machthaber des Tages ungerechte Urtheile fällten (S. 145—146).

Ad I. Z. 2. Würdigung des zweiten für die Jury häufig geltend gemachten juridischen Empfehlungsgrundes der Jury, dass
nämlich dieselbe nicht blos nach dem Buchstaben des gegebenen Gesetzes, sondern vielmehr nach dem jeweilig im
Volke lebenden vernünftigen Rechtsbewusstsein erkenne,
und daher zugleich in einzelnen Fällen die mangelhafte
oder ungerechte Gesetzgebung corrigire. — Aufzeigung der
inneren Unberechtigtheit und der Gefährlichkeit der hierdurch den Geschwornen zuerkannten Omnipotenz, sich über
das Gesetz zu erheben, so wie des Widerspruches dieser Anschauung der Jury mit der Grundidee und Praxis des brittischen Geschwornen-Gerichtes (S. 146—148). Hinweisung auf
mehrere *causes célèbres* in Frankreich und Deutschland, insbesondere aber auf die speciell aus Oesterreich, trotz
des kaum 1½jährigen Bestandes der Schwurgerichte daselbst, vorliegenden sehr reichen Erfahrungen, wornach die
Geschwornen ihre sich nach dieser Theorie angemasste
Omnipotenz in einer langen Reihe von Fällen zur Schö-
pfung von offenliegend unbegründeten Freisprechungen
wirklich schuldiger Verbrecher missbraucht haben (S. 148—
159). — Darlegung der Zweischneidigkeit dieser Theorie,
da die Geschwornen diese ihnen zuerkannte Omnipotenz
nur zu leicht und zu oft, zumal in Zeiten politischer Aufregung, auch in entgegengesetzter Richtung, nämlich
zur ungerechten Verurtheilung wirklich schuld-
loser, aber politisch missliebiger Personen
missbrauchen, unter Hindeutung auf Vorkommnisse in den
nordamerikanischen Freistaaten und in mehreren Cantonen
der Schweiz, so wie mit Nachweisung der Gefährlichkeit der s. g. Volksjustiz überhaupt, und in allen ihren

gerichte des Volkes abhängiger sind von unlauteren und das
Recht beirrenden Einflüssen, als ständige Beamten-Gerichtshöfe, endlich Hinweisung auf die Gefahren, welche
gerade aus dieser specifischen Competenz nach den Erfahrungen von 1849—1853 sogar dem Fortbestande des
Schwurgerichtes selbst drohen (S. 182—187).

Constatirung der merkwürdigen Thatsache, dass sich
hiernach in neuester Zeit viele Anhänger des Schwurgerichtes mit Gegnern desselben in der Ablehnung wenigstens der erörterten specifischen Competenz für politische
und Press-Delicte und in dem Streben einigen, dasselbe
direct oder indirect nur für die s. g. gemeinen Verbrechen einzuführen. Darlegung des inneren Selbstwi-
derspruches, so wie des völlig unpraktischen Bemü-
hens dieser Vermittlungspartei (S. 187—190), wobei selbstverständlich von dem unredlichen Treiben derjenigen abgesehen wird, welche durch diesen Vermittlungsvorschlag
nur die Regierung oder das Volk dupiren wollen (S. 190—191).

Ad III. Andere Anhänger des Schwurgerichtes vertheidigen es aus
Zweckmässigkeits-Gründen, weil dasselbe insbesondere für das gesammte Strafverfahren von grossem Vortheile sein werde, indem dadurch namentlich:

1. eine grosse Beschleunigung des ganzen Strafprocesses und insbesondere des Untersuchungsprocesses,
sowie Abkürzung der Untersuchungshaft bewirkt werden würde. — Beleuchtung des Nichtzusammenhanges dieser Momente mit der Jury überhaupt, und Nachweisung
ihrer thatsächlichen Unrichtigkeit aus den authentischen
Tabellen der österreichischen Strafjustiz-Statistik, wornach
die Strafprocesse überhaupt, und namentlich die Untersuchungshaft in Oesterreich nach der St.-P.-O. von 1850
(mit der Jury) durchschnittlich um Vieles länger gedauert
haben, als nach jener vom Jahre 1853 (ohne Schwurgericht). (S. 191—197.) — Ein weiterer ähnlicher Vortheil
soll durch das Schwurgericht dadurch gewirkt werden, dass

2. durch dasselbe wieder ein wahrhaft mündliches
Strafverfahren hergestellt werden würde, welches
vorgeblich ebenfalls durch die St.-P.-O. vom 29. Juli
1853 wesentlichen Eintrag erlitten haben soll. — Dar-
thuung der völligen Unwahrheit dieser Behauptung aus der
Vergleichung der correlaten Bestimmungen der erwähnten
zwei Strafprocessordnungen, wornach die Vorschriften in
der St.-P.-O. von 1853 (ohne Jury) über die mündliche
Schlussverhandlung nicht nur wörtlich gleichlautend mit
jenen der St.-P.-O. von 1850 (mit der Jury) über die
mündliche Hauptverhandlung sind, sondern die erstere noch
überdies zwei wichtige, der St.-P.-O. von 1850 gänzlich
fremde Zusatzbestimmungen zur Förderung der Unmittelbarkeit der richterlichen Entscheidung
— nämlich die unmittelbare Fragestellung (§. 243) und die
Vorschrift des Schutzes der Schuldlosigkeit von Amtswegen (§. 210 et connex.) — einschliesst: unter Hinweisung
auf die gewiss unverdächtigen Zeugnisse selbst von sonstigen Gegnern des erwähnten 1853er Gesetzes (namentlich von Glaser und Würth), und auf die Aeusserungen der
bedeutendsten wissenschaftlichen Autoritäten des In- und Auslandes, welche rühmlich anerkennen, dass auch die St.-P.-O.

XXXII

Erster Vortrag.

Gehalten am 16. Jänner 1863.

„Mündlichkeit oder richtiger Unmittelbarkeit des Strafverfahrens vor dem gesammten erkennenden Gerichtshofe, Oeffentlichkeit desselben, Theilung der richterlichen Functionen zwischen
einem die Vorerhebung führenden Instructions-Richter und dem
erkennenden Richter, dann strenge Sonderung der Functionen
des Anklagens und des Vertheidigens, wie auch der verschiedenen zu diesen Functionen berufenen Personen, und zwar mit
Gestattung der freiesten Entfaltung der Vertheidigung jedes Angeklagten — diess sind u n a b w e i s b a r e F o r d e r u n g e n d e r
G e r e c h t i g k e i t! — — Die F r a g e d e s S c h w u r g e r i c h t e s
aber ist nicht zunächst e i n e F r a g e des Rechtes, sondern
d e r O p p o r t u n i t ä t und wird also je nach Verschiedenheit der
politischen, der nationalen, der historischen, der Cultur-, der
socialen und selbst confessionellen Verhältnisse eines Volkes bald
bejahend, bald verneinend beantwortet werden können. — Aus
dem Standpunkte der J u s t i z als solcher aber, oder mit anderen
Worten: „Der Jury, blos als „Rechts-Institut" betrachtet, stellen
sich überaus ernste, kaum je völlig zu entkräftende Bedenken
entgegen."

So ungefähr lautete die Thesis, über welche sich die her-
vorragendsten Autoritäten in Rechtswissenschaft und Praxis der
Straf-Justiz, zumal in Deutschland, zu Anfang der dreissiger
Jahre des laufenden Jahrhunderts, in weithin überwiegender
Mehrheit geeiniget hatten.

Diess war auch der Lehrsatz, zu dem ich selbst mich laut
und offen bekannte, als ich zu Ende des Jahres 1832 zum ersten
Male als öffentlicher Docent an der Wiener Universität über Strafrecht und Strafprocess zu lehren hatte.

Diese Thesis hatte ich damals zunächst auf fremde Autorität, nämlich auf Grund der von den hervorragendsten Koryphäen

1

deutscher Wissenschaft für obige Lehrsätze angeführten und auch mich vollends überzeugenden Argumente angenommen und lebhaft verfochten, ja in den ersteren Jahren meines öffentlichen Lehramtes unter mannigfachen administrativen und disciplinären Schwierigkeiten verfochten, da man in dem ersten Theile der Thesis eine nicht gestattete Opposition gegen das damals bestehende positive Recht erkennen wollte. Alsbald aber fanden sich unter meinen höhern Amtsvorgesetzten einzelne wahrhaft freisinnige Männer, welche Willen und Macht genug hatten, um mich in den 1830er und 1840er Jahren, — also wohlgemerkt in der vormärzlichen Zeit! — in der Freiheit meines Lehrvortrages überhaupt, wie wohl Tausende meiner einstigen Zuhörer bezeugen werden, und namentlich auch in der eben erst angedeuteten speciellen Beziehung nicht weiter zu beschränken.

Die angeführte Thesis hatte ich im Wesentlichen fort und fort durch mehr als zwanzig Jahre gelehrt, bis zu meinem im Jahre 1854 erfolgten Austritte aus dem Lehramte, indem ich durch die Forschungen in dem Gebiete der Wissenschaft immer mehr darin bestärkt, und durch die Erfahrungen, die ich alsbald persönlich in den Ländern, wo das schwurgerichtliche Verfahren besteht, in Frankreich, Belgien, in den Rheinländern mir gewonnen, immer mehr darin bekräftigt wurde.

Diese Thesis hatte ich gelehrt auch im Jahre 1848, zufällig an jenem Tage, an welchem das Schwurgericht zum erstenmale in Oesterreich durch das bekannte provisorische Gesetz in Betreff des Verfahrens über Pressvergehen vom 18. Mai eingeführt wurde. In dieser Weise hatte ich mich über die Cardinalpunkte des Strafprocesses fortan, und auch dann, nachdem die Schwurgerichte in Oesterreich am 1. Juli 1850 in weiterer Ausdehnung in's Leben getreten waren, ausgesprochen; — ausgesprochen in meinen Lehrvorträgen, ausgesprochen in den verschiedenen von mir gedruckten Schriften, und am Rathstische der Collegien, bei denen ich als practischer Justizbeamter amtlich mitzuwirken hatte.

Bei der Offenkundigkeit dieser Prämissen, die zu läugnen ja bare Lächerlichkeit wäre, weil das lebendige Zeugniss von Tausenden meiner ehemaligen Zuhörer wider mich zeugen würde, musste ich über die ehrende Aufforderung des verehrten Ausschusses dieser Gesellschaft, dass auch ich in Ihrer Mitte Vorträge über Schwurgerichte halten möge, bedenklich werden, da in diesem jugendfrischen Vereine, wie ich mich selbst seit mehr als einem Jahre fast wöchentlich überzeugte, doch alle Fragen der Rechtswissenschaft und der Justizpraxis mit warmen Jugendherzen, mit der Energie aufstrebender Geister, daher auch allenthalben im Geiste der Neuzeit erfasst werden, und von dem frischen Lebenshauche der Gegenwart und unseres neuerwachten freieren Staatslebens durchweht sind, und als ich daher Bedenken tragen musste, in diesem Kreise mit meiner persönlichen Ansicht über Schwurgerichte hervorzutreten, da dieselbe — wie ich mir wohl selbst gestehe — der weit überwiegenden Mehrheit der berufenen und unberufenen Stimmführer der Heut'zeit widerspricht.

Wenn nun dennoch diese Aufforderung an mich persönlich wiederholt und dringlich erneuert wurde, so kann ich derselben nur die Intention unterlegen, dass es eben den hier versammelten jugendlich aufstrebenden Geistern vor Allem um die Wahrheit, daher darum zu thun sei, auch die Kehrseite der Frage kennen zu lernen, oder die Bedenken zu hören, welche ein Mann, der nach seiner Berufsrichtung durch mehr als zwei Jahrzehente zunächst einer wissenschaftlichen Berufsbestimmung angehörte, und zugleich durch anderthalb Jahrzehente fortan einer practischen Richtung nach verschiedenen Seiten hin sich gewidmet hat, aus seinen wissenschaftlichen Forschungen und aus seinen Lebenserfahrungen sich gegen diese Institution abstrahirt hat.

Dabei verhehlte ich mir nicht, dass ich ein grosses Wagniss auf mich nehme, weil ich gegen eine reissende Strömung, nämlich gegen die herrschende Tagesmeinung, sprechen werde, eine Strömung, die um so gewaltiger wirkt, da sie von den Fluctuationen einer politischen Meinung herangeschwellt ist, und bei nahe bis zu terroristischer Uebermächtigkeit gehoben erscheint.

Wenn ich dennoch dieses Wagniss auf mich nehme, so geschieht es in eben jener Voraussetzung, in welcher die Einladung an mich erging, eine ruhige Prüfung zu veranlassen der Bedenken, welche die Gegner dieser Einrichtung dagegen einwenden, und weil sofort, wenn diese Bedenken unbegründet gefunden werden, wir auch in Oesterreich mit desto keckerem Muthe an die Einführung dieses Institutes gehen können, indem dann sich jeder Freund dieser Einrichtung sagen wird, was man immer dagegen eingewendet hat, stellt sich bei näherer Beleuchtung als entkräftet oder widerlegt heraus!

Sollten aber die einen oder anderen dieser Bedenken auch von Ihnen, geehrte Herren Zuhörer! begründet, und schwer widerlegbar gefunden werden, so mögen meine Worte neuerlich eine allseitigere und tiefer eingehende Würdigung der ernsten Frage anregen, als es bisher speciell in Oesterreich, selbst in massgebenden Kreisen, der Fall war, und es mögen dieselben insbesondere den ersten Anstoss geben, damit bei der Wiedereinführung dieser Institution in unserem Vaterlande wenigstens jene — nach meinem geringen Erachten — nicht wegzuleugnenden Mängel und Gebrechen ferne gehalten werden, welche der diessfälligen Einrichtung nach der französischen und den ihr fast durchweg nachgebildeten deutschen Schwurgerichts-Gesetzgebungen ankleben. Mängel und Gebrechen, durch

1 *

welche dieselbe nicht blos von ihrem Urbilde, der britischen
Jury, so entschieden nachtheilig abgewichen ist, sondern welche
— was viel wichtiger ist — insbesondere vielfach der Gerech
tigkeit präjudiciren.

Werden aber auch vielleicht meine Anschauungen über den
Gegenstand der Frage als irrig, und als Selbsttäuschungen meines eigenen Ich erkannt werden: so werde ich doch in Ihrer
freundlichen Aufforderung zur Darlegung meiner Ansichten mit
patriotischer Befriedigung eine neue Bestätigung der Wahrnehmung finden, dass es in unserem Vaterlande auch unter den
jüngeren Pflegern der Wissenschaft noch der Männer genug
gibt, welche für fremde, wenn auch ihren eigenen wider-
streitende Ansichten hohe Achtung zeigen, und es sogar eigens
veranlassen, dass ein wissenschaftlicher Gegner mit dem Muthe
seiner lebendigen Ueberzeugung ihrem eigenen, sowie einem allgemeinen Lieblings-Idole der Jetztzeit entgegen trete.

Sollte ich aber auch nicht Einen von Ihnen, sollte ich auch
nicht Einen von jenen vielen Enthusiasten für die Jury, die heut'
zu Tage selbst unter den Juristen *ex professo* zu finden sind, zu
überzeugen vermögen, dass dieser Institution, wenigstens als
Rechts-Institut, die ernstesten und kaum widerlegbaren Bedenken entgegen stehen, so werde ich mich zuletzt wenigstens mit dem Gedanken trösten können, dass ich mit diesen
meinen Bedenken noch immer in sehr guter Gesellschaft zu-
rückbleibe.

Wir finden nämlich unter den ersten Autoritäten der Wissenschaft und insbesondere der deutschen Rechts- und Staats-Wis-
senschaft, sowie unter den besten und freisinnigsten Männern
Deutschlands, nicht wenige Gegner der Jury!

Ich ermüde Sie nicht mit der Aufzählung der ohnehin notorischen, einzelnen Momente jener denkwürdigen legislatorischen
Vorgänge, die sich in Frankreich schon aus Anlass der ersten
Einführung der Jury daselbst (1790), dann wieder bei den mannigfachen Wandlungen abgewickelt haben, welche die Schwurgerichts-Gesetzgebung seit dem mehr als siebzigjährigen Bestande der Jury in diesem Lande erfahren hat. — Vorzüglich
lehrreich darunter sind die, zum Theile unter des grossen
Kaisers Napoleon persönlichem Vorsitze gepflogenen Verhandlungen des französischen Staatsrathes, welche der Erlassung des
Code d'instruction criminelle vom 17./27. November 1808 vorausge-
gangen waren, und sich namentlich mit der Frage beschäftigten:
„ob die während der Revolution in Frankreich eingeführten
Schwurgerichte beizubehalten seien?" Bei den diessfälligen eingehenden Debatten hat sich bekanntlich die Majorität der angesehensten französischen Rechtsgelehrten, und zwar die Mehr-
sten derselben überwiegend aus juridischen Gründen, viele

aber auch aus politischen Erwägungen gegen die Beibehaltung des Schwurgerichts ausgesprochen.

Ich nenne Portalis *(le père)*, Simeon, Boulay, Dupuy, Bigot, Ségur, Campacères, Jaubert, Jolivet, und unter den späteren namhaften französischen Schriftstellern Selves, Boucher, den berühmten Merlin, Cotta, Compte, Carnot, Gach, Oudart, Villiers, Mezard, den in Frankreich naturalisirten, ursprünglich deutschen Fölix, dann Cherbuliez u. s. f.

Ebenso werde ich mich nicht länger bei der Aufzählung berühmter italienischer Rechtsgelehrten, eines Carmigniani, Romagnosi und in neuerer Zeit Bandi und Giuliani aufhalten, die sich ebenfalls auf's Entschiedenste gegen das Schwurgericht aussprechen, und zu denen in allerneuester Zeit die Zeugnisse angesehener italienischer Justiz-Praktiker, eines Gabelli, de Giovini und Donetti u. m. A. kamen, welche sich auch über die Bewährung der Jury in den verschiedenen Ländern Italiens, dem im Allgemeinen doch hohe Intelligenz seiner Bewohner nachgerühmt wird, nichts weniger als günstig aussprechen. Ich will selbst von dem berühmten Ausspruche des hochangesehenen englischen Juristen Bentham absehen, der sogar erklärte: *„que le jury est une institution admirable dans des temps barbares, mais indigne d'un siècle des lumières:* aber setzt er bei: *„Toutefois dans l'état imparfait de nos lois il peut être nécessaire de le conserver."* — Für uns liegt Dasjenige näher, was die deutsche Wissenschaft denkt.

Da mag nun vorerst erwähnt werden, dass die angesehensten Staatsrechtslehrer, die freilich in dieser Beziehung gewöhnlich als politische Partei-Männer erklärt werden, wie Maurenbrecher, Schmitthenner, Stahl und Zöpfl, auch aus politischem Standpunkte, zumal für monarchische Staaten, das Schwurgericht bekämpfen. Doch halten wir uns vorzugsweise an die Vertreter der Rechtswissenschaft! Da möge uns den Reigen derjenige Mann eröffnen, dem gewiss der erste und unverwelklichste Lorbeer gilt, wenn es sich um jene Leistungen handelt, durch welche zumeist die deutsche Strafrechtswissenschaft zu einem neuen Leben geweckt, und sofort auch die Umbildung der deutschen Strafgesetzgebung energisch gefördert worden ist.

Es ist bekanntlich Anselm Ritter von Feuerbach. Er hatte nicht blos in einer eigens dem Zwecke gewidmeten Schrift schon im Jahre 1813 und insbesondere in seinem berühmten späteren Werke „über die Oeffentlichkeit und Mündlichkeit der Rechtspflege" auf das Entschiedenste, vor Allem aus juridischen Gründen, das Schwurgericht bekämpft, sondern auch späterhin, als man ihm aus irgend einer seiner Schriften eine Apostasie von seiner früheren Ueberzeugung oder doch wenigstens ein Coquettiren mit den Freunden dieser Einrichtung vorwarf, insoweit er nämlich

dem englischen Schwurgerichte vor den französischen Einrichtungen den Vorzug gab, sich wiederholt dahin ausgesprochen, dass
er fort und fort auf seiner Ueberzeugung beharren müsse, dass aus
juridischen Gründen diese Institution nicht zu empfehlen sei.
Nach ihm schrieben oder sprachen öffentlich von namhaften deutschen Juristen folgende gegen das Schwurgericht, und zwar
grösstentheils aus juridischen, zum Theile auch aus politischen
Gründen: von der Leyen, Trittermann, Steiger, Schramm,
zum Bach, Sommer, Vinke, Rehberg, Henke, Rappart,
Martin, Sparre-Wangenstein, Grävell, Mosqua, Rös-
lin, von Weber, Hangard, Möhl, Molitor, Buttel, Schau-
berg, Brinckmann, Höpfner, Jagemann, Stemann,
Nippel, Dernburg (der Letztgenannte wenigstens aus dem
streng juridischen Standpunkte), Daniels, Lewald, Gum-
posch, Fischer, Grohmann, Blume, Meyer, Souchay,
van der Pfordten, Krug, Wettke, Stiefel, Lucius, Ortloff,
Nöllner, Völlert, Wiarda, und eine zahllose Menge ano-
nymer Schriftsteller. — Ich nenne zuletzt diejenigen Gegner
dieser Institution, welche Ihnen, meine Herren, durch ihre anderweitigen rechtswissenschaftlichen Werke bekannter sind und
als Autoritäten gelten. Ich bemerke, dass der gewissenhafte
Abegg, der bekanntlich in allen seinen Schriften, einer Biene
gleich, jeden Rechtssatz bis in die letzten Atome seiner Genesis
verfolgt; dass ferner der grundgelehrte Biener, dessen Schriften,
namentlich über das englische Geschwornengericht, die historische
Genesis desselben gründlicher als irgend ein deutscher oder engli-
scher Schriftsteller darlegt, und dass Geib schon vor zwanzig
Jahren und neuestens wieder in seinem im vorigen Jahre erschienenen Lehrbuche des deutschen Strafrechts auf das Entschiedenste
sich gegen die Einführung der Schwurgerichte in Deutschland, insbesondere aus dem Stande der Justiz aussprach.

Geib namentlich hatte den Muth, schon vor mehr als zwanzig
Jahren, zu einer Zeit also, wo sich diessfalls in Deutschland die
Wage bereits ungleich zeigte, und viel mehr Freunde und enthusia-
stische Vertheidiger als Gegner des Schwurgerichts auftraten, mit
dürren Worten auszusprechen: „Durch die Einführung des
Schwurgerichtes wird die Gerechtigkeit der Politik
geopfert!" — Geib hatte überdiess den Muth, im Jahre 1862 in
seinem eben erst genannten ausgezeichneten Werke drucken zu
lassen: „Der einfachste, aber auch der wünschenswertheste
Weg zur Beseitigung des Dualismus zwischen den verschiedenen
deutschen Strafgesetzgebungen in der angedeuteten Richtung be-
stünde darin, dass die Geschwornengerichte in allen deutschen
Staaten schlechthin aufgehoben werden."

Dabei ist wohl keinem von Ihnen unbekannt, dass Geib unter
die sogenannten liberalen Schriftstellern zählt und ausserdem

in seinem Lehrbuche für die Reform des materiellen Strafrechts wie auch des Strafprocesses in der freiheitlichsten und volksthümlichsten Gestaltung eifert.

Ich nenne weiter drei Männer, die eine grosse Bedeutung auf die Strafrechtswissenschaft haben, obgleich sie gerade in Beziehung auf die Jury-Frage uns theilweise eine Wandlung ihrer Ansichten erkennen lassen. Es sind diess Mittermaier, Heffter und Zachariae.

Alle drei haben in ihren früheren Schriften, theils sogar aus politischem, insbesonders aber aus juridischem Standpunkte gegen das Schwurgericht sehr ernste Bedenken erhoben. Erst als die Wogen der politischen Bewegung in Deutschland höher gingen, in den Jahren 1846 und 1847, als nämlich der Germanisten-Congress in Frankfurt und Lübeck sich mit grosser Majorität für die Einführung des Schwurgerichtes in Deutschland ganz entschieden ausgesprochen hatte, erst da fingen auch diese Männer an, entschieden in's andere Lager überzutreten, obgleich gerade der an Erudition wohl Alle übertreffende Mittermaier in allen seinen hundertfachen Schriften, selbst der neueren und jüngsten Zeit, doch bei jeder Gelegenheit wieder mannigfache juridische Bedenken dagegen nicht ganz zu unterdrücken vermag, und obgleich auch Zachariae selbst wieder in seinem neuesten Werke über den deutschen Strafprocess, nicht zu den entschiedenen Ableugnern der Bedenken gegen diese Einrichtung gezählt werden kann.

Desto nachdrucksvoller beharrten zwei andere Männer, deren Freisinnigkeit gewiss keinem von Ihnen zweifelhaft ist, zwei Männer, sage ich, deren liberale Gesinnung die meisten von Ihnen, meine Herren, vor wenigen Monaten durch Autopsie in thatlebendigen Worten wahrzunehmen vermochten, nämlich der gefeierte Wächter und der klare, lichtvolle Schwarze, auf ihrer entschiedenen Opposition gegen die Einführung des Schwurgerichtes in Deutschland.

Wächter hatte sich namentlich dem oben citirten Ausspruche Geib's angeschlossen: „Durch das Schwurgericht wird die Gerechtigkeit der Politik geopfert!" und fügt bei, dass man selbst aus politischem Standpunkte dasselbe nur bei einer sehr einseitigen Auffassung anempfehlen könne.

Schwarze hingegen bekämpft dasselbe fortan in seinen verschiedenen Schriften, Kritiken und Recensionen verschiedener wissenschaftlicher Werke; namentlich aber am eingehendsten in dem allbekannten, die Frage ziemlich erschöpfend behandelnden Aufsatze: „Schwurgericht" im Weiske'schen Rechtslexicon.

Um endlich den Cyclus dieser glänzenden Namen mit dem glänzendsten abzuschliessen, habe ich mir jenen grossen Juristen vorbehalten, den die deutsche Wissenschaft nicht erst seit heute und gestern, nicht erst seit dem Augenblicke, als er nicht mehr zu den Lebenden zählt, sondern seit Jahrzehnten, als den Fürsten der deutschen Jurisprudenz bezeichnet: „Savigny."

Vielleicht ist manchem von Ihnen die Thatsache nicht bekannt, dass Savigny im Jahre 1846 als vom Könige ernannter Justiz- und, wie man's damals nannte, Justiz-Gesetzgebungs-Minister sich die Aufgabe setzte, alle Principien-Fragen für die künftige Strafprocess-Ordnung persönlich zu bearbeiten und diese erschöpfende, mit der bekannten lichtvollen Klarheit und eleganten Einfachheit dieses grossen Mannes geschriebene Abhandlung als Manuscript drucken und unter Gelehrte vertheilen zu lassen, so dass diese herrliche Arbeit ursprünglich nur in einem kleineren Kreise Verbreitung fand, bis sie erst mehrere Jahre später in Goltdammer's Archiv abgedruckt wurde.

In dieser Schrift hatte nun auch Savigny die Lanze mächtig erhoben für die Gestaltung des Strafprocesses nach den Principien der Unmittelbarkeit und der Oeffentlichkeit, hatte die übrigen von mir im Eingange angedeuteten Fragen mit derselben Entschiedenheit befürwortet, wie sie von der grossen Mehrheit der deutschen Schriftsteller beantwortet zu werden pflegen, hatte aber bei der Prüfung des Schwurgerichtes mit gewissenhafter Darlegung allerdings auch aller für dasselbe geltend zu machenden juridischen und politischen Gründe, sich in eine Widerlegung aller dieser Gründe Punkt für Punkt eingelassen und mit der Behauptung geschlossen: „dass insbesondere aus dem Standpunkte der Justiz dies Institut sich nicht empfehle."

Ich glaube daher allerdings selbst eine äussere Berechtigung dafür zu haben, wenn ich in so glänzender Genossenschaft grosser Denker und berühmter Männer es wage, ebenfalls aus dem Standpunkte der Justiz noch immer diejenigen Bedenken als nicht entkräftet darzustellen, die sich auch mir schon vor mehr als 30 Jahren aufgedrungen haben.

Ehevor ich aber zur Sache selbst schreite, wollen Sie erlauben, dass ich noch ein Paar verwahrende und abwehrende Bemerkungen vorausschicke.

Die Darlegung dieser Bedenken kann vor allem Andern nicht den Sinn haben, dass etwa irgend einem denkenden Menschen beifallen könnte, die Wiederabschaffung des Schwurgerichtes auch für solche Länder zu empfehlen, wo sich dasselbe, wie z. B. in dem Mutterlande desselben, in England und Schottland, historisch aus dessen Volks- und Staats-Entwicklung herausgebildet und tief innerst mit allen übrigen politischen und socialen Institutionen, mit den Volksanschauungen und den theuersten Errungenschaften des Volkes verwachsen hat, wo es nicht mit einer Phrase, sondern in Wirklichkeit als das Palladium einer unabhängigen und unbefangenen Rechtsprechung hoch geachtet und heilig gehalten wird.

Es wäre politischer Wahnsinn, für solche Staaten die Abschaffung des Schwurgerichtes zu empfehlen. Solche Aberration legen wir daher bei Seite! — Ich gehe aber noch einen Schritt weiter.

Ich selbst muss ferner zugestehen, dass bei dieser Frage zum Theile massgebend die subjective Meinung, das subjective Wollen der Völker entscheidet, für welche solche Rechts-Institute bestimmt sind. Es kommt nämlich hierbei nicht zunächst darauf an, wer mehr Vertrauen verdiene, ob rechtsgelehrte Beamten-Richter oder Geschworne aus dem Volke, sondern Alles hängt zunächst davon ab, wer mehr Vertrauen besitze.

Hat sich nemlich entweder in Folge fauler politischer oder Rechts-Zustände, in Folge trauriger Vorkommnisse bei der praktischen Rechtspflege, in Folge einer verfehlten Justiz-Organisation, in Folge einer unlauteren Einflussnahme einer despotischen Regierung auf einen von ihr völlig abhängig gestellten oder gar servilen Richterstand, in Folge anderweitiger Corruptionen dieses wichtigen Standes oder sonstiger Missgriffe einer Regierung in Beziehung auf die Justizpflege, das Vertrauen der Bevölkerung für die rechtsgelehrten Beamten-Richter einmal abgeschwächt, erschüttert, oder gar gänzlich zerstört und entwickelte sich hieraus nun einmal in der Meinung der Bevölkerung in Beziehung auf eine gute und gerechte Justizpflege die Ansicht, dass nur aus dem Volke hervorgegangene Richter die Gerechtigkeit unabhängig zu finden und auszusprechen den Muth haben: dann wird es auch schwer halten, mit der Einführung des Schwurgerichtes noch zu zaudern, — eben darum, weil die Völker diese Art der Rechtsfindung und Rechtsprechung jener durch abhängige Beamte vorziehen, und weil in solchen Sachen niemals das, was objectiv ist, sondern nur dasjenige, was subjectiv dafür gehalten wird, sich Geltung verschafft.

Wenn nun die kaiserliche Regierung Oesterreichs durch das hierzu in erster Linie berufene Organ, nämlich durch ihren Justizminister vor mehr als einem Jahre der Volksvertretung erklärte: „Die Regierung sei entschlossen, in allen Ländern, in welchen das Schwurgericht schon im Jahre 1850 bestand, dasselbe wieder einzuführen, wenn die nach der bestehenden Verfassung berufene Volksvertretung der einzelnen Länder, nämlich die Landtage, den Wunsch darnach aussprechen und dasselbe den Bedürfnissen und Wünschen des einzelnen Landes entsprechend erkennen werden," so scheint dies gerade derjenige Weg zu sein, der eben von mir angedeutet wurde. Wollen nämlich die einzelnen Völker Oesterreichs das Schwurgericht, glauben sie wirklich darin eine grössere Beruhigung für unbefangene Rechtsprechung zu finden, *habeant sibi!* — Auf diesem Wege kann sich eine erleuchtete Regierung allerdings selbst bei vorausgesetzter entgegenstehender Ueberzeugung zur Einführung des Geschwornengerichtes bestimmt finden, weil sie ja bei der Frage: „auf welche Art das Volk selbst seine eigenen Rechtsangelegenheiten besser bewahrt und beschützt glaube?" doch vorweg der berechtigten Stimme des Volkes selbst Gehör zu schenken hat.

Wird dies in Oesterreich geschehen, und sofort nach den eigenen Wünschen der Bevölkerung von der Regierung das Geschwornengericht auch bei uns wieder eingeführt werden, dann wird es Pflicht eines jeden ehrlichen Staatsbürgers werden, seine subjective entgegenstehende Meinung dem Ausspruche der Gesetzgebung unterzuordnen, und eventuell auch redlich zur consequenten und ehrlichen Durchführung dieser Institution in unserem Vaterlande mitzuwirken, also auch, soviel es in seinen Kräften und seinem Bereiche liegt, diese Institution von jenen mannigfachen Schlacken zu reinigen, die ihr insbesonders nach der französischen und den deutschen Schwurgerichts-Gesetzgebungen ankleben, mit Einem Wort, für deren Verbesserung zu wirken.

Diese Pflicht wird zu einer erhöhten begreiflich für jeden loyalen Staatsbeamten, und ich selbst müsste den Mann unehrlich nennen, der bei dieser Voraussetzung, beim Eintreffen der eben erwähnten Eventualität, nämlich, wenn die Factoren der Gesetzgebung und der Souverän sich für die Einführung aussprechen werden, nicht mit seiner ganzen Energie für die ehrliche Ausführung dieses Institutes auf die eben angedeutete Weise, nämlich für die Beseitigung seiner etwaigen Gebrechen, für die gründliche Vervollkommnung und Verbesserung desselben wirken würde.

Eine dritte Reserve sei noch am Platze, ehevor ich zur Sache selbst übergehe: es ist nämlich die Abwehr jenes Gemeinplatzes, dass man den Ausspruch für oder wider das Schwurgericht gewöhnlich als in genetischem Zusammenhange mit Liberalismus und Reaction erkennt. Eine solche Vermengung nicht zusammengehöriger Dinge kann nur von Unkundigen ausgehen! — Die Frage an und für sich hat mit Liberalismus und Reaction nichts zu thun! Die Namen, die ich Ihnen als Gegner der Schwurgerichte angeführt habe, geben Ihnen schon Bürgschaft dafür, dass viele von den freisinnigsten Männern Deutschlands trotz, nein, gerade vermöge ihrer Freisinnigkeit in Beziehung auf die Gestaltung der Justiz-Organisation, sich gegen das Schwurgericht aussprechen.

Entgegen finden sich unter Reactionären reinsten Wassers, unter Männern und Herrschern, denen es gewiss nicht um eine volksthümliche Gestaltung der politischen Institutionen der Staaten zu thun war und ist, auch heute noch Anhänger des Schwurgerichtes. Diese letzteren wohl vielleicht vorzugsweise

desshalb, weil sie hoffen, auch das Schwurgericht so gestalten
zu können, dass es nach Umständen als Waffe nicht wider, sondern vielmehr als serviles Werkzeug für die Regierung oder für
andere selbstische politische Zwecke gebraucht werden könnte.
Ja, ich bemerke im Voraus, dass man liberal im edelsten Sinne
des Wortes sein und doch ernste Bedenken gegen das Schwurgericht nähren kann.

Wenn ich nämlich das breitgetretene, in der allgemeinen
Auffassung gewöhnlich nichtssagende und dennoch so inhalts-
schwere Wort: „Liberalismus" in Anwendung auf die staatlichen Institutionen in's Auge fasse, und wenn ich mir sage, dass
ein Liberaler vor allem Anderen jene freiheitliche Gestaltung
der gesammten Gesetzgebung, Verfassung und Administration
des Staates unterstützen müsse, in welchem dem Individuum das
grösstmöglichste Ausmass der bürgerlichen und politischen Freiheit, den Orts-Gemeinden und ebenso in weiterer Ausdehnung
den etwaigen Bezirks- und Provinzial-Vertretungen die freieste
Selbstbestimmung (Autonomie) bei Wahrung und Verwaltung
ihrer nächsten Interessen und Local-, Bezirks- und Provinzial-
Angelegenheiten, sowie der Volksvertretung im Ganzen der
grösstmöglichste und weiteste Antheil an der Gesetzgebung,
gleichwie in Beziehung auf die Regelung und Controle des
Finanzhaushaltes des Staates zustehen, und jede unnöthige Be-
vormundung der Staatsangehörigen durch die Regierung vermieden werden soll, — wobei ferner speciell in Beziehung auf die
Justiz der Grundsatz der Gleichheit aller Staatsbürger vor dem
Gesetze, ohne Unterschied des Standes, der Nationalität und der
religiösen Confession in seiner vollsten Geltung durchgeführt,
daher jedes particularistische Sonder-Interesse einzelner Menschen,
privilegirter feudaler oder aristokratischer Stände, gewisser religiöser Confessionen u. s. w. mit Ernst hintangehalten, und in
Beziehung auf die Rechtfindung und Rechtsprechung niemals
Subjectivität, Willkür der Richter entscheiden, sondern, so weit
es menschlichen Institutionen möglich ist, nur die Majestät
des Gesetzes, das objective Recht zur Geltung kommen
soll: wenn, sage ich, der Liberalismus in seiner Anwendung auf
die Justiz sich ungefähr in diesen Forderungen ausspricht, so
kann — davon soll Sie der Verfolg meiner Vorträge im Einzelnen überzeugen — der echteste Liberale noch immer gegen
das Schwurgericht sein.

Ja, ich bemerke Ihnen aus meinen persönlichen, nicht
sehr kurzen Lebenserfahrungen, dass ich gerade unter jenen
Männern, die es mit der Gerechtigkeit am ernstesten
meinen, denen wirklich die Justiz heiliger Ernst,
nicht blos Sache des Kopfes, sondern auch eines
warmen Herzens ist, welche Justiz-Gesetzgebung, Justiz-

Organisation, Justiz-Administration und insbesonders Besetzung
der Richterämter durch alle Instanzen nicht etwa nach den Convenienzen der politischen Opportunität zu modeln, und sich bei Bildung ihrer Ansichten und in ihrem praktischen Verhalten in keiner
Weise unter das Sklavenjoch serviler Convenienz für das Beifallslächeln der Machthaber des Tages, oder für die schlagenden
Lockworte, welche etwa eine herrschende Clique auf ihr Banner
geschrieben hat, zu beugen gewohnt sind; dass mit Einem Worte
gerade solche Männer, die gewissenhaft immer und überall n u r
d a s R e c h t u n d d i e G e r e c h t i g k e i t sowohl bei der Gebung
als bei der Handhabung der Gesetze, und namentlich bei der
Ausübung der Justizpflege im Auge haben, dass ich immer und
überall gerade unter solchen Männern die entschiedensten Bekämpfer der Schwurgerichte gefunden und kennen gelernt habe.

Wollen Sie also, meine Herren! mit mir vorläufig ganz davon absehen, dass die Frage auch ihre politische Seite hat,
und dass allerdings auch sogenannte Reactionäre *par principe* sich
regelmässig gegen das Schwurgericht aussprechen! Wollen Sie
vielmehr mit mir vorerst zur rein juridischen Betrachtung der
Institution schreiten!

Ich habe mir nun zur Aufgabe gesetzt, meine juridische
Betrachtung heute vorläufig auf den r e i n p r a k t i s c h e n S t a n d -
p u n k t zu beschränken, und stelle die Frage in d i e s e r Beziehung mir so zurecht: „I s t d i e E i n r i c h t u n g d e s S c h w u r -
g e r i c h t e s, s o w i e s i e s i c h d e r z e i t i n d e n v e r s c h i e d e -
n e n e u r o p ä i s c h e n S t a a t e n — i n s b e s o n d e r e w e n n i c h
h i e r b e i d i e w e i t h i n h e r r s c h e n d e f r a n z ö s i s c h e E i n -
r i c h t u n g d e r J u r y, u n d d i e d e r l e t z t e r e n g r ö s s t e n -
t h e i l s n a c h g e b i l d e t e n S c h w u r g e r i c h t s - G e s e t z g e b u n -
g e n d e r d e u t s c h e n L ä n d e r v o r A u g e n h a b e — i s t
d i e s e E i n r i c h t u n g s o g e a r t e t, d a s s s i e d u r c h s i c h s e l b s t
d i e B ü r g s c h a f t b i e t e t, u m d i e m a t e r i e l l e W a h r h e i t,
a l s o u m d a s w a h r e u n d e i g e n t l i c h e R e c h t l e i c h t e r,
r i c h t i g e r u n d u n b e f a n g e n e r z u f i n d e n u n d a u s z u -
s p r e c h e n, a l s b e i d e r U e b e r l a s s u n g d e r E n t s c h e i d u n g
a n r e c h t s g e l e h r t e B e a m t e n - R i c h t e r?“

Auf diese Frage antwortete ich mir nun von jeher, und
antworte mir auch heute noch: „Es liegt in der Rechtsprechung
durch das Schwurgericht überhaupt, und zumal nach seiner
dermaligen französisch-deutschen Einrichtung ein Moment, der
vielmehr der Findung der Gerechtigkeit und dem Ausspruche
derselben störend und hindernd entgegen tritt.“

Dabei gehe ich nun allerdings von einer Voraussetzung aus,
die heutzutage wenigstens unter den Männern der F a c h - W i s -
s e n s c h a f t ausser Zweifel steht, von der Voraussetzung nämlich, dass die Geschwornen nicht blos über die sogenannte That-

frage, sondern im Wesentlichen oder in der Hauptsache allerdings auch über die Rechts- oder Gesetzesfrage entscheiden, und
dass die früher fast allgemein herrschende Anschauung, wornach
bei dieser Einrichtung die Entscheidung der Rechtsfrage ausschliessend dem rechtsgelehrten Gerichtshofe überlassen bleibe,
heut' zu Tage zu den überwundenen Illusionen gehöre.

Diese letztere, von den Franzosen in irriger Auffassung und
Nachahmung des englischen Schwurgerichts erfundene Theorie der
Sonderung und Gegenüberhaltung der That- und Rechtsfrage ist,
wenigstens seit einem Jahrzehent, als überwunden anzusehen.
Hätte es für uns Mitglieder des Plaidir-Vereines noch einer Nach-
weisung in dieser Richtung bedurft, so musste sich wohl Jedem
von denjenigen, welche den jüngst in diesem Kreise gehaltenen
Vorträgen des Herrn Professors Glaser beigewohnt, sowie den
(Glaser's diessfällige Darlegungen gewissermassen bekräftigenden)
mannigfachen Gesetzes-Citaten, die uns Herr Landesgerichtsrath
Frühwald vorgetragen, die Ueberzeugung aufdrängen, dass die
Geschwornen nicht blos in England, sondern auch in Frankreich und
in allen deutschen Ländern nach der Natur der Sache, nach
dem durch Uebung oder Reception eingeführten oder auf den
bestehenden positiven Strafprocess-Ordnungen beruhenden Rechte,
— über die Schuld überhaupt, daher ebensowohl über die
sogenannte That-, als über die Rechts- oder Gesetzes-Frage entscheiden. Insbesondere haben Ihnen die zutreffenden Auseinandersetzungen des Herrn Professors Glaser mit einzelnen Belegen
aus der englischen, französischen und deutschen Gerichtspraxis
diesen, wie schon erwähnt, seit zehn Jahren unter den Männern
der Wissenschaft als unbestreitbar angesehenen Satz bis in's
kleinste Detail dargethan. Ich wiederhole nur aus dem von ihm
Gesagten das Einzige, dass wohl selbst der schlichte Menschenverstand nicht mehr darüber zweifeln kann, dass der Geschworne,
dem z. B. die Frage vorgelegt wird: „Ist der Angeklagte schuldig, an diesem Orte, zu dieser Zeit diese oder jene Sache ge-
stohlen zu haben," — oder, wie die rheinische Praxis gegenwärtig sagt — „diese oder jene Sache betrügerisch entwen-
det zu haben" — oder wie der österreichische Sprachgebrauch
während des Bestandes der Schwurgerichte bei uns nach Massgabe der St.-P.-O. vom 17. Jänner 1850 sich auszudrücken pflegte:
„Ist der Angeklagte schuldig, eine ihm fremde, bewegliche Sache
aus dem Besitze des Andern um seines eigenen Vor-
theiles Willen entzogen zu haben?" — oder dass ein Geschworner, der etwa über folgende Frage entscheidet: „Ist der
Angeklagte schuldig, gegen den N. N. in der Absicht, ihn zu
tödten, mit Vorbedacht, Ueberlegung und Absicht eine Handlung
gethan zu haben, aus welcher nothwendig der Tod desselben erfolgte?" oder: „Ist der Angeklagte schuldig, arglistig eine Hand-

lung begangen zu haben, wodurch er den Andern in Irrthum
führte, wodurch derselbe oder ein Dritter einen Schaden erleiden
sollte?" u. s. f., dass also ein Geschworner, der diese oder jene
Frage entschieden hat, die gesammte S c h u l d f r a g e, d. h. eben so
zutreffend die That-, wie die Rechts- oder Gesetzesfrage entscheide.

Man kann es heutzutage als Fabel ansehen, um mich gleich
eines bezeichnenden Ausdruckes zu bedienen, wenn man bei solcher Fragestellung noch etwa glauben sollte, es sei überhaupt
eine Trennung der Thatfrage von der Rechtsfrage bei dieser Entscheidung möglich. Die Ungereimtheit und Unmöglichkeit einer
durchgreifenden und absoluten Trennung dieser beiden Fragen
von einander ist so vielfach nachgewiesen, dass ich mich darauf
als auf eine vollendete und unbestreitbare Thatsache beziehe.

Wenn nun, sage ich, die Geschwornen die gesammte Schuldfrage zu entscheiden haben, so fand ich von jeher und finde ich
auch jetzt noch die meines Erachtens noch nicht gelöste, aber
auch nicht zu lösende Schwierigkeit darin, wie die richtige Entscheidung der Schuldfrage durch eine Institution vermittelt werden
soll, deren Wesenheit darin besteht, diese Entscheidung zwischen
zwei Köpfe oder zwei Collegien in der Art zu theilen oder zu
trennen, dass der eine dieser Köpfe oder das eine dieser Collegien, nämlich der rechtsgelehrte Gerichtshof, die F r a g e zu stellen,
und der andere dieser Köpfe, d. i. das andere dieser Collegien,
nämlich die Geschwornenbank, diese Frage zu b e a n t w o r t e n
hat. — Ich konnte mir von jeher weder theoretisch klar machen,
noch mich jemals praktisch davon überzeugen, wie durch eine
solche Trennung der Functionen der E i n e n Entscheidung eine
Gewähr dafür entstehen könne, dass die auf die unverrückbar festgestellte Frage des Einen von einem Anderen ertheilte Antwort
wirklich die objectiv richtige Entscheidung enthalten soll.

Ich glaube diess vorerst theoretisch durch ein paar Worte
näher begründen zu sollen. Die ganze Entscheidung der Schuldfrage ist ein Reflexions- und Gewissens-Process, der in dem
Kopfe und, wenn Sie wollen, auch in dem Gemüthe eines gewissenhaften Richters, aus dem Zusammenhalten und der Combination von mannigfachen einzelnen Elementen, Beweisgründen,
Thatsachen und zum Theile sogar aus an sich oder scheinbar
ganz unerheblichen, kleinen Umständen sich bildet und im Kopfe
und Gewissen des entscheidenden Richters als gesammtes Schluss-
resultat die Ueberzeugung der Schuld oder Nichtschuld begründet, ohne dass sogar jeder einzelne Richtende selbst immer im
Stande ist, sich alle einzelnen Elemente klar zu machen, aus
welchen er sich das gesammte Bild gestaltet hat.

Jene logisch gegliederten Köpfe, in welchen sich Punkt für
Punkt, ich möchte fast sagen, Atom für Atom, die einzelnen
Facta von einander abscheiden, welche durch ihr Zusammenwir-

ken dies Resultat machen, jene logisch gegliederten Köpfe, wiederhole ich — welche diese Abscheidungen einerseits und wieder
andererseits das vereinigte Zusammenwirken der zerstreuten
Theile zu einem Gesammtschlusse auch klar auszusprechen oder
in Worten wiederzugeben finden, sind *rarissimi nantes in gurgite
vasto.* Wir finden selbst unter den scharfsinnigsten Juristen selten
nur da und dort einen, der diesen Reflexions- und Gewissens-
process bei jeder einzelnen richterlichen Entscheidung deutlich
und lichtvoll auseinander zu setzen vermag.

Erwägen wir nun, wie sich der fragenstellende Gerichtshof
gegenüber der antwortenden Geschwornenbank darstellt! — Der
Fragende muss vorerst in's Auge fassen, wie mögen sich die zur
Antwort berufenen G e s c h w o r n e n — denn d i e s e haben ja
eigentlich zu e n t s c h e i d e n — das Hauptfactum, d. i. die Frage
über die Hauptschuld oder Nichtschuld vorgestellt haben, und
hiernach, also nach der sich selbst ideeirten Vorstellung eines
A n d e r e n von dem gesammten Ergebnisse der Verhandlung hat
der E r s t e r e die Hauptfrage zu stellen. Doch selbst zugegeben,
dass dieses Sich-hinein-denken in die Auffassungs- und Vorstel-
lungsweise eines Anderen in Beziehung auf die Hauptfrage (Schuld
oder Nichtschuld überhaupt, oder das s. g. General-Verdict) in
der Regel nicht so grosse Schwierigkeiten darbieten werde, so
steigern sich doch dieselben, wenn — was ja nach der hergebrachten und positiv vorgeschriebenen Einrichtung der französischen und der ihr nachgebildeten deutschen Jury regelmässig
der Fall ist — dieser Hauptfrage noch mannigfache Nebenfragen,
nämlich Zusatz- und Eventual-Fragen beigefügt werden müssen,
um nämlich dadurch, wie man glaubt, erst die wahre Willensmeinung der Geschwornen in Beziehung auf alle Detailpunkte
oder einzelnen Momente und Qualificationen der Schuld oder
Nichtschuld (das Special-Verdict) erforschen und constatiren zu
können.

Bei diesen Zusatz-, sowie bei den eventuellen Fragen hat sich
nun der fragende Richter immer vorerst selbst die Erwägung
vor Augen zu halten: „Wie mag möglicher Weise von den
Geschwornen die Hauptfrage beantwortet werden, mit „Ja" oder
mit „Nein?"

In dem einen und in dem anderen Falle muss dann der
fragende Richter sich wieder selbst fragen: „Welche Fragepunkte
mögen sich sofort in der Reflexion und im Gewissen der antwortenden Geschwornen weiter herausstellen?" Diess nun ist begreiflicher Weise ungemein schwierig für einen Andern, weil eben
dieser Andere sich dabei in die Denk- und Auffassungsweise des
Antwortenden in Beziehung auf alle Details des Processes hinein
ideeiren und construiren soll. — Ist dies aber nur überhaupt
logisch möglich?

Bleiben wir bei den eventuellen Fragen — hie und da auch subsidiäre Fragen genannt — stehen. Dieselben werden im Gegensatze der eigentlichen Zusatzfragen*) für den Fall gegeben, wenn die erste Frage (über die Schuld des Angeklagten rücksichtlich des ihm zur Last gelegten genannten Verbrechens) überhaupt verneint wird, und beziehen sich in der Regel darauf: „ob der Angeklagte nicht wenigstens eines weniger strafbaren Verbrechens oder Vergehens schuldig erscheine, als dessen er angeklagt wurde?" Dabei versteht sich von selbst, dass für den Fall der Verneinung auch dieser ersten Eventualfrage noch weitere Fragen durch die ganze Stufenleiter der strafbaren Handlungen hindurch, unter welche möglicher Weise die That des Angeklagten subsumirt werden mag, an die Geschwornen gestellt werden können. — Allein die antwortenden Geschwornen haben sowohl nach den französischen Gesetzen, als nach den Strafprocess-Ordnungen und nach dem hergebrachten Rechte aller Länder, wo das Schwurgericht besteht, das Recht, auch *motu proprio*, d. h. ohne dass sie von dem Richter ausdrücklich darum gefragt worden sind, schon ihrer Entscheidung über die erste oder Hauptfrage, ebenso aber auch der Entscheidung über jede nachgefolgte Eventual-frage beliebige Zusätze, Beschränkungen oder Modificationen, theilweise Bejahungen, theilweise Verneinungen u. s. f. beizufügen. — Welche Modificationen und Zusätze aber der Antwortende *motu proprio* seiner Entscheidung über die Hauptfrage beifügen kann und werde, ist begreiflicher Weise der Reflexion des Fragenden gänzlich unbekannt.

Des Letzteren eventuelle zweite, dritte und folgende Fragen, welche der Fragende immer in der Voraussetzung stellt, dass die Hauptfrage, und ebenso, dass die frühere Eventualfrage schlechtweg verneint werde, sind daher nicht selten auf Hypothesen basirt, die gar nicht eintreffen. Der Richter würde nämlich diese Eventualfragen theils gar nicht, theils wenigstens nicht in dieser Form gestellt haben, wenn er im Voraus die Zusätze gekannt hätte, mit welchen der Antwortende die früheren Fragen löst.

Wenn nun die Geschwornen auch auf alle diese Eventual-fragen antworten, wozu sie sich in allen Fällen verpflichtet halten müssen, wenn sie die vorausgegangenen Fragen wenigstens theilweise verneinend entschieden haben, so geschieht es nur zu leicht, ja muss es logisch nothwendig so geschehen, dass die eine und andere Antwort auf diese nachgefolgten Fragen nicht

---

*) Die eigentlichen Zusatzfragen werden bekanntlich bei vorausgesetzter Bejahung der Hauptfrage gestellt, und beziehen sich vorzugsweise auf das etwaige Vorhandensein von Strafausschliessungs-, von Milderungs-, von Schärfungs-Gründen u. dgl.

blos mit dem einen oder anderen von ihnen selbst zur Entscheidung über eine frühere Frage beigefügten (von dem fragenden Richter aber im Voraus nicht bedachten) Zusatze im Widerspruche stehen wird, sondern dass überdiess durch das logische Gesammtresultat dieser Antworten in Zusammenhalt mit den erwähnten Zusätzen gar häufig auch eine solche Entscheidung sich herausstellt, welche demjenigen, was die Geschwornen selbst im Ganzen wollten, geradezu widerspricht.

Doch bleiben wir vorläufig bei einer noch viel einfacheren Sachlage, nämlich bei denjenigen Wirren stehen, welche sich aus dieser Trennung der Entscheidung unter zwei verschiedene, nämlich eine fragende und eine antwortende Collectiv-Person, selbst bloss in Betreff der eigentlichen Hauptfrage bei einem etwas complicirten Thatbestande ergeben werden, und wollen wir dieselben praktisch an einem Beispiele oder concreten Falle beleuchten, da eine rein theoretische Erörterung, wie ich sie bisher versuchte, vielleicht denn doch Manchem noch abstrus erscheinen dürfte. Alle diejenigen, welche die Schwurgerichts-Praxis auf wissenschaftlichem Wege von Abirrungen ähnlicher Art, wie ich sie eben dargestellt, reinigen wollen, sind nun vorerst darüber einig, dass man eben zur Vermeidung solcher Unzukömmlichkeiten, sowie überhaupt aller unklaren und sich widersprechenden Verdicte der Jury vor allem Andern die s. g. complexen und die alternativen Fragen vermeiden soll. Sehen wir nun zu, ob dem Uebel auch selbst durch Vermeidung dieser fehlerhaften Art, zu fragen, abgeholfen werde. — Herr Professor Glaser hat uns jüngsthin in einigen Beispielen aus der Praxis namentlich das Missliche der s. g. alternativen Fragen auseinandergesetzt.

Werden nämlich Alternativ-Fragen gestellt, d. h. werden mehrere Umstände in einer und der nämlichen Frage durch das Wörtchen „oder" mit einander verbunden, so wird man eine Antwort erlangen, von der man gar nicht weiss, was eigentlich durch den Wahrspruch der Geschwornen sichergestellt ist.

Wenn ich frage, wie uns Glaser in einem einzelnen Beispiele darstellte: „Ist der Angeklagte schuldig, durch wirklich ausgeübte Gewaltthätigkeit, — oder durch arglistige Betäubung der Sinne, — oder durch Drohung eine Frauensperson ausser Stande gesetzt zu haben u. s. w.?" und es wird darauf „Ja" geantwortet, so weiss man nicht, welchen dieser drei Alternativ-Umstände die Geschwornen bejahen wollten, ob einen, oder zwei, oder ob alle drei. — Aus der Bejahung oder Verneinung einer solchen Alternativ-Frage kann sich endlich gar leicht ein Verdict herausstellen, welches ganz und gar entgegengesetzt ist demjenigen, was die Geschwornen eigentlich aussprechen wollten.

Man hat sich daher längst darüber geeinigt, dass Alternativ-Fragen vermieden werden sollen, entweder so, dass alle Umstände, die durch „oder" verbunden sind, ganz weggelassen werden, wenn anders das Weglassen derselben nach dem Gesetze zulässig erscheint, wenn nämlich dadurch nur unerhebliche, d. h. nicht wesentliche Thatmerkmale der strafbaren Handlung constatirt sind. Ist aber das Letztere der Fall, so bleibe, wird gewöhnlich behauptet, zur Vermeidung aller Unzukömmlichkeiten nichts übrig, als auf alle einzelnen, in der cumulativen Einen Alternativ-Frage enthaltenen Merkmale eben so viele besondere oder einzelne Fragen zu stellen. — Aehnlich ist es bei sogenannten complexen Fragen, bei welchen nämlich mehrere von einander unabhängige Thatumstände oder gar mehrere Personen als Angeklagte in der gestellten Einen Frage durch das conjunctive Wörtchen „und" miteinander verknüpft werden. Auch diese hat man nicht zu stellen, weil nämlich sehr häufig der Fall eintreten könnte, dass ein Geschworner den ersten, aber nicht den zweiten Fragepunct beantworten wollte, also man nicht wüsste, was damit eigentlich entschieden sei. Greifen wir nun in's wirkliche Leben ein, beschauen wir uns die Sache an Fällen, wie sie in rauher Wirklichkeit vorgekommen sind.

Ich schicke zwei Beispiele voraus, die ich darum vor allen Anderen beleuchte, weil sie uns in den Vorträgen des Herrn Professors Glaser selbst schon mit überzeugender Klarheit als mögliche Anlässe einer verfehlten Fragestellung dargelegt wurden. Das erste ist der schon erwähnte Nothzuchtsfall.

Ich habe in meiner reich ausgestatteten Mappe von tausenden einzelner Criminalfälle, die ich mir insbesondere als Professor durch mehr als zwanzig Jahre aus allen Theilen der Monarchie sammelte, einen Fall gefunden, der beinahe wie ein Modell zu dem vom Herrn Professor Glaser nur ideeirten Nothzuchtsfalle passt. Er wurde zwar nicht vor Geschwornen verhandelt, sondern vor einem rechtsgelehrten Gerichtshofe, und reproducirt sich ungefähr in folgenden Umrissen:

Ein alter, decrepider Wüstling hatte seine lüsternen Augen auf eine junge schmucke Bauerndirne gerichtet, die als ein überaus sittliches, züchtiges Mädchen in der ganzen Gegend bekannt war, und von wohlhabenden, sehr tugendhaften Eltern abstammend, auch nicht leicht auf irgend eine Weise zu seinen Zwecken zu erlangen war. Nachdem er verschiedene Wege eingeschlagen hatte, um zu seinem Ziele zu gelangen, erklärte ihm sein immer bereiter Helfershelfer, der unter dem Titel eines Kammerdieners die Dienste eines Kupplers versah, er wisse ein Mittel, wie man der Frauensperson habhaft werden könne. Sie werde nämlich bei dem nächsten Kirchweihfeste im Gasthause des Ortes beim sogenannten Kirchtag mit ihrer älteren Schwester und mit ihrem

Bruder erscheinen, und da werde er schon Mittel und Wege finden, dieselbe seinem freigebigen Herrn zur Verfügung zu stellen.
So geschah es auch. Die Bauerndirne erschien am bestimmten
Tage im Gasthause zum Tanz; der Wüstling selbst, ein vornehmer, feiner, reicher Herr, liess sich in den zur öffentlichen Be-
lustigung dienenden Localitäten des Gasthauses gar nicht sehen.

Der Kammerdiener aber wusste sich unter die Gäste des
Tanz- und Festsaales zu mengen, bei Tisch nahe an die Dirne
zu kommen, setzte ihr mit Meth sehr zu, und sie wurde endlich
so halb und halb trunken, dass sie dem Rathe dieses Mannes,
— der sich ihr sehr freundlich näherte — und Anderer folgte,
und sich mit ihrer Schwester in ein ganz abgelegenes Nebenzimmer begab, um dort einige Zeit auszuruhen, und — wie
er, wie sie selbst es nannte, — „ihren Tusel auszuschla-
fen." Das waren die Worte des Gerichts-Actes. So geschah es
auch. Die ältere Schwester begleitete die erwähnte Dirne in ein
Nebenzimmer; nach kurzer Zeit entfernte sich jedoch die Erstere,
um wieder zum Tanze zu eilen, die mehr genannte Frauensperson blieb im Zimmer zurück und schlief ein. Der Kammerdiener
hatte sich den Schlüssel zu diesem Zimmer zu verschaffen gewusst, drang ein, der gnädige Herr mit ihm, und sie bemächtig-
ten sich der Frauensperson, welche sich zwar trotz ihres halben
Betäubungszustandes mit aller Kraft wehrte, und den Wüstling
wirklich einige Mal wegzuwerfen wusste. Endlich band er ihr
mit Hilfe seines Kammerdieners die Hände, um sie zu seinen
Zwecken zu missbrauchen. Aber auch das schien nicht zu helfen,
weil die Hände zu lose gebunden waren. Nun winkt er dem
Kammerdiener neuerlich, dieser tritt auf die Seite, nahm dort
ein scharfes Küchenmesser, welches im Zimmer gelegen war,
stellte sich vor die Frauensperson und sagte: „Du bist des To-
des, wenn Du meinem Herrn nicht zu Diensten stehst!" Sofort
ward das brutale Attentat vollzogen.

Bei der darüber abgeführten Criminal-Untersuchung war
über die Schuld der Nothzucht in dieser rohesten und viehischen
Weise kein Zweifel.

Das Unglück wollte überdiess, dass diese Frauensperson
sich aus Scham, aus Aerger, aus — weiss Gott — welchen psy-
chischen und physischen Einflüssen so hinabhärmte, dass sie
wenige Tage darauf in eine schwere Krankheit (einen Typhus)
verfiel, und in Folge derselben starb. Man konnte nur mehr so
viel von ihr vernehmen, dass sie selbst zugestand, sie war in
einem halben Betäubungszustande. Die abgeführte Criminal-Untersuchung liess über die Schuld beider Verbrecher, des gnädigen Herrn nämlich und seines Kammerdieners, nicht den geringsten Zweifel übrig. Auch bei der Urtheilsfällung waren alle fünf
Richter einhellig in dem Ausspruche: „Schuldig des Verbrechens,

2*

beziehungsweise der Mithilfe (Mitschuld) der Nothzucht." Es wurde überdiess einhellig von allen fünf Votanten die Strafe nach dem höchsten Ausmasse bemessen. Als es aber zu der von dem Vorsitzenden insbesondere eingeleiteten Votirung über die Entscheidungsgründe kam, ergab sich eine ganz eigenthümliche Meinungsverschiedenheit und Meinungszersplitterung. Ein Votant wollte haben, es solle erkannt werden: „die beiden Schuldigen haben durch arglistige Betäubung der Sinne die Frauensperson ausser Stande gesetzt etc." — Zwei Votanten sagten: „Gott bewahre, die Frauensperson sei offenbar nicht in dem Zustande einer so starken Berauschung gewesen, dass man denselben im Sinne unseres Gesetzes *(arg. ex §. 2, lit. c)* als eine Betäubung ihrer Sinne erkennen könne. Das zeige sich aus ihren eigenen Reden und aus ihrer angewandten Gegenwehr. Das Ausserstandesetzen dieser Frauensperson war vielmehr in dem Händebinden gelegen; desshalb habe sie sich nicht rühren können. Es sei also wirklich ausgeübte Gewaltthätigkeit vorhanden gewesen."

Der vierte Votant endlich sagte: „Auch die zweite, gleichwie die erste Ansicht erscheine ihm nicht richtig. Es sei ja constatirt, dass die Hände sehr locker gebunden waren, so dass sie mit denselben noch immer den brutalen Angriff auf sie wenigstens theilweise abwehren konnte, es sei vielmehr nur die gefährliche Drohung mit dem Küchenmesser gewesen, welche in letzter Linie sie ausser Stand gesetzt habe, dem brutalen Angriffe Widerstand zu thun." — Dieser letzteren Meinung trat auch der Vorsitzende bei und nun war eigentlich keine Majorität da. Es wurde nun nach Massgabe der gesetzlichen Vorschrift von dem Vorsitzenden eine neue Umstimmung eingeleitet. Die Votanten verständigten sich endlich, indem drei Votanten sich darüber einigten, dass die Nöthigung theils durch wirklich ausgeübte Gewaltthätigkeit, theils durch gefährliche Drohung geschehen sei.

Versetzen wir nun diesen Fall vor ein Schwurgericht und supponiren wir die eine oder andere Voraussetzung, dass nämlich die Frage an die Geschwornen auf die controversen Nöthigungsarten entweder alternativ in einer und derselben Frage oder gesondert in drei Fragen gestellt wird, so ist, mit Zugrundlegung des eben angeführten Sachverhaltes bei beiden Voraussetzungen eine solche Entscheidung nicht blos als möglich, sondern sogar als wahrscheinlich, ja sogar als logisch unvermeidlich vorauszusehen, welche uns entweder darüber ganz im Ungewissen lässt, was die Geschwornen eigentlich wollten, oder welche sogar das gerade Gegentheil von demjenigen ausspricht, was sie in Wirklichkeit wollten.

Wird nämlich vorausgesetzt, dass die zwölf Geschwornen in Beziehung auf das Zutreffen der einen oder anderen der erwähn-

ten drei Nöthigungsarten unter sich in eben solcher Meinungs-
differenz seien, als es oben ursprünglich die fünf Richter waren,
so wird jeder von ihnen dann, wenn etwa die Frage (cumulativ-)
alternativ, d. i. so gestellt werden würde: „Ist der Angeklagte
schuldig, selbst oder mittelst seines Gehilfen die genannte Frauensperson durch arglistige Betäubung ihrer Sinne — oder durch
gefährliche Bedrohung, oder durch wirklich ausgeübte Gewaltthätigkeit ausser Stand gesetzt zu haben, etc.?" — dieselbe ohne Widerspruch mit sich selbst ebenso gut bejahen,
als verneinen können, weil er in seinem Innern den einen
dieser drei Alternativ-Umstände bejaht, die beiden anderen aber
verneint, und diese zwiespältige Entscheidung vielleicht durch
eine Bejahung, vielleicht aber auch durch eine Verneinung
der allgemeinen und alternativ auf diese mehreren Umstände gestellten Hauptfrage auszusprechen glaubt. — In keinem Falle
aber wird man bei dieser Fragestellung, mag sie nun von der
Einhelligkeit oder gesetzmässigen Majorität der Geschwornen im
Allgemeinen bejahend oder verneinend beantwortet werden,
darüber in's Klare kommen, was denn die Geschwornen eigentlich meinten und wollten. — Doch setzen wir voraus, dass diese
fehlerhafte, alternative Fragestellung vermieden, und dass drei
gesonderte, auf jede der erwähnten drei Nöthigungsarten insbesondere gestellte Fragen an die Geschwornen gerichtet werden,
so wird bei der vorausgesetzten Meinungs-Differenz der zwölf
Geschwornen in drei Gruppen (sei es nun zu 4:4:4, oder
5:4:3 u. dgl.) jede dieser Einzeln-Fragen mit entschiedener
Majorität verneint werden, und aus dieser Gesammt-Ver-
neinung aller drei Theilfragen auch die Hauptfrage im Ganzen
zuletzt mit einem „Nichtschuldig" beantwortet werden, obgleich nach der Sachlage alle zwölf Geschwornen einhellig
über die beiden Angeklagten im Allgemeinen ein „Schuldig
der Nothzucht" gefällt haben würden, wenn sie nur überhaupt
in die Lage gesetzt worden wären, sich einfach über diese
Frage auszusprechen.

Hier haben wir also einen Wahrspruch der Geschwornen,
der ihrem eigenen und sogar einhelligen Wollen, der überdiess der materiellen Wahrheit, dem objectiven Thatbestande und
— der Gerechtigkeit diametral widerstreitet, weil ich nie
und nimmer der vom Herrn Professor Glaser angedeuteten Ansicht beipflichten könnte, dass in dem vorausgesetzten Falle,
wenn nämlich die Geschwornen alle drei Theilfragen einzelnweise
verneint haben, die Verneinung auch der Gesammtfrage, d. h.
der Nichtschuldig-Ausspruch wegen Nothzucht das objectiv Richtige wäre. Durch diese Behauptung würde, wenigstens
nach meinem geringen Dafürhalten, das materielle Recht einem
leeren Formalismus zum Opfer gebracht werden!

Wie so ganz anders stellt sich die Sache dar, wenn dieser Fall vor einem Gerichte verhandelt wird, bei welchem die Entscheidung über die Schuldfrage nicht unter zwei verschiedene Personen oder Collegien zerspaltet, und daher die eigentlich entscheidenden Personen nicht an von einem Anderen gestellte und im Voraus (sobald sie nämlich einmal an die Geschwornen hinausgegeben sind) unabänderlich fixirte Fragen gefesselt sind! — Wenn hier auch durch die Art der Abstimmung, wie es z. B. nach obiger Erzählung zum Theile wirklich der Fall war, anfänglich wirklich ein solches Ergebniss zum Vorschein kommen würde, welches der offenliegenden eigentlichen Willensrichtung und beabsichtigten Entscheidung der Gesammtheit oder Majorität der abstimmenden Richter, und gar dem objectiven Sachverhalte geradezu entgegen wäre, so kann und wird nach Massgabe der Bestimmungen, welche für die Abstimmung der Richter in Richter-Collegien, sei es nun durch die possitiven Gesetze aller Welt oder doch gewiss durch die Gerichtspraxis eingeführt sind, die Sanirung allsogleich veranlasst werden, indem von dem Vorsitzenden unverzüglich eine neue Abstimmung nach einer anderen und zweckentsprechenden Modalität eingeleitet wird, um ein solches Conclusum zu Stande zu bringen, welches wenigstens den wirklichen Willen des Richter-Collegiums getreu wiedergibt. Diess aber ist bei der Abstimmung von Geschwornen vermöge der Unabänderlichkeit der ihnen einmal hinausgegebenen Fragen und der hierauf ertheilten Antworten nicht möglich, und es muss bei dem nun einmal gefällten, wenn nur dem gesetzlichen Formalismus entsprechenden Verdicte bleiben! — Doch, werden Sie mir vielleicht einwenden, der eben erörterte Fall ist wenigstens in Betreff seiner Versetzung vor ein Schwurgericht rein hypothetisch, denn er kam ja in dieser Form bei einem Schwurgericht nicht vor. Endlich werde denn doch eine Fragestellung möglich sein, wo auch jede der angeführten Unzukömmlichkeiten vermieden werden könne! Nun wohlan! so gehe ich denn auf wirklich bei Schwurgerichten vorgekommene Fälle über und erwähne zuerst den uns bekannten Kremser-Fall, auf den bereits auch Herr Professor Glaser hingewiesen hat, welcher nämlich im Jänner 1851 in Krems vor dem Schwurgerichte verhandelt wurde, und welcher in mannigfacher Beziehung ganz merkwürdige Ergebnisse darbietet.

Das Factum war folgendes: Ein junger Bursche von etwa 15 Jahren war angeklagt, ein Mädchen von 6—7 Jahren auf eine grausame, ja grässliche Weise getödtet zu haben. Er war in das Zimmer gedrungen, wo dieses Mädchen allein von den Eltern zurückgelassen ward, als selbe auf das Feld gegangen waren — und es ist nicht genau constatirt, ob er in der Absicht, um dort zu stehlen, oder auf andere Weise von ihr Lebensmittel zum Naschen zu erhalten, oder ob er vielleicht auch, wie der Vertreter der Staatsanwaltschaft plaidirte, in der Absicht zu dem Mädchen gekommen sei, um ein unsittliches Attentat zu vollziehen. Er hatte mit einer Hacke dem Mädchen mehrere Schläge auf den Kopf versetzt und dasselbe sofort über den Zaun des Nachbarhauses geworfen, wo es in einen Brunnen fiel, in dem man es wenige Stunden später todt fand. — Das war der Sachverhalt. Bei der Verhandlung selbst hatte sich nach der Anklage nicht der mindeste Zweifel erhoben, dass hier ein Mord mit sehr raffinirtem, lange vorbedachtem, reiflich überlegtem und auch in der Ausführung planmässig vollzogenem Vorsatze vorhanden sei. Auf dieses Verbrechen hatte denn auch der Vertreter der Staatsanwaltschaft sein Plaidoyer gerichtet, und in einer offenliegend sehr sorgfältig ausgearbeiteten und treffenden Auseinandersetzung das Niederträchtige, das Brutale, Grässliche dieses jugendlichen Verbrechers, der kaum erst das criminal-imputationsfähige Alter von 14 Jahren zurückgelegt hatte, wobei also die *malitia aetatem* im höchsten Grade supplirte, dargelegt.

Ueber das Plaidoyer des Staatsanwaltes hatte der Vertheidiger erst in seiner Schlussrede ganz plötzlich die Rolle gewechselt, und auf Todtschlag im österreichischen Sinne, nämlich auf das Nichtvorhandensein des Vorsatzes seines Clienten, die Frauensperson zu tödten, plaidirt. Es wurde aber dieser ganz unerwarteten Plaidirungsweise des Vertheidigers kein besonderes Gewicht beigelegt, und auch der Vertreter der Staatsanwaltschaft, vielleicht überrascht durch diese plötzliche Wandlung, hatte keine weitere Antwort darauf gegeben. Nun kam die Fragestellung. Der Gerichtshof stellte die Hauptfrage nach reiflicher Berathung und langer Erwägung auf folgende Weise: „Ist der Angeklagte schuldig, der N. N. (der getödteten Frauensperson) durch Werfen über den Zaun und durch mehrere Schläge solche Verletzungen beigebracht zu haben, woraus der Tod nothwendig erfolgte?"

Eine zweite oder sogenannte Zusatzfrage, weil vom Vertheidiger auch eingewendet wurde, dass der Angeklagte vorher etwas stark Wein getrunken hatte, lautete: „War der Angeklagte zur Zeit der That in einem Zustande einer solchen Berauschung, dass er des Bewusstseins unfähig war?"

Hierauf erhob sich der Vertreter der Staatsanwaltschaft, und ersuchte um Abänderung der gestellten Hauptfrage. Er mochte die Besorgniss haben, dass die auf „die Verletzung durch mehrere Schläge und durch Werfen über den Zaun" gestellte Frage einerseits den Thatbestand gar nicht verificiren könnte, den der Wahrspruch der Geschwornen sicherzustellen habe, weil man weder im Falle der Bejahung, noch der Verneinung dieser complexen Frage bestimmt wissen könnte, ob sie die erste oder die

zweite der beiden durch das Wörtchen „und" mit einander verbundenen Verletzungsarten, oder ob sie etwa beide bejahen oder
verneinen wollen. Andererseits mochte dem Staatsanwalte vielleicht auch die Vorstellung vorschweben, dass die Majorität der
Geschwornen etwa schon die erstere der beiden Verletzungsarten,
nämlich die Schläge für zureichend zum Thatbestande der Tödtung erkannt habe, und dass daher in diesem Falle die Ausdehnung der Frage auch auf das Werfen über den Zaun mindestens
überflüssig sei. — Hiernach begehrte er, man solle die Zusätze
über die Art der Verletzung ganz weglassen. Er brachte demnach in Antrag, die gestellte Hauptfrage dahin abzuändern: „ob
der Angeklagte schuldig sei, der N. N. solche Verletzungen beigebracht zu haben, woraus der Tod nothwendig erfolgte." Der
Gerichtshof zog sich zur neuerlichen Schlussfassung zurück, und
nach einer längeren Berathung erklärte er, es könne diese Fragestellung der Staatsanwaltschaft nicht genehmigt werden.

Ich glaube, der Gerichtshof war in diesem Punkte im Rechte,
denn nach meinem geringen Erachten würde die Fragestellung
nach dem Antrage des Staatsanwaltes eine Nullität herbeigeführt
haben, weil die damals in Oesterreich geltende Strafprocess-
Ordnung, gleichwie wohl alle neueren Schwurgerichts-Gesetzgebungen, festsetzte: „dass in der Frage alle wesentlichen
Bestandtheile der strafbaren Handlung aufgenommen
sein müssen." Nun kann wohl darüber, dass in vorliegendem
concreten Falle das Schlagen mit der Hacke und das Werfen
über den Zaun zu den wesentlichen Bestandtheilen der Handlung
gehörten, kein Zweifel sein.

Dagegen änderte der Gerichtshof aus eigener Bewegung die
Hauptfrage dahin ab, dass er nunmehr sagte: „Ist der Angeklagte schuldig, der N. N. durch mehrere Schläge, oder durch
Werfen über den Zaun diese Verletzungen beigebracht zu haben
etc.?" Er änderte also das copulative „und" in das alternative
„oder" ab.

Ausserdem hatte der Staatsanwalt begehrt, und zwar in dieser Beziehung unter voller Zustimmung des Vertheidigers des
Angeklagten, es soll noch eine Zusatz- (eigentlich Eventual-)
Frage beigefügt werden, die dahin geht, dass für den Fall, wenn
die erste oder Hauptfrage verneint werden sollte, gefragt
werden möge: „Hat der Angeklagte der N. N. zwar nicht mit
der Absicht, zu tödten, aber in anderer feindseliger Absicht Verletzungen beigebracht?" — Der Gerichtshof sprach sich aber
über diese eventuelle Fragestellung verneinend aus, und erklärte,
er könne in dieselbe nicht eingehen, weil weder die Anklageacte,
noch die eigentliche Verhandlung, namentlich der Schlussvortrag
des Vertreters der Staatsanwaltschaft von dem Todtschlage etwas
erwähnt haben und nur zufällig in dem letzten Vortrage des

Vertheidigers darauf hingedeutet worden sei. Eine eigentliche Verhandlung über Todtschlag aber sei nicht geführt worden.

Die Geschwornen zogen sich sofort in das Berathungszimmer zurück. Sie scheinen offenbar das Bedenkliche, welches durch die jetzt geschehene Fragestellung vom Gerichtshofe der Hauptfrage gegeben wurde, nämlich das alternative „oder" gar nicht geahnt zu haben. Sie antworteten einfach mit „Ja". „Der Angeklagte ist schuldig, der N. N. durch mehrere Schläge o d e r durch Werfen über den Zaun solche Verletzungen beigebracht zu haben, woraus der Tod nothwendig erfolgte."

Sie antworteten daher mit einer Entscheidung, aus welcher nicht zu entnehmen ist, ob sie die Tödtungs-Handlung in den S c h l ä g e n, **oder** in dem W e r f e n ü b e r d e n Z a u n, **oder** in b e i d e n Umständen zusammen erkannt haben. — Jedoch in dem anderen Streitpunkte der Fragestellung zwischen den beiden Vertretern einerseits und dem Gerichtshofe andererseits war, wenn ich mich so ausdrücken darf, das Ei klüger als die Henne, denn die Geschwornen haben, trotz der gerichtshoflichen Abweisung des zweiten Antrages der Staatsanwaltschaft und des Vertheidigers rücksichtlich der Stellung einer Eventualfrage auf Todtschlag, dennoch ihrer Antwort den Zusatz beigefügt: „jedoch nicht mit dem Vorsatze zu tödten."

So war nun einmal das Verdict der Geschwornen ausgefallen. — Der Gerichtshof konnte nun trotzdem, dass nicht einem Menschen früher ein Zweifel gekommen war, dass dieser verruchte, junge Bösewicht mit dem vollsten Vorsatze, zu tödten, gehandelt habe, nichts Anderes thun, als nach diesem Wahrspruche den Angeklagten nur des T o d t s c h l a g e s schuldig zu erklären, freilich die höchste für den Todtschlag gesetzlich zulässige Strafe zu bemessen, aber doch nur auf „Schuldig des Todtschlages" zu erkennen, weil durch den Zusatz, den die Geschwornen aus eigener Machtvollkommenheit beigefügt haben, sie begreiflicher Weise die Schuld des Verbrechens des Mordes beseitiget haben.

Sie sehen hier an einem wirklichen Falle, welchen Zufälligkeiten die Rechtsprechung durch Geschworne überlassen ist, und dass wirklich nur, ich möchte sagen, durch eine Art Ungeübtheit von Seite der Geschwornen das Hauptbedenken der obigen Fragestellung, nämlich die Einfügung der mehrerwähnten doppelzüngigen Alternative im vorliegenden Falle — unschädlich geblieben ist, während sie bei etwas denkschärferer Erwägung von Seite der Geschwornen nur zu leicht einen völligen Nichtschuldig-Wahrspruch hätte herbeiführen können, obgleich voraussetzlich alle 12 Geschwornen von dem Schuldig der tödtlichen Verletzung überhaupt (die Einen aber vielleicht durch die erste, die Anderen durch die zweite und die Dritten durch beide Verletzungsarten vereinigt) einhellig überzeugt waren.

Soll nun, frage ich, die Handhabung der Strafjustiz und die Realisirung der Gerechtigkeit wirklich an solche Institutionen gekettet werden, durch welche dieser heiligste Pflichtzweck des Staates dem Würfelspiel reiner Zufälligkeiten Preis gegeben wird?!

Allein ich gehe über zur Schwurgerichts-Praxis solcher deutscher Länder, in welchen das Schwurgericht theils, wie in den Rheinländern, seit mehr als einem halben Jahrhundert, theils seit wenigstens anderthalb Jahrzehnten (nämlich seit den Jahren 1848—1849—1850) eingeführt ist.

Ich entnehme die nachfolgenden Fälle aus den zahlreichen Materialien, welche jeder von Ihnen mit mir in schwurgerichtlichen oder anderen Zeitschriften, namentlich für Preussen in dem Archive Goltdammer's, und für andere Länder in den verschiedenen Sammlungen der Entscheidungen der Schwurgerichte finden kann.

Ich wähle hier absichtlich Beispiele aus verschiedener Herren Länder, jedoch allesammt aus der Wirklichkeit und aus gedruckt vorliegenden Berichten, um Ihnen zu zeigen, dass die von mir früher theoretisch angedeuteten Inconvenienzen nicht etwa blos auf einer minder gelungenen Texturing der einen oder andern Strafprocess-Ordnung, dieses oder jenes materiellen Strafgesetzes beruhen, sondern dass dieselben sich aus der Wesenheit dieser Institution naturgemäss, ja fast begriffsnothwendig ergeben.

Ich habe ferner regelmässig solche Fälle gewählt, welche in die letzten 5—6 Jahre fallen, d. h. in eine Zeit, wo schon eine grössere Geübtheit der Schwurgerichte angenommen werden kann, weil man bei Fällen aus den Jahren 1848—1852 vielleicht sagen könnte, es sei die Neuheit der Sache und Ungeübtheit der Richter und Geschwornen gewesen, welche dabei Missstände herbeigeführt haben. -- Also zur Sache!

In Baiern hat sich in neuerer Zeit bei einem Schwurgerichte folgender Fall ergeben: Eine Frauensperson war angeklagt, ihr neun Tage altes Kind getödtet zu haben. Die Fragestellung lautete nun nach Massgabe der Anklageacte und nach den Verhandlungen so: „Ist die Angeklagte schuldig, mit der Absicht zu tödten, ihr neun Tage altes Kind mit vorbedachtem Entschluss und überlegter Ausführung so lange mit Betten zugedeckt zu haben, bis hierüber der Erstickungstod erfolgte?" — Die Geschwornen antworteten einhellig: „Ja, die Angeklagte ist schuldig, jedoch ohne vorbedachten Entschluss und ohne überlegte Ausführung." Der Gerichtshof stutzte und schickte endlich die Geschwornen zur nochmaligen Berathung zurück, d. h. zur Verbesserung ihres Wahrspruches, denselben anheimgebend, dass ihr Wahrspruch unvollständig sei, und mit sich selbst nicht im

Einklange stehe, denn wenn, wie aus den Verhandlungsacten hervorgeht, die Angeklagte durch mehr als eine Viertelstunde ihr neun
Tage altes Kind mit Bettzeugen, Tuchenten, Pölstern u. s. w. fest
zugedeckt hielt, bis sie sich überzeugt hatte, dass es todt sei, so
liegt doch der reifliche Vorsatz sowie die überlegte Ausführung am
Tage. Die Geschwornen ziehen sich zurück, kommen zum zweiten
Male und erklären nunmehr einfach: „Nicht schuldig," und
dem Gerichtshofe blieb nichts übrig, als die Angeklagte über dieses
Verdict — freizusprechen.

Aus späteren Besprechungen mit einzelnen Geschwornen soll
sich ergeben haben, dass sie zwar allesammt die ganze Handlungsweise der Angeklagten, wie sie in der gestellten Frage angedeutet,
und zwar allerdings auch mit der Absicht zu tödten, als erwiesen
angesehen hatten, allein jenen Theil der Frage, der sich auf „den
vorbedachten Entschluss und die überlegte Ausführung" bezog,
nicht bejahen zu können vermeinten, daher bei der zweiten Berathung die Frage lieber gänzlich verneinten, als sie mit dieser Zuthat bejahten, indem sie dafür hielten, dass die Angeklagte keineswegs mit reifer Ueberlegung gehandelt habe, sondern vielmehr
im Zustande einer grossen Aufregung, und durch Noth, Scham
u. dgl. sich in einer Art Affect zu der erwähnten Handlung habe
hinreissen lassen.

Es lag nun offenbar keine Klarheit in der Reflexion der Geschwornen bei ihrer ersten Beantwortung, indem sie einerseits die
Absicht zu tödten und die allmälige Ausführung der Tödtungs-
handlung zugestanden, andererseits aber den überlegten Entschluss leugneten. Der Gerichtshof sagte sich vielleicht selbst sehr
wohl, es wäre gut, wenn wir eine zweite Frage, eventuell auf Todschlag (im Sinne des baierischen Gesetzes) stellten, allein das ist
begreiflicher Weise nicht mehr zulässig, sobald einmal die Fragestellung fixirt ist, abgesehen davon, dass alle erfahrenen Schwurrichter gegen das Stellen solcher eventueller Fragen eine sehr
grosse Abneigung haben, indem es eine bekannte Erfahrung ist,
dass die Geschwornen bei solchen eventuellen Fragen fast regelmässig die erste auf ein grösseres Verbrechen gestellte Frage verneinen und sich aus natürlichem Humanitätsgefühl fast immer auf
die eventuelle Frage, d. h. auf das darin liegende geringere Verbrechen oder Vergehen zu beschränken pflegen.

Sie sehen hier also einen Fall, wo einhellig alle Geschwornen,
sowie der Gerichtshof überzeugt waren von der Schuld dieser Angeklagten, ja, sogar von der Schuld absichtlicher Tödtung und
um so gewisser also eventuell von der Schuld der fahrlässigen
Tödtung und dennoch — musste die gänzliche Freisprechung
von aller Schuld erfolgen. Niemand wird aber in Abrede stellen
können, dass dieses Wirrniss der Entscheidung ausschliesslich aus
dem Umstande entsprang, dass der Fragende und Antwortende

verschiedene Personen waren, oder mit andern Worten, dass die Geschwornen vermöge der gestellten Frage nicht in der Lage waren, nach ihrer eigenen Auffassung und Anschauung des Sachverhaltes frei und genau d a s j e n i g e als ihre Entscheidung auszusprechen, was ihre eigentliche Ansicht war.

Wäre die Sache vor einem Richter-Collegium verhandelt worden, wie der früher erwähnte Nothzuchtsfall, und wäre auch wirklich bei einer ersten Abstimmung ein solches Resultat zum Vorschein gekommen, so würde man eine zweite und anders modulirte Abstimmung vorgenommen haben, und es hätte diese sicher zu einem Resultate geführt, welches der Einhelligkeit oder Majorität der entscheidenden Richter wirklich entsprochen hätte.

In Hessen-Kassel kam im Jahre 1857 folgender Fall bei einem Schwurgerichte vor: Zwei Personen waren angeklagt, einen überaus frechen und grossartigen Einbruchsdiebstahl mit einander ausgeführt zu haben. Einer derselben war ein alter, geschulter Gewohnheitsdieb, der aber im vorliegenden Falle seine ganze Schuld eingestand. Der Zweite war ein Anfänger, ein Lehrling; dieser leugnete Alles. Nach der Strafprocess-Ordnung von Hessen-Kassel werden die Fragen, weil dort das gemeine Strafrecht besteht, sehr specialisirt aufgezählt. Es wurden nunmehr zwölf solcher Fragen gestellt, die sich auf folgende Umstände beschränkten: „Ist der Angeklagte A. schuldig, mit dem Angeklagten B. sich verabredet zu haben, diesen Diebstahl auszuführen, an dem Tage zur Wohnung des X. (des Bestohlenen nämlich) gegangen zu sein, dort eine Strickleiter angelegt zu haben, auf selber hinaufgestiegen zu sein, daselbst in die Wohnung eingebrochen, durch das verschlossene Fenster Geld und andere Gegenstände herausgenommen, dem Andern in die Hand gegeben und mit dem Andern fortgetragen zu haben?"

So waren nun dieselben Fragen auch in Bezug auf den B. gestellt. Die Geschwornen beantworteten alle diese Fragen mit Stimmeneinhelligkeit b e j a h e n d in Betreff des A., der Alles zugestand; und mit sieben gegen fünf Stimmen auch bejahend in Anschung des B. — Nach der kurhessischen Strafprocess-Ordnung, sowie nach den meisten neueren Strafprocess-Ordnungen Deutschlands werden nun aber Umstände zum Nachtheile des Angeklagten nur dann als entschieden angesehen, wenn von den zwölf Geschwornen wenigstens acht gegen vier Stimmen sich dafür ausgesprochen haben. Es waren daher rücksichtlich des B. die Fragen verneint, rücksichtlich des A. einhellig bejaht. So erklärten die Geschwornen es demnach auch dem Gerichtshofe. — Der Gerichtshof sah sich nun in grosser Verlegenheit, fällte aber dennoch nach langer Berathung den Ausspruch: „A. und B., beide sind von der Schuld — f r e i g e s p r o c h e n. Rücksichtlich des B. war diess klar, weil das Verdict verneinend lautete. Rücksichtlich des A.

aber erklärte der Gerichtshof, es ist nicht möglich, ihn schuldig zu sprechen, weil ja alle Fragen und die diesen Fragen entsprechenden Antworten dahin gehen, dass A. gemeinschaftlich mit B. diess Alles ausgeführt hatte. Wenn nun diese gemeinschaftliche Ausführung rücksichtlich des B. v e r n e i n t wird, so konnte auch A. nicht mehr gemeinschaftlich mit B. diesen Diebstahl begangen haben; er müsse daher auch freigesprochen werden.

Dagegen erhob der Staatsanwalt die Nichtigkeits-Beschwerde. Das Ober-Appellations-Gericht von Kassel hat aber als Cassationshof diese Nichtigkeitsbeschwerde aus dem von dem Gerichtshofe für seine Entscheidung angeführten Grunde verworfen, wenn auch anerkennend, dass die Fragestellung eine schlechte war, und dass sie hätte vermieden werden können. — Sie sehen also neuerlich einen Fall, wo in Folge der Theilung der Entscheidung zwischen einem fragenden und einem antwortenden Collegium der Wahrheit geradezu in's Angesicht geschlagen wird. Ein Mensch, der nach der einhelligen Anschauung und Ueberzeugung aller Richtenden den Diebstahl begangen hat, wird in Folge einer misslungenen (?) Fragestellung oder richtiger, in Folge jenes naturwidrigen Mechanismus. wornach die Geschwornen bei ihren Antworten an die vom Gerichtshofe gestellten Fragen. und dieser hinwieder an das Verdict der ersteren unabänderlich gefesselt ist, — von aller Schuld f r e i g e s p r o c h e n.

Würde die Sache bei einem Gerichtshofe vorkommen. der die g a n z e Entscheidung auf sich hat, der sich also die Fragen und Antworten selbst gibt, nöthigenfalls corrigirt und zurechtlegt, so werden derlei Inconvenienzen sehr leicht vermieden. Käme auch das erwähnte Resultat etwa bei der ersten Abstimmung zu Stande, so wird eine neuerliche Abstimmung stattfinden, darüber nämlich, ob A. ü b e r h a u p t schuldig sei, den Diebstahl begangen zu haben, und der A. würde dann, w i e e s d o c h d i e G e r e c h t i g k e i t f o r d e r t, auch zweifellos verurtheilt werden.

In Baden stellte sich also ein ganz eigenthümlicher Fall folgender Art heraus: Ein Mensch war angeklagt, ein neugebornes Kind, welches er ausserehelich mit einer ebenfalls unverehelichten Frauensperson gezeugt hatte, absichtlich getödtet zu haben. Bei der Verhandlung kamen verschiedene Spuren vor, dass die Frauensperson um diese Tödtung gewusst, ja dass sie dieselbe sogar ihrem Geliebten inspirirt habe.

Hiernach würde sich also das Verbrechen des Hauptangeklagten nicht mehr als gemeiner Mord, sondern vielmehr als Theilnahme am Kindesmorde darstellen. Die Fragen wurden, nachdem der Vertheidiger vergeblich darauf angetragen hatte, eine neue Verhandlung anzuberaumen, in folgender Weise gestellt; erstens: „Ist der Angeklagte schuldig. dieses Kind ohne Einverständniss mit der Mutter absichtlich getödtet zu haben?" und für den Fall

der Verneinung dieser ersten Frage, zweitens: „Ist der Angeklagte
schuldig, mit Einverständniss der Mutter dieses Kind absichtlich
getödtet zu haben?" Die erste Frage wurde bejaht, aber nur mit
sieben gegen fünf Stimmen. Nun ist aber auch in dem badischen
Gesetze die Bestimmung enthalten, dass erst bei einer Majorität
von mindestens acht gegen vier Stimmen schuldig erkannt wird. Es
war daher die erste Frage als verneint anzusehen, und da weder
diese noch auch manche andere Strafprocess-Ordnungen klar aussprechen, was in einem solchen Falle weiter zu thun sei, so haben
die Geschwornen nun diese erste Frage selbst als verneint anzusehen, und folgerichtig zur Entscheidung der zweiten Frage überzu-
gehen. — Diese müssen sie nun consequent mit ihrer ersten Abstimmung mit sieben Stimmen gegen fünf v e r n e i n e n, daher folgerichtig den Angeklagten — gänzlich f r e i s p r e c h e n.

Sie sehen also auch hier wieder aus dem Uebelstande, dass
der Eine die Frage stellt, und ein Anderer antwortet, ein Schlussergebniss, das eben so sehr dem wahren Sachverhalte und der Gerechtigkeit, als sogar dem eigenen Wollen der sämmtlichen entscheidenden Richter geradezu e n t g e g e n ist, indem hier alle zwölf
Geschwornen darüber e i n h e l l i g waren, dass der Angeklagte
wirklich der absichtlichen Tödtung seines Kindes überhaupt schuldig war, und dennoch muss derselbe in Folge dieses bindenden
Fragen-Formalismus völlig von aller Schuld — f r e i g e s p r o c h e n
werden!

Eben so wahrheitverwirrend gestaltete sich die Sache bei
einem sehr verwickelten Falle mit einem falschen Eide, der ebenfalls in Baden verhandelt wurde.

Ein Handwerksbursche gab bei Gericht an, er sei räuberischer
Weise von vier Burschen in einem nahen Walde angefallen worden,
die ihm alle seine Habe weggenommen haben; er sagte, dass er im
Stande wäre, jeden der vier Thäter zu erkennen, wenn sie ihm vor-
geführt würden. Er wurde zum Criminal-Gerichte geführt, deponirte
hier dieselbe Aussage und beschwor sie. Endlich führte man ihm mehrere verdächtige Vagabunden zur Recognition vor; gegen Jeden äusserte er jedoch: „Der ist es nicht." Endlich gedrängt von der Wucht
der Indicien, dass er eine falsche Angabe gemacht habe, sagte er: Es
ist Alles erlogen und erdichtet; er habe diese Aussage nur darum
gemacht, um von mitleidigen, wohlthätigen Menschen Geld zu erhalten." — Er wurde nun in Gewahrsam genommen, und wegen
falschen, gerichtlich beschworenen Zeugnisses vor Gericht geführt.

Bei der darüber gepflogenen schwurgerichtlichen Verhandlung
wurden die von dem Gerichtshofe an die Geschwornen gestellten
Fragen genau dem badischen Strafgesetze angepasst. Dasselbe
sagt nämlich: „Wenn ein falsches gerichtliches Zeugniss im Strafverfahren abgelegt wird, so ist zu unterscheiden, ob es zum N a c h-
t h e i l e des Angeklagten, oder zu dessen V o r t h e i l e lautete". — und

nach diesem Unterschiede wird die Strafe verschieden bemessen.
— Hiernach stellte der Gerichtshof folgende Fragen: „Ist der Angeklagte schuldig, ein falsches gerichtliches Zeugniss zum Nachtheile Angeschuldigter, oder doch zum Nachtheile solcher Personen,
die wegen dieses angeblichen Raubes als Angeschuldigte hätten
vor Gericht gezogen werden können, abgelegt zu haben?"
Die Geschwornen antworteten darauf: „Ja! schuldig, ein falsches gerichtliches Zeugniss abgelegt zu haben, jedoch nicht zum
Nachtheile Anderer." Jetzt war der Gerichtshof in grosser Verlegenheit, wie er erkennen solle. Er konnte nicht nach dem ersten Theile
des oben citirten Gesetzes erkennen, denn der Angeklagte war ja
nicht für schuldig erklärt, zum Nachtheile Angeschuldigter ein
falsches Zeugniss abgelegt zu haben. — Noch weniger aber konnte
er eine Verurtheilung nach dem zweiten Theile dieses Gesetzes
aussprechen, denn auf den Moment, ob etwa zum Vortheile eines
Angeschuldigten die falsche gerichtliche Aussage erfolgt sei, war
gar nicht gefragt worden. Auf eine dritte Eventualität, auf einen
andern Gesetzes-Paragraphen hätte vielleicht eine Frage gestellt
werden können, sie wurde aber nicht gestellt, weil der Gerichtshof
die erste Frage wenigstens in Betreff ihrer zweiten Alternative für
zweifellos bejahbar ansah. — Er schickte daher die Geschwornen
zur Verbesserung ihrer Antwort zurück, wies ihnen die Unvollständigkeit und Dunkelheit dieses Verdicts nach, mit der Aufforderung,
demselben eine Erläuterung beizufügen, ohne jedoch auf eine solche
Erläuterung eine besondere Frage zu stellen. Die Geschwornen
kamen wieder und erklärten: „Schuldig, jedoch nicht zum Nachtheile Angeschuldigter, wohl aber der Möglichkeit zum Nachtheile Anzuschuldigender." Diese Antwort setzte den Gerichtshof
in eben solche Verlegenheit wie die frühere; dennoch sprach er
mit kühnem Griffe die Verurtheilung des Angeklagten wegen
des erwähnten Verbrechens aus. — Die Begründung dieser Verurtheilung konnte freilich nicht aus dem Wortlaute des gegebenen
Gesetzes, sondern nur durch ein Raisonnement aus dem Geiste desselben abgeleitet werden, dem zufolge der Angeklagte denn doch
zweifellos als schuldig eines abgelegten falschen Eides erscheine,
um so mehr, als man auch das Zugeständniss im Wahrspruche,
„mit der Möglichkeit zum Nachtheile Anzuschuldigender" im
Geiste des Gesetzes gleichbedeutend mit „zum Nachtheile Angeschuldigter" erkennen könne. Es wurde vom Vertheidiger dagegen
die Nichtigkeitsbeschwerde ergriffen, die jedoch verworfen wurde.
Das badische Oberhofgericht hatte sehr viele Schwierigkeiten in
der Begründung, die im Allgemeinen dahin ging, im Geiste des Gesetzes ist er doch gewiss schuldig; — der Gerichtshof habe ohnehin eine geringe Strafe gegeben in Folge der Milderungsumstände;
es sei daher dem Angeklagten kein Unrecht geschehen u. s. f. Ueber
die Misslichkeit der gestellten Fragen aber, und über das Chaos, wel-

ches durch die falsche Fragestellung hervorgerufen war, ging man
hinaus.

Wenn ich nicht ermüde, so erlauben Sie mir noch ein paar
Beispiele aus der preussischen Praxis. Ich wähle sie zunächst
aus der Praxis von Rheinpreussen, weil dort das Schwurgericht
seit mehr als 50 Jahren besteht, dann erst aus den übrigen
Theilen des Königreichs Preussen, weil in diesen das schwurgerichtliche Verfahren erst durch ein Gesetz vom Jahre 1849, welches bekanntlich ursprünglich nach rheinischem Muster entstand,
eingeführt, dann aber im Jahre 1852 vielfach abgeändert worden
ist. Es mögen uns mehrere Fälle aus diesem Grossstaate als
Belege für meine bisherigen Auslassungen dienen.

Bei einer rheinpreussischen Schwurgerichtsverhandlung war
die Frage gestellt worden: „Ist der Angeklagte schuldig, den
N. durch Geschenke oder Versprechungen zu diesem Diebstahle
verleitet oder angereizt zu haben?" Die Antwort der Geschwornen war: „Schuldig, d. h. der Angeklagte ist schuldig, den N.
zur Begehung dieses Diebstahls verleitet oder angereizt zu haben,
jedoch ohne Versprechen oder Geschenke."

Der Gerichtshof sprach sofort den Angeklagten — frei, und
zwar, wie mir scheint, nach Massgabe dieser Formular-Jurispru-
denz mit vollem Grunde, weil auf die anderen Arten, auf
welche nach Massgabe des preussischen Strafgesetzes eine derlei
strafbare Verleitung möglicher Weise noch geschehen sein konnte,
ausdrücklich keine Frage gestellt war. In Anbetracht dieses
Grundes wurde denn auch wirklich die von der Staatsanwaltschaft gegen dieses Urtheil ergriffene Nichtigkeitsbeschwerde vom
rheinischen Cassationshofe verworfen, und der Angeklagte somit
straffrei gelassen, obgleich alle Geschwornen und Richter darüber
einig waren, dass derselbe denn doch zweifellos der strafbaren
Anstiftung eines verbrecherischen Diebstahls schuldig war. —
Was Anderes aber, als eben nur die zu jenem Fragenformalismus gekünstelte Theilung der Function der richterlichen Entscheidung unter zwei verschiedene Personen, trug Schuld an diesem
der objectiven Wahrheit und Gerechtigkeit widerstreitenden Ergebnisse?

In einem anderen Falle war an die Geschwornen eine dreifache Frage gestellt: „Ist der Angeklagte schuldig, die N. N.
durch einen Schuss absichtlich und mit Ueberlegung getödtet zu
haben?" — Für den Fall, als diese Frage verneint wird: „Schuldig, die N. durch einen Schuss zwar mit der Absicht, zu tödten,
jedoch nicht mit Ueberlegung getödtet zu haben?" und für den
Fall, dass auch diese Frage verneint wird: „Schuldig; dass der
Angeklagte die N. durch Fahrlässigkeit getödtet habe? — Die
Geschwornen erklärten auf die erste Frage mit Stimmeneinheit:
„Nein, nicht schuldig, mit Ueberlegung und absichtlich getödtet

zu haben," — die zweite Frage aber bejahten sie mit 7 gegen 5.

Nach dem preussischen Gesetze, sowie nach dem hessendarmstädtischen und nach dem neuesten Entwurfe einer Strafprocess-Ordnung für die freie Republik Hamburg vom Jahre 1862 besteht die Einrichtung, dass in dem Falle, wenn ein zum Nachtheile des Angeklagten lautender Umstand nur mit 7 gegen 5 Stimmen von den Geschwornen bejaht wird, eben diese Frage von dem rechtsgelehrten Gerichtshofe zu entscheiden ist. Die Geschwornen hatten nun die zweite Frage mit 7 gegen 5 bejaht und legten ihrem weiteren Vorgange, wornach sie das Eingehen in die dritte Frage ihrerseits ablehnten, unverkennbar folgendes Raisonnement zu Grunde: „Nach dem Gesetze haben wir nunmehr die Entscheidung der zweiten Frage dem Gerichtshofe zu überlassen. Da wir aber dieselbe unsererseits denn doch *per majora* bejaht haben, so können wir nicht weiter in die dritte Frage eingehen, weil diese dritte Frage ja nur eventuell für den hier nicht zutreffenden Fall gestellt ist, wenn die zweite verneint werden sollte, und weil es ein Widerspruch wäre, dass die Majorität der Geschwornen, die nun einmal mit 7 gegen 5 sich für das Dasein der Absicht ausgesprochen hat, erst noch in die Frage einginge, ob die Tödtung nicht etwa aus Fahrlässigkeit geschehen sei." — Sie haben also die dritte Frage unbeantwortet gelassen. Was geschah nun weiter? Der Gerichtshof übte seine Function, erkennt über die zweite Frage, entscheidet aber dieselbe mit Stimmenmehrheit verneinend, geht sofort zur Beantwortung der dritten Frage über und erkennt: „Schuldig, aus Fahrlässigkeit getödtet zu haben." Dagegen ergreift der Vertheidiger die Nichtigkeitsbeschwerde. Derselben wurde vom Ober-Tribunale wirklich stattgegeben, das Urtheil cassirt und der Angeklagte von dem Ober-Tribunale sogleich — freigesprochen. Dies scheint mir nun in den bestehenden formalen Vorschriften vollkommen begründet zu sein, denn der Cassationshof, *i. e.* das Ober-Tribunal, erklärte: „Die dritte Frage durfte der Gerichtshof gar nicht seiner Entscheidung unterziehen. Der Gerichtshof ist nach dem Gesetze nur berufen gewesen, über die zweite Frage zu entscheiden; er hätte die Geschwornen allerdings zurückschicken und zur Lösung auch der dritten Frage auffordern können (?). Da aber dies nicht geschehen ist, und über die zweite Frage nun einmal ein Nichtschuldig vorliegt, so kann der Angeklagte nicht weiter verfolgt werden. Hiernach wurde derselbe völlig freigesprochen, obgleich alle hier eingeschrittenen siebzehn Richter darüber einig waren, dass er mindestens aus Fahrlässigkeit, ja neun derselben sogar, dass er absichtlich getödtet habe.

Heisst das nicht, aus Idolatrie für ein inhaltleeres Formelwesen frevelnd Spiel mit der materiellen Wahrheit treiben?

Bei zwei andern einander sehr ähnlichen Schwurgerichts-Verhandlungen, wovon aber die eine in Preussen, die andere in unserem eigenen Vaterlande Oesterreich stattfand, hatte sich in Folge irriger Auffassung der an die Geschwornen gestellten Fragen das Schlussergebniss noch wunderlicher, beinahe möchte ich beisetzen, auf eine Weise gestaltet, die an's Komische streifen würde, wenn in so ernsten Dingen, wie die Handhabung der Gerechtigkeit ist, der Komik überhaupt ein Spielraum eingeräumt werden dürfte. Es handelte sich in beiden Fällen um das Verbrechen der Nothzucht. — Bei dem ersteren dieser Fälle (in Preussen) war der Angeklagte über das Factum der Nothzucht, beziehungsweise des geschlechtlichen Missbrauches sogar geständig. Die Hauptfrage war auf die Schuld wegen dieses Factums im Allgemeinen gerichtet und wurde von den Geschwornen einstimmig **bejaht**. — Nun hatte der Gerichtshof eine zweite, eine Zusatzfrage gegeben, die so lautete: „War dem Angeklagten der Zustand der Bewusstlosigkeit der N. (der genothzüchtigten Person) zur Zeit der That **unbekannt** gewesen?" Die Geschwornen antworteten einhellig „**Ja!**" Der Gerichtshof verkündet hierauf consequent das **Freisprechungs-Erkenntniss.** — Während der Verkündigung dieses Urtheils sahen sich die Geschwornen einander verdutzt an, sprachen untereinander und begehrten endlich mit dem Obmanne eine Unterredung, die sehr kurz war, und der Obmann erklärte hierauf dem Gerichtshofe: „Entweder ist die Frage schlecht gestellt, oder wir haben die Frage nicht verstanden, oder es ist unsere Antwort schlecht aufgefasst worden. — Wir haben alle einhellig die Ueberzeugung, dass der Angeklagte den bewusstlosen Zustand der Genothzüchtigten vollkommen kannte, und dass er mit dieser vollkommenen Kenntniss ihres bewusstlosen Zustandes sie geschlechtlich missbrauchte, und nach unserer einhelligen Meinung ist er daher allerdings der Nothzucht schuldig. Das ist unser einhelliger Wahrspruch!"

Der Gerichtshof trat in eine neuerliche Berathung zusammen, kam zum zweiten Male und blieb bei seinem früheren, **freisprechenden** Erkenntniss, aus dem einfachen Grunde, weil durch die einmal erfolgte Verkündigung des Verdicts über die **zweite Frage,** der Sache nach das **Nichtschuldig** wegen Nothzucht ausgesprochen und verkündigt sei, und hierdurch der Angeklagte bereits ein Recht auf Freisprechung erworben habe.

Die dagegen erhobene Nichtigkeitsbeschwerde wurde vom Ober-Tribunale verworfen, und dieser Angeklagte, obgleich er nach der einhelligen Ansicht aller Geschworenen und des Gerichtshofes in Wirklichkeit des Verbrechens der Nothzucht schuldig war, dennoch freigesprochen und von aller Strafe verschont!

In dem anderen dieser zwei Fälle, worüber die Verhandlung bei dem Schwurgerichte in Linz am 14. Mai 1851 stattfand, wurden den Geschwornen folgende zwei Fragen gestellt:

1. Ist der Angeklagte A. A. schuldig, die Frauensperson
N. N. gefährlich bedroht und gewaltthätig behandelt zu haben,
um sie ausser Stand zu setzen, seinen Lüsten Widerstand zu
thun, um sie in diesem Zustande zu schänden, und die Schän-
dung nur wegen der Unvermögenheit, sie bei dem kräftigen
Widerstande der N. N. zu vollbringen, unterlassen zu haben?

2. (Für den Fall der Bejahung der ersten Frage). Ist obige
That in einer Sinnenverwirrung, in welcher der Angeklagte A.
A. seiner Handlung nicht bewusst war, begangen worden?

Die Geschwornen bejahten beide Fragen einhellig.

Als nun in Folge dieses Ausspruches der Geschwornen der
Staatsanwalt den Schlussantrag auf Lossprechung des Angeklagten stellte, fiel der Obmann der Geschwornen, welche allesammt bei diesen Worten der Staatsbehörde eine
merkliche Unruhe kundgaben, dem Antragsteller in die
Rede und erklärte, dass die Bejahung auch der zweiten Frage
nach der einhelligen Ansicht aller Geschwornen eben bedeuten
sollte, dass der Angeklagte A. A. seiner Sinne vollkommen mächtig war, dass er allerdings als zurechnungsfähig anzusehen sei,
und dass alle Geschwornen wollen, dass er gestraft
werde. Sofort erhoben sich sämmtliche Geschwornen von ihren
Sitzen und erklärten ausdrücklich ihre Zustimmung zu dieser
Aeusserung ihres Obmannes.

Hierüber stellte die Staatsbehörde den Antrag an den Gerichtshof, dass die Geschwornen aufzufordern seien, sich zur Berichtigung des offen vorliegenden Versehens neuerlich in das Berathungszimmer zurückzuziehen. Der Gerichtshof gab aber diesem Antrage keine Folge, sondern entschied, dass es bei dem
nun einmal verkündeten Wahrspruch sein Verbleiben habe. Sofort verlangte der Staatsanwalt zur Constatirung des vorliegenden Irrthums die Vertagung der Verhandlung und, wenn diesem
Begehren nicht stattgegeben werden sollte, die Lossprechung des
Angeklagten unter Vorbehalt der Nichtigkeitsbeschwerde. Der
Gerichtshof fand der Vertagung nicht statt zu geben, wohl aber,
den Angeklagten — loszusprechen.

Zum Glücke für die wahre Gerechtigkeit folgte bei der
hierüber von dem Staatsanwalte anhängig gemachten Nichtig-
keits-Verhandlung der österreichische Cassationshof einer anderen Ansicht als das preussische Ober-Tribunal, indem jener das
materielle Recht (die objective Wahrheit) höher stellte als das rein
formale Recht und jenes über dieses erhob. Unser Cassationshof hob
nämlich nach in öffentlicher Sitzung stattgefundener Verhandlung
das obige Urtheil des Linzer Schwurgerichtes mit Einschluss des

3 *

Wahrspruches der Geschwornen auf, und verwies die Sache zur nochmaligen Verhandlung und Entscheidung vor die nächste Schwurgerichtssitzung in Linz. — Der Cassationshof stützte dieses Erkenntniss auf die Erwägung, dass der Schwurgerichtshof sein Urtheil doch nur auf ein keinem Zweifel unterliegendes, an sich gewisses und vollkommen deutliches Verdict der Geschwornen stützen könne und dürfe, im vorliegenden Falle sich aber die Gewissheit herausgestellt habe, dass die verkündigte schriftliche Antwort mit dem wirklichen Wahrspruche und Willen der Geschwornen im Widerspruch war, dass daher die Geschwornen zur Berichtigung ihrer irrigen schriftlichen Antwort hätten zurückgeschickt werden sollen, um sofort ein wahres mit dem wirklichen Willen der Geschwornen übereinstimmendes Verdict zu erlangen.

Lässt sich nun auch nicht verkennen, dass bei jedem der beiden letzterwähnten Fälle das irrige Verdict der Geschwornen, vorzugsweise der negativen — minder intelligenten Leuten gegenüber nach Möglichkeit zu vermeidenden — Fassung der zweiten Frage zuzuschreiben sei, indem nach bekannter Erfahrung viele Geschworne von der freilich sehr wunderlichen Voraussetzung auszugehen pflegen, dass sämmtliche ihnen gestellte Fragen sich immer nur um den Punkt drehen, ob der Angeklagte dieser oder jener Handlung schuldig sei oder nicht, und dass sie daher, um den Angeklagten aller ihm zur Last gelegten Handlungen und Erschwerungs-Momente schuldig zu erklären, sämmtliche ihnen vorgelegte Fragen bejahen müssen, so wird doch Niemand in Abrede stellen können, dass es wahrhaftig um die Justiz sehr misslich steht, wenn die Rechtsprechung den wunderlichsten Deutungen einer — wie es in beiden Fällen wirklich stattfand — an sich doch vollkommen richtig und klar gefassten Zusatzfrage von Seite der Geschwornen, wenn also die Realisirung der strafenden Gerechtigkeit im Staate dem Zufalle einer mehr oder minder gelungenen Fragestellung an die Geschwornen preisgegeben erscheint!

Die Erörterung all' dieser heute von mir aufgezählten schwurgerichtlichen Entscheidungen aber möge auch Sie, meine hochgeehrten Herren Zuhörer! von der Begründetheit meiner vorausgeschickten Behauptung überzeugen, dass ein sehr grosses praktisch juridisches Bedenken gegen das Schwurgericht allerdings schon in dem Wesen dieser Einrichtung, nämlich in der Spaltung der Entscheidung der Schuldfrage zwischen zwei Collegien, daher nicht, wie viele Andere meinen, in jenem unglückseligen Dualismus, wornach der Eine über die That und jemand Anderer über die Rechtsfrage entscheidet, (denn diese Scheidung ist eine überwundene Illusion!), sondern vielmehr in demjenigen naturwidrigen Dualismus gelegen ist, dass die Entscheidung über die Schuldfrage zwischen dem fragenden und dem antwortenden Collegium sich spaltet.

Es soll einem andern Vortrage vorbehalten sein, zu untersuchen, ob es überhaupt möglich sei, diesem Bedenken auf irgend eine Weise zu begegnen.

Heute schon aber erwähne ich noch, dass alle in den verschiedenen europäischen Strafprocess-Ordnungen getroffenen Abhilfe-, sowohl Präventiv- als Repressiv-Mittel, um ähnliche Missgriffe und Wirrnisse in den Verdicten der Geschwornen hintan zu halten, oder doch nachträglich zu saniren, nicht ausreichen.

Will man aber nun einmal überhaupt gegen rechtsgelehrte Beamten-Richter — nennen wir die Sache ohne Scheu und Rückhalt doch beim wahren Namen! — das Misstrauens-Votum geltend machen, dass sie entweder nicht die Fähigkeit, oder nicht die gehörige Unabhängigkeit haben, um in allen, namentlich in jenen Straffällen unbefangen das Richteramt zu üben, wobei die Regierung selbst mehr oder weniger durch Angriffe gegen ihre Anordnungen, gegen ihre Organe oder überhaupt gegen ihre Autorität betheiligt ist, daher namentlich bei allen sogenannten politischen Verbrechen und Vergehen und bei Pressprocessen, — will man hiernach für geboten erkennen, bei der Rechtsprechung über derlei Strafprocesse unabhängige Männer aus dem Volke prädominirend mitwirken zu lassen: so wolle man von der Organisirung solcher Volksmänner-Gerichte wenigstens das bisher erörterte, praktisch bedeutsamste Gebrechen ferne halten, nämlich das Gebrechen der Spaltung der richterlichen Entscheidung in zwei Collegien! — Ich komme daher unter der angedeuteten Voraussetzung, der ich aber für mich selbst durchaus keine innere Berechtigung und Wahrheit zuerkennen kann, auf den schon vor mehr als zwanzig Jahren von mehreren sehr erfahrenen Schwurgerichts-Praktikern gemachten Vorschlag zurück: „Man verstärke den rechtsgelehrten Gerichtshof durch eine doppelte Anzahl von s. g. Geschwornen oder unabhängigen Männern aus dem Volke! — Man setze den Gerichtshof zusammen aus drei rechtsgelehrten Beamten-Richtern und sechs Geschwornen, oder um die traditionelle und germanisch heilige Zahl der Zwölf zu erhalten, aus vier rechtsgelehrten Beamten-Richtern und acht Geschwornen, und lasse diesen Gerichtshof die ganze Schuld-, dann aber auch die ohnehin sehr einfache Strafzumessungsfrage entscheiden!“ — Dass nämlich die Strafausmessung, die man dem rechtsgelehrten Gerichtshofe überlässt, die geringere geistige Operation ist, die wahrhaft nicht erst einer besonderen Rechtsbildung bedarf, braucht wohl nicht erwiesen zu werden, indem es sich ja hierbei nur um eine ganz einfache Anlegung dieser oder jener gesetzlichen Straf-Scala auf den Fall der Frage handelt.

Will man also nun einmal die Schwurgerichte als Volksgerichte einführen, weil sie nach den Anschauungen der Jetztzeit
grösseres Vertrauen von Seite der Völker besitzen, wenn vielleicht auch nicht verdienen, so mögen bei der oben erwähnten Einrichtung derselben wenigstens jene Gebrechen der gewöhnlichen Einrichtung der Jury, und jene durch sie bedingten
mangelhaften Verdicte beseitigt werden, welche, wie ich an einzelnen Fällen nachgewiesen zu haben glaube, auf den Namen
„Wahrspruch" so gut wie *lucus a non lucendo* Anspruch haben.

Es soll nun meine nächste Aufgabe sein, in die Würdigung
der Abhilfemittel, seien sie nun präventiver oder repressiver Natur,
einzugehen, durch welche die verschiedenen europäischen Schwurgerichts-Gesetzgebungen und die Gerichtspraxis die von mir bisher angeführten, im Wesen der Schwurgerichts-Institution selbst
liegenden Unzukömmlichkeiten zu beseitigen trachten. Wenn ich
dann im weiteren Verfolge meiner Vorträge auf die kritische Beleuchtung derjenigen Schutzgründe und Momente übergehen
werde, aus welchen man heut zu Tage in den weitesten Kreisen
und vorherrschend die Entscheidung der Schuldfrage über die
angeführten politischen Straffälle ganz oder theilweise den Händen der rechtsgelehrten Beamten-Richter zu entziehen und sie
jenen der Volksrichter zu überlassen für eine Forderung der
Zeit erkennt: so wollen Sie mir heute schon die allgemeine Bemerkung erlauben, dass ich trotzdem keineswegs etwa zu den
unbedingten Lobrednern unserer gegenwärtigen oder vergangenen
Rechtszustände gehöre. Ich werde vielmehr mit rückhaltlosem
Freimuthe zugestehen und selbst nachzuweisen bestrebt sein, dass
im besonderen Hinblicke auf die Justiz-Gesetzgebung und auf
die praktische Rechtspflege unseres Vaterlandes so „Manches faul
sei — im Staate Dänemark." — Dem entgegen werde ich aber
dennoch aus tiefster Ueberzeugung niemals in das Feldgeschrei
derjenigen einstimmen, die ein unbedingtes Verdammungsurtheil
über unsere gesammte vaterländische Justiz-Gesetzgebung und
namentlich über das bestehende materielle und processuale Strafrecht Oesterreichs aussprechen. Ich bekenne vielmehr ohne Furcht,
von gründlichen Kennern der in- und ausländischen Strafgesetzgebungen des Gegentheils überwiesen werden zu können, gegenüber dem entgegenstehenden lauten Tagesgeschrei gesetzesun-
kundiger und daher unberufener Stimmführer, dass gerade in
Betreff der bei der Strafjustiz wesentlichsten und wichtigsten
Beziehungen, nämlich in Anschung der Schutzmassregeln für die
Beschuldigten und Angeklagten gegen ungerechte Verurtheilungen, sowie überhaupt gegen richterliche Willkür oder inhumane
Behandlung — Oesterreichs bestehende Straf-Gesetzgebung
sich mit kühner Herausforderung jedem europäischen Strafgesetze
an die Seite stellen kann. Wenn aber mit dieser warmen An-

erkennung der Vorzüge unserer bestehenden Straf-Gesetzgebung im Allgemeinen einerseits immer wieder mein offenes Anerkenntniss gleichen Schritt hält, dass dennoch andererseits in unserer vaterländischen Justiz-Legislation im Einzelnen, vor Allem aber in unserer Justiz-Organisation so manche Gebrechen und Mängel wahrzunehmen seien, welche dringendst nach Abhilfe schreien: so wird sich der letzte Gegenstand meiner zugesicherten Vorträge über das Schwurgericht folgenothwendig mit der Frage beschäftigen: „Ob denn wirklich dadurch, dass man das Schwurgericht in Oesterreich, sei es nun in der gewöhnlichen Einrichtung, oder in einer abgeänderten Form, einführt, die Sonde und das Heilmittel gerade an jene Wunden und jene Flecken richtig angelegt wird, die nach der allgemeinen Anerkennung wirklich einer Besserung und Heilung bedürfen?"

Zweiter Vortrag.

Gehalten am 23. Jänner 1863.

Das Schluss-Ergebniss meines neulichen ersten Vortrages suchte ich dahin auszusprechen, dass nach meiner Ansicht das grösste Gebrechen des Geschwornengerichtes in seiner dermaligen Einrichtung aus dem Standpunkte der Justiz darin liege, dass durch dasselbe die Entscheidung über die Schuldfrage zwischen zwei Collegien getrennt ist, wovon das eine als fragendes, das andere als antwortendes erscheine, und dass das zweite nach den von dem ersteren unabänderlich hingestellten Fragen, unabhängig von weiteren Debatten mit dem fragenden Collegium, seine Entscheidung trifft.

Als ein vorläufiges Abhilfemittel gegen die von mir in einer Reihe von Fällen dargestellten Gebrechen habe ich einstweilen den Vorschlag hingestellt, diese Trennung der beiden Collegien dadurch zu vermeiden, dass man sie in ein einziges Collegium verschmelze.

Der nächste Vorwurf meines heutigen Vortrages besteht darin, diejenigen, theils in positiven Gesetzen beruhenden, theils durch Rechtsübung statuirten Mittel, sowohl präventiver, als repressiver Natur, zu beleuchten, durch welche man den von mir dargelegten, im Ganzen nirgends geleugneten Gebrechen zu begegnen suchte.

Ehevor ich aber zu diesem eigentlichen und unmittelbaren Gegenstande meines heutigen Vortrages übergehe, erlauben Sie, dass ich vorläufig noch ein Paar Einwendungen berühre, die mir bereits von befreundeter Seite, nämlich von einzelnen Zuhörern meines ersten Vortrages gegen meinen Vorschlag mitgetheilt wurden.

Der erste derselben lautet ungefähr dahin: „Es seien die von mir angeführten Gebrechen und der Gerechtigkeit in hohem Grade Abbruch thuenden Entscheidungen der Schwurgerichte in einzelnen Fällen nicht zu leugnen, allein das seien eben nur ein-

zelne Fälle, die entweder durch eine minder gewandte Fragestellung oder durch eine minder glückliche Auffassung dieser
Fragen von Seite der Geschwornen entstanden seien, die sich
daher vermeiden lassen, und die um so weniger als wesentliche
Mängel des Schwurgerichtes angesehen werden können, weil ja
ähnliche Dissonanzen richterlicher Entscheidungen gewiss auch
hundertfach bei rechtsgelehrten Gerichtshöfen vorkommen." —
Ich gestehe, dass ich d i e s e Einwendung nicht erwartet hätte,
denn sie bringt mir den, wenigstens für meine geringe Person,
nichts weniger als erfreulichen Beweis, dass ich mich zu wenig
deutlich ausgedrückt haben müsse; sonst wäre diese Einwendung
unmöglich.

Auf die Gefahr hin, einer ermüdenden Wiederholung mich
schuldig zu machen, wollen Sie mir erlauben, dass ich in wenigen
Worten den Hauptgedanken recapitulire, den ich durch die Darlegung der einzelnen Fälle ausdrücken wollte, und den ich
nach meiner Erinnerung schon neulich schärfest auszudrücken
bemüht war.

Ich habe nämlich in allen einzelnen Fällen nachzuweisen
gesucht, dass keineswegs eine mindere Gewandtheit, eine minder
scharfe Präcisirung, eine mindere Logik von Seite des fragenden
Collegiums, und in der Regel eben so wenig ungeschickte oder
auch nur halb oder ganz unrichtige Auffassung von Seite der antwortenden Geschwornen an den von mir angeführten Entscheidungen die Schuld tragen, sondern ich war bemüht, darzuthun, dass
diese der Gerechtigkeit gewiss nicht zusagenden Entscheidungen
zunächst in d e r Einrichtung beruhen, dass das antwortende Collegium sich mit dem fragenden Collegium bei der Entscheidung
selbst nicht mehr in eine Discussion einlassen kann, dass also
auch das fragende Collegium im Voraus nie im Stande ist, genau
zu wissen, welche möglichen Zusätze, Modificationen, eigenthümliche Antworten auf die eine oder andere Frage ergehen werden,
und daher auch nicht im Stande ist, nach Maassgabe dieser
Eventualität die folgenden Fragen anders zu stellen. Eben weil
der gesammte Fragencomplex als ein a b g e s c h l o s s e n e r hingestellt wird, und über diesen Fragencomplex das antwortende
Collegium seine Entscheidung fällen m u s s, und weil daher unendlich oft mehrere oder vielleicht alle der folgenden Fragen
mit der von dem fragenden Collegium vorausgesetzten eventuellen
Antwort auf die frühere Frage nicht mehr zusammengehen, eben
darum kann kein Einklang in die Entscheidung selbst kommen,
und die innere Harmonie zwischen beiden nicht hergestellt werden. Es ist daher nach meiner Ueberzeugung der dem W e s e n
dieser Einrichtung immanente Dualismus, nämlich die Spaltung
der Schuld-Entscheidung unter zwei Collegien, welche doch
u n v e r t i l g b a r und u n v e r m e i d l i c h in dieser Einrichtung

selbst liegt, daher mit allem Scharfsinne der Fragenden und Antwortenden nicht vermieden werden kann, die Quelle und die Ursache der gerügten Dissonanzen und Inconvenienzen in den auf diese Fragen erfolgenden Entscheidungen. Es liegt also das Uebel, wiederhole ich, einzig und allein in jenem Formalismus, der hier allerdings, in Nachahmung des französischen Gesetzes, durch die Systemisirung der Fragestellung künstlich erhöht wird, in jenem Formalismus nämlich, der bindend und unabweislich die antwortenden Geschwornen zu leiten hat, indem sie sich an die gestellten Fragen halten müssen, und nicht etwa eine Abänderung derselben vornehmen oder veranlassen dürfen.

Mit Hinweisung auf dieses den bestehenden Schwurgerichts-Einrichtungen wesentlich inhärirende Gebrechen habe ich nun neulich an einzelnen Fällen — ich hebe heute nochmal einen einzigen derselben heraus, weil er der kürzeste ist — nachzuweisen gesucht, dass das Wirrniss des Verdictes der Geschwornen n i c h t eine Folge der Z u f ä l l i g k e i t des einen oder des anderen Falles ist, sondern dass es eine u n v e r m e i d l i c h e Consequenz der Sache selbst sei. Wenn nämlich z. B. in Baden in dem von mir neulich erwähnten Falle gefragt wurde: „Ist der Angeklagte schuldig, ohne Einvernehmen mit der Mutter sein eigenes, neugeborenes, uneheliches Kind vorsätzlich getödtet zu haben?“ — und dann in zweiter Frage, für den Fall, wenn die erste verneint wird: „Ist der Angeklagte schuldig, dies im Einvernehmen mit der Mutter gethan zu haben?“ — und wenn nun auf die erste Frage 7 Stimmen gegen 5 „Ja“ sagen, und daher die Frage nach dem badischen Gesetze als verneint anzusehen ist, weil, wie ich neulich erwähnt habe, mindestens 8 Stimmen gegen 4 nothwendig wären zum Beweise eines wider den Angeklagten lautenden Umstandes, und wenn sofort die Geschwornen zur Beantwortung der zweiten Frage übergehen, und dieselbe mit 7 Stimmen gegen 5 verneinen, indem auf diese zweite Frage von den gedachten 12 Geschwornen, wenn sie ganz consequent ihrer früheren Ansicht treu bleiben, nur 5 eine bejahende Antwort geben können: so sind b e i d e F r a g e n ganz folgerichtig v e r n e i n t und der Angeklagte muss gänzlich von aller Schuld freigesprochen werden, wie dies auch wirklich geschehen ist. — Dieses nach der factischen Voraussetzung der e i n h e l l i g e n Willensmeinung a l l e r 12 Geschwornen widersprechende Gesammt-Resultat der richterlichen Entscheidung entstand nun offenbar dadurch, dass von dem fragenden Richter-Collegium in der Fragestellung nicht im Voraus bedacht wurde, dass die Geschwornen die erste Frage auf eine Weise bejahen werden, die im Sinne des Gesetzes als verneint anzusehen sei, und dass sie hiernach, im Grunde ihrer eigenen Majorität widersprechend, auch zur Beantwortung der zweiten (eventuellen) Frage schreiten werden.

Wenn bei einem Richtercollegium diese Fälle vorkommen, so wird eine neuerliche Umfrage die Sache in Ordnung bringen. Alle Gesetze der Welt über richterliche Abstimmung haben nämlich für derlei Fälle vorgesorgt.

Wir selbst in Oesterreich haben in unseren Gesetzen schon aus den 80ger und 90ger Jahren des vorigen Jahrhunderts, wir haben sogar in dem alten Strafgesetze vom Jahre 1803, in der sogenannten galizischen Criminal-Instruction vom Jahre 1808, in der Strafprocessordnung vom Jahre 1850 und in jener vom Jahre 1853 ganz bestimmte Vorschriften, wornach in allen Fällen, wenn sich bei richterlichen Abstimmungen die Stimmen zwischen mehreren Meinungen zersplittern, der Vorsitzende vorzugehen hat, um da, wo nicht eine natürliche Majorität erzielt werden kann, wenigstens eine künstliche, aber immerhin solche Majorität zu erzielen, wodurch mindestens annäherungsweise dasjenige als Beschluss ausgedrückt wird, was dem Sinne nach von der absoluten Majorität gewollt wurde, wobei nämlich mindestens ein solches Conclusum zu Stande kommt, welches den wenigsten Stimmen missfällt, wenn man auch nicht zu eruiren vermag, was den absolut meisten Stimmen gefällt.

Auf diese Art stellen sich künstliche Conclusa oder künstliche Majoritäten heraus, welche wenigstens nicht naturwidrig sind. d. h. nicht geradezu der wirklichen Majorität oder gar Einhelligkeit aller Abstimmenden widerstreiten.

Darin liegt also der Unterschied, dass ein solches Collegium, welches die ganze richterliche Entscheidung *cunctim*, d. h. ohne Absonderung in ein fragendes und in ein antwortendes Collegium, zu fällen hat, dann, wenn die eine oder die andere von dem Vorsitzenden gestellte Frage in der Antwort ein Resultat bietet, welches mit dem Sachverhalte nicht übereinstimmt, allsogleich zu einer neuen Fragestellung und Abstimmung schreiten kann. Ich glaubte daher nachgewiesen zu haben, dass dieser in der Wesenheit der (zumal französisch-deutschen) Einrichtung des Schwurgerichtes liegende, rein formalistische Dualismus es sei, welcher Resultate zum Vorschein bringt, die nicht blos der Gerechtigkeit an und für sich, sondern die demjenigen, was die Majorität, oder sogar die Einhelligkeit der Geschwornen wollte, diametral widersprechen.

Solche Ergebnisse werden nun aber in einem die ganze Schuldentscheidung ungetrennt schöpfenden Collegium, es mag nun dasselbe aus rechtsgelehrten oder nicht rechtsgelehrten Votanten zusammengesetzt sein, unmöglich vorkommen.

Um viel bedeutsamer und wichtiger fällt aber nach vorherrschender Anschauung ein zweiter mir über meinen neulichen Vortrag bereits gemachter Einwurf in die Wagschale, dem auch schon ein wissenschaftliches Organ Worte gegeben hat. Er be-

steht darin, dass alle von mir angeführten Fälle denn doch nur
solche seien, wo der Angeklagte freigesprochen wurde, obgleich er nach der Anklageacte, nach den Verhandlungen und
nach dem ganz gewiss sich herausstellenden Sachverhalte, ja
sogar nach der späterhin constatirten Majorität oder Einhelligkeit
der Geschwornen wirklich schuldig war.

Das sei allerdings bedauerlich im Interesse der Gerechtigkeit;
aber es sei verschwindend geringfügig gegenüber dem grossen
Gedanken, wenn nur durch die Geschwornen kein unbegründetes Schuldig-Verdict zu Stande kommt.

Diesen Einwurf musste ich erwarten und ich habe mir auch
vorbehalten, in eine Würdigung desselben späterhin einzugehen,
weil ich namentlich bei Beleuchtung der politischen Seiten unserer
Frage mehrere historische, ja notorische Belege anführen, und auch
auf solche Fälle zurückkommen werde, wo die Geschwornen
allerdings auch unbegründete und als solche laut und evident
von aller Welt anerkannte Schuldig-Verdicte gefällt haben,
ja wo ihnen sogar Justizmorde zur Last fallen. Ich wollte aber
von diesen Betrachtungen vorläufig keine Erwähnung machen,
weil ich jetzt schon, wenn auch in Abschwächung meiner bisherigen Argumentationen zugestehen muss, dass unbegründete
Schuldig-Verdicte in Folge des von mir gerügten Dualismus
seltener zum Vorscheine kommen.

Wenn aber auch die Fälle, dass die Trennung zwischen
einem fragenden und einem antwortenden Collegium an einem
unbegründeten Schuldig-Verdicte Schuld trage, seltener vorkommen, so gehören sie doch nicht zu den unerhörten; — abgesehen
davon, dass ich persönlich überhaupt dem mir gemachten Ein-
wurfe nicht jenes grosse Gewicht zuerkennen kann, welches man
demselben gewöhnlich zugesteht. Diesem Vorwurfe liegt nämlich
die in weiten Kreisen vorherrschende Anschauung zu Grunde,
dass es ja überhaupt für die Gerechtigkeit nicht so bedeutsam
sei, wenn der eine oder der andere Schuldige in Folge der Einrichtung der Schwurgerichte straflos durchschlüpft. Allein ich
halte es für einen mit dem eigentlichen Rechtsbewusstsein des
Volkes in schneidenden Contrast tretenden Irrthum, wenn man
diese Seite des Schwurgerichtes so gering anschlägt.

Fassen Sie nur einmal die allgemeine Rechtsanschauung des
Volkes in's Auge, so werden Sie sehen, dass solche Verdicte,
wodurch so zu sagen der offen liegenden Wahrheit und aller
Gerechtigkeit geradezu in's Antlitz geschlagen und ein allgemein
als schuldig anerkannter Angeklagter freigesprochen wird, dem
Rechtsbewusstsein des Volkes unter gewissen Voraussetzungen
ebenso tiefe Wunden schlagen, als das Gegentheil; insbesonders
dann, wenn der Angeklagte eine Person vornehmen Standes, oder
in einer einflussreichen Stellung, oder eine geldmächtige Person ist.

In dem von mir auseinandergesetzten Nothzuchtsfalle war es auch wirklich so. — Beschauen Sie sich nun einmal die Indignation des allgemeinen Rechtsbewusstseins, wenn so ein vornehmer Herr, dessen Schuld klar constatirt ist, dennoch freigesprochen wird!

Meinen Sie etwa, dass man in der allgemeinen Volksmeinung ein solches Ergebniss der Justizpflege wirklich den Eigenthümlichkeiten der Fragestellung zuschreibt? Gewiss nicht! sondern anderen, ja den schlimmsten aller Einflüsse und Motive!

Ich bemerke also, dass, wenn auch nur jene einseitige Richtung, die ich neulich dargelegt, wahr wäre, sie schon traurig genug für die Gerechtigkeit sein würde. Ich habe aber gesagt, dass die Fälle nicht unerhört sind, wo die Fragestellung auch unbegründete Schuldig-Verdicte herbeiführt. Ich habe in der langen Reihe der mir aufbewahrten Fälle wieder einen gefunden, der sehr genau — bei uns wurde er vor einem rechtsgelehrten Gerichtshofe verhandelt — mit einer langen Reihe von Fällen übereinstimmt, die vor preussischen Schwurgerichten verhandelt wurden. Ich lege den österreichischen Fall, den ich mit allen Details kennen gelernt habe, Ihnen in *concreto* vor, zu gleicher Zeit mit der eigenthümlichen Abstimmung, wie er bei dem Gerichtshofe verhandelt wurde.

Ein Herrschaftsbesitzer, der ein grosses Jagdrevier hatte, das er mit grosser Liebe, zum Theile zum grossen Verdrusse seiner Gutsunterthanen, hegte, ging mit seinem Jägerburschen auf die Pürsche. Nachdem sie eine Weile im Hochgebirge herumgestiegen, sagte der Jägerbursche zu seinem Herrn (ich recitire das Zwiegespräch im Dialecte meines Heimatlandes Oberösterreich): „Gnä' Herr, schaun's auf, dort is' der Raubschütz Hansjörgl, das is' gar a graupiger Kerl! Hüaten's Eana, ducken's Eana!"

In dem Momente fällt von Seite des gnädigen Herrn ein Schuss, und — der Raubschütze fällt todt zu Boden. Man hatte trotzdem, dass der Herr sich selbst angegeben hatte, dennoch die beiden Individuen verhaftet, um jede Collusion zwischen ihnen zu beseitigen. Schon in der Voruntersuchung, noch mehr aber bei der Hauptverhandlung war der Sachverhalt höchst zweifelhaft. Nach den Aeusserungen des Jägerburschen war es reiner Schreck, blosse Angst, die den Jagdherrn, seinen gnädigen Herrn zum Schuss veranlasst hatte. Der Jägerbursche sagte: „Der Raubschütze ist etwa einen Büchsenschuss weit gestanden und hat das Gewehr in der Höhe der unteren Hälfte des Leibes gehalten, den Lauf voran. Man hat nicht gewusst, sucht er ein Wild, oder hat er uns schon geschen. Der gnädige Herr hat aber gezittert, wie Espenlaub — so war sein Auspruch zu allen Zeiten — und hat aus lauter Angst nicht gewusst, was er thun

soll, und hat geschossen und den Andern niedergeschossen!" —
Das war die Aussage des Burschen. Der gnädige Herr, der als
ein muthiger Mann erscheinen wollte, sagte: „Offenbar hat der
Raubschütze auf uns gezielt. Es ist nicht richtig, was mein Jäger über die Höhe sagt, in welcher der Raubschütz das Gewehr
gehalten hat. Dieser hat nämlich das Gewehr höher gehalten,
als mein Jäger angibt. Ich bin dem Wildschützen, der auf uns
zielte, nur zuvorgekommen. Von Angst meinerseits war keine
Rede; ich habe nur das Prävenire gespielt; ich habe mich nur
der nöthigen Vertheidigung bedient, um ihn niederzuschiessen,
sonst wäre ich erschossen worden. Ich habe die Nothwehr im
strengsten Sinne des Wortes gehandhabt." — Als es zur Abstimmung der Richter kam, hatte der Präsident, — ich habe
nicht weiter zu untersuchen, ob sehr gelungen oder nicht — die
Fragestellung und Umstimmung so eingerichtet, wie sie ungefähr bei Schwurgerichten vorkommt. Uebereinstimmend hatten
sich von den vier abstimmenden Richtern drei dahin entschieden,
dass der Angeklagte von dem ihm zur Last gelegten Verbrechen
des Mordes schuldlos sei, und es folgte sohin das Majoritäts-
Conclusum auf gänzliche Freisprechung. — Bei der hierauf eingeleiteten Abstimmung über die Motivirung dieses Schuldlosig-
keits-Ausspruches aber zeigte sich grosse Verschiedenheit unter
den vier Votanten. Der eine ganz differirende Stimmführer sagte:
„Es ist ja gar keine Rede, weder von Nothwehr noch von Be-
stürzung. Man darf nur auf die vorausgegangenen Verhältnisse
sehen, um sich von dem Nichtvorhandensein solcher Entschul-
digungs-Umstände zu überzeugen. — Schon lange hatte, dies
ergebe sich ja aus den Acten, der Jagdherr auf den Raubschützen
einen Hass geworfen; — er war offenbar froh, dass er denselben einmal niederpelzen konnte. Er sei ja überhaupt ein Mann,
der etwas zu Gewaltthätigkeiten, zu Excessen hinneige u. s. w."
Dieser Votant also hat jede Entschuldigung des Vorsatzes, den
Andern zu morden, geradezu in Abrede gestellt. — Zwei Votanten sagten: „Es gehe aus dem Ganzen hervor, dass sich der
Angeklagte nur der nöthigen Vertheidigung bedient habe, oder
der Nothwehr im engsten Sinne des Wortes." Der vierte Votant
endlich, dessen Meinung auch der Vorsitzende beitrat, sagte:
„Das Ganze beschränkt sich auf eine Ueberschreitung der Nothwehr aus Schreck oder Angst, wie dies aus der überzeugenden
Aussage des Jägerburschen hervorgehe." — Nun waren drei verschiedene Meinungen. Bei der Umfrage wurde endlich die Sache
— wie ich glaube, ganz natürlich — nach dem §. 22 unserer
Strafprocess-Ordnung dahin gewendet, dass die eine Stimme, die
da sagte, er ist schuldig des absichtlichen Mordes, als die strengste
Stimme den beiden letzten beigezählt wurde, die da sagten, er
hat aus Schreck gehandelt, weil diese beiden letzteren Stimmen

nach unserem Strafgesetze wenigstens noch die fahrlässige Tödtung annehmen können, daher relativ strenger sind, als die beiden andern, wirkliche Nothwehr annehmenden, daher von aller
Schuld freisprechenden Votanten. — Auf solche Weise wurde
ein Majoritätsbeschluss auf „Schuldig der fahrlässigen Tödtung
nach §. 335" erzielt. — Dieser Fall ist in Oesterreich bei keinem
Schwurgerichte verhandelt worden, aber sehr häufig schon und
namentlich in letzter und jüngster Zeit kommen ähnliche Fälle
in Preussen vor, weil auch das preussische Strafgesetz vom
Jahre 1851, wenn ich nicht irre, der §. 41 desselben im Wesentlichen gleichlautet mit unserem §. 2 lit. g. — Man stellt
hiernach in ähnlichen Fällen die Fragen an die Geschwornen ungefähr so: „Ist der Angeklagte überführt, gegen A. einen Schuss
abgefeuert zu haben, woraus nothwendig der Tod des A. hervorgeht?" Dies bildet die erste oder Hauptfrage. — Sie wird in
unserem Falle voraussichtlich einstimmig bejaht. — Zweite oder
Zusatzfrage: „Ist erwiesen, dass der Angeklagte diesen Schuss
nur darum gethan hat, um sein eigenes Leben zu schützen,
oder mit anderen Worten: „Hat er sich durch diesen Schuss nur
der nöthigen Vertheidigung bedient, oder war er im Zustande der
Nothwehr?" — Hierauf wird unter der Voraussetzung, dass sich
unter den 12 Geschwornen über unsern Fall eine eben solche Mei-
nungsdifferenz ergebe, wie dies oben von den 5 Richtern erzählt
wurde, von der Majorität der Geschwornen geantwortet: „Nein!"
Dritte und letzte Frage: „Hat er etwa aus Schreck oder Angst so
gehandelt?" Wieder „Nein", und nun kommt zum Vorschein, dass
durch die Majorität der Geschwornen Jemand auf solche Art schuldig gesprochen wird, während doch die Geschwornen in ihrer
Majorität einig sind, er sei nicht schuldig zu sprechen. Warum?
Weil sich auch unter ihnen dieselbe dreifache Fraction gliederte.
Diejenigen nämlich, welche glauben, es sei von einer Nothwehr
oder von dem Ueberschreiten der Nothwehr aus Schreck oder
Angst durchaus keine Rede, werden sowohl auf die zweite, als auch
auf die dritte obige Frage logisch-nothwendig verneinend antworten, wenn sie auch die minderen sind, wenn ihrer z. B. auch nur
drei wären, und das Verhältniss aller 12 Votanten zu den oben angeführten 3 Meinungen etwa 3:4:5 sein würde. Aber auch diejenigen fünf Stimmen, welche für die dritte Alternative sind, werden
auf die zweite Frage verneinend antworten, und hiernach wird die
zweite Frage mit 8 gegen 4 verneint. — Kommt es hiernach zur
dritten Frage, so werden nach dem Gesagten nicht blos diejenigen
drei Stimmen, welche eine Schuld überhaupt wollen, sondern auch
die anderen 4 Stimmen, die für die zweite Alternative sind, ebenfalls diese dritte Frage verneinen und sonach wird auch diese
dritte Frage mit 7 gegen 5 verneint. — Als Gesammtresultat würde

sich daher nur eine Bejahung der ersten oder Hauptfrage, also ein Schuldig-Ausspruch ergeben.

In analoger Weise kam der Fall wiederholt vor, so dass endlich das Obertribunal in Berlin durch verschiedene Cassationserkenntnisse factisch oder *implicite* eine eigene Fragestellung für derlei Fälle herausgebildet hat, die aber auch bezweifelt wird, und die nach meinem Erachten die Sache nichts weniger als gut macht. Die Gerichtspraxis hat sich nämlich so ziemlich allgemein dahin geeinigt, dass man in derlei Fällen nicht mehr eventuell drei Fragen stellt, sondern alle drei Fragepunkte in eine einzige Frage zusammenfasst, welche diese 3 Momente einander alternativ durch das Wörtchen „oder" gegenüber stellt. — Dieser Art von Fragenstellung steht nun aber Alles entgegen, was ich schon neulich über Alternativfragen im Allgemeinen gesagt habe. Es kann nämlich bei einem solchen „oder" nicht nur niemals festgestellt werden, was die Geschwornen eigentlich wollten; sondern es kann hierbei um soviel leichter jene künstliche und naturwidrige Majorität entstehen, dass die drei verschiedenen Meinungsfractionen die Frage im Ganzen verneinen, während sie doch im Ganzen bejahen wollten. — Hier haben wir also ganz klar den Fall, dass aus einer solchen naturwidrigen Majorität am Ende das Conclusum hervorgeht: „Nein! Es treten diese Entschuldigungsgründe nicht ein", und dass also nur die Bejahung der ersten oder Hauptfrage, also ein Schuldig-Ausspruch übrig bleibt, während doch die Majorität, bei unserer Voraussetzung sogar 9 gegen 3, eine oder die andere der beiden Entschuldigungen als vorhanden annahm, d. h. ein Nichtschuldig-Verdict fällen wollte.

Noch mehr zeigt sich, ebenfalls wieder in Preussen, und zwar aus dem §. 40 seines Strafgesetzes, eine solche Dissonanz bei der Frage über die Ausschliessung der Zurechnung überhaupt. Der §. 40 des preussischen Gesetzes, der nach meinem geringen Erachten sehr unglücklich dem französischen Gesetze nachgebildet ist, sagt so: „Ein Verbrechen oder Vergehen ist nicht vorhanden, wenn der Thäter zur Zeit der That wahnsinnig oder blödsinnig war, oder die Willensfreiheit durch Gewalt oder Drohung aufgehoben war." — Nun haben die Gerichtshöfe an die Geschwornen die Fragen durch mehrere Jahre in folgender Weise gestellt. Erste Frage: „Ist der Angeklagte überführt, das und das gethan zu haben?" Antwort: „Ja." Für den Fall, als diese Frage bejaht wird, geht die weitere Zusatz-Frage dahin: „Ist es richtig, dass der Angeklagte zur Zeit der That wahnsinnig war?" Antwort: „Nein." Sofort weitere Zusatzfrage: „Ist es richtig, dass er blödsinnig war?" Nein. — „Ist es richtig, dass seine Willensfreiheit durch Drohungen aufgehoben war?" Nein. — Ferner: „Dass sie durch Gewalt aufgehoben war?" Abermals: Nein. Alle vier Zu-

satzfragen werden mit „Nein" beantwortet und nun muss der
Angeklagte schuldig gesprochen werden, obgleich Fälle vorkommen, wo die Geschwornen übereinstimmend sagten: „Zurechnungsfähig ist er zwar nicht, aber keiner der oben taxativ aufgeführten Ausschliessungsgründe ist da, obgleich er allerdings in einem
Zustande der Bewusstlosigkeit, der Verwirrung war u. s. w. Hiernach ergibt sich auch in diesen Fällen aus der Verneinung der
einzelnen Fragen als Gesammtergebniss ein Schuldig-Verdict
der Geschwornen, obgleich sie nach der Voraussetzung allesammt
den Angeklagten von der Schuld freisprechen wollten. — Allerdings mag bei den Fällen der letzteren Art die Veranlassung zu
derlei Aberrationen des Verdictes der Geschwornen in dem minder
gelungenen Texte des diesfälligen materiellen Strafgesetzes gelegen sein, welches taxativ nur vier solcher Fälle aufzählt, welche
die Zurechnung ausschliessen, statt diese Ausschliessung in einem
allgemeinen Satze auszusprechen. Allein könnte nach schon ge-
fasstem Conclusum unter den entscheidenden Richtern eine neuerliche Discussion stattfinden, woraus sie sich selbst überzeugen
würden, dass ihr Gesammtausspruch ihrer eigenen Willensmeinung widerspräche, so würde auch ohne Schwierigkeit noch vor
Verkündigung des Wahrspruches eine Sanirung und Berichtigung
desselben vorgenommen werden können.

Wie halfen sich aber früher die Gerichte in Preussen gegenüber solchen Wahrsprüchen der Geschwornen? Die Gerichtshöfe
haben von dem bekannten Rechtsmittel Gebrauch gemacht, und
solche Verdicte der Geschwornen wegen offenbarer Irrung der
Geschwornen zum Nachtheile des Angeklagten geradezu aufgehoben. Die Fälle wurden anderen Schwurgerichten übergeben,
die dann in irgend einer Weise zu helfen suchten. Endlich nahm
ein Schwurgericht sich den Muth heraus, und judicirte so: Auf
die erste, zweite und dritte Zusatzfrage erfolgte die Antwort:
Nein; fügte aber der Beantwortung der Hauptfrage folgenden
Zusatz bei: „Der Angeklagte ist zwar überführt, diese Handlung
gethan zu haben; es ist auch nicht erwiesen, dass er wahnsinnig,
blödsinnig u. s. w. war, aber er hat dennoch nicht die Handlung
mit Zurechnungsfähigkeit begangen." — Die Geschwornen haben
sich hiernach die Omnipotenz zuerkannt, über das positive Gesetz
hinauszugreifen, um auf solche Weise einem ihrer eigenen Ansicht nach unrichtigen und ungerechten Schuldig-Verdicte vorzubauen. — Dagegen wurde die Nichtigkeitsbeschwerde ergriffen,
weil das Verdict gegen den klaren Wortlaut des Gesetzes war;
allein der Revisionshof hat dieselbe verworfen, das meritorische
Recht gelten lassen und gesagt, es ist klar, der Mensch soll freigesprochen werden, er ist nicht zurechnungsfähig.

Jeder Rechtliebende wird sich darüber freuen, dass auf solche
Weise durch Beugung des positiven Gesetzes ein materielles

4

Unrecht verhütet wurde. Allein ist das ein gesunder Rechts-
zustand, wenn materielles Unrecht nur dadurch verhütet werden
kann, dass die Richter, die doch nur Vollzugsorgane des gegebenen Gesetzes sein und unverbrüchlich nach demselben erkennen sollen, vielmehr gegen dasselbe judiciren?

Hieraus bildete sich nun in Preussen für die Fälle der Frage
die Schwurgerichtspraxis ziemlich allgemein dahin, dass man
hierbei die Fragen ungefähr so stellt: „Ist der Angeklagte überführt, dies und jenes gethan zu haben?" Ja. — Für den Fall,
wenn diese Frage bejaht wird: „Ist nachgewiesen, dass er in
einem nicht zurechnungsfähigen Zustande war?" Ja! Es bejahen
nun die Geschwornen diese erste oder allgemeine Zusatzfrage,
die jedoch ausser dem positiven Gesetze steht, verneinen aber
dann sehr häufig alle folgenden sich auf die einzelnen Ausschliessungsgründe der Zurechnung, nämlich Wahnsinn, Blödsinn
u. s. f., beschränkenden Particular-Zusatzfragen.

Auf solche Weise wird also der Angeklagte im Ganzen dennoch schuldlos gesprochen, weil er dies schon vermöge der Antwort auf die erste oder allgemeine Zusatzfrage ist.

Sie sehen, in diese künstlichen Noth-Auskunftsmittel, wodurch
man über das gegebene Gesetz hinausgreifen muss, hat man die
Sache hineingezwängt, um nur eine gerechte Entscheidung zu
Stande zu bringen, und um wirklich dasjenige zu beseitigen, was
zu einem unbegründeten Schuldig-Verdicte führen könnte.

Ich gehe nun zu dem eigentlichen und Hauptgegenstande
meines heutigen Vortrages über, nämlich zur kritischen Würdigung
derjenigen Mittel, durch welche die europäischen Gesetzgebungen
oder Gerichtsgebräuche bemüht sind, den eben erwähnten, nicht
wegzuleugnenden und auch von Niemand geleugneten Gebrechen
jenes unseligen dualistischen Formalismus zu begegnen. Dabei
wollen Sie mir erlauben, dass ich die europäischen Gesetzgebungen
diesfalls in zwei Gruppen A und B theile. In die Gruppe A gehört
alles dasjenige, was die französische, belgische und die ihr nachgebildeten italienischen und sämmtliche deutsche Strafprocess-
ordnungen diesfalls bestimmen, weil — sagen wir es gleich ehrlich
heraus — in allen diesen Gesetzgebungen und allerdings auch
unter den deutschen Strafprocessordnungen, eine der andern rein
nachschreibt, und unter ihnen diesfalls, so weit man das Wesen
der Sache in's Auge fasst, kaum bemerkenswerthe Unterschiede
ersichtlich sind. — Die zweite Hauptgruppe B bildet das Verfahren
bei den brittisch-schottisch-amerikanischen Schwurgerichten. Dasselbe werde ich das nächstemal einer besonderen Würdigung
unterziehen. — Rücksichtlich der Gruppe A führe ich die angedeuteten Rechtsmittel in drei Abtheilungen durch. I. Rechtsmittel, welche überhaupt gegen unbegründete Wahrsprüche der
Geschwornen gegeben sind; II. Rechtsmittel gegen unbegründete

Nichtschuldig-Verdicte; endlich: III. Rechtsmittel gegen
die gefährlichste und bedeutsamste Kategorie unrichtiger Wahrsprüche, nämlich gegen unbegründete Schuldig-Verdicte der
Geschwornen insbesondere.

Ad I. Die erste Abtheilung derselben, nämlich die allgemeinen Rechtsmittel sind übrigens Ihnen, meine Herren, bereits ausführlich auseinandergesetzt worden, theils durch die Vorträge des
Herrn Professors Glaser, theils in den eingehenden Gesetzes-
Mittheilungen des Herrn Landesgerichtsrathes Frühwald. Ich
recapitulire sie kurz, wenn ich bemerke, sie reduciren sich immerfort auf drei Abhilfsmittel, nämlich a) auf die den Geschwornen
eingeräumte Berechtigung, ihren Antworten Zusätze, Modificationen beizufügen, auch dann, wenn keine Zusatz- oder eventuellen
Fragen gestellt sind, oder wenn diese zwar gestellt sind, aber
nicht auf jene Umstände passen, welche vielleicht bei Beantwortung
dem einen oder dem andern der Geschwornen oder endlich der
Majorität beifallen. Ein anderes Mittel besteht b) in dem Befugnisse
der Geschwornen, sich für den Fall, wenn sie die Fragen nicht
klar finden, eine Erläuterung derselben von dem Vorsitzenden des
Gerichtshofes, oder von diesem selbst zu erbitten. — Das dritte
diesfällige Abhilfemittel endlich bezieht sich c) auf den Fall, wenn
der Wahrspruch der Geschwornen dunkel, unvollständig, oder in
sich einen Widerspruch enthaltend erscheint, wonach der Gerichtshof das Recht hat, die Geschwornen zurückzuschicken zur Verbesserung des Wahrspruches. — Ich habe neulich in meinen Auseinandersetzungen einzelner Fälle darauf hingewiesen, dass bei denselben
von dem einen oder anderen dieser Mittel wirklich Gebrauch gemacht worden ist, ohne dass dadurch den von mir gerügten Gebrechen der Schwurgerichts-Einrichtung und den aus ihr resultirenden
unrichtigen Verdicten selbst irgendwie abgeholfen worden wäre.

Die eben erwähnten Rechtsmittel können aber auch gegen
die angedeuteten Gebrechen nicht ausreichen, weil in den von mir
angeführten Fällen nicht eine wirkliche Unvollständigkeit oder
Unklarheit der gestellten Fragen, oder eine Dunkelheit, ein innerer Widerspruch oder eine Ungereimtheit des Wahrspruches an
und für sich vorkam, sondern nur ein Wahrspruch, der genau der
Frage angepasst ist, aber zugleich ein Wahrspruch, dem von den
Geschwornen *proprio motu* allerlei Zusätze beigefügt waren oder
dem verschiedene Hintergedanken der Majorität der Geschwornen
zur Unterlage dienten, die in den weiteren Zusatz- oder Eventual-
Fragen von dem fragenden Collegium nach nun einmal fixirter
und an die Geschwornen hinausgegebener Fragestellung nicht
mehr berücksichtigt werden konnten.

Bei dieser Unzulänglichkeit der allgemeinen Abhilfemittel
gegen unrichtige Geschwornen-Verdicte werden daher die beiden
andern Abtheilungen derselben, nämlich die speciell gegen die

eine und andere Art dieser Verdicte offen gelassenen Rechtsmittel um so wichtiger. Betrachten wir also zuerst, was an derlei Mitteln gegen die II. Kategorie unbegründeter Verdicte der Geschwornen, nämlich gegen unrichtige F r e i s p r e c h u n g e n angeordnet ist. Hier sehen Sie nun, dass im Allgemeinen in der europäischen Schwurgerichts-Gesetzgebung der Gedanke durchleuchtet: Haben die Geschwornen ein Nichtschuldig-Verdict ausgesprochen, so ist dies ein Gewissensausspruch der Richter aus dem Volke, es ist ein Wahrspruch, gegen welchen an und für sich durchaus nicht eine Berufung, eine Abhilfe durch ein höheres Organ möglich ist, eben weil es ein Gewissensausspruch ist und einem höheren Organe ja nie zustehen kann, darüber zu richten, ob die unteren Richter nach ihrem Gewissen und nach ihrer individuellen Auffassung, wie nämlich die Autopsie der Verhandlung ihnen subjectiv den Fall dargestellt hat, richtig geurtheilt haben.

Man hat daher auch im Grunde jedes eigentliche Rechtsmittel gegen ein solches Nichtschuldig-Verdict der Geschwornen im Ganzen beseitigt. Ja, es geht so weit, dass man, wenn ich nicht irre, mit einziger Ausnahme der preussischen und bairischen Strafprocessordnung, in allen übrigen, von der französischen angefangen, in dem Falle der Frage den Gerichtshof gar kein Urtheil fällen lässt, sondern es wird, sobald die Geschwornen das Nichtschuldig-Verdict erklärt haben, der Angeklagte bloss durch den Vorsitzenden des Gerichtshofes freigesprochen und in Freiheit gesetzt, indem man hiernach die Function des Gerichtshofes als nicht mehr in Thätigkeit tretend erkennt.

Man hat aber dennoch gesehen, dass solche Nichtschuldig-Verdicte vorkommen, welche selbst dem gesunden Menschenverstande, dem natürlichen Rechtsbewusstsein, den klaren Anschauungen von dem Sachverhalte, wie er sich in der Verhandlung herausgestellt, schreiend entgegentreten. Um diese schneidenden Contraste zu beseitigen, ist allerdings ein indirectes Abhilfemittel in der N i c h t i g k e i t s b e s c h w e r d e z u r W a h r u n g d e s G e s e t z e s vorhanden, und zwar ebenfalls in Nachahmung des französischen Gesetzes. Man lässt nämlich den Staatsanwalt zu jeder Zeit gegen solche offenbar unbegründete Wahrsprüche dieses Rechtsmittel anhängig machen und zwar entweder wegen unrichtiger Anwendung des Gesetzes oder wegen Verletzung wesentlicher Formalitäten. Da hat man nun freilich viele Anhaltspunkte zur Anstrengung dieses Rechtsmittels, zumal nach dem französischen Rechte, obgleich dasselbe bekanntlich die Nichtigkeitsgründe taxativ aufzählt. Es hat sich nämlich die praktische Jurisprudenz aus der nun schon 60—70jährigen Praxis des französischen Cassationshofes hierüber, ich möchte sagen, so lose Grundsätze zu schaffen gewusst, dass man eine Menge ganz unwesentlicher Dinge am Ende als einen Nichtigkeitsgrund mit aller Gewalt unter das Gesetz hineinzwängt, um nur

einen Anlass zu haben, solche Wahrsprüche aufzuheben, und dann
kann der Cassationshof allerdings erklären, der Wahrspruch der
Geschwornen auf Nichtschuldig sei unrichtig und kann seine Ansicht darüber aussprechen. — Allein mit welcher Rechtswirkung?
— Bekanntlich ohne alle Rückwirkung auf den entschiedenen
einzelnen Fall! — Das Nichtschuldig der Geschwornen in dem
einzelnen Falle muss nämlich factisch inappellabel und infallibel
sein, eben weil es, wie gesagt, ein Gewissensausspruch der Volksrichter ist.

Wir sehen also, dass regelmässig nirgends eine Abhilfe ist,
um offenbar unrichtige Nichtschuldig-Verdicte der Geschwornen
zu annulliren, obgleich auch diese der Gerechtigkeit grosse Wunden schlagen. Es ist ein einziges Gesetz in Europa, so viel wenigstens mir bekannt ist, welches dem Uebel direct zu Leibe geht.
Es ist dies die preussische Strafprocessordnung, wenn man sie so
nennen kann, vom 3. Mai 1852.

Bekanntlich hat Preussen durch eine Verordnung vom 3. Jänner 1849 auch in den nicht-rheinischen Ländern Preussens die
Geschwornengerichte und das öffentliche und mündliche Strafverfahren eingeführt. Diese Verordnung, im Allgemeinen dem fran-
zösisch-rheinischen Gesetze nachgebildet, hat schon in den ersten
Jahren ihrer Anwendung mannigfache Lücken dargeboten, und
es ist am 3. Mai 1852 hiezu eine bedeutsame Verbesserung erschienen. Es ist zwar nur ein Fragment der Strafprocessordnung,
welches Fragment aber im Allgemeinen wirklich am ursprünglichen Gesetze vom Jahre 1849 manche gute Reformen durchgeführt hat.

In Preussen gilt hiernach in Beziehung auf die Nichtigkeitsbeschwerde ebenfalls dasjenige System, das in den meisten deutschen Strafprocessordnungen besteht. Es wird nämlich vom Gesetze
bestimmt: „Die Nichtigkeitsbeschwerde wird geltend gemacht,
wenn das Gesetz unrichtig angewendet wurde, oder wenn wesentliche Formalitäten in dem Verfahren versäumt werden. Als wesentliche Förmlichkeiten gelten folgende:" Nun werden 7 Nummern
aufgeführt und dann am Schlusse gesagt: „Ausser diesen 7 Nummern steht es aber im Ermessen des Revisionshofes (d. i. des
obersten Tribunals als Cassationshofes) in jedem einzelnen Falle
zu bestimmen, welche Förmlichkeiten als so wesentlich anzusehen
seien, dass die Nichtbeobachtung derselben die Nichtigkeit herbeiführen soll." Es ist also die Entscheidung darüber, was als
Nichtigkeitsgrund zu gelten habe, principiell dem Ermessen des
Gerichtshofes anheimgestellt. Nun kommt der entscheidende Artikel 109, der bestimmt: „Gegen das Nichtschuldig-Urtheil oder
Nichtschuldig-Verdict der Geschwornen gibt es in der Regel gar
kein Rechtsmittel, sondern es ist von dem Gerichtshofe der Nicht-
schuldig-Erklärte freizusprechen. Diese Regel erleidet aber ihre

Ausnahme dann, wenn die Nichtigkeit durch unrichtige Fragestellung oder Nichtstellung einer Frage begründet wird."

Beschauen wir uns nun an einem einzelnen Falle der neuesten Zeit, wie dieses Rechtsmittel in Anwendung kommt. Es handelte sich um eine Frauensperson, die des Kindesmordes oder
wenigstens der fahrlässigen Tödtung ihres neugebornen Kindes
beschuldigt war. Die Frage, die der Gerichtshof an die Geschwornen stellte, lautete so: „Ist es wahr, dass die Angeklagte ihr
neugebornes Kind absichtlich auf diese und jene Weise getödtet
habe?" Für den Fall, wenn diese Frage verneint werden sollte,
wurde die Eventual-Frage beigefügt: „Ist es wahr, dass die Angeklagte ihr neugebornes Kind dadurch getödtet habe, dass sie
ihre Entbindung stehend abwartete, das neugeborne Kind mit
einem Tuche umwickelte, und auf solche Weise umwickelt in
den im Zimmer befindlichen Koffer legte und dort liegen liess?"
Antwort der Geschwornen auf die erste Frage, ob es nämlich
wahr sei, absichtlich das Kind getödtet zu haben: „Nein!" Auf
die eventuelle zweite Frage, ob es wahr sei, das Kind aus Fahrlässigkeit getödtet zu haben, dadurch, dass sie u. s. w. antworteten die Geschwornen: „Die Angeklagte ist schuldig, ihr Kind
aus Fahrlässigkeit getödtet zu haben, es ist jedoch nicht erwiesen, dass sie ihre Entbindung stehend abwartete, es ist nicht
erwiesen, dass sie das Kind in ein Tuch eingewickelt in einen
Koffer legte und daselbst liegen liess!"

Als die Geschwornen ihr Verdict dem Gerichtshofe mit der
Erklärung mittheilten, dass es einhellig ergangen sei, zog sich derselbe zurück und erklärte, er könne sich mit dem Verdicte nicht
beruhigen, dasselbe entspreche nicht der gestellten Frage, und die
Geschwornen wurden zurückgeschickt, damit sie ein neues Verdict
fassen sollten. Die Geschwornen erscheinen wieder und erklären
einfach: „Die Angeklagte ist nicht schuldig, das Kind aus Fahrlässigkeit getödtet zu haben!" Sehr natürlich sprach jetzt der
Gerichtshof dieselbe einfach frei. Dagegen legte der Staatsanwalt die Nichtigkeitsbeschwerde auf Grundlage des erwähnten
Artikels 109 ein und führte ungefähr Folgendes aus: „Dieses
in sich selbst vollkommen unbegründete, nicht nur dem Sachverhalte, sondern dem eigenen Sinne der Geschwornen, die ja das
erste Mal gesagt haben, sie ist schuldig, aus Fahrlässigkeit getödtet zu haben, widersprechende Nichtschuldig-Verdict ist nach
der Voraussetzung ausschliessend dadurch entstanden, dass der
Gerichtshof die Frage so schlecht gestellt hat; wozu war es denn
nothwendig, das aufzunehmen, dass sie dadurch die Fahrlässigkeit begangen, dass sie stehend ihre Niederkunft abwartete, dass
sie das Kind mit einem Tuche umwickelte und so in den Koffer
legte und dort liegen liess. Es hätte vielmehr einfach nur darum
gefragt werden sollen: „Ist es wahr, dass sie ihr Kind aus Fahr-

lässigkeit getödtet habe?" Diese Frage würden die Geschwornen gewiss einfach bejaht haben. Es liegt ja ganz zweifellos im Sinne derselben, dass sie schuldig sprechen wollten."

Was war nun der Erfolg dieser Nichtigkeitsbeschwerde? Der Revisionshof (das Obertribunal in Berlin) gab dieser Nichtigkeitsbeschwerde Statt, cassirte das Freisprechungs-Urtheil des Gerichtshofes und erklärte *propria autoritate* diese Person schuldig der fahrlässigen Tödtung. — Auf Grundlage des citirten Artikels 109 *(de lege lata* nämlich) glaube ich, kann nichts dagegen eingewendet werden.

Niemand wird nun in Abrede stellen, dass durch diesen Artikel 109 ein Rechtsmittel vorgesehen sei, wodurch radical die schlechte Fragestellung sanirt werden soll. Ich meinerseits gestehe aber ganz aufrichtig, das Heilmittel ist mir noch schlimmer als das Uebel selbst! Dadurch erscheint mir, ungeachtet meiner hohen Achtung für die Gesetzgebung eines andern Landes, das Geschwornengericht in seiner Wurzel, in seiner Genesis und in seiner Wahrheit gefälscht! Wenn man einen von den Geschwornen als den Gewissensrichtern des Volkes ergangenen Nichtschuldig-Ausspruch auf eine solche Weise saniren kann, dass eine Nichtigkeitsbeschwerde zugelassen wird gegen die Fragestellung und gegen die aus der Fragestellung hervorgehenden Antworten, wenn man auf solche Weise von oben herab das Verdict aufheben kann, dann ist das Nichtschuldig-Verdict der Geschwornen begreiflicher Weise eine leere Fabel. Ich glaube daher, dass diess Unicum der preussischen Gesetzgebung nicht Nachahmung verdiene. — Sie werden mir gewiss keine Schwärmerei für die Institution des Schwurgerichts zur Last legen, allein das Schwurgericht auf s o l c h e Art zu organisiren, dass man die Wesenheit desselben zerstört, und durch ein Hinterpförtchen dasjenige, was durch dasselbe namentlich z u G u n s t e n des Angeklagten festgestellt werden will, mystificirt, das kann und wird eine gesunde Gesetzgebung niemals gutheissen.

Näher als dieses läge folgendes allerdings gleich drastische, aber wenigstens offen vorgehende Rechtsmittel, dass nämlich in allen Fällen, wo die Geschwornen einen Wahrspruch geben, der nach der Meinung des Gerichtshofes nicht zusammen geht mit dem Fragen-System, oder welcher den Gerichtshof zur Ueberzeugung führt, dass er seine Frage hätte anders stellen, oder zu seiner Frage eine Zusatzfrage geben oder eine gewisse Frage weglassen können u. s. w., dass in allen diesen Fällen der Gerichtshof berechtigt sein soll, neue Fragen zu stellen, und die Geschwornen zur Beantwortung der neuen Frage zurückzuschicken.

So natürlich und dem zu heilenden Gebrechen angemessen nun auch im ersten Augenblicke dieses Mittel erscheinen möchte, so würde ich dasselbe dennoch auch nicht empfehlen, und zwar aus

den gleichen Gründen, welche mir die Bestimmungen des Artikels 109 des preussischen Gesetzes als der Wesenheit des Institutes
untreu erscheinen lassen. Gibt man nämlich das Volksgericht der
Geschwornen als ein Gewissensgericht über die Frage der Schuld
zu, so kann man nicht zu jener bodenlosen Willkür Anlass geben, wornach an dem Verdicte der Geschwornen durch ein anderes Gericht wieder genergelt und gequetscht und dasselbe so
lange durch neue Fragen umgestaltet und entstellt werden
darf, bis endlich eine Antwort zu Stande kommt, die gerade dem
Gerichtshofe zusagt. Das hiesse der Natur der Sache untreu
werden!

Kann oder wird aber hiernach Jemand von Ihnen meiner
früheren Behauptung entgegen treten, dass keines von all' jenen
Mitteln, welche man bisher gegen unbegründete Nichtschuldig-
Verdicte der Geschwornen in verschiedenen possitiven Gesetzen
festgesetzt oder doch vorgeschlagen hat, für den Zweck ausreiche oder demselben nur überhaupt entspreche?

Wir kommen nun zur Würdigung der verschiedenen Mittel,
durch welche die verschiedenen Schwurgerichts-Gesetzgebungen
III. speciell unbegründeten Schuldig-Verdicten der Geschwornen abzuhelfen bemüht sind.

Dahin gehört nun 1. nach Massgabe des französischen Ge-
setzes und aller deutschen Strafprocess-Ordnungen vorerst die
Cassirung des Verdicts der Geschwornen und Verweisung des
Falls vor eine andere Jury durch ein Judicat des Gerichtshofes.
— Dieselbe hat dann einzutreten, wenn der Gerichtshof einhellig
der Meinung ist, dass sich die Geschwornen zum Nachtheile des
Angeklagten geirrt haben. Ueber den praktischen Werth dieses
Rechtsmittels gibt uns die Geschichte der französichen Schwurgerichts-Gesetzgebung überaus lehrreiche Aufklärung. Keine der
europäischen Gesetzgebungen hat sowohl darüber, was man thun
soll, um das Eintreten dieses Falles gar nicht möglich zu lassen,
daher insbesondere über die Frage: „Was soll man denn thun,
um unbegründeten Schuldig-Verdicten der Geschwornen im Voraus zu begegnen?“, als auch über die Abhilfemittel dagegen so
vielfach experimentirt, wie die französische, so dass man wirklich staunen muss, einerseits über den Scharfsinn, der dabei ver-
schwendet wurde, und andererseits über eine gewisse Ziellosig-
keit, die allen diesen Experimenten zu Grunde liegt. Um hierbei nicht zu weitläufig zu werden, übergehe ich die verschiedenen Phasen, welche die Gesetzgebung über die Jury in Frankreich
diessfalls seit ihrer ersten Einführung zur Zeit der Revolution
bis zur Promulgirung des *Code d'instruction criminelle* vom Jahre
1808 durchgemacht hatte, und beschränke mich nur auf die diessfalls an diesem letzteren Gesetze vorgenommenen Abänderungen.
So sehen wir, dass im Jahre 1821, dann wieder in den Jahren

1831. 1832, 1835, 1836. 1848 mannigfache Abänderungen, endlich im Jahre 1853 wesentliche Umgestaltungen an den einschlägigen Gesetzes-Bestimmungen vorgenommen, dass heute aufgehoben.
was morgen wieder eingeführt wurde, dass man diess und jenes
neu eingeführte abermals abgeändert, endlich wieder zum Alten
zurückgekehrt ist u. s. f. Namentlich wurden über die Frage:
„Wie soll man denn die Geschwornen abstimmen lassen, welche
Majorität soll gelten, — Einhelligkeit, einfache Mehrheit, oder
Zweidrittel-Mehrheit, oder soll in dem einen Falle die einfache
Mehrheit von sieben gegen fünf, in andern Fällen aber nur eine
grössere Majorität oder gar nur Einhelligkeit gelten? u. s. w. alle
denkbaren Wandlungen mitgemacht. Nach dem neuesten in Frankreich jetzt geltenden Gesetze gilt die einfache Majorität sowohl
in Betreff der Schuld als der Nichtschuld, und ebenso für die
erschwerenden und mildernden Umstände, es entscheiden nämlich
immer schon sieben gegen fünf Stimmen. — Eine andere Frage
war die: „Wie soll man es anstellen, damit die Geschwornen nicht
parteiisch werden, sich nicht von Andern überreden lassen,
und damit nicht überhaupt eine schiefe Auffassung der Frage
zum Vorschein komme?" Die jetzige Gesetzgebung hat allerdings diesen gordischen Knoten zerhaut, wie ich jedoch glaube,
nicht glücklich, denn es findet geheime Abstimmung statt,
es darf nicht die mindeste Discussion stattfinden, der Obmann
liest die einzelnen Fragen ab, und jeder Geschworne gibt auf
jede einzelne Frage seinen gedruckten Zettel ab, mit „*Oui*" oder
„*Non*". Der Obmann zählt die Stimmzettel ab, und schreibt dann
nieder, ob die Majorität bejaht oder verneint habe; es darf aber
keine weitere Discussion stattfinden. Ebenso darf selbst bei der
Publication des Verdictes nicht kundgegeben werden, mit welcher
Majorität das Verdict zu Stande kommt; es darf diess ausser
dem Kreise der Geschwornen Niemand wissen bei Strafe der
Nichtigkeit. — Das halte ich für die schlechteste Einrichtung
von allen, die es in der französischen Gesetzgebung in den verschiedenen diessfälligen Phasen gegeben hat, weil gerade durch
das Wegfallen jeder Discussion das Mittel abgeschnitten ist, um
denjenigen Inconvenienzen vorzubauen, welche sowohl durch unrichtige Auffassung der Fragen, als durch unpassende Antworten
auf dieselben von Seite Einzelner entstehen und, wie wir gesehen, so leicht entstehen, und weil hiernach die Geschwornen gar
nicht einmal in die Lage gesetzt werden, wenigstens in solchen
Fällen, wo sie sich über eine Frage gar nicht zurecht finden,
oder wenn sie die Frage absolut gar nicht verstehen, den Gerichtshof oder den Vorsitzenden um weitere Erläuterung derselben anzugehen. Dieses wenn gleich nur in seltenen Fällen aus-
helfende, aber dennoch — wie früher erwähnt wurde — in den
meisten neueren Strafprocess-Ordnungen vorbehaltene Nothmittel

fällt natürlich bei dem Verbote jeder Discussion und bei obligatorischer geheimer Abstimmung über jede einzelne Frage geradezu weg.

Ferner beschäftigte sich die französische Jury-Gesetzgebung auch mit der Frage: „Was soll für den Fall vorgekehrt werden, wenn die Geschwornen mit einem dem Gerichtshofe geradezu unrichtig erscheinenden Verdicte, insbesondere mit einem unbegründeten Schuldig-Ausspruche hervorkommen?" — Während die frühere französische Gesetzgebung und bis zur Stunde sämmtliche deutsche Strafprocess-Ordnungen darüber einverstanden sind, dass nur ein einhelliger Ausspruch des Gerichtshofes: „die Geschwornen haben sich in der letzteren Beziehung geirrt", im Stande ist, dieses Verdict zu zerstören, und die Sache an neue Geschworne zur Verhandlung zu geben, hat die jetzt geltende französische Gesetzgebung seit dem Jahre 1853 festgestellt, dass auch hierzu schon die einfache Majorität des Gerichtshofes zureiche. — Ich halte diess, aufrichtig gesagt, in diesem Punkte für besser als die Bestimmungen der deutschen Strafprocess-Ordnungen, denn welchen Zufälligkeiten ist, nach den deutschen Strafprocess-Ordnungen, welche diessfalls Einhelligkeit der sämmtlichen fünf Richter fordern, das Schicksal des Angeklagten preisgegeben! — Betrachten wir nur einmal den Fall etwas näher! — Die Geschwornen haben den Angeklagten schuldig erklärt. Im Gerichtshofe, ich nehme die gewöhnliche Zahl von fünf rechtsgelehrten Richtern an, sagen vier Stimmen mit der grössten Entschiedenheit: „Es ist ein offenbarer Irrthum, ein Beweis der Schuld ist in diesem Falle nach den Regeln des gesunden Menschenverstandes nicht hergestellt, es ist unmöglich, diesen Menschen schuldig zu erklären." Der fünfte Richter aber, der die Sache laxer nimmt, erklärt aus, Gott weiss! welchen subjectiven Anschauungen: „Ah nein! Ich habe nicht diese Ansicht des Gerichtshofes. Ich halte den Angeklagten für schuldig!" — Jetzt bleibt der Unglückliche schuldig gesprochen und muss zur Strafe verurtheilt werden, weil nicht die Einhelligkeit des Gerichtshofes vorhanden ist.

Dennoch ist diess eigentlich das einzige Rechtsmittel, welches gegen unbegründete Schuldig-Verdicte der Geschwornen aus offenbarer Irrung der Jury in den neuen Gesetzgebungen besteht; denn ein zweites, die Nichtigkeitsbeschwerde zur Wahrung des Gesetzes, welches dem Staatsanwalte oder General-Procurator, mit einem Worte dem Organ des Staatsministeriums zu allen Zeiten zusteht, ist ein völlig unzulängliches. Vorerst kann nämlich dieses Rechtsmittel von dem Staatsanwalte nur dann und insoferne geltend gemacht werden, als er nachzuweisen vermag, dass eine wesentliche Formalität des Verfahrens verletzt worden sei, oder dass die Irrung der Geschwornen und sofort ihr unrichtiges Schuldig - Verdict auf einer unrichtigen Gesetzesanwendung beruhe. Es kann also in allen jenen nicht sehr seltenen Fällen nicht angestrengt werden, wenn die Irrung der Geschwornen in der Annahme der Schuld auf Grundlage sehr mangelhafter Beweise beruht. — Wenn es aber auch in einzelnen Fällen möglich ist, eine solche Formalitäts-Verletzung nachzuweisen, oder die Irrung der Geschwornen, nicht selten nur im Wege eines sehr gekünstelten Raisonnements, auf eine unrichtige Gesetzesanwendung zurückzuführen, und sofort der Cassationshof wegen derselben das Verdict der Geschwornen wirklich cassirt, so hat, und darin liegt ein zweiter und grösserer Mangel dieses Rechtsmittels, ein solcher Cassationsausspruch weder nach den französischen, noch nach den ihr nachgebildeten deutschen Strafprocess-Ordnungen irgend eine praktische Anwendung oder Rechtswirkung auf den einzelnen dadurch betroffenen Straffall.

Nach den bisherigen Gesetzgebungen soll nämlich bei einer solchen Nichtigkeitsbeschwerde zur Wahrung des Gesetzes der Cassationshof höchstens das Recht haben, dann, wenn ihm scheint, es sei dem Angeklagten ein Unrecht zugefügt worden, den Angeklagten der Gnade des Thrones zu empfehlen. So steht es bisher in allen Gesetzgebungen.

Ich gestehe Ihnen, dass ich dies ganz einfach für eine der grössten Schattenseiten aller europäischen Strafprocess-Gesetzgebungen erkenne; denn, wenn nach der Ansicht des Cassationshofes dem Angeklagten ein Unrecht zugefügt wurde, und derselbe sofort ungerechter Weise zu einer Strafe verurtheilt wurde, so muss nach den Anforderungen der ewigen Rechtsidee dieses Unrecht im Wege Rechtens aufgehoben werden. Der Staat ist ihm die Aufhebung des Unrechts schuldig! Die vernunftrechtliche Wahrheit prägt sich diessfalls in dem ganz einfachen Rechtssatze aus: „Wenn immer, wie immer und wo immer mir von den Organen der Staatsgewalt ein Unrecht zugefügt wurde, habe ich ein Recht, von den Organen der Staatsgewalt zu fordern, dass dies Unrecht wieder aufgehoben, und dass mir jeder nur immer denkbare, approximativ mögliche Ersatz für die erlittene Unbill, sowie für den mir zugefügten Schaden geleistet werde." Da nun, wo es sich um mein gutes Recht handelt, soll weder ich selbst, noch ein Anderer für mich — um es recht derb auszudrücken — um Gnade zu betteln haben, wie es diessfalls fast alle europäischen Strafprocess-Ordnungen festgestellt haben.

Ich gestehe Ihnen nun offen, dass mir da die edle Einfachheit, die wir in unseren alten österreichischen Vorschriften besitzen, um vieles vorzüglicher erscheint; nämlich dasjenige, was der grosse Menschenfreund Josef wenige Tage vor seinem Tode in einem Handschreiben verordnete, und was der gerechte Franz

wiederholt confirmirte, und was sich ungefähr in dem Grundsatze
ausspricht: „Sobald eines der Appellationsgerichte und gar der
oberste Gerichtshof aus was immer für einem Anlasse von einem
Unrechte Kenntniss erhält, welches Jemanden durch die Strafgerichte zugefügt wurde, ist es die Pflicht dieser höheren Gerichte, von Amtswegen das Strafurtheil im Wege Rechtens
aufzuheben, das Unrecht zu cassiren und nach Möglichkeit dem
Verletzten Schadenersatz zuzuwenden." Das allein erscheint mir
der richtige Grundsatz.

Ich hoffe daher auch, dass nach dem gedruckten, bereits
vorliegendem Entwurfe einer neuen österreichischen Strafprocess-
Ordnung diesem altösterreichischen Grundsatze volle Gerechtigkeit zu Theil werden wird, dass der Cassationshof einen
ungerecht Verurtheilten nicht erst an die Gnade des Kaisers zu
empfehlen, sondern dasjenige zu thun hat, was im Principe unsere dermalige Strafprocess-Ordnung vom Jahre 1853 — nur
leider ebenfalls nicht vollends durchgeführt — in die §§. 210
und 310 aufgenommen hat.

Mit dieser Reform des Strafprocesses, dass wenigstens dann,
wenn eine Nichtigkeitsbeschwerde zur Wahrung des Gesetzes
gegen Schuldig-Verdicte ergeht, das Unrecht von Amtswegen
durch die Gerichte selbst aufgehoben werden müsse, würde
nach meinem Erachten allerdings einer der schwersten Vorwürfe
gegen die bisherige Einrichtung des Schwurgerichtes wegfallen;
allein selbst dadurch wird dem grossen Uebel der unbegründeten
Schuldig-Verdicte der Geschwornen nicht gründlich begegnet
werden, weil ja sowohl die früher unter den Rechtsmitteln gegen
unbegründete Verdicte der Geschwornen überhaupt erörterte
allgemeine Nichtigkeitsbeschwerde blos entweder wegen Verletzung wesentlicher Förmlichkeiten des Verfahrens, oder wegen
unrichtiger Gesetzesanwendung, als auch speciell die Nichtigkeitsbeschwerde zur Wahrung des Gesetzes, wie schon erwähnt, ausschliessend „wegen unrichtiger Gesetzesanwendung" geltend gemacht werden kann, daher in den von mir hervorgehobenen
Fällen gar nicht einmal zur Anwendung kommen kann, wenn
die Irrung der Geschwornen zunächst auf einer offenbar unbegründeten Bejahung der thatsächlichen Schuld- oder Beweisfrage,
auf einer zu laxen Auffassung der natürlichen Beweisregeln
oder auf jener unglückseligen Spaltung, oder jenem formalisti-
schen Dualismus beruht, den ich bisher als die Hauptquelle
irriger Entscheidungen der Geschwornen in facto aufzuzeigen
bemüht war.

In diesen Fällen trifft nämlich keine Voraussetzung ein, unter
welcher die allgemeine Nichtigkeitsbeschwerde oder speciell die
Nichtigkeitsbeschwerde zur Wahrung des Gesetzes ergriffen werden kann. Es ist hier gesetzlich gar die Möglichkeit nicht gege-

ben, diesen Weg, um nämlich durch den Cassationshof das Unrecht aufzuheben, nur überhaupt einzuschlagen. Für diese Fälle hat meines Wissens blos die österr. St.-P.-O. vom Jahre 1853, und auch diese, wie schon angedeutet, nur theilweise, die übrigen mir bekannten europäischen Gesetzgebungen aber mit gar keinem Rechtsmittel vorgesehen, und doch kommen derlei Fälle nicht wenige vor. Die Noth und das praktische Bedürfniss führten allerdings schon manchmal dazu, im Abgange eines positiven Gesetzes in derlei Fällen dem Uebel durch künstliche, drastische und wenn schon nicht wider das Gesetz laufende, doch mindestens ausser demselben stehende Mittel abzuhelfen.

Es sei mir erlaubt, Ihnen zwei derselben zu erwähnen. Der eine davon hat eine welthistorische Berühmtheit erlangt, es ist der bekannte Fonk'sche Fall, der in den Rheinlanden im Jahre 1822 vor dem Schwurgerichte verhandelt wurde.

Bekanntlich war Fonk mit noch zwei Gehilfen beschuldigt, einen Mord an einem Kaufmanne begangen zu haben; er war eingezogen, es wurde zwei-, dreimal die Voruntersuchung gepflogen, er wurde wieder freigelassen. Sein Mitgefährte Hanemacher wurde schon im Jahre 1820 verurtheilt als schuldig, bei dem von einem Andern ausgeführten Morde mitgewirkt zu haben, und zwar verurtheilt zu 16jährigem Zwangsarbeitshaus. Der Hauptschuldige selbst, Fonk, wurde im Jahre 1822 wieder vor ein Schwurgericht gestellt, in Trier, und nach sechswöchentlicher Verhandlung, wobei 247 Zeugen vernommen worden waren, haben die Geschwornen nach dem rheinländischen, d. h. nach dem dort geltenden französischen Gesetze mit 7 gegen 5 Stimmen denselben schuldig erklärt des vorsätzlichen, mit Vorbedacht und Ueberlegung an dem Kaufmann N. ausgeführten Mordes, und der Gerichtshof verurtheilte denselben sofort zum Tode. Dagegen wurde die Cassationsbeschwerde ergriffen, und zwar weil hier wirklich eine kleine Form verletzt war, zu gleicher Zeit auch die Nichtigkeitsbeschwerde zur Wahrung des Gesetzes. Dieselbe wurde jedoch von dem Cassationshofe zurückgewiesen, das Todesurtheil war daher rechtskräftig. Dennoch erhoben sich schon zur Zeit der Verhandlung, namentlich aber darnach in Preussen, Stimmen, und überdiess sehr mächtige Stimmen, dass diess ein offenbar unbegründetes Verdict und die Schuld nicht erwiesen ist. Man erhob laute Klagen dagegen, dass 7 gegen 5 Stimmen einen Menschen sollen zum Galgen bringen können u. s. f. Was geschah nun? Man erkannte, nach dem Gesetze gibt es kein Rechtsmittel gegen dieses Verdict. Der Justizminister empfahl also den Mann der Gnade des Königs. Die Verhandlungen nun vom Tage des Urtheils bis zum letzten Ausspruche durch die Gnade des Königs dauerten 14 bis 16 Monate; inzwischen war Fonk fortan in Untersuchungshaft. Endlich wurde vom Justizminister und dem Gesammt-Ministerium Preussens beim Könige der Antrag gestellt und es erfolgte hierauf die berühmte Cabinetsordre, worin gesagt wird: „Da in diesem Falle der Thatbestand des Mordes nicht constatirt ist, indem darüber eine Gewissheit nicht hergestellt werden konnte, dass der Getödtete wirklich durch fremde Menschenhand getödtet worden sei, und da bei der Nichtfeststellung dieses Thatbestandes auch von einem Morde nicht weiter die Rede sein kann, so spreche Ich (nämlich der König) hiemit den Funk und Hanemacher frei." Der Zweitgenannte war schon drei oder vier Jahre im Zwangsarbeitshause und auch er wurde durch die Gnade des Königs nicht begnadigt, es wurde ihm die Strafe nicht nachgesehen, sondern er wurde — freigesprochen.

Sie sehen also, zu welchem unnatürlichen Auskunftsmittel man schreiten musste. Ich weiss es, Sie werden mir nicht zumuthen, dass ich von der Cabinets-Justiz in ihrem eigentlichen Sinne, also in ihrer schwarzen Gestalt, sprechen werde; dieselbe gehört — Gottlob! in den civilisirten Staaten Europas zu den überwundenen und derzeit unmöglichen Dingen! — Ich spreche hier nur von der Cabinetsjustiz in ihrer uneigentlichen Bedeutung und ich möchte sagen, in ihrer verklärten, segenbringenden Gestalt, wo nämlich durch die Gnade des Souverains von Jemanden ein Unrecht abgewendet wird, welches ihm durch die Gerichte zugefügt wurde, wo also Wunden, welche der Gerechtig-keit durch die Justiz geschlagen wurden, durch die Gnade des Königs wieder geheilt werden. — Allein dennoch sagen Sie sich selbst gewiss mit mir, welch' ernste Betrachtungen einem solchen unnatürlichen Auskunftsmittel entgegenstehen. Wenn wirklich, wie es hier der Fall ist, nach der Ueberzeugung eines obersten Tribunals Jemandem ein Unrecht geschehen ist, so soll ihn nicht die Gnade des Königs freisprechen, sondern es soll ihn, wenigstens nach meiner unerschütterlichen Rechtsüberzeugung, dieses oberste Tribunal von Rechtswegen freisprechen. Hierauf hat er einen unverjährbaren und unzerstörbaren Rechtsanspruch. Abgesehen davon ist es überdies höchst bedenklich, in Sachen des Rechtes, wenn auch zu Gunsten des Angeklagten, die subjective Entscheidung des höchsten Trägers der Krone hereinzuziehen. Es ist bedenklich, weil ja möglicherweise ebenso grelle Dissonanzen auch in civilrechtlichen Entscheidungen der Gerichte zum Vorschein kommen können und man den Gedanken nicht heraufbeschwören darf, es soll eine durch den höchsten Gerichtshof des Reiches geschöpfte richterliche Sentenz als Rechtserkenntniss durch einen subjectiven Machtausspruch der Krone, durch einen Cabinetsbefehl umgeändert werden können.

Wir haben einen gleichen Fall in Oesterreich vor sehr wenig Jahren erlebt. Ein sehr angesehener Gerichtshof hatte nach der bekannten Verordnung vom 12. Jänner 1852 die Function der Geschwornen übernommen. Als nämlich in Folge der organischen Beschlüsse vom 31. December 1851 durch eine bald darauf erfolgte allerhöchste Verordnung das Geschwornengericht in Oesterreich aufgehoben wurde, ist ein zweites Gesetz erlassen worden, worin man sechs Richtern der Landesgerichte die Function der Geschwornen insoferne gab, dass ihre Entscheidung über die Schuldfrage inappellabel sein sollte. Ein sehr angesehener Gerichtshof in einem deutschen Kronlande Oesterreichs hat nun einen Mordfall verhandelt und erklärte mit Stimmeneinhelligkeit den Angeklagten des Meuchelmordes schuldig, und liess sich zu diesem Schuldig-Verdicte nach Ausweis der Acten vorzugsweise durch das Belastungszeugniss eines als Zeugen vernommenen Mannes bestimmen, wider den dringende Verdachtsgründe vorlagen, dass er selbst und er allein der Thäter war. Da nun der Angeklagte zur Todesstrafe verurtheilt wurde, so musste die Sache an den Cassationshof kommen; überdiess war auch von dem Vertheidiger des Angeklagten die Nichtigkeitsbeschwerde eingelegt worden. Bei der Plenarberathung des Cassationshofes erklärten alle Richter, nämlich sowohl die Räthe des obersten Gerichtshofes, als auch der Vorsitzende einhellig: „Unmöglich könne man nach natürlichen Beweisregeln und nach denjenigen Kriterien, welche selbst nur der schlichte Menschenverstand zum Dasein einer historischen Gewissheit erfordern, im vorliegenden Falle einen Beweis der Schuld des Angeklagten als vorhanden oder hergestellt annehmen u. s. f.“

Was war nun zu thun? Damals galt in Oesterreich die Strafprocess-Ordnung vom Jahre 1850 mit der Verordnung vom 12. Jänner 1852, welche beide Gesetze den Ausspruch über das Vorhandensein der Schuld ausschliessend der inneren Ueberzeugung des erkennenden Gerichtshofes anheimstellten. — Wie soll nun gegen diesen, nach der Voraussetzung offenliegend auf einer irrigen Schlussfolgerung des Gerichtshofes über die That- oder Beweisfrage beruhenden Richterspruch Abhilfe geschafft werden? — Der Cassationshof setzte diese Verhältnisse auseinander und liess durch seinen Antrag, womit er den Verurtheilten der Gnade des Monarchen empfahl, den Gedanken durchblicken — dass selbst durch eine Nachsicht aller Strafe im Wege der landesfürstlichen Gnade dem ungerecht Verurtheilten noch keineswegs volles Recht zu Theil werde. — Es wurde demnach durch den Justizminister eine allerhöchste Cabinetsentscheidung des Kaisers vermittelt, wodurch angeordnet wurde: „Dass die wegen Verbrechen des Meuchelmordes ohne gesetzliche Gründe wider den Verurtheilten eingeleitete und abgeführte Untersuchung aufzuheben, und derselbe sogleich in Freiheit zu setzen sei.“

Aehnliche Fälle liegen aber auch aus der Zeit der Strafprocess-Ordnung vom Jahre 1853 vor, wobei also die §§. 210
und 310 derselben, eben weil sie nur halbe Massregeln sind,
nicht ausreichten, um gegen derlei ungerechte richterliche
Verurtheilungen im Wege Rechtens Abhilfe zu bringen. Es
kamen nämlich in dieser Zeit bei uns mehrere Fälle vor, wo
über die Schuldfrage die Gerichtshöfe, also selbst rechtsgelehrte
Gerichtshöfe — oder noch aus der Zeit von 1850 und 1851 die
Geschwornengerichte mit Stimmeneinhelligkeit ein „Schuldig"
aussprachen, dem entgegen der Cassationshof oder jetzt der
oberste Gerichtshof ebenfalls mit Stimmeneinheit erklärte: „Es
sei nicht möglich, aus der gepflogenen Verhandlung ein „Schuldig"
gegen den Angeklagten auszusprechen; es sollte daher dieser
Ausspruch von Amts- und Rechtswegen aufgehoben werden
wenn man dem Rechte seine volle Sühne geben will u. s. w."

Für diesen Fall haben nun — wiederhole ich — die europäischen Strafprocess-Ordnungen durch gar kein Rechtsmittel vorgesehen, und es zeigt sich daher gerade in diesem Falle nach
meinem Erachten eine der bedenklichsten Seiten des Schwurgerichtes!

Wir werden uns nun aber später auch überzeugen, dass
sich allerdings in der neueren Zeit, namentlich in England und
in Nordamerika, aus den Erfahrungen der Gerichtshöfe und aus
den von den Parlamenten gesammelten Berichten der Rechtsgelehrten immer mehr die Anerkennung herausstellt, dass darin
überhaupt ein grosses Gebrechen der Schwurgerichtseinrichtung
liege, dass man den Schuldig-Verdicten derselben die Inappellabilität und Infallibilität zugesteht. Es muss ein Mittel geben, —
wird selbst in diesen Mutterländern der Jury von bedeutenden
Stimmführern und namentlich von angesehenen Rechtsgelehrten
und Richtern bereits vielfach behauptet — um ein ungerechtes
Schuldig-Verdict der Geschwornen auf irgend eine Weise schon
im Rechtswege aufzuheben!

Es soll hiernach der nächste Gegenstand meiner Vorträge
die Beleuchtung der verschiedenen Rechtsmittel gegen unrichtige Verdicte der Geschwornen in England, Schottland und den
nordamerikanischen Staaten sein, so wie sich dieselben theils in
den positiven Gesetzen, zum grösseren Theile aber durch den Gerichtsgebrauch bis zum heutigen Tage herausgebildet haben,
wobei ich zugleich nach den Mittheilungen Anderer, denn persönlich war ich noch in keinem dieser Länder, auf die gegenwärtig
daselbst herrschenden Rechtsanschauungen und vorgeschlagenen
Mittel zur Verbesserung und Vervollkommnung selbst der britischen Jury Bedacht nehmen werde.

Dritter Vortrag.

Gehalten am 30. Jänner 1863.

Indem ich an den Faden meiner bisherigen Vorträge die mir heute gesetzte Aufgabe anknüpfe, glaube ich mich kurz dahin aussprechen zu können, dass ich bisher darzulegen versuchte, dass die Gebrechen, die aus dem Standpunkte der Justiz der Einrichtung des Geschwornengerichtes nach französischem und demselben nachgebildeten deutschen Muster entgegenstehen, so geartet sind, dass keines der neulich dargestellten, von der französischen und den deutschen Gesetzgebungen angewendeten oder in Vorschlag gebrachten Präventiv- und Repressiv-Mittel, namentlich keines aller bisher von den Gesetzgebungen angenommenen Rechtsmittel zureicht, um gerade jenem Gebrechen zu begegnen, welches ich als das bedeutsamste erkenne, dass nämlich durch den diesem Institute wesentlich inhärenten Frage-Formalismus nur zu häufig die Wahrsprüche, und zwar sowol Schuldig-, als auch Nichtschuldig-Verdicte zu Stande kommen, die nicht nur dem objectiven Sachverhalte und der Gerechtigkeit, sondern namentlich auch dem eigenen Sinne und Willen der Geschwornen entgegen sind. Ich hatte aber bei diesem Anlasse mir vorbehalten, zu untersuchen, wie sich denn gerade diese Seite der Frage B. bei dem englischen Schwurgerichte verhält und dies soll heute meine Aufgabe sein.

Ich habe schon mehrfach angedeutet, dass ich jene Gebrechen, die ich wenigstens nach meiner subjectiven Anschauung und Erfahrung, wie ich sie auch Ihnen darzulegen bemüht war, in dem französischen Institute der Jury finde, um wieviel weniger in der brittischen Jury wiederfinde. Ich bemerke im Voraus, dass nach meiner Auffassung der Sache, die brittische Jury in jeder Beziehung eine sachrichtigere Unterlage und eine gesundere Einrichtung im Ganzen darbietet, als das französische und das demselben meistentheils nachgebildete deutsche Schwurgericht. Diess erklärt sich schon einfach daraus, dass die Geschwornen-

5

Gerichte in England ein ur- und naturwüchsiges, ein historisch
gewordenes, ein Jahrhunderte lang ausgebildetes und eingelebtes Institut sind, und dass sie daher dort auch auf das Innigste
mit dem übrigen Volksleben, mit seinen politischen Institutionen,
namentlich aber auch mit den Rechtsanschauungen des Volkes
im Zusammenhange stehen. Hieraus allein schon erklärt es sich,
dass bei einem so praktisch durchgebildeten Volke, in welchem
die Ehrfurcht vor der Majestät des Gesetzes und die Scheu vor
dem Rechte den untersten wie den höchsten Bürger gleichmässig
erfüllt, dass bei einem solchen Volke die Jury durchaus nie aufgehört hat, ihren Charakter als wahrhaftiges Rechtsinstitut
zu bewahren.

Bei der nun folgenden Darstellung muss ich jedoch nach der
Ziel-Aufgabe, die ich mir für meine Vorträge gesetzt habe, abstrahiren von der eingehenden historischen Auseinandersetzung
der Genesis, d. h. von der eigentlichen Geschichte des Werdens
des brittischen Jury-Institutes. Nur ganz obenhin skizziren oder
andeuten muss ich aber dennoch einige der wichtigsten diesfälligen Momente, weil sie mir in der Folge, nämlich bei der Detail-
Ausführung der Einrichtung des brittischen Schwurgerichtes von
Belang sein werden. Ich werde daher auch nicht in die berühmten
Streitfragen der Rechtsgelehrten und Historiker und zum Theile
auch der Publicisten eingehen, ob das brittische Schwurgericht
angelsächsischen und beziehungsweise germanischen, oder wie
Andere glauben, römischen oder franco-carolingischen oder scan-
dinavischen Ursprunges sei, oder, wie am wahrscheinlichsten ist,
normannischen Ursprunges, indem es durch die normannischen
Könige aus der Normandie auf England übertragen worden sein
dürfte. Ich werde eben so wenig hier in eine Untersuchung jener
bekannten Controversen und hypothetischen Erörterungen eingehen, ob das Schwurgericht seine Genesis derjenigen germanischen Volksanschauung danke, vermöge welcher die Gemeinde
eine Gesammt-Bürgschaft für ein jedes in ihrem Bezirke
begangenes Verbrechen, sei es nun durch die Stellung des Schuldigen oder durch Schadenersatz, zu leisten hatte; oder ob dasselbe auf dem Boden der deutschen Rügegerichte beruhe.
Ich will ferner hier nicht weiter untersuchen, ob einige andere
Hypothesen die richtigen seien, wornach nämlich entweder der
Gedanke eines Gesammt-Zeugnisses der Gemeinde für
den guten Leumund des Angeklagten dem Geschwornengerichte
sein Dasein gegeben habe; oder ob etwa, wie es Hegel, und in
weiterer Ausführung vor allen Andern am geistvollsten Köstlin
durchgeführt hat, die Geschwornen nur als Stellvertretung
des Geständnisses des leugnenden Angeklagten anzusehen
seien; oder ob das Schwurgericht, wie Andere glauben, seine Existenz vielmehr dem alten Institute der Eideshelfer verdanke,

seien es nun die Eideshelfer für den Kläger, in welchem Institute man das Prototyp für die Anklage- oder grosse Jury finden wollte, oder Eideshelfer für den Angeklagten, worin das Vorbild für die kleine Jury liegen soll; oder ob die Jury nicht vielleicht aus einer Verschmelzung des Institutes der alten deutschen Schöffen mit den Urtheilern, oder sogar beider mit den Eideshelfern hervorgegangen sei. — Selbst in die letzte und nach den bisherigen Forschungen zugleich wahrscheinlichste der verschiedenen diesfälligen Hypothesen werde ich nicht tiefer eingehen, wornach nämlich das Schwurgericht aus der bei allen germanischen und namentlich auch bei den normannischen und angelsächsischen Völkern sich kundgebenden Sitte herrühren dürfte, vermöge welcher sie anfangs alle wichtigeren Civil-Streitsachen, welche in der Gemeinde entstanden, zumal Streitigkeiten über Eigenthum und Besitz vorerst in der ganzen Gemeinde-Versammlung, dann in der Versammlung der Vornehmsten der Gemeinde, in den Assisen von 12 oder 24 Ausschüssen auszugleichen oder zu entscheiden (zu schlichten und abzuthun) bemüht waren, und dass allmälig in ganz natürlicher Uebung diese Abthuung von Civil-Streitigkeiten auch auf die Strafsachen übertragen wurde.

Diese historischen Andeutungen sollen aber die Eine Thatsache sicherstellen, über welche wenigstens zwischen den Gelehrten kein Streit mehr besteht, dass nämlich in England das Geschwornengericht ursprünglich ein Rechtsinstitut war, und dies auch in seiner weiteren Ausbildung bleiben sollte. Dabei bin ich aber der letzte, der damit zugleich in Abrede stellen will, dass sich in natürlicher Entwicklung der politischen und socialen Verhältnisse Englands, auch in diesem Lande der Jury alsbald ein politischer Charakter beigesellte, und allmälig sogar in den Vordergrund drängte, und dass über diesen politischen Beigeschmack, wenigstens in einzelnen Phasen ihrer weiteren Entwicklung, das eigentliche juridische oder Justiz-Element sogar gänzlich unterzugehen drohte, durch seine innere Macht aber, nämlich durch die ihm immanente Idee der Gerechtigkeit, welche ihm doch das Dasein gab, sich wieder zum Durchbruche verholfen und in seiner heutigen Gestaltung die englische Jury als wirkliches Rechtsinstitut erhalten hat. Ich bin daher weit entfernt davon, die von einzelnen Geschichtsschreibern Englands nachgewiesene, und nunmehr wohl schon als notorisch anzusehende Thatsache zu leugnen, dass insbesonders der Jahrhunderte lange Kampf zwischen der Regierung und dem Parlamente, nämlich einerseits das Streben der Regierung, die Volksrechte immer mehr, ich möchte sagen, zu schmälern und zu erdrücken, und anderseits das Ringen der Parlamente um die Erhaltung und zum Theile auch um die Erweiterung der Volksrechte, dass, sage ich, dieser Kampf nothwendig auch auf das Geschwornengericht reagiren musste. In dem Masse, als einzelne Könige Englands bemüht waren, die Volksrechte überhaupt zu schmälern, in demselben Maasse wollte man auch die Ausübung der richterlichen Gewalt durch Männer des Volkes nach Möglichkeit restringiren und immer mehr in Abhängigkeit von den königlichen Justitiären stellen, endlich ihre Gewalt gänzlich dadurch paralisiren, dass man Ausnahms-Tribunale oder sog. ausserordentliche Gerichtshöfe einsetzte. Wem von Ihnen sollte die Geschichte der Sternkammer unbekannt sein! Mag dieselbe auch vielleicht ursprünglich auf einem ehrenwerthen, nämlich durch das Streben nach Gerechtigkeit geleiteten Motive beruhen, mag sie nämlich auch, gleich den westphälischen Vehmgerichten der Deutschen, ursprünglich darum constituirt worden sein, um jener Art Faustrecht ein Ziel zu setzen, welches wir im 15. Jahrhundert von den englischen Grossen geübt sehen, und welches eine völlige Anarchie, so wie eine gänzliche Lähmung aller Regierungsgewalt herbeigeführt hatte: so ward dennoch dieser ausserordentliche Gerichtshof nur zu bald, dies können wir bei unbefangener Auffassung der Geschichte nicht leugnen, von der Regierung vielfach zu unlauteren Zwecken missbraucht. Zusammengesetzt aus wenigen Mitgliedern, die dem Hofe nahe standen, regelmässig aus den höchsten Würdenträgern der Krone und mit ausdrücklicher Ausschliessung der Geschwornen und Männer des Volkes, und ausgestattet mit allen Exemptionen von den hergebrachten oder landesüblichen Formen Rechtens, sollte die Sternkammer zunächst über jeden Bruch der öffentlichen Ordnung, insbesondere über die sogenannte „Maintenance", sofort aber über alle Verbrechen urtheilen, welche die Regierung nach Willkür ihrer Competenz zuwies. Da mag es uns nicht Wunder nehmen, dass unter dem VII. und VIII. Heinrich, unter Jacob und Carl I. nur zu häufig der Einfluss der Regierung durch Gunst oder Terrorismus auf die schon an und für sich ganz von der Regierung abhängigen Regierungsbeamten, welche diese Sternkammer und in der Folge ein zweites ähnliches Gericht „die hohe Commission" genannt, constituirten, auch leider mehrfach dazu missbraucht wurde, um Acte der Cabinetsjustiz, Acte der Willkür zu üben und unwillkommene oder für politisch gefährlich angesehene Individuen unter der Maske der Gerechtigkeitsübung unschädlich zu machen. — Dass nun bei einer solchen Gestaltung der Justiz sich um so mehr der Drang nach Wiederbelebung der Schwurgerichte, nach Aufhebung der eben genannten ausserordentlichen Gerichtshöfe, und nach Wieder-Einräumung der richterlichen Gewalt an die Männer des Volkes kund gab, und dass auf diesem Wege man in den Schwurgerichten wirklich nur das Bollwerk politischer Freiheiten, das Palladium der Volksrechte gegenüber den Bedrückungen der königlichen

Gewalt erkannte, diess kann und wird kein Unbefangener leugnen. Dennoch hat sich unter allen diesen Wandlungen der juridische Charakter der Jury in England niemals gänzlich verloren, wie uns die sogleiche Detail-Ausführung seiner Einrichtungen zeigen soll. Wir sehen nämlich in der englischen Jury vor
Allem etwa sechs Hauptmomente, die es wenigstens nach meiner
subjectiven Auffassung, überaus vortheilhaft vor der Einrichtung
der französichen und deutschen Jury unterscheiden.

Auf den ersten und sehr wesentlichen Unterschied behalte
ich mir vor, späterhin, wenn ich die mancherlei Unpassendheiten
der Bildung der Geschwornenlisten in Frankreich und in Deutschland insbesondere zu besprechen haben werde, ausführlicher zurückzukommen. Hier sei darüber vorläufig nur bemerkt, dass in
England die eigentlichen oder unmittelbar zu den Assisen zu ver-
wendenden Geschwornenlisten nicht, wie bei uns, theilweise durch
das Los (die Urne) gebildet werden, dass es also nicht wie bei uns
dem Zufalle anheimgestellt wird, ob und in wie weit die Geschwornenbank für jede einzelne Quartalssitzung unter den nach
dem Gesetze zum Geschwornenamt blos überhaupt tauglichen
Männern heute aus besonders, und ein andermal aus minder fähigen
und charakterfesten Richtern zusammengewürfelt wird, sondern
dass dort aus dem Geschwornenbuche der Grafschaft (s. g. Graf-
schaftsliste), in welches nämlich aus den Kirchspiels- und Bezirkslisten alle zu dem Amte eines Geschwornen nur überhaupt
Befähigten der ganzen Grafschaft eingetragen werden, der She-
riff — welcher bekanntlich ausser wenigen Städten sonst überall
ein von dem Könige auf je ein Jahr ernannter, unbesoldeter
Beamter von sehr unabhängiger Stellung ist — sowohl für die
grosse (Anklage-) als kleine (Spruch-) Jury 48—72 Geschworne
auswählt, und hierzu nur solche Männer beruft, welche ihm
unter den überhaupt Befähigten als die durch Intelligenz,
Ehrenhaftigkeit des Charakters, Wohlhabenheit und
sonstige sociale Stellung Angesehensten und zu dieser richterlichen Function vorzugsweise geeignetsten
erscheinen, indem ihm nach Blackstone's berühmter Aeusserung
das Gesetz verwehrt, „die Geschwornen aus der Menge zu wählen, welche, nur zu oft eigensinnig und unverständig, zuweilen
auch ungestüm und zu glauben geneigt ist, dass sie bei Verletzungen des Gesetzes nichts zu verlieren und viel zu gewinnen
habe." — Nebst diesem für die gesammte Stellung und Wirksamkeit der brittischen Jury so entscheidend massgebenden Umstande
muss ich als zweites charakteristisches Unterscheidungs-Merk-
mal desselben hervorheben, dass die englischen Geschwornen nicht
nach ihrer sogenannten *Conviction intime*, wie die französischen Geschwornen, d. h. nach dem, was ihre subjective Meinung für
gut hält, oder ihnen als Wahrheit eingibt, erkennen, sondern

dass sie namentlich bei der Schuldfrage an Beweisregeln gebunden sind.

Jahrhunderte langer Gerichtsgebrauch hat eine lange Reihe von *Rules of evidence* gebildet, welche wohl regelmässig nur negative Beweisschranken stellen, das heisst, erklären, unter welchen Voraussetzungen und unter welchen Kriterien dieser oder jener Beweis als eine vollständige Gewissheit herstellend angenommen werden dürfe oder nicht, — und blos in wenigen Punkten positive Beweisbestimmungen in sich schliessen. Diese Beweisregeln beruhen übrigens theilweise sogar auf Parlaments-Statuten, wie z. B. um nur Eines zu erwähnen, die Verfügung, dass der Beweis der Schuld des Hochverrathes nur durch die übereinstimmende Aussage von zwei classischen Zeugen hergestellt werden kann. Diese Beweisregeln, welche jedes noch so minutiöse Moment des objectiven Thatbestandes sowohl, als auch die Frage der subjectiven Schuld betreffen, sind zwar, wie erwähnt, zunächst und grösstentheils nur traditionelle, sie beruhen auf dem Jahrhunderte langen Gerichtsgebrauche, sie sind jedoch als ein inviolables Heiligthum angesehen. Der vorsitzende Richter, der dort bekanntlich nur ein einziger ist, erklärt nach geschlossener Verhandlung in seiner sogenannten Charge zuerst den Geschworenen diese Beweisregeln. Er setzt ihnen umständlich gerade jene Regeln, die auf den vorliegenden Fall anwendbar sind, auseinander, beleuchtet diese Regeln nicht nur an und für sich nach ihrem Bestande, sondern auch nach ihrem individuellen Zusammenhange mit diesem einzelnen Falle.

Diess, sage ich, ist die vorzüglichste Schutzwehr, welche das englische Geschwornengericht für die Unschuld des Angeklagten sich selbst zieht und anerkennt, indem nach Massgabe dieser Beweisregeln Niemand schuldig erklärt werden darf, wider welchen nicht solche Beweise vorliegen, dass nach Massgabe derselben jeder englische Richter sagen darf: „Dieser und jener Thatumstand, dieser oder jener Theil der Schuld kann als erwiesen angenommen werden."

Zu diesem Momente tritt aber ein dritter, gleich wichtiger Unterscheidungs-Moment der brittischen Jury. Es ist diess die eigentliche Rechtsbelehrung. Sowie der Richter seine Auseinandersetzung über die Evidenz geschlossen, gibt er sofort die gesetzlichen Merkmale desjenigen Verbrechens an, dessen der Angeklagte in dem Anklageacte beschuldigt ist und worüber die Verhandlung stattgefunden; er setzt den Geschwornen auseinander, wie die Merkmale dieses Verbrechens beschaffen seien, nach dem Wortlaute und nach dem Geiste des Gesetzes; er setzt ihnen weiter auseinander, was erwiesen sein muss, damit objectiv der Thatbestand dieses Verbrechens vorhanden sei; er erklärt ihnen ferner, welche Nachweise in subjectiver Beziehung, nämlich

in Beziehung auf den Willen und die Gesinnung und eventuell
auf die bethätigte Endabsicht des Angeklagten vorliegen müssen,
damit ihm subjectiv die Schuld des Verbrechens zur Last gelegt werden könne.

Diese doppelte Belehrung des Richters, einerseits über die
Evidenz, und andererseits über das meritorische Recht wird jedoch von den englischen Geschwornen nicht etwa mit jener fri-
volen Leichtigkeit angesehen, mit welcher leider nur zu häufig
sich die Geschwornen in Frankreich und Deutschland über die
Résumés und die Belehrung des Präsidenten des Schwurgerichtes hinaussetzen, sondern es dient dieselbe in England thatsächlich den Geschwornen zur wirklichen Richtschnur bei ihrem
Verdict.

Herr Professor Glaser ist schon in seinem ersten Vortrage,
ich möchte sagen, so offen gewesen, uns einige Hauptstellen aus
englischen Schriftstellern mitzutheilen, welche zeigen, mit welch'
massgebendem Ansehen diese doppelte Belehrung des Richters
von den Geschwornen beachtet wird. Der berühmte amerikanische Rechtsgelehrte Story — sagte uns schon Glaser — erklärt mit dürren Worten: „Die Geschwornen hätten wohl ein
physisches, aber sie haben kein moralisches Recht, diese doppelte Belehrung des Richters über die Evidenz und über den
Rechtspunkt zu umgehen. — Die Geschwornen in England sind
in ihrem Gewissen gebunden, diese Belehrung heilig zu achten."
— Man erkennt es nämlich als einen Gewissensbruch, wenn ein
Geschworner dieser Belehrung entgegen handeln würde, ja noch
mehr, in den socialen Anschauungen der Engländer würde das
Benehmen eines Geschwornen, der einer solchen Belehrung entgegen ein Verdict fällen wollte, nicht mehr als *gentlemanlike* gelten, —
mit diesem Ausdrucke bezeichnet bekanntlich der Engländer alles
das, was er eines honneten Menschen nicht mehr für würdig oder
angemessen erkennt. — So unverbrüchlich steht in dieser Beziehung dasjenige als Norm da, was der rechtsgelehrte Richter
— freilich auch im englischen Volke hochgeachtet, eben vermöge seiner richterlichen Stellung und getragen von der ihm
eben desshalb von Jedermann im Volke gezollten Verehrung —
was, sage ich, der Richter als das im Gesetze und im Herkommen begründete Recht auseinandersetzt.

Hieraus mögen Sie sich, meine Herren! zugleich erklären,
dass regelmässig die englischen Geschwornen ihr Verdict *in con-*
tinenti oder *stante pede* abgeben, indem nämlich unter hunderten
Fällen kaum fünf, sechs vorkommen, wo sich dieselben in's Berathungszimmer zurückziehen, sondern im Gegentheile in der Regel nach kaum beendigter Belehrung wenige Minuten, oft nur
wenige Secunden miteinander ein paar Worte wechseln, und
dass sofort allsogleich, ohne nur einen Augenblick den Saal zu

verlassen, der Obmann den Wahrspruch verkündet. Dieser Wahrspruch ist also — geben wir uns keiner Illusion hin — regelmässig nur das Echo der doppelten Belehrung des Richters, nämlich sowohl in Bezug auf die Beweis- als in Bezug auf die Rechts-Frage.

Zu diesen Momenten kommt ein viertes, das ich nach dem, was ich bisher darstellte, für noch bedeutsamer halte. Es ist diess die Einrichtung, dass die englischen Geschwornen vom Richter keine Fragen empfangen. Sie haben also nicht über einen Complex von zehn, zwölf oder gar hunderten von Fragen, wie sie in der französichen Praxis vorkommen, zu antworten; sondern eine einzige und zwar durch den Anklageact und durch die Verhandlung darüber, daher durch die Natur des Falles selbst sich ihnen darstellende, aber nicht vom Richter formulirte Frage ist es, über die sie ihr Verdict zu fällen haben. Es ist nämlich einfach die Frage, ob der Angeklagte schuldig oder nicht schuldig sei, das in der Anklageacte auseinandergesetzte Verbrechen mit allen dort angegebenen Orts-, Zeit- und subjectiven Umständen und Zuthaten begangen zu haben oder nicht.

Wenn sie sich nun ausnahmsweise, nämlich in wichtigeren verwickelten Fällen zur Berathung zurückziehen, so sehen wir, wie die englische Jury hier der Natur der Sache getreu bleibt, und nicht durch den complicirten Fragen-Mechanismus das Institut in einer Weise verkünstelt, welche die Ermittlung der Wahrheit, wenn nicht häufig geradezu unmöglich macht, doch jedenfalls — wie ich Sie in meinen früheren Vorträgen zu überzeugen suchte — höchlich erschwert. — Die Geschwornen debattiren und disputiren dann in ihrem Berathungssaale über diese Frage nach jeglicher Richtung hin, sie zerlegen sich nicht selten diese grosse Frage in ihre Elemente und Theile, in verschiedene einzelne Fragen, sie votiren gegenseitig, weil bekanntlich nur Einhelligkeit entscheidet, suchen Andere zu belehren, suchen Andere von ihrer Ansicht zu überzeugen, und ihnen darzuthun, dass sie mit der entgegengesetzten Anschauung Unrecht hätten u. s. w. Sie sehen mit einem Worte dort dasjenige Medium frei und offen in vollster Entwicklung gelassen, nämlich das Medium der freien, unbeirrten Debatte über die Fassung der Fragen, welche sich die Geschwornen selbst vorzulegen für nöthig und sachgemäss erkennen, und über die Formulirung der von ihnen hier nach zu fällenden Entscheidung, welche in dem französischen Fragen-Formalismus unmöglich geworden ist.

So erklären wir uns denn auch, dass eben desshalb, weil die Geschwornen durchaus nicht durch diese Zwangsjacke der einzelnen Fragen in irgend einer Weise gefesselt erscheinen, ein weiteres oder fünftes charakteristisches Moment, wodurch sich das englische

Schwurgericht bedeutsam und vortheilhaft vor der französisch-deutschen Jury unterscheidet. Es ist das nämlich die Art ihrer Antwortgebung. Die englische Jury ist berechtigt, nicht blos einfach ein Schuldig oder Nichtschuldig rücksichtlich des in Frage gestellten Verbrechens auszusprechen, sondern sie können ihre Antwort auch auf ein geringeres Verbrechen oder Vergehen formuliren und demnach erklären: „Schuldig, zwar nicht des in der Anklageacte erwähnten Verbrechens, wohl aber dieses oder jenes geringeren Verbrechens oder Vergehens."

Die englische Jury ist ferner ermächtigt, die in der Anklageacte thatsächlich liegende Frage nicht blos ganz, sondern auch blos theilweise zu beantworten, sich einzelne Theile aus der Einen Gesammtfrage selbst herauszulösen, und auf diese sich selbst gestellten, aber nicht ihr zwangsweise vorgelegten Fragen bejahend oder verneinend zu antworten. Sie haben endlich, wie wir schon in den Vorträgen des Herrn Professor Glaser und später des Herrn Landesgerichtsrath Frühwald umständlich nachweisen hörten, das wichtige Recht, statt einer allgemeinen Bejahung oder Verneinung s. g. Special-Verdicte zu fällen, d. h. zu erklären, wir sehen den Angeklagten für überführt an, diese oder jene Thathandlung begangen zu haben, und mit dieser oder jener Willensbeschaffenheit. Ob aber diese Thathandlung in Verbindung mit dieser Willensbeschaffenheit wirklich ein Verbrechen und zwar dieses oder jenes Verbrechen begründet, das überlassen wir — bei sehr zweifelhaften Fällen nämlich — der Entscheidung des Richters.

Die englische Jury bewegt sich also bei Ausübung ihres Richteramtes mit Einem Worte vollkommen frei, wie etwa ein deutscher rechtsgelehrter Gerichtshof. Sie gibt nur das Erkenntniss ihrer durch keine bindenden Fragen gemassregelten Ueberzeugung und ihrer freien ungefesselten Reflexion. Sie fällt ihr Urtheil, wie sich dasselbe aus der Gesammtanschauung gebildet hat, als ein Ganzes, welches nicht durch zwangsweise Fragen in tausend kleine dem Befragten nach dem Sachverhalte der Verhandlung vielleicht gänzlich unerklärbare Atome, in Thatsachen und Thatsächelchen zergliedert und zersplittert ist, sondern sie kann dasjenige unbeirrt als ihr Verdict abgeben, was in Wirklichkeit das Ergebniss dieser ihrer Gesammtanschauung, ihrer wahren richterlichen Ueberzeugung ist.

Endlich muss ich ein sechstes Thatmoment heute schon hervorheben, das ich bei einem nächsten Vortrage noch in anderer Beziehung näher besprechen werde.

Es zeigt sich nämlich, dass die englische Jury niemals, und selbst nicht unter den angegebenen traurigen politischen Wandlungen, ihren Charakter als Rechtinstitut aufgegeben hat. Die englischen Geschwornen erkennen sich als

Richter nach Recht und Gesetz. Einem englischen Geschwornen fällt es daher nicht ein, sich über das Gesetz zu erheben.

Wenn in England in einzelnen Fällen die Jury meint, es geschehe durch die nach Recht und dem nun einmal bestehenden Gesetze erfolgen müssende Schuldig-Erklärung dem Angeklagten ein Unrecht aus irgend einem Grunde, oder er werde zu hart behandelt, so fällt sie nichts desto weniger ihr Schuldig-Verdict, denn das ist ihre Schuldigkeit, denn sie ist Richter nach dem Gesetze. Sie fügt aber ihrem Verdicte Zusätze bei, welche dasjenige auf anderem Wege saniren sollen, was durch das nun einmal bestehende, heilig gehaltene und namentlich am heiligsten von den Geschwornen geachtete Gesetz als Recht constatirt ist. Sie erklären nämlich: „Wir empfehlen aber den Angeklagten der Gnade des Königs (jetzt der Königin)"; — oder sie erklären: „Wir empfehlen ihn warm und überwiegend, ganz dringlich der Gnade des Königs." — Sie geben aber manchmal auch noch andere Beisätze, die von höherer Bedeutung sind, z. B.: „Wir empfehlen ihn der Gnade des Königs, weil wir dieses oder jenes Gesetz, das auf ihn anwendbar ist, nicht mehr für zeitgemäss erkennen können; — wir empfehlen ihn der Gnade des Königs, weil die den Angeklagten und Verurtheilten nach dem Gesetze treffende Strafe als zu hart erkannt wird." Oder sie fügen bei, dass der Angeklagte der Gnade des Königs würdig sei, weil er sich sonst grosse Verdienste um den Staat erworben habe, weil er ein moralisch untadelhaftes oder gar patriotisches Vorleben für sich habe, weil er in heftiger Zornesaufwallung, in gerechter Zornesentrüstung gehandelt habe, weil selbst der Zustand der Zurechnungsfähigkeit bezweifelt werden könne, weil er in früheren Jahren öfter Spuren eines weitgehenden Spleens gezeigt habe u. s. w., u. s. w.

Die englische Jury erkennt sich also keineswegs jene Omnipotenz, jene Souveränität zu, die wir so häufig von französischen Schriftstellern, selbst ersten Ranges, der französischen Jury nachgesprochen sehen, sie sagt: „Wir sind Richter nach Recht und Gesetz."

Resumire ich mir aus diesen sechs Momenten die Hauptergebnisse, so sehen Sie wohl selbst, dass sich die Einrichtung des englischen Schwurgerichtes vortheilhaft vor der französischen hervorthut; nämlich, selbst abgesehen von ihrer Zusammensetzung, welche schon an sich grössere Bürgschaften für die allseitige Berufstüchtigkeit aller einzelnen Geschwornen einschliesst, schon dadurch, dass in England der rechtsgelehrte Richter mit den Volksrichtern zusammenwirkt, und dass beide, obgleich als zwei verschiedene Personen einander gewissermassen coordinirte, dennoch durch ihr vereinigtes Zusammen- und Ineinanderwirken im Grunde nur ein Collegium bilden und sofort von einander nicht so künstlich geschieden und gesondert, und daher auch gegen einander nicht controllirend und überwachend gestellt sind, wie wir dies bei der französisch-deutschen Jury vermöge ihrer Spaltung in ein fragendes und antwortendes Collegium wahrnehmen. Nirgends zeigt sich daher bei der brittischen Jury jene gegenseitige Eifersüchtelei und argwöhnische Ueberwachung zwischen den beiden Collegien gegen vermeintliche wechselseitige Uebergriffe in den Wirkungskreis des anderen, wie wir sie nicht selten in Frankreich und Deutschland zwischen dem Gerichtshofe und der Geschwornenbank wahrnehmen. Richter und Geschworne wirken in England vielmehr freundlich und vereinigt zu demselben Zweck zusammen. Die Geschwornen halten sich regelmässig an das, was ihnen die Doppelbelehrung des Richters liefert und nur in jenen Fällen, wo der Richter selbst, sei es über die Evidenz oder sei es über den meritorischen Rechtspunkt, über die Subsumirbarkeit des Factums unter das Gesetz Zweifel hat, nur in jenen Fällen prägt sich, ich möchte sagen, die eigene, übrigens immer und durchweg vollkommen freie Ueberzeugung der englischen Jury aus, wornach sie ein „Schuldig" oder „Nichtschuldig" fällen, je nachdem sie die eine oder die andere Seite der Rechtsbelehrung für überwiegend erkennen.

Wir müssen, wiederhole ich, als einen weiteren wesentlichen Vortheil gerade jene Einrichtung erkennen, dass von dem Richter an die Geschwornen keine Fragen gestellt werden, sondern dass die englische Jury über den Anklageact nach Massgabe der Verhandlung urtheilt, daher auch nicht über einzelne Fragepunkte, sondern zunächst über das Ganze sich ihre Reflexion, ihre Gewissenserwägung und ihr Urtheil bildet und nach diesem Gesammtbilde auch wieder nur ein Gesammturtheil abgibt, und dass daher auch alle jene Inconvenienzen und alle jene Dissonanzen des Verdictes mit demjenigen, was die Geschwornen in Wirklichkeit selbst wollen, hier gänzlich wegfallen, indem dieselben nach dem, was ich diessfalls in meinen früheren Vorträgen auseinandergesetzt habe, eben nur aus der Zerklüftung in zwei von einander getrennte Collegien, aus der von dem einen Collegium geschehenden Fragestellung und aus der Zwingung der Geschwornen, gerade nur auf diese Frage zu antworten, entspringen.

Als ferneres wichtiges Ergebniss der vorausgeschickten Exposition glaube ich, insbesonders gegenüber der modernen Anschauung über die Schwurgerichte, wie sie sich nämlich heute in unseren politischen Kreisen fixirt hat, den Umstand mit Nachdruck nochmal in's Gedächtniss zu rufen, dass die englische Jury niemals über das Gesetz hinausgeht. Wem von Ihnen sollte unbekannt sein, dass gerade die wärmsten Vertheidiger und die glühendsten Enthusiasten für die Schwurgerichte namentlich die politischen Lichtmomente der Frage in letzter Linie in dem Punkte gipfeln: „Die Jury sei ja eben berufen, das bestehende positive Recht, seine Härte, seine Ungerechtigkeiten, seine etwaigen Ueberlebtheiten mit der gesunden, lebendigen Volks-Anschauung zu vermitteln!" — Wer von uns hat diess nicht schon mit lauter Stimme, ich möchte sagen, in vielen deutschen Parlamenten declamiren hören; — wer von uns weiss nicht, dass alle Diejenigen, die gerade diese Lichtmomente als die Glanzpunkte, als die bedeutsamste politische Lichtseite der Jury hinstellen, zugleich die Prätension haben, dass wir Deutsche gleichwie die Franzosen mit der Einführung des Schwurgerichtes nur das bei der politisch reifsten und mündigsten Nation bestehende und wohlbewährte Institut der brittischen Jury bei uns aufgenommen, oder auf uns übergepflanzt haben, die Prätension, dass man bei uns den Urtypus des brittischen Institutes beibehalten habe, während doch nach dem Vorangeschickten wahrhaftig die französische und die deutschen Einrichtungen des Schwurgerichtes von dem Wesen der brittischen Jury nur sehr wenig an sich haben!

· Wenn ich als ein immerhin zur Sache gehöriges Incidens hier neuerlich auf meinen mehrfach erwähnten Vorschlag zurückkomme, dass man die angestrebten Vortheile und namentlich die politischen Vortheile der Jury, nämlich die Mitwirkung des Volkes bei der Uebung eines der wichtigsten Attribute der Staatsgewalt, wenigstens unbeschadet der Justizpflege, d. i. unbeschadet der Gerechtigkeitsfindung und der Gerechtigkeits-Feststellung — durch eine Mischung aus Männern des Volkes mit dem rechtsgelehrten Gerichtshofe erreichen könnte, so wollen Sie mir erlauben, dass ich auch heute wieder mit wenigen Worten bei diesem Vorschlage verweile, da ich darin nicht blos eine möglichst getreue Wiedererweckung des germanischen Institutes der Schöffen erkennen würde, welche bekanntlich ebenfalls nichts weniger als etwa nur Richter über die Thatfrage, sondern vielmehr über die gesammte Schuld-Frage waren und überhaupt im Ganzen urtheilten. — Auf diese Weise würden wir zugleich den Charakter der brittischen Institution nach Möglichkeit rein bewahren; ich sage, nach Möglichkeit rein bewahren, denn kein denkender Staatsmann und am allerwenigsten der Jurist wird sich dem Wahne hingeben, dass es so leicht, ja überhaupt nur möglich sei, ein in einem fremden Staate unter ganz anderen Voraussetzungen durch Jahrhunderte eingelebtes und eingebürgertes Institut in seiner Integrität, etwa so wie einen Baum mit all' seinen Wurzeln und allem dazu gehörigen Erdreich auf ein anderes Territorium überpflanzen zu können. Davon kann und wird nie die Rede sein.

Wenn wir das Institut übertragen, so mögen wir ihm solche Zuthaten geben, womit wir seinen wesentlichen Charakter be-

wahren, d. i. vor allem Andern das einträchtige Zusammenwirken des rechtsgelehrten Richters mit den Geschwornen in Einem
gleichsam untrennbaren Körper, so wie den steten und ununterbro-
chenen Verkehr und moralisch massgebenden Einfluss des rechtsgelehrten Richters auf die Geschwornen erhalten. Diess würde
aber bei einer solchen Mischung von etwa drei rechtsgelehrten
Richtern und sechs Geschwornen, oder vier auf der ersteren und
acht auf der anderen Seite erreicht und eben durch die überwiegende Zahl der Geschwornen den Richtern des Volks zugleich die angestrebte präponderirende Entscheidungsmacht über
die Minorität der von der Regierung eingesetzten Beamten-Richter gesichert werden.

Ich habe gegen diesen schon vor mehr als zwanzig Jahren
von bedeutenden Männern Deutschlands angeregten und selbst
schon in deutschen Kammern zur Sprache gebrachten, so wie in
verschiedenen Werken der Wissenschaft kurzweg hingeworfenen,
aber niemals erschöpfend durchgesprochenen Vorschlag immer
nur eine einzige Einwendung gehört. Dieselbe geht auf die Betrachtung hinaus: „Diess wäre eben nur eine halbe Massregel;
entweder würden die drei oder vier rechtsgelehrten Richter, oder
die sechs oder acht Richter des Volkes die Oberhand erhalten.
Man greife also bei diesem Vorschlage nur zu einer andern
Maske, aber in der Sache würde man nichts Anderes erreichen,
als was man mit einem rein rechtsgelehrten Beamten-Gerichts
hofe oder mit einer reinen Jury erhalte." — Ich gestehe, dass
ich diese Einwendung für vollkommen unberechtigt erkenne.
Theoretisch schon einmal aus der naheliegenden Erwägung, dass
die weitüberwiegend grösste Zahl der Erwählten des Volkes,
nämlich sechs oder acht derselben gegenüber der doppelt kleineren Minorität der rechtsgelehrten Beamten-Richter für sich
selbst schon eine Garantie gibt, dass die Richter des Volkes
sich von den Beamten-Richtern nicht, so zu sagen, einstecken
lassen werden und dass die Belehrung der letzteren nicht in der
Weise für die ersteren präoccupirend sein werde, dass sie wie
Marionetten-Puppen ihr heiliges Amt üben werden. Allein Sie
wollen einem lange dienenden und erfahrenen Justiz-Praktiker
zu Gute halten, dass ich dagegen auch noch eine Erfahrung
aus der alten vielverrufenen Zopfzeit Oesterreichs geltend mache,
eine Erfahrung, die ich in jahrelanger Rechtsanschauung und
theilweise auch Rechtsübung gemacht habe, und die mir in dieser Beziehung von jeher belehrend und massgebend erschien In
mehreren Provinzen des vormärzlichen Oesterreichs und insbesondere in den beiden Erzherzogthümern Oesterreich ob und unter der Enns bestand die eigenthümliche Einrichtung, dass man
Criminal-Urtheile bei den ehemaligen s. g. Pfleg-Gerichten auf
dem Lande, soweit dieselben nicht landesfürstliche, sondern Pa-

trimonialgerichte waren, und Criminalgerichtsbarkeit hatten, von
einem Collegium aus fünf Richtern fällen liess, unter welchen
aber nur drei geprüfte Richter sein mussten, während die beiden anderen Richter ungeprüfte Männer aus der Gemeinde sein
konnten.

Noch greller traten solche Verhältnisse hervor bei den Gerichten über die schweren Polizei-Uebertretungen. Hier bestand
das Richtercollegium aus drei Personen, wovon aber nur der Vorsitzende ein geprüfter Richter sein musste, während die beiden anderen Richter, wie sich das Gesetz selbst ausdrückte, blos verständige, unbescholtene Männer aus der Gemeinde zu sein hatten.
Von dieser Einrichtung wurde denn nun in den beiden genannten
Provinzen und zumal in Oesterreich ob der Enns reichlich Gebrauch gemacht. Meine Familienverhältnisse hatten mir den heutzutage von mir als unschätzbar erkannten Vortheil verschafft,
dass ich beinahe, ich möchte sagen, schon als Knabe, nämlich
als junger Mensch von 15, 16 Jahren u. s. w. bis zur Zurücklegung meiner juridischen Studien in der Lage war, jährlich
wenigstens durch 8 oder 10 Wochen solchen Verhandlungen
dieser kleinen Gerichtshöfe persönlich anzuwohnen, ja nicht selten
als junger Mensch auf meine Bitte hierbei *ad actum* als Protocollführer beeidet und verwendet zu werden. Da machte ich nun
vielfach folgende Erfahrungen. Vorerst im Criminalverfahren,
welches weitaus das wichtigere war. Der Pfleger des Criminal-
Gerichtes, von welchem ein Criminal-Urtheil zu fällen war, rief
zwei Nachbarpfleger, die geprüfte Richter waren, und dann noch
zwei andere ungeprüfte Beisitzer, die aber so gut ein Votum
hatten, wie die ersteren. Handelte es sich um gewöhnliche Fälle,
Diebstahl u. s. w., zumal wenn der Angeklagte oder Beschuldigte
seine Schuld eingestanden hatte, so war der berufende Pfleger
hinsichtlich der zu berufenden Beisitzer nicht sehr wählerisch, und
zog als solche die nächstbesten zwei Schreiber aus der Kanzlei,
oder Bauern, die gerade herkamen, zur Urtheilsfällung. Diese
sagten nun freilich regelmässig: „Wir stimmen, wie der g'streng'
Herr!" nämlich derjenige der drei Pfleger, welcher ihr Vorgesetzter war. Dies war das gewöhnliche Ergebniss bei an sich
zweifellosen Straffällen des Alltagslebens.

Handelte es sich aber um wichtigere oder controverse Fälle,
so habe ich selbst wohl zwanzigmal mit erlebt, dass man es auch
mit der Auswahl der ungeprüften Beisitzer sehr streng nahm,
und dass man überhaupt in Beziehung auf derlei Urtheilsfällungen sehr gewissenhaft vorging. Der vorsitzende Pfleger und die
Nachbarn-Pfleger prüften in der Regel sehr eingehend und gewissenhaft die Acten und erörterten alle einzelnen Thatsachen
und etwaigen Zweifel mit ernster Aufmerksamkeit. Zu dieser
grösseren Genauigkeit waren sie wohl auch noch durch den Um-

stand motivirt, dass derlei Urtheile sammt allen Acten nach dem
Gesetze in den meisten Fällen von Amtswegen dem Appellationsgerichte vorgelegt werden mussten, und dass sofort auch die
Scheu vor einer etwaigen Rüge nicht erlaubte, schon bei der
Wahl der Beisitzer die Nächstbesten aus der Gemeinde herbei-
zurufen, sondern dass man dann vielmehr schon in dieser Richtung wählerisch vorging. Man nahm also etwa aus den übrigen
Beamten des Gerichtes, worunter sich mancher gebildete befand,
die gebildetsten oder intelligentesten heraus, oder suchte dazu
Gutsbesitzer, Advocaten oder emeritirte, pensionirte Beamte oder
angesehene Bürger aus einer nahen Stadt, kurz, in der Regel nur
solche Männer, welche den intelligenteren, besseren Classen an-
gehörten. So wohnte ich nicht selten solchen Verhandlungen bei,
bei welchen neben drei geprüften Richtern die beiden ungeprüften
Beisitzer ganz tüchtige und urtheilscompetente Männer waren, und
wenn die ersten beiden, nämlich die geprüften Votanten dissen-
tirende Meinungen hatten, so war die Regel, dass die beiden
nicht geprüften Beisitzer mit grösster Gewissenhaftigkeit und
nicht selten mit durchdringendem Verstande an der Debatte theil-
nahmen, und dass sie durch ihre zwei Stimmen die Majorität entschieden und sich dabei durch gar kein Ansehen der Person irre
machen liessen, allerdings aber von jenen Verirrungen bewahrt
blieben, welche aus der mehrgedachten Sonderung des Richter-
Collegiums in zwei Körperschaften, nämlich in ein fragendes und
antwortendes Collegium entspringen, und so häufig ganz unpassende, sich selbst widersprechende und der wirklichen Majorität
des Collegiums selbst nicht entsprechende Aussprüche herbeiführen. Insbesondere aber wurde von derlei ungeprüften Beisitzern
in Beziehung auf die Fragen, ob der gesetzliche Beweis hergestellt sei, ob der objective Thatbestand dieses oder jenes Verbrechens constatirt sei, ob die subjective Schuld dem Beschuldigten
imputirt werden könne u. s. f. regelmässig grosse Selbstständigkeit des Urtheils und nicht selten selbst scharfsinnige Widerlegung der von dem einen oder anderen der geprüften Richter
geltend gemachten entgegengesetzten Meinung entwickelt.

Aehnliche Wahrsprüche hatte ich in noch eigenthümlicherer
Gestalt bei den schweren Polizei-Uebertretungen erfahren, welche
bekanntlich in der Wesenheit mit unseren heutigen Vergehen und
Uebertretungen conform sind. Bei Urtheilsfällungen über diese
wurden dem geprüften Richter nicht selten zwei ungeprüfte Beisitzer als Votanten beigezogen, welche aber häufig der vorgetragenen Ansicht des geprüften Richters und Vorsitzenden geradezu
widersprachen, die Majorität bildeten und sofort die Ausfertigung
des Urtheils nach ihrer Ansicht herbeiführten. — Dabei kann und
werde ich nicht in Abrede stellen, dass diese Institution in der
primären Gestalt, in welcher sie fortan geblieben war, sehr

unvollständig, ich möchte sagen, sehr lückenhaft war. Wer berief
nämlich diese Volksbeisitzer? — Der vorsitzende Pfleger. Dieser
konnte nun eben so gut die servilsten, abhängigsten und bornirte-
sten berufen, als auch die unabhängigsten; das hing rein von ihm
ab. Wenn nun schon in einer so unvollständigen, so höchst mangelhaften, an die Kindheit der Justizorganisation erinnernden Einrichtung sich eine gewisse Unabhängigkeit kund gab, wie soll man bei
einer Mischung des Collegiums aus drei oder vier rechtsgelehrten
und sechs oder acht Richtern des Volkes, die aber durch eine kluge
Auswahl aus den intelligenteren Volksklassen von diesen selbst zu
ihrem Amte berufen werden würden, nicht diesen letzteren sechs
oder acht volle Unabhängigkeit zuerkennen?

Können wir uns ferner nicht täglich durch lebendige Anschauung davon überzeugen, dass eine ganz analoge Institution,
nämlich die Zusammensetzung der Special-Handelsgerichte, theils
aus rechtsgelehrten Beamten-Richtern, theils aus fachkundigen
Kaufleuten, Fabrikanten u. s. f. (*Proud' Hommes*) sowohl in Oesterreich, als in vielen andern Ländern Europas sich im Allgemeinen
sehr vortheilhaft bewähre?

Tüchtige Praktiker haben mir aus ihrer eigenen bei derlei
Gerichten gemachten Erfahrung vielfach bestätigt, dass an Orten,
wo sich diese bei uns s. g. Mercantil-Beisitzer ihrer wichtigen
Mission voll bewusst sind, dieselben auch eine grosse Selbstständigkeit und Unabhängigkeit von den rechtsgelehrten Richtern,
und namentlich ein sehr richtiges Verständniss darin bekunden,
dass sie bei der Debatte und Abstimmung regelmässig dem Votum desjenigen rechtsgelehrten Richters beitreten, welcher seine
Ansicht am überwiegendsten zu begründen vermag. Wie viel
wichtigere Dienste würden derlei unabhängige Männer an der
Seite rechtskundiger Richter erst dann leisten, wenn das Verfahren vor dem Gerichtshofe — nicht wie bisher bei unseren
Handelsgerichten ein blos schriftliches und auf Acten- und Re-
feratsablesung des Referenten beruhendes, sondern — ein wahrhaft unmittelbares (mündliches) wäre, und die Ernennung dieser
Volksrichter durch vollkommen freie Wahl der betheiligten Classen geschähe?

Durch eine solche Zusammensetzung der Strafgerichte theils
aus Juristen, theils aus unabhängigen Männern des Volkes würde
man also dasjenige erreichen, was die Britten selbst in der heutigen Gestalt ihrer Jury noch immer festgehalten haben, nämlich
die Wahrung derselben als Justizinstitut, ihre Sicherung und
Freihaltung von jenem Formalismus des französischen Systems,
wodurch — zum Unheil der Gerechtigkeit — unwahre und unbegründete Verdicte meist künstlich herbeigeführt werden.

Doch kehren wir zurück zur brittischen Jury! Trotz aller früher dargelegten Vorzüge derselben vor dem französisch-deutschen

Schwurgerichte, trotz aller Bemühungen der Engländer, durch die Jury die Wahrheit und nur die Wahrheit, die Gerechtigkeit und nur die volle Gerechtigkeit zu ermitteln, gehören dennoch selbst dort irrige Wahrsprüche der Jury und selbst ungerechte Verurtheilungen, so wie eigentliche Justizmorde nicht zu den Seltenheiten!

Bei der nun folgenden Schilderung dieser ungehörigen Vorkommnisse rede ich blos dasjenige nach, was uns englische und deutsche Schriftsteller aus ihren persönlichen Wahrnehmungen. was insbesondere die Parlaments-Comités aus den Jahren 1848 und 1853 mitgetheilt haben, als es sich um die grosse Frage der Reform der Rechtsmittel handelte.

Hier haben beinahe alle englischen Richter ihr Urtheil, ihre Meinung in den Comités abgegeben und das offene Geständniss abgelegt, dass namentlich „Nichtschuldig-Wahrsprüche", welche der Richter als unbegründet erkennt, ziemlich häufig vorkommen. Allein die heilige Scheu der Engländer vor dem Gewissensausspruche der Jury, insbesondere dann, wenn dieselben mit ihrer bekannten Einstimmigkeit ein „Nichtschuldig" fällen, sieht ein nicht begründetes „Nichtschuldig-Verdict" für kein so grosses Unglück an. Es schlüpft dabei allerdings so mancher Schuldige straflos durch, man will aber keine energischen Massregeln dagegen vorkehren, um nicht etwa das Justitut als solches zu zerstören.

Es sind solche „Nichtschuldig-Verdicte" sehr häufig auch in Motiven des Herzens, der Humanität, der Billigkeit, der Gefühlsaufregung beruhend, Motive also, welche — wird weiter zur Entschuldigung solcher Verdicte bemerkt — ja doch nur wichtige Momente in der Entwicklung des menschlichen Geschlechtes sind, daher heilig geachtet werden müssen.

Wichtiger aber sind unbegründete „Schuldig-Verdicte" und auch diese, wenn auch seltener als die ersteren, gehören nichts weniger als zu den Unerhörtheiten.

Die vernommenen Richter gaben sogar die Hauptmomente an, welche solche unbegründete „Schuldig-Aussprüche" herbeiführen.

Ich habe mir Daten gesammelt von England, und zwar vorzugsweise aus den letzten Jahrzehnten, über mehrere wichtige Mordthaten, wo die Wahrspüche der Geschwornen sich in der Folge als offenbar unrichtig zeigten, da die wahrhaftig Schuldigen nach einigen Jahren hervorkamen und die von den Geschwornen Verurtheilten, so weit sie nur zu Freiheitsstrafen verurtheilt wurden, wieder in Freiheit gesetzt wurden. Bei Nothzucht, Fälschungen, Brandstiftungen, Eigenthumsentziehungen ist dies gar nichts Seltenes. Die vernommenen Richter sagten, es seien vorzüglich folgende Momente, welche derlei unbegründete „Schuldig-

Wahrsprüche" herbeiführen. Vor allem Anderen sei es der Besitz des gestohlenen oder geraubten Gegenstandes bei dem Angeklagten. Diess sei ein Moment, welches die englische Jury beinahe als überweisend erkennt. Wenn nämlich bei dem Angeklagten der gestohlene oder geraubte Gegenstand gefunden wird, so habe der Richter ausserordentliche Mühe, durch die Rechtsbelehrung über die Evidenzregeln die Geschwornen zu überzeugen, dass dadurch allein noch kein Beweis der Schuld hergestellt sei.

Ein zweites Moment liegt in der Lüge des Angeklagten. Wird ein Angeklagter auf einer falschen Ausflucht, auf einer eigentlichen Lüge ertappt, so halte es ebenfalls unendlich schwer, ein „Nichtschuldig" zu Stande zu bringen, und wir sehen sogar nicht selten für derlei unbegründete Schuldig-Verdicte in bedeutenden englischen Journalen, und von einzelnen Richtern als Entschuldigung geradezu den Satz aussprechen: „Habeat sibi, — warum lügt er. Er muss es seinem eigenen Verschulden zuschreiben, wenn er in Folge einer Lüge ungerecht verurtheilt wird; vor Gericht soll man die Wahrheit reden." Die öffentliche Meinung ist daher keineswegs so empfindlich über eine derlei Ungerechtigkeit, während es doch jeden echten Justizmann eisig durchschauert, wenn er vernimmt, dass in Folge einer Lüge Jemand ungerecht eines Verbrechens schuldig erklärt worden ist.

Eine dritte Veranlassung von unbegründeten Schuldig-Verdicten liegt nach der Mittheilung der englischen Richter in der häufigen Verwechslung der Identität des Angeklagten. Es ist gar nichts Seltenes, dass, namentlich bei Gaunern, Gewohnheitsverbrechern, Vagabunden, bei Leuten, die sich über einen ehrlichen Lebenswandel nicht auszuweisen vermochten, da sie einander häufig auch mit dem gewöhnlichen Spitzbuben- oder Galgengesichte ziemlich gleichsehen, Verwechslungen vorkommen. Insbesondere dann, wenn gegen den Angeklagten wirkliche Verdachtsgründe vorliegen, kommt es häufig vor, dass durch die Verwechslung der Identität die Geschwornen gegen denselben einen „Schuldig-Wahrspruch" fällen, der sich in der Folge als unbegründet herausstellt.

Als weitere Veranlassungen solcher unbegründeter Wahrsprüche werden ferner angegeben: 4. zweifelhafte Zurechnungsfähigkeit und 5. die Leichtigkeit, mit welcher manche Geschworne sich aus dem Indicienbeweis ihre Ueberzeugung von der Schuld des Angeklagten, zumal wenn dieser ein übelbeleumundetes Subject ist, construiren.

Diesen misslichen Erfahrungen gegenüber, welche uns selbst die brittische Jury darbietet, sehen wir nun freilich, dass die Engländer ebenfalls seit Jahrhunderten bemüht waren, solchen unbegründeten Wahrsprüchen im Voraus zu begegnen, oder, wenn sie schon geschehen sind, dieselben wenigstens nachträglich zu annuliren.

Wir finden nun in England folgende Abhilfs- oder Sanirungs-Mittel gegen unrichtige Wahrsprüche der Jury. Vorerst a) das in England ebenfalls nur auf dem Gerichtsgebrauch beruhende **Befugniss des Richters, die Geschwornen zurückzuschicken, um ihren Wahrspruch zu verbessern.** In England wird aber thatsächlich dieses Rechtsmittel nicht blos dann angewendet, wenn das Verdict der Geschwornen unvollständig, sich selbst widersprechend oder unklar ist, sondern dort hat sich die Rechtsübung herausgestellt, dass der Richter die Geschwornen auch dann zurückschickt, wenn ihm ihr Wahrspruch überhaupt *irrig* erscheint, wenn er also denselben als den Regeln der Evidenz widersprechend, oder mit der von ihm gegebenen Rechtsbelehrung im Widerspruche stehend erkennt. Von diesem Zurückschickungs-Befugnisse wurde in früherer Zeit, namentlich durch Hungerqualen oder andere gegen die Geschwornen angewendete Zudringlichkeiten, vielfach Missbrauch gemacht. Feuerbach theilt einen solchen sehr prägnanten Fall aus den neunziger Jahren mit, wo der Richter die Geschwornen dreimal, und zwar bei einer Majestätsbeleidigung, zurückschickte, und sie so endlich presste, ein Schuldig-Verdict zu geben.

Wir sehen aber diese Zurückschickung auch in der neuesten Zeit noch immer gar nicht selten angewendet. Ich erwähne nur zweier Fälle, deren erster in den fünfziger Jahren vorkam, wo verschiedenartige Resultate zum Vorschein kamen. Das einemal hatten die Geschwornen erklärt, der A. sei schuldig, einen gemeinschaftlichen Diebstahl mit dem B. begangen zu haben, der B. aber nicht, ein Fall, wie wir auch einen ähnlichen unter den deutschen Fällen, die ich in meinem ersten Vortrage erwähnt, finden. Als die Geschwornen mit diesem Verdicte vor dem Richter erschienen, erklärte dieser: „Das ist nicht möglich; wenn A. den Diebstahl gemeinschaftlich mit dem B. ausgeführt hat, so müsste auch der B. schuldig sein. *Aut-aut.*“ — Die Geschwornen zogen sich nochmal zurück und erklärten bei ihrem Wiedererscheinen: „Beide sind schuldig.“

Hingegen bei einer Conspiration im Jahre 1853 oder 1854 war die Sache umgekehrt. Da erklärten die Geschwornen, der A. sei schuldig, mit dem B. conspirirt zu haben, der B. aber nicht. Der Richter erklärte, ein Mensch für sich allein kann ja nicht conspiriren. Die Geschwornen gingen zurück und bei ihrem zweiten Erscheinen sagten sie: „Auch A. ist nicht schuldig.“

Sie sehen also, dass selbst bei der in ihrem Kerne ganz gesunden Einrichtung der brittischen Jury derlei Inconvenienzen und Antinomien dann vorkommen, wenn wirklich in einzelnen

Fällen die Geschwornen die Rechtsbelehrung des Richters über die Evidenz oder die Gesetzesauffassung nicht gehörig ergründen, oder dieselbe nicht gehörig beachten zu müssen glauben, obgleich der letztere Fall sehr selten vorkommt.

In älterer Zeit war durch Jahrhunderte für solche Fälle b) ein anderes Rechtsmittel, der berühmte *Writ of attaint*, vorgesehen, welches aber in neuerer Zeit ausser Gebrauch und durch Parlamentsacte unter Georg IV. auf einen einzigen Fall beschränkt wurde. Es war diess ein richterlicher Befehl, die Geschwornen wegen eines falschen Wahrspruches in Criminal-Untersuchung zu ziehen, und wenn sofort ein neu zusammenberufenes Geschwornengericht, und zwar von vierundzwanzig Geschwornen, den Ausspruch der früheren zwölf Geschwornen als unrichtig erklärt hatte, wurde wirklich gegen dieselben das Strafverfahren eingeleitet. Von diesem Mittel wurden in älterer Zeit die gröbsten Missbräuche gemacht, und diese eben mögen die Veranlassung gegeben haben, dass es allmälich ausser Gebrauch kam, und, wie gesagt, gegenwärtig abgeschafft, oder, richtiger, auf den einzigen Fall eingeschränkt ist, wenn den Geschwornen Bestechung nachgewiesen werden kann, wo es allerdings in der Natur der Sache begründet ist.

Dagegen ist schon seit Jahrhunderten und auch jetzt noch immer als weiteres Rechtsmittel c) der Aufschub des Urtheils von Seite des Richters in Uebung, sobald er nämlich gegen den Wahrspruch der Geschwornen Bedenken hat. — Dieses Rechtsmittel wird aber in Anwendung gebracht, nicht blos dann, wenn der Richter Bedenken gegen die Subsumirbarkeit des Falles unter das Strafgesetz hat, sondern allerdings auch bei Bedenken gegen die Evidenz. So oft er solche Bedenken gegen die Richtigkeit des Verdictes hat, schiebt er sein Urtheil auf, um sich vorläufig noch mit seinen Collegen, nämlich mit dem zweiten bei den Assisen vorhandenen Richter zu berathen.

Dieses Rechtsmittel wurde, wie uns auch schon ein Vortrag des Herrn Professors Glaser andeutete, in neuerer Zeit wesentlich reformirt, indem vermöge einer Parlamentsacte vom Jahre 1848 an die Stelle der Berathung des Richters mit seinem zweiten Collegen vielmehr die Entscheidung durch einen Appellhof (*court of appeal*) aus fünfzehn rechtsgelehrten Richtern trat, an welchen nämlich in diesem Falle der Richter den Wahrspruch, den er für unbegründet hält, zur Entscheidung der Rechtsfrage bringt, und zwar zur Entscheidung sowohl der meritorischen Rechtsfrage, als auch der Evidenzfrage, insofern er auch gegen den diessfälligen Theil des Verdictes der Jury Zweifel hat. Das Gesetz vom Jahre 1848, das diesen Appellhof oder dieses ganze Appellverfahren eingeführt hat, erklärt zugleich — und das ist für die späteren Folgerungen, die ich aus diesen Thatsachen ziehen werde, besonders wichtig — dass dieser Appellhof das Recht habe, seine Rechtsansicht über den Fall der Frage auszusprechen, und sofort den Wahrspruch der Geschwornen zu bestätigen oder umzustossen und im letzteren Falle an eine neue Assise zu verweisen, oder, wenn es ihm angemessen erscheint, das Verdict der Jury unmittelbar abzuändern und selbst zu entscheiden.

In dieser neuen Institution sehen wir also schon den Gedanken ausgeprägt, dass gegen den Wahrspruch der Geschwornen ein höheres Gericht eine Entscheidung mit eigener Selbstständigkeit treffen und den Wahrspruch der Geschwornen reformirend saniren könne.

Wir sehen aber noch verschiedene andere Rechtsmittel gegen unrichtige Verdicte der Geschwornen in grosser Unvollständigkeit auch im heutigen brittischen Rechte durchgeführt.

Dahin gehört d) das eigene Verlangen des Angeklagten um Aussetzung des richterlichen Urtheils, (*arrest of judgment*), welches aber nur in sehr seltenen Fällen und regelmässig blos dann angewendet wird, wenn das über die Verhandlung geführte Protocoll Unregelmässigkeiten darbietet und sofort sich aus demselben Zweifel gegen die Regelmässigkeit des Verfahrens, oder wider den Wahrspruch der Geschwornen namentlich in Bezug auf die Beobachtung der Evidenzregeln ergeben.

e) Das Begehren des Angeklagten um ein neues Verfahren (*motion for new trial*). — Doch auch dieses Rechtsmittel ist sehr unvollständig, schon desshalb, weil es in der Regel nur bei *misdemeanors* (was ungefähr unseren Vergehen gleichkommt), aber nicht bei Verbrechen (*felonies*), und selbst bei jenen blos dann zugelassen wird, wenn der Angeklagte ein sehr offenbares Gebrechen, eine ungehörige Einflussnahme auf die Geschwornen, eine Bestechung, ein ungehöriges Benehmen des Vertheidigers u. s. w. darzulegen vermag. Dasselbe wird übrigens nur gegen unbegründete Schuldig-Verdicte gegeben, und zieht die Folge nach sich, dass ein neues Verfahren angeordnet wird, um die Sache nochmals in Verhandlung zu bringen.

Bei der Unzulänglichkeit dieses Rechtsmittels hatte das Bedürfniss nach Abhilfe und der Gerichtsgebrauch alsbald ein durchgreifenderes geschaffen, nämlich f) den *Writ of error*, welcher gegen eine irrige Verurtheilung des Angeklagten aus einem Mangel im Urtheile gerichtet ist. In Folge desselben wird das vom Untergerichte gefällte von der *Kings-* (*Queens-*) *bench*, und das letztere von dem Oberhause umgestossen und sofort von diesem *court of error* — und zwar vermöge einer Parlamentsacte aus der Zeit der Königin Victoria — entweder gleich selbst die Entscheidung gefällt oder die Sache zu einer neuerlichen Entschei-

dung an ein Untergericht verwiesen. Allein dieses Rechtsmittel
findet noch seltener Anwendung, weil zur Einbringung dieses
Begehrens eine königliche Erlaubniss oder Ermächtigung nothwendig ist, welche begreiflich nur in den seltensten Fällen zu
erreichen möglich ist.

Bei der völligen Unzulänglichkeit aller dieser Rechtsmittel
hat sich endlich ein letztes Abhilfsmittel, insbesondere gegen unbegründete Schuldig-Verdicte, herausgebildet, das ist g) die Erklärung des Vorsitzenden, dass er zwar seinen Ausspruch dem
Schuldig-Verdicte der Geschwornen gemäss fälle, allein die
Sache vor den Staats-Secretär und durch diesen vor
die Gnade des Thrones bringen werde.

Dieses Mittel kommt nun am öftesten selbst heutzutage noch
in Anwendung, und es wird von demselben namentlich in jenen
nicht wenigen Fällen Gebrauch gemacht, wo die Geschwornen
wirklich aus einem der früher angeführten Mängel ein Schuldig-
Verdict fällen, von dessen Richtigkeit der Richter sich nicht
überzeugen kann, so wie namentlich in allen jenen Fällen, wo eine
zweifelhafte Imputation vorliegt, wo eine Geistesstörung von den
Geschwornen nicht angenommen wird, dieselbe aber dennoch dem
Richter überzeugend dargethan erscheint.

Hier nun sehen wir im Wege der Administration durch den
Staatssecretär alle jene Functionen durchführen, die nach meiner
Auffassung von dem Rechte nur ein Gerichtshof auf sich haben
soll. Der Staatssecretär (Minister) vernimmt Richter, Zeugen und
Aerzte, leitet Verhandlungen aller Art ein, um sich zu überzeu-
gen, ob der Wahrspruch unbegründet sei, und wenn dieses
Schuldig-Verdict sofort von ihm für unbegründet gehalten wird,
so leitet er die Nachsicht des Schuldig und der Strafe durch die
Gnade des Souverains ein. So, sage ich, steht zur Stunde der
Abhilfeweg auch in England.

Dennoch reichen, wie ich schon früher bemerkte (Seite 81
und 82), alle diese Mittel nicht aus, um irrige Wahrsprüche und
um insbesondere ungerechte Verurtheilungen von der brittischen
Jury ferne zu halten, und die erfahrenen Juristen Englands haben namentlich das letztgenannte dieser Abhilfsmittel selbst in
der Richtung, um einen ungerechten Wahrspruch der Jury wenigstens nachträglich unschädlich zu machen, längst für unzulänglich
erkannt, und diess um so mehr, als in jenem Lande, wo man
das brittische Institut der Jury in seiner primitiven Gestalt nicht
blos, sondern mit allen seinen Fortbildungen übernommen hat,
nämlich in den nordamerikanischen Freistaaten, gerade dieses
Abhilfsmittel bereits eine viel grössere Entwicklung und Vervollkommnung erhalten hat. In Nordamerika hängt nämlich die
Geltendmachung dieses Mittels nicht blos von dem Ermessen
des Richters ab, sondern es ist dasselbe regelmässig in das Recht

des Angeklagten gestellt, ja, in mehreren der nordamerikanischen Staaten räumt das positive Gesetz dem Angeklagten mit dürren Worten eine förmliche Berufung gegen ein unbegründetes Schuldig-Verdict der Geschwornen an einen höheren Gerichtshof ein, welcher sofort das Schuldig-Verdict der Geschwornen cassiren oder für nichtig erklären, und hiernach im W e g e R e c h t e n s den Angeklagten freisprechen kann.

Auf die Anstrebung dieses Zieles sind nun auch in England die Meinungen sehr angesehener Richter und praktischer Staatsmänner in der Jetztzeit gerichtet. — Wenn man aufmerksam die Berichte derselben aus den Parlamentsacten und aus dem Comité-Verhandlungen des Parlamentes vom Jahre 1848 und 1853 durchgeht, so sehen wir, dass alle englischen Richter, an der Spitze der ehrwürdige rechtsgelehrte Lord B r o u g h a m, dasjenige, was B e n t h a m schon vor Jahrzehnten erkannte, so ziemlich einhellig anerkennen, dass nämlich die gegenwärtige Einrichtung der Jury nicht ausreiche, um den Angeklagten namentlich gegen unbegründete Schuldig-Wahrsprüche der Geschwornen gehörig zu schützen; dass ferner der Gnadenweg nicht der passende Weg hiezu sei, sondern dass gegen ein von einem Gerichte zugefügtes Unrecht die Abhilfe auch nur im W e g e R e c h t e n s geschehen müsse. Nur das „W i e ?" dieser Abhilfe wird noch immerfort bestritten, und um so mehr bestritten, da die Engländer mit ihrer bekannten Zähigkeit sich zu Aenderungen der ihnen liebgewordenen Institutionen nicht entschliessen wollen. Dennoch haben bedeutsame Justizpraktiker auch in England geradezu die Einführung einer Berufung oder Appellation, wenigstens gegen nicht begründete S c h u l d i g-Aussprüche der Geschwornen begehrt, oder verlangt, dass wenigstens nicht blos vom subjectiven Ermessen des einzelnen Richters, sondern vom Begehren des Angeklagten oder dessen Angehörigen es abhängig gemacht werden soll, ob er eines dieser Rechtsmittel anhängig machen dürfe oder nicht. Mit Einem Worte, es zeigt sich auch in dem Stamm- und Mutterlande der Jury als Grundzug der anzustrebenden Reformen der letzteren die Ansicht, dass man die Infallibilität und Inappellabilität wenigstens der S c h u l d i g-Verdicte der Geschwornen als ein Urgebrechen der Jury erkennt.

Einen schneidenden Contrast gegen diese Anschauungen der angesehensten englischen Juristen, wie freilich die Jetztzeit so manche ähnliche Contraste darbietet, eröffnet uns aber ein Hinblick auf die Strebungen einiger hochgeachteten wissenschaftlichen Autoritäten in Deutschland! — Während nämlich in Frankreich sowie in England und in den nordamerikanischen Staaten das entschiedene Streben der namhaftesten Justiz-Praktiker, denen es heiliger Ernst um die Handhabung der Justiz ist, und welche mit der Rechtspflege nicht politisches Capital machen wollen, dahin geht, jedem Angeklagten ein Schutzmittel einzuräumen gegen den bisher orakelmässigen und infalliblen Schuldig-Ausspruch der Geschwornen; während diess, sage ich, in denjenigen Ländern vorgeht, in welchen die Jury seit Jahrhunderten oder doch seit Jahrzehenden heimisch ist, hat besonders nachdrücklich ein von mir hochverehrter Mann und persönlicher Freund — für Deutschland das gerade Gegentheil in Vorschlag gebracht. Es ist nämlich neben mehreren Anderen vorzugsweise Schwarze, der im Gegensatze davon sogar den Ausspruch der rechtsgelehrten Gerichtshöfe, den dieselben in erster Instanz bei der mündlichen Verhandlung geben, in Beziehung auf die thatsächliche Beweis- oder Schuldfrage als inappellabel festgestellt haben will. Diese Ansicht hat nun auch in Oesterreich in einem bekannten, gedruckten Votum zur künftigen österreichischen Strafprocessordnung einen beredten Vertheidiger gefunden. Ich spreche mit Entschiedenheit meine Gegenansicht aus und glaube, das Hauptgewicht dieser Ansicht ist auch für uns Deutsche nunmehr gefallen.

Es ist vor Allem eine theoretische Consequenz, wie ich nicht verkennen will, die da sagt, wenn man 12 nicht rechtsgelehrten Männern eine solche Infallibilität und Inappellabilität in Beziehung auf den Schuld- oder Beweis-Ausspruch zugesteht, warum nicht auch 4 oder 6 rechtsgelehrten Richtern?

Nach meiner subjectiven Auffassung nun aber ist die Prämisse eine falsche. Diese Infallibilität und Inappellabilität soll man eben auch den Geschwornengerichten nicht zugestehen, wenn man sie schon einführen will. Man soll eben auch gegen einen solchen Schuldig-Ausspruch der Geschwornen ein eigentliches Rechtsmittel zulassen, sei es nun eine Berufung oder anderweitige Reclamation, wie man sie nun immer nennen will. Mit Einem Worte, es soll ein Mittel geben, um durch eine höhere Autorität, durch einen höheren Gerichtshof den Schuldig-Ausspruch einer Jury, wenn er nicht nach allen Richtungen hin als wohlbegründet zu erkennen ist, zu zerstören, und dagegen im Wege Rechtens die Schuldlosigkeit klar zu stellen. Ist, sage ich, diese Prämisse gefallen, so fällt von selbst auch jede weitere Folgerung daraus. Ich bemerke übrigens, dass diese von mir bekämpfte Ansicht noch ziemlich vereinzelt in Deutschland steht, und dass bedeutende Männer der Wissenschaft und namentlich fast alle Justiz-Praktiker sich mit Entschiedenheit gegen eine solche Inappellabilität aussprechen.

Mit meinem heutigen Vortrage glaube ich den juridisch-technischen Theil der Geschwornenfrage, wie ich ihn nennen möchte, abgethan zu haben, um ein andermal auf die Würdigung jener sogenannten allgemeinen Gründe einzugehen, die wohl leider gewöhnlich sich auch nur in Gemeinplätzen bewegen, und zwar sowohl von Seite der Vertheidiger, als der

Gegner der Schwurgerichte. Es wird sich dabei um die Beleuchtung der angeblichen Vortheile der Jury und zwar I. der streng juridischen, II. der politischen, III. der allgemeinen Zweckmässigkeits- (Nützlichkeits-) und IV. der streng socialen Empfehlungsgründe des Schwurgerichtes handeln.

Dabei werden Sie einem alten geschulten Justizmanne, der noch überdies zwei Jahrzehente hindurch Rechtsphilosophie und Staatsrecht zu lehren hatte, schon zu Gute halten, dass ich auch bei der Beleuchtung dieser Momente immer den streng juridischen Standpunkt als den primären hervorhebe, und als den präjudiciellen erkenne, indem ich mich noch immer mit vollster Ueberzeugung zu der Ansicht bekenne, dass eine Institution, möchte sie auch aus politischen oder anderen Nützlichkeitsgründen noch so wichtig erscheinen, dann nicht eingeführt werden darf, wenn sie aus dem Standpunkte der Gerechtigkeit nicht gut geheissen werden könnte, dass sie aber auch dann nicht empfohlen werden könnte, wenn die Gerechtigkeit zwar an und für sich dabei noch möglich wäre, aber geringere Bürgschaften ihrer sicheren Handhabung fände, als bei irgend einer anderen Gestaltung der Rechtspflege.

Daher werde ich denn auch die politische und die sociale Seite der Frage, so wie die sonst dafür geltend gemachten allgemeinen Zweckmässigkeits- oder Nützlichkeitsgründe zuletzt erörtern, und denselben in meinem nächsten Vortrage die Erörterung vorausschicken, ob die von den Vertheidigern des Schwurgerichtes für dasselbe gewöhnlich ins Treffen geführten streng juridischen Schutzargumente stichhältig seien, oder ob es denn wahr sei, dass durch Schwurgerichte die Rechtsprechung sicherer oder gerechter, oder auch nur eben so zuverlässig und materiell richtig als durch ständige Beamten-Gerichtshöfe vermittelt werde.

Wenn ich endlich in üblicher Weise meinen heutigen Vortrag mit einem kurzen Resumé zu schliessen habe, so kann es wohl nur in dem einfachen Wunsche bestehen, dass wir, wenn unserem Vaterlande die Jury überhaupt bestimmt ist — und wer möchte nach dem heutigen factischen Stande der Dinge wohl noch zweifeln, dass sie in nicht sehr ferner Zeit auch bei uns wieder eingeführt werden wird? — bei dieser Einführung in Oesterreich möglichst nach brittischem Vorbilde vorgehen und nicht das französische Institut oder irgend eine der deutschen Strafprocessordnungen oder Strafprocessordnungs-Entwürfe, die einander alle mehr oder weniger in gedankenloser Nachahmung nachbeten, zum Vorbilde nehmen wollen, weil nach meinen bisherigen Auseinandersetzungen gerade der französischen Institution mit ihrem geistfesselnden und wahrheitverhindernden Fragen-Formalismus Gebrechen inhäriren, und als wesentlich, daher unzerstörbar eigen

sind, die, wie ich nachzuweisen bemüht war, die Findung der
Gerechtigkeit, das Aussprechen der materiellen Wahrheit beirren
und so häufig Resultate zum Vorschein bringen, welche mit dem
eigenen Sinne und Willen der Geschwornen in Widerstreit treten.
Gebrechen, welche — wiederhole ich — durch keines der bisher
angewendeten oder vorgeschlagenen Abhilfe- und Rechtsmittel,
seien dies nun Präventiv- oder Repressiv-Mittel, geheilt werden
können, sondern die, ich spreche es offen aus, nur durch ein herz-
haftes, radicales Zerhauen jenes künstlichen und naturwidrigen
gordischen Knotens gelöst werden können!

Vierter Vortrag.

Gehalten am 20. Februar 1863.

Bei der langen, durch einen Trauerfall in meiner Familie herbeigeführten Unterbrechung meiner Vorträge dürfte es schon des Zusammenhanges willen angezeigt sein, in kürzester Weise das Ergebniss meiner früheren Darstellungen zusammenzufassen.

Ich habe mich bemüht, in meinen bisherigen drei Vorträgen nachzuweisen, dass das Schwurgericht, zumal mit jenen Einrichtungen, wie sie die französische Gesetzgebung und die ihr nachgebildeten deutschen Strafprocess-Ordnungen aufweisen, in sich selbst so viele wesentliche, von demselben unzertrennliche Momente einschliesst, welche unmittelbar hindernd der Auffindung der Wahrheit und dem Aussprechen der materiellen Gerechtigkeit entgegenstehen, und dass namentlich der Fragenformalismus, wie er in dem Wesen dieser Institution gelegen ist, in sich selbst und unabweisbar eine Reihe von Ergebnissen an das Tageslicht bringen muss, und nach der Erfahrung in hunderten von Fällen auch wirklich gebracht hat, welche nicht blos dem Sachverhalte des einzelnen Falles, sondern der Wahrheit und Gerechtigkeit überhaupt, gleichwie sogar grösstentheils dem von den Geschwornen in ihrer Majorität oder gar Einhelligkeit selbst gewolltem Sinne des Ausspruches entgegenstehen. Ich suchte weiter darzuthun, dass dieses Uebel an der französischen Einrichtung des Schwurgerichtes so immanent hafte, dass kein von allen bisherigen europäischen Gesetzgebungen dagegen versuchtes und in Anwendung gebrachtes Präservativ- und Repressivmittel, dasselbe zu zerstören im Stande ist.

Ich habe endlich nachzuweisen gesucht, dass das brittische Schwurgericht zwar im Ganzen auf einer natürlicheren und gesunderen Unterlage beruht, dass dasselbe theils durch die Gebundenheit der Geschwornen an negative Beweisregeln, theils und vorzugsweise durch die völlige Lossagung von dem Fragenformalis-

mus, welchen erst die französischen und die deutschen Schwurgerichts-Gesetzgebungen erfunden haben, theils durch den moralisch prädominirenden Einfluss des rechtsgelehrten Richters und
dessen Zusammenwirken mit den Geschwornen vielfach mehr
Garantien bietet, um die Wahrheit zu fördern, und um insbesondere ungerechte Schuldig-Verdicte hintanzuhalten, dass aber
nichts destoweniger selbst das brittische Schwurgericht nach der
Erfahrung von Jahrhunderten uns zahllose Verdicte darbietet,
und zwar nicht blos Freisprechungs-, sondern selbst Schuldig-
Verdicte, welche in grassester Weise mit der materiellen Wahrheit und Gerechtigkeit in Widerspruch standen, und dass hiernach die englische Gesetzgebung, so wie der englische Gerichtsgebrauch gerade in neuester Zeit allenthalben das Streben manifestiren, gegen die Infallibilität und Inappellabilität der Jury-
Verdicte, wenigstens insoweit sie Schuldigaussprüche einschliessen,
irgend ein zuverlässiges und ausreichendes Rechtsmittel ausfindig
zu machen, sowie dass die nordamerikanischen Gesetzgebungen
theilweise ein solches Rechtsmittel in der Feststellung einer förmlichen Berufung gegen die Schuldig-Verdicte der Jury statuirt
haben.

Dies war der Inhalt meiner bisherigen Vorträge über das
Schwurgericht, wobei ich meines Erinnerns zuletzt mich selbst
dahin ausdrückte, dass ich mich vorerst auf die Aufzeigung des
juridisch-technischen Inhaltes dieser Institution beschränkt hatte,
und wornach ich diesen Theil meiner Darstellungen mit der
Aeusserung des subjectiven Wunsches abgeschlossen habe, dass,
wenn schon die österreichische Regierung und Gesetzgebung
durch die keineswegs mehr sanfte Pression der herrschenden
öffentlichen Meinung, von welcher sie auf allen Seiten in dieser
Richtung gedrängt wird, sich bestimmt sehen sollte, das Schwurgericht in Oesterreich wieder einzuführen, man dabei doch wenigstens jene grossen Gebrechen vermeiden und beseitigen wolle,
welche die französische Institution und die ihr nachgebildeten
deutschen Schwurgerichtsgesetzgebungen in sich tragen, und dass
man also vielmehr dem englischen Muster folgen wolle.

Ich behielt mir für die weiteren Vorträge, die ich dem
Gegenstande noch zu widmen mich entschlossen habe, vor, nunmehr auf den sogenannten allgemeinen Theil der Frage,
nämlich auf die Beleuchtung derjenigen Gründe und Schutzargumente einzugehen, mit welchen man heutzutage auch in unserem
Vaterlande von so vielen Seiten her das Schwurgericht in wärmster
Weise befürwortet und verlangt.

Indem ich an diese Aufgabe schreite, läugne ich nicht, dass
mich eine nicht geringe Scheu und eine sonst meinem Wesen
nicht eigenthümliche Zaghaftigkeit befällt, und zwar in doppelter Beziehung. Vorerst nämlich darum, weil ich mir selbst sagen

muss, dass ich in Bezug auf d i e s e s Gebiet nur wenig Neues
zumal einem juridisch gebildeten Zuhörerkreise gegenüber mittheilen kann. Sehr wenig Neues — wiederhole ich — weil das
Pro und Contra, die Licht- und Schattenseiten dieser Institution
von der Wissenschaft und der Praxis seit nahebei einem Jahrhunderte so reichlich, so vielfach besprochen und beleuchtet sind,
und weil insbesondere die allgemeinen Einwendungen gegen das
Schwurgericht von den zahllosen hochangesehenen Gegnern desselben, und zwar um aus der langen Reihe jener glänzenden
Namen, die ich Ihnen diesfalls in meinem ersten Vortrage auf-
zählte, den Reihen- und den Schlussführer dieses Cyclus nochmal
zu nennen, von F e u e r b a c h bis auf S a v i g n y so gründlich discutirt worden sind, dass es wahrhaftig ein gewagtes Unternehmen wäre, zu glauben, diesen Argumenten noch etwas
Neues beisetzen zu können. Ich verschweige mir auch nicht das
bekannte Horazische: *„Difficile est, communia p r o p r i e dicere"*; ich
weiss, wie sehr diese Schwierigkeit erhöht wird, selbst durch die
tröstende Zuthat, die er jenem Dictum in den Worten voraus-
schickt: *„Dixeris egregie, notum si callida reddiderit junctura novum:"*
denn es ist eben so schwierig, hier noch auch nur ein *verbum*
novum zu finden, vielleicht schwieriger noch, die *callidam juncturam*
zu construiren, mit welcher man allgemein Bekanntes darbietet.
Dies soll mich jedoch nicht abhalten, dasjenige wenigstens zusammenzufassen, was wohl die Mehresten von Ihnen, geehrte
Herren, zerstreut schon da und dort angedeutet gelesen haben,
und es zugleich mit meinen eigenen Erfahrungen zu beleuchten,
welche ich in Oesterreich und so vieler fremder Herren Ländern
mir selbst gesammelt habe.

Durch eine zweite, noch wichtigere Erwägung wird freilich
meine persönliche Scheu noch verdoppelt, durch die Wahrnehmung nämlich, dass gerade in jüngster Zeit von den, wenigstens
äusserlich vollberufenen Vertretern der verschiedensten Völker
Oesterreichs das Verlangen nach Wiedereinführung der Schwurgerichte immer lauter erhoben wird, und wenn ich insbesondere
den Wortlaut in's Auge fasse, mit welchem mehrere Landtage ihre
hierauf abzielenden Petitionen einbegleitet haben, indem sie mit vollster Entschiedenheit aussprechen, dass die Einführung der Schwurgerichte ein B e d ü r f n i s s d e r R e c h t s p f l e g e sei, und sofort
dieselbe nicht blos als eine politische, sondern als eine j u r i d i s c h e
Nothwendigkeit erklären, und wenn sie diesen Ausspruch mit dem
Zusatze motiviren, dass die Ueberlassung der Entscheidung der
Schuldfrage in Straffällen an Geschworne durch die Forderung
einer unabhängigen, einer sichern, einer gerechten Straf-Justiz-
pflege geradezu bedingt sei. — Jedermann weckt also gegen
sich den Anschein massloser Unbescheidenheit auf, der es wagt,
so vielen und so competenten Organen zu widersprechen, und

solchen Stimmführern gegenüber mit der kühnen Behauptung hervorzutreten, dass namentlich aus dem Standpunkte der Justiz der Einführung des Schwurgerichts in Oesterreich die ernstesten Bedenken entgegen stehen. — Allein diess ist nun einmal meine lebendigste subjective Ueberzeugung, die ich mit dem ganzen Muthe des Mannes, weil sie eben in mir als Ueberzeugung seit Jahrzehenten sich gefestigt hat, auch öffentlich zu vertheidigen niemals Anstand nahm, noch je nehmen werde.

Es sei nun erlaubt, zu der Beleuchtung jener allgemeinen Erwägungen zu schreiten, aus welchen man die Einführung der Jury auch bei uns befürwortet. Es theilen sich diese Gründe, wie ich schon neulich erwähnte,

I. in juridische,

II. politische,

III. allgemeine Zweckmässigkeits- oder Nützlichkeits- und

IV. in streng sociale Betrachtungen.

ad I. Die juridischen, welche nämlich das Schwurgericht als ein Bedürfniss für eine gerechte und sichere Justizpflege erklären, müssen begreiflich bei dem Juristen vorausgehen.

In dieser Richtung glaube ich aber behaupten zu können, dass der Grundton der Vertheidiger der Jury in der jüngsten Zeit ein anderer ist, als er etwa noch vor Jahrzehenten war.

Die einsichtsvolleren und fachkundigen, ich möchte beifügen, zugleich gewandteren und ihres Zieles sich klar bewussten Schutzredner der Jury fangen in neuester Zeit an, von der Empfehlung und Vertheidigung derselben aus unmittelbar juridischem Standpunkte gänzlich zu abstrahiren. Sie erklären vielmehr das Schwurgericht schlechthin als eine politische Nothwendigkeit. Sie gehen daher folgerichtig in die juridischen Betrachtungen gar nicht ein oder bekennen sich sogar offen zu dem Satze: Man müsse zugestehen, dass rechtsgelehrte Richter, wenn sie gehörig gestellt sind, eben so gut die Wahrheit finden und aussprechen können und werden, als etwa die Jury es thue; so wie man entgegen nicht in Abrede stellen könne, dass ebenso gut auch die Geschwornen die Wahrheit finden und dieselbe zur Geltung bringen können und werden, als rechtsgelehrte Beamten-Richter. Das sei aber nicht der Kernpunkt der Frage, fahren die Vertheidiger dieser Richtung fort, sondern es sei die Jury vielmehr ausschliessend als politisches Institut aufzufassen.

Begreiflich habe ich als Jurist mit diesen Verfechtern der Jury vor der Hand nichts zu schaffen, denn als Jurist muss ich vor allem Andern die Argumente derjenigen Vertheidiger des Schwurgerichtes in's Auge fassen, welche die Einführung desselben aus dem Standpunkte der Justiz empfehlen. — Aus diesem Gesichtspunkte sind mir aber bisher nur folgende zwei Schutz

Argumente für die Jury bekannt geworden, nämlich erstens: „Die Geschwornen haben grössere Befähigung und grössere Geneigtheit, die Gerechtigkeit in besonders wichtigen Straf-fällen, zumal bei politischen Verbrechen zu finden, und auch aus-zusprechen als die rechtsgelehrten Beamten-Richter.

Dann zweitens: Die Geschwornen seien überdiess geeig-neter als rechtsgelehrte Beamten-Richter, in ihren richterlichen Entscheidungen (Verdicten) das natürliche, das jeweilige im Volke fortlebende und sich stetig vervollkommnende Recht (das eigent-liche Volksrecht) zur Geltung zu bringen, und sofort die Rechts-pflege wahrhaft volksthümlich auch in jenen Fällen zu handha-ben, wo etwa das positive Gesetz sich von dem ersteren getrennt hat und als ein überlebtes erscheint.

Es sei nun erlaubt, diese beiden Schutz-Argumente näher zu beleuchten!

Das Erstere sondert sich in zwei Unter-Momente: a) die Geschwornen können nämlich, und b) die Geschwornen wollen nach ihrer Stellung die Wahrheit richtiger finden. Zuerst also wollen wir die grössere Bürgschaft, die von Seite des Könnens, von Seite der Qualification derselben hervorgehoben wird, näher untersuchen. Soviel mir bekannt ist, stellt wenigstens die deutsche Wissenschaft zum Beweise der grösseren Befähigung der Ge-schworenen seit nahebei einem Jahrhundert vor Allem jenes schlichte und derbe Argument auf, welches bereits in den sechs-ziger Jahren des vorigen Jahrhunderts der ehrliche, biedere und zu seiner Zeit so vielfach für den Fortschritt eifernde Justus Möser in seinen patriotischen Fantasien ausgesprochen hat. Er äusserte sich ungefähr in folgenden Worten: „Es sei ebenso un-verständig als ungerecht und hart, irgend Jemanden wegen der Uebertretung eines Gesetzes zu einer Strafe zu verurtheilen, che-vor man sich überzeugt hat, dass er dieses Gesetz auch begrif-fen und verstanden habe und begreifen und verstehen konnte. Nun liege es aber doch ausser Zweifel, dass das Verständniss oder die Fähigkeit, zu begreifen, sowie der Grad der Intelligenz derjenigen Menschen, welche gewöhnlich das Gesetz übertreten und auf der Laufbahn der Verbrechen gefunden werden, am nächsten ihren eigenen Schicksalsgenossen, d. h. denjenigen liege. welche ungefähr in gleichen äusseren Lebensbeziehungen, auf gleichem Grade der Ausbildung oder der Intelligenz stehen. Diess seien nun aber nicht rechtsgelehrte Richter, die ihre Studien in der Studierstube und ihre praktischen Erfahrungen in der Zurückge-zogenheit der Gerichtsstube machen, sondern es seien diess eben nur die Männer aus der Mitte des Volkes, die mit der frischen Lebensanschauung des täglichen Mitfortlebens auch am besten im Stande seien, zu beurtheilen, ob irgend ein Gesetzübertreter mit wahrer Zurechnungsfähigkeit gehandelt habe." — Diess unge-

fähr ist das Wesentliche der Argumentation für die angeblich
grössere Befähigung der Geschwornen oder Richter aus dem Volke
zum Strafrichteramte. — Selbstverständlich werden diese Erwägungen von der neueren Wissenschaft in schönerer Form und
in tausendfachen Varianten einer glänzenden Phraseologie vorgebracht. — Im Wesen geht es aber auf die eben angeführten
Betrachtungen unseres ehrwürdigen alten Justus Möser hinaus.
Wenn auch manche Neuere dieses Argument vorzugsweise in die
Form kleiden, dass sie zunächst hervorheben: „Es sei ungerecht,
Jemand für eine menschliche That zu strafen, wenn nicht dieselbe auch menschlich beurtheilt wird; oder es müsse doch als
ein Trost für jeden Bürger im Staate angesehen werden, dass
ihm Urtheil und Recht über die Frage, ob er einer strafbaren
Handlung schuldig oder ein Gesetzübertreter sei und Strafe verdiene, von denjenigen Personen zuerkannt werde, welche mit
ihrer eigenen Anschauung dem Angeklagten, sowie überhaupt
dem Volke näher stehen, daher auch völlig in die Denk-, Ge-
fühls- und Handlungsweise desselben sich hineindenken und hin-
einempfinden können," und wenn von Manchen gar noch hinzu-
gefügt wird, dass sich im Ausspruche der Geschwornen „des Volkes Stimme, daher Gottes Stimme" kundthue: so ist, wie Sie
sehen, auch diese Auffassung der Frage in ihrem Kerne denn
doch nur der obige Grundgedanke von Justus Möser.

Ich gestehe für meine Person, dass unter den tausend Illusionen, womit man in öffentlichen Angelegenheiten nur zu häufig
der grossen Menge bald unbewusst, bald absichtlich Sand in die
Augen zu streuen pflegt, mir kaum eine vorkommt im Gebiete
des Rechtslebens und der staatlichen Beziehungen, welche, ich
mochte beinahe sagen, mit so kecker Zuversicht, wie die eben
angegebene — *sit venia verbo*! — eine grosse Lüge einschliesst.

Es mag eine Ironie des Schicksals sein, dass der es gewiss
ehrlich meinende und wahrhaft patriotische Justus Möser diese
Gedanken mit dem Ausdrucke: „Patriotische Fantasien" bezeichnet hat; sie sind eben nur — Fantasien!

Welche Classen der Bevölkerung, frage ich, liefern denn
das grösste Contingent auf die Verbrecher- und Angeklagten-Bank?
Darüber sind nun wohl die statistischen Tabellen aller europäischen
und aussereuropäischen Länder, und zwar nicht seit heute und
gestern, sondern seit Jahrzehnten und Jahrhunderten in notorischer
Uebereinstimmung. Dahin gehört nämlich vor Allem die grosse
Menge jener unglücklichen Menschen, die regelmässig gar keinen
geordneten Erwerb und Unterhalt haben oder höchstens vom Tag-
lohn, d. h. von der Hand in den Mund leben, wie das triviale
Volkssprichwort es sehr zutreffend ausdrückt, das eigentliche
Proletariat also; ferner jene nicht minder grosse Menge von Menschen, die, verwahrlost in ihrer Erziehung oder gänzlich verwildert,

gar oft gleich einem Thiere, oder in nicht viel höherer Ausbildung als dieses heranwächst, ohne Religion, ohne alle Erziehung, ohne allen Unterricht, ohne irgend welche weitere Ausbildung; — diejenigen ferner, welche durch Noth gedrängt sich zu Verbrechen hinreissen lassen, diejenigen, mit Einem Worte, welche wir als die unterste Schichte der Bevölkerung, als die Hefe des Pöbels bezeichnen. — Achtzig bis neunzig Procent aller Verbrecher und Gesetzübertreter gehören nach den statistischen Tabellen d i e s e n Kategorieen an.

Welche sind aber weiter die V e r b r e c h e n, die den grössten Beitrag zur praktischen Strafjustizpflege liefern? Da finden wir wieder analoge, fast zu allen Zeiten und bei allen Völkern mit ebenfalls notorischer Uebereinstimmung wiederkehrende Thatsachen!

Es sei mir erlaubt, diesfalls vor Allem zwei Momente aus der neueren Justiz-Statistik unseres engeren Vaterlandes Oesterreich herauszuheben, weil dieses uns doch zunächst angeht. — Bekanntlich hat die österreichische Regierung in den Jahren 1856, 1857 und 1858 eine ziemlich vollständige Strafjustiz-Statistik geschaffen. Ich habe mir nun aus derselben eine Uebersicht der verschiedenen Kategorien von Verbrechen und Vergehen dieser drei Jahre zusammengestellt. Da finden wir denn nun, dass diejenigen Verbrechen, welche beinahe ausschliesslich auf G e w i n n s u c h t beruhen, das grösste Contingent liefern, nämlich Raub, Diebstahl, Veruntreuung, Betrug und Erpressung, und zwar im Jahre 1856 80%, im Jahre 1857 75%, im Jahre 1858 74% aller Verbrechen; nach ihnen kommen der Zahl nach als mehrste die Verbrechen der öffentlichen Gewaltthätigkeit, aber nur solcher Art, wobei durchaus keine politische Tendenz mit unterläuft; dann Creditspapierfälschung, Münzfälschung, Unzucht, Zweikampf, Brandlegung, Bigamie und Vorschubleistung zu allen diesen Verbrechen. Dieselben bilden zusammen in diesen drei Jahren $7\frac{1}{4}$%, 9% und beziehungsweise 9,4% aller Verbrechen. Sofort kamen Mord, Todtschlag und körperliche Verletzung, welche zusammen 10, 13 und nochmals 13%, endlich die sogenannten politischen Verbrechen, welche im Jahre 1856 $2\frac{1}{2}$, im Jahre 1857 3, und im Jahre 1858 $3\frac{3}{4}$% der Gesammtheit der Verbrechen betrugen. Ein ähnliches Verhältniss waltet auch bei den Vergehen vor. Noch entscheidender stellen sich diese Wechselverhältnisse aus den statistischen Tabellen unserer Reichshauptstadt heraus.

Bekanntlich hat Herr Vicepräsident Schwarz aus Anlass der Versammlung des III. deutschen Juristentages in Wien solche statistische Zusammenstellungen über die Strafrechtspflege des Landesgerichtes Wien, als des grössten Strafgerichtshofes in Oesterreich, herausgegeben. Da finden wir nun, dass Verbrechen aus

Gewinnsucht in Jahre 1858, 1859, 1860 und 1861 — von diesen
vier Jahren hat Schwarz sie zusammengestellt — im ersten Jahre
77%, im zweiten 75%, im dritten 80%, im vierten 84%, hingegen
die sogenannten politischen Verbrechen, worunter er alle Verbrechen einreihte, welche überhaupt gegen die öffentliche Ruhe und
Ordnung gerichtet sind, 3%, 4%, 3½% und 2½% bilden.

Erwägen wir nun diese Ziffern, die für sich selbst sprechen,
etwas näher und fragen wir uns: In welchem Zusammenhange
stehen denn die Schwurmänner vorerst zu jener Kategorie der
Personen, um welche es sich beim strafgerichtlichen Verfahren
regelmässig handelt? — Wie wird denn die Geschwornenbank,
wie wird denn die Geschwornenliste zusammengestellt, damit in
dieselbe vorzugsweise oder gar ausschliessend nur solche Männer
aufgenommen werden, welche der Denk-, Empfindungs- und Le-
bensweise, so wie den Anschauungen jener Kategorie von Personen
nahe stehen, die regelmässig oder doch grösstentheils als Angeklagte vor Gericht stehen? Ist es denn wirklich die Hefe des
Pöbels, die als Geschworne an der Entscheidung theilnimmt?
Sind es denn wirklich solche Leute, welche mit dem bei weitem
grössten Theile der Angeklagten auch nur in einer entfernten
Verwandtschaft der Lebensbeziehungen oder ihren Anschauungen,
ihrer Denk-, Empfindungs- und Handlungsweise, ihren Sitten und
Unsitten wirklich so nahe stehen?

Alle Gesetzgebungen Europa's haben sich darüber geeinigt,
dass man zu Geschwornen nach Möglichkeit, wenn schon nicht
gerade die Elite der Bevölkerung, doch mindestens nur durch
Ehrenhaftigkeit, unbemakeltes Vorleben, einen gewissen Grad von
Intelligenz, so wie durch eine bessere sociale Stellung angesehene
Männer berufen soll. Es sind ausser dem allgemeinen Erforder-
nisse eines nicht bemakelten Vorlebens, insbesondere zwei Kriterien, durch welche in den Ländern, wo das Schwurgericht
besteht, die Befähigung zum Geschwornenamte überhaupt bedingt
ist, nämlich entweder ein gewisser Steuercensus, der in einigen
Gesetzgebungen sogar sehr hoch gespannt ist, oder eine gewisse
Capacität, d. h. irgend ein bestimmtes Berufs- oder besonderes
Befähigungs-Kriterium, oder beide vereinigt. Mit Einem Worte,
man will — wie schon angedeutet — denn doch nur Menschen
von gutem eigenen Leumund und von einer besseren socialen
Stellung und namentlich auch nur mit einem gewissen Grade
von Intelligenz, oder mit der Beglaubigung einer besonderen
Capacität in die Geschwornenliste einreihen. Man schliesst daher
vom Geschwornenamte namentlich alle Taglöhner, Hilfsarbeiter, alle
Personen, die keinen bestimmten Erwerb haben, alle Dienstboten,
alle Diejenigen, welche kein bestimmtes Domizil haben, ferner
alle jene Individuen, welche schon einmal wegen eines Verbrechens zu einer Strafe verurtheilt waren und dgl., kurz, gerade

alle diejenigen Personen von dem Geschwornenamte aus, welche das regelmässige Contingent der Angeklagtenbank bilden.

Wenn ich nun auch von der Schmeichelei ganz abstrahiren würde, welche den Geschwornen durch die Behauptung gesagt wird, dass sie den Lebens-Anschauungen der Verbrecher so nahe stehen, dass sie ihre Gewohnheiten, ihre Sitten und Unsitten, ihre Denk- und Empfindungsweise richtiger als rechtsgelehrte Beamtenrichter zu ergründen vermögen, so muss ich doch alles Ernstes darauf zurückkommen, dass diese Behauptung eben nur eine leere, durch die Wirklichkeit Lügen gestrafte Phrase ist.

Wer vielmehr ist, frage ich entgegen — sei es nun in Hauptstädten oder anderen grösseren und stark bevölkerten Orten oder auf dem flachen Lande — mit allen Unsitten, mit dem Schmutze, dem Cynismus, der Frivolität, dem Leichtsinn, der Nichtachtung des Gesetzes und des Eigenthumes, dem Jargon der Diebssprache und allen anderen Unflätigkeiten jener Volksklassen, welche das grösste und gewöhnliche Contingent auf die Verbrecherbank liefern, und namentlich mit dem Abschaume der Bevölkerung mehr vertraut, als — fragen Sie in Wien und anderen grossen Städten — unsere Polizei-Commissäre, unsere Untersuchungsrichter, unsere Uebertretungsrichter; denn diese Männer sind es ja, deren trauriger Beruf sie eben sowohl hier als auch auf dem flachen Lande verpflichtet, in das Elend jener Menschenklassen hinabzusteigen und sich vertraut zu machen auch mit den Motiven, welche den Gesetzübertretungen dieser Leute zu Grunde liegen. Wenn also in dieser Beziehung eine vorzugsweise Qualification bei irgend Jemanden zu suchen ist, so sind es gewiss nicht die Männer aus jener Elite, aus jenen besseren Klassen des Volkes, welche zum Geschwornenamt berufen werden; selbst abgesehen davon, dass jene ausscheidenden und sichtenden Kriterien, welche man schon für die Berufserfordernisse zu einem Geschwornen feststellt, noch überdies dem Würfel des Zufalls, dem Loose preisgegeben werden, und es daher sehr in Frage steht, ob das Loos die gute Laune hat, gerade solche Menschen in die Geschwornenbank für jeden einzelnen Fall zu bringen, welche wirklich mit der concreten Gestaltung der vorkommenden Straffälle, oder mit den Lebensanschauungen der in diesen Fällen Angeklagten näher vertraut sind. — Richten denn, um bei einem Beispiele zu bleiben, wirklich etwa über einen betrügerischen, bankerotten Kaufmann immer nur Kaufleute? Wer von Ihnen auch nur in Oesterreich, in den anderthalb Jahren von Mitte 1850 bis zum Schlusse 1851 hier den Schwurgerichtsverhandlungen beiwohnte, der wird gestehen müssen, dass beinahe gar nie unter den Geschwornen auch nur einer oder zwei solche Männer zu finden waren, die zufällig den Lebensverhältnissen des Angeklagten und den individuellen Anschauun-

7 *

gen desselben näher standen. Richten denn etwa über Pressvergehen oder über Journalartikel immer nur Literaten und
Journalisten? Ist nicht der Fall wiederholt vorgekommen, dass
nicht ein einziger Literat, nicht ein einziger Journalist und überhaupt nicht Ein Mann von wissenschaftlicher Haltung in der
Geschwornenbank war bei solchen Fällen, wo es auf die Beurtheilung einer durch Druckschriften begangenen strafbaren Handlung ankam? Ist es nicht seltsam, dass einer der feurigsten
Vertheidiger der Schwurgerichte — ich hörte es mit eigenen
Ohren — im Jahre 1851 bei einem sehr zweifelhaften Falle, wo
es sich um eine strafbare Handlung, eben durch eine Druckschrift
begangen, handelte, die Geschwornen am Schlusse dahin apostro-
phirte: „Meine Herren Geschwornen! Sie haben in Ihrer Mitte
zufällig einen Advocaten, einen Doctor juris. Die Frage ist schwierig, wählen Sie ihn zu Ihrem Obmanne, lassen Sie sich leiten
von ihm, er wird Ihnen auseinandersetzen, worauf es bei einer
strafbaren Handlung dieser Kategorie eigentlich ankomme u. s. f."
Wurde auf solche Weise nicht den das Schwurgericht in diesem
Falle bildenden, an sich ganz verständigen, sehr braven und
würdigen Männern, die aber zufällig fast durchwegs Fabriks- und
Gewerbsleute waren, ganz nahe gelegt, dass sie denn doch eigentlich in Betreff des concreten Falles, um den es sich hier handelte,
des eigenen Verständnisses ermangelten?

Wir können also schon aus der Zusammensetzung der Schwurgerichte die Selbsttäuschung erkennen, die in dem eben erörterten Schutz-Argumente für die angeblich grössere Befähigung der
Schwurrichter aus dem Volke liegt. — Prüfen wir aber, selbst
ganz abgesehen von dieser empirischen Würdigung der angeführten Argumentation den a priorischen Gehalt derselben, so
zeigt sich, dass nicht bald in irgend einer Beweisführung so viel
Unrichtiges enthalten ist, als eben in dieser. Um was handelt es
sich denn bei der Entscheidung, welche der Geschwornenbank
obliegt? In den seltensten Fällen nur wird dabei eine unmittelbare Reproduction des Selbstwahrgenommenen oder die Autopsie
zureichen, sondern in den meisten Fällen bedingt die Urtheilsfällung der Geschwornen einen künstlichen Reflexions- und zugleich einen Subsumtions-Process, indem heut zu Tage — wie
schon mehrfach erwähnt wurde — wohl kein Kundiger mehr zu
der Fabel von der vollständigen Abtrennung und Gegenüberhaltung der That- von der Rechtsfrage zurückkehren wird, sondern
vielmehr zugestehen muss, dass allerdings schon die Geschwornen
jedes Factum, rücksichtlich dessen sie den Ausspruch „Schuldig"
oder „Nichtschuldig" machen sollen, eben deshalb auch unter
das Gesetz subsumiren müssen. Dass aber diess keine so leichte
Procedur ist, werden uns die später folgenden Erwägungen zeigen.
Bleiben wir aber vorerst auch nur bei der s. g. reinen That- oder

Beweisfrage, insoweit sich dieselbe von der Rechtsfrage d. i.
von der Subsumtion unter das materielle Strafgesetz wirklich los-
schälen lässt. Es handelt sich hierbei immer um eine Schlussfolgerung aus den vorliegenden fast regelmässig sehr mannigfaltigen
Beweismomenten, und selbst in den einfachsten Fällen um die
Combination des etwaigen Geständnisses des Angeklagten mit
allen übrigen Elementen des Thatbestandes, oder um das Zusammenhalten der verschiedenen, einander nicht selten widersprechenden Aussagen der Zeugen oder Kunstverständigen, also um
eine Schlussfolgerung aus hundert kleinen, theils sehr wesentlichen,
theils oft sehr geringfügig erscheinenden und dennoch erheblichen
Umständen und Indicien, welche nicht selten nur durch einen
sehr scharfsinnigen logischen Reflexions- und Combinations-Pro-
cess uns die historische Gewissheit dieser oder jener zweifelhaften
Thatumstände darzuthun vermögen.

Ist nun, frage ich, diess schon an und für sich ein Geschäft,
welches jedem Menschen, dem nur schlichter, gesunder Menschenverstand zur Seite steht, so leicht ankommt? Seien wir offen und
ehrlich! Wer von Ihnen Gelegenheit hat, sich praktisch die Auf-
fassungs- und Beurtheilungsweise derjenigen Schichten der Bevölkerung in's Auge zu fassen, aus welchen die Geschwornen zumeist
entnommen sind, der wird hier eine ganz eigenthümliche Erfahrung
machen. Männer, die nicht einer tieferen wissenschaftlichen Bildung
sich erfreuen, bieten uns regelmässig zweierlei ganz verschiedene
und sogar entgegengesetzte Erscheinungen in ihren Urtheilen dar.

Betrachten Sie nur einmal in unseren öffentlichen Orten, so
z. B. namentlich in unseren Gast- und Caffeehäusern, das Urtheil
dieser Männer aus der Mittelschichte des Volkes, der sogenannten
gebildeten Männer unseres Gewerbs-, unseres Handelsstandes; da
werden Sie finden, dass die Eine Kategorie derselben mit ihrem
Urtheile über einen Vorfall, der ihnen erzählt wird, oder über irgend
ein wichtiges Begebniss, welches ihre Aufmerksamkeit erregt,
augenblicklich fertig sind, ohne weiter zu erwägen, indem
sie nur nach dem ersten Eindrucke urtheilen, dann aber auch
mit grosser Zähigkeit und sogar mit einer Art Eigensinn an
ihrem Urtheile festhalten, ohne sich durch Gegenbetrachtungen
in ihrer einmal geäusserten Meinung irre machen zu lassen. In
dieser Zähigkeit glauben sie zugleich einen Beweis ihrer Cha-
rakterfestigkeit, so wie ihrer inneren, auf Gründen beruhenden
Ueberzeugtheit zu bekunden. — Die Anderen aber aus dieser
gewiss höchst achtbaren Schichte unserer Gesellschaft können
entgegen in der Regel mit ihrem Urtheile über solche Vorfälle
gar nicht fertig werden; sie zeigen sich zaghaft und bei sich
selbst schwankend, und vermögen sich die längste Zeit nicht zu
einem Urtheile überhaupt zu entschliessen. — Und nun gar die
schlichten Landleute!

Dieselben Doppelerscheinungen zeigen sich denn auch, wie ich in vielfachen Unterredungen mit einzelnen Geschwornen in Oesterreich, in Frankreich, in Belgien und in den Rheinländern mich selbst überzeugt habe, unter den Geschwornen selbst. Entweder zaghaft oder voreilig in ihrem Urtheile zeigt sich die grössere Menge derselben, und wer ist es hiernach, der zuletzt unter ihnen oder gewissermassen statt ihrer entscheidet? Irgend ein Einzelner oder doch sehr wenige unter den Zwölfen, diejenigen nämlich unter ihnen, welche entweder die grössere Beredsamkeit oder richtiger Ueberredungskunst haben, oder welche sich sonstwie irgend eine Autorität über die Andern angeeignet haben. Diese reissen die Andern mit sich fort, und wenn es endlich nothwendig ist, eine Entscheidung zu fällen, so wird die grössere Menge von den Wenigeren fort- und mitgezogen. Warum also? Weil jene Eigenschaften, die zum Urtheilfällen nothwendig sind, in der Regel solchen Männern gerade vermöge ihrer Berufsstellung, vermöge ihrer ganzen Lebenserfahrung fast gänzlich mangeln.

Doch betrachten wir uns die Sache noch etwas concreter! Zur Beurtheilung der den Geschwornen obliegenden doppelten Entscheidung, ob nämlich einerseits die den Angeklagten verdächtigenden Thatsachen gehörig erwiesen seien — zumal wenn er sie überhaupt, oder wenn er wenigstens jeden bösen Vorsatz läugnet, und keine unmittelbaren zweifellosen Aussagen vorliegen, — und ob andererseits dieselben eine strafbare Handlung bilden, sind vor Allem historische Kritik und praktische Logik, d. h. ausgebildete Denkkraft, dann ein gewisser Grad von Menschenkenntniss und Erfahrung, nach Umständen, insbesondere bei zweifelhafter Imputabilität, sogar ein gewisses Mass von psychologischen Kenntnissen, endlich ein richtiges Subsumiren der Thatsachen unter die gesetzlichen Begriffe der verschiedenen strafbaren Handlungen nothwendig. Kann man nun diese Eigenschaften denjenigen Männern zuerkennen, welche in der Regel die Geschwornenbank einnehmen? Wird man bei diesen Männern überhaupt, und gar bei allen zwölf, welche der Zufall auf der Geschwornenbank zusammenwürfelt, oder selbst nur bei dem grösseren Theile derselben jemals jene Gabe der ruhigen Beobachtung und des feinen Unterscheidens, welche zur Ausübung jeder historischen Kritik unerlässlich sind, ferner jenes Zusammenhalten und Combiniren der verschiedenen Theile der Verhandlung, jenes stete Beobachten eines jeden einzelnen Momentes, das auf die Entscheidung Einfluss nehmen kann, durch die ganze lange dauernde Verhandlung hindurch, mit Einem Worte, alle jene Eigenschaften, welche zur Selbstbildung eines richtigen Urtheils in den Fällen der Frage überhaupt erforderlich sind, jemals finden? — Ist ferner von diesen Männern jemals jene Schärfe und Unbefangenheit des Urtheiles zu erwarten, welche nicht getrübt wird durch die Redekünste eines Anklägers oder durch die Sophistereien eines Vertheidigers? Zeigt uns nicht vielmehr die tägliche Erfahrung, dass insbesondere in dieser Richtung gewandte Ankläger und Vertheidiger gerade nicht wissenschaftlich gebildeten Männern gegenüber ein sehr reiches Feld für das Ablenken von der objectiven Wahrheit haben? — Alle diese für einen Richter erforderlichen Eigenschaften werden Sie also bei nicht wissenschaftlich gebildeten Männern nur höchst selten finden.

In allen menschlichen Dingen macht die Uebung den Meister; Alles, was in's D e t a i l unserer socialen Verhältnisse eingreift, will e r l e r n t sein! Warum soll denn gerade bei dieser doch in sich selbst so schwierigen und weit über die Kräfte des schlichten Menschenverstandes hinausreichenden Procedur dies nicht der Fall sein?!

Hat man ferner nicht längst erkannt und erfahren, dass nicht blos in allen volkswirthschaftlichen und socialen Dingen, sondern selbst bei allen öffentlichen Angelegenheiten d i e T h e i - l u n g d e r A r b e i t der wirksamste Factor ihrer Vervollkommnung sei, und dass auch die Zwecke der Regierung um so besser besorgt werden, je exclusiver sich die Vollzugsorgane mit jedem einzelnen Zweige derselben befassen, je voller hingegeben sie sich demselben widmen, und eben dadurch immer zugleich um so tüchtiger dazu qualificiren?! Warum soll denn von dieser doch unbestrittenen Maxime gerade nur das Rechtfinden und Rechtsprechen eine Ausnahme machen, und gerade blos diese öffentliche und wichtige Angelegenheit statt nach dem Principe der Theilung der Arbeit blos an Vollberufene zugewiesen, vielmehr unter möglichst Viele nach wechselndem Turnus vertheilt werden? — Wie soll denn gerade nur zu dieser, selbst regelmässig nicht sehr leichten, häufig aber sogar höchst schwierigen Operation schlechtweg Jedermann mit schlichtem Menschenverstande gleich qualificirt sein, und wenn er auch noch so selten und ephemer dazu berufen wird?

Beruft man sich aber zum Beweise der grösseren Befähigung der Geschwornen als Männer des Volkes gar auf die vielfach trügerische Phrase: „*vox populi, vox dei*", so wird vergessen, dass man dadurch zugleich von der läppischen Voraussetzung ausgeht, dass auf solche Weise des gesammten Volkes Stimme und unfehlbares Gottesgericht sich in der kleinen Fraction von zwölf durch das Los zusammengewürfelten Geschwornen concentriren soll. Mahnt aber, selbst abgesehen von dem Ebengesagten, diese ganze Illusion nicht überdies gar stark an jenen Köhlerglauben, welcher einst die Ordalien schuf, und in dem Wahne lebte, dass Gottes übernatürliche Einwirkung bei der Entscheidung jedes einzelnen Straffalles unmittelbar einwirken, und die Wahrheit zu Tag fördern soll und werde? Hier die Hypothese einer übernatürlichen Einwirkung

Gottes, — bei dem Schwurgerichte aber die gleich wundersame
Voraussetzung, dass Zwölf, von denen zwar jeder Einzelne eine
sehr problematische Befähigung hat, die Wahrheit zu finden,
dennoch durch ihr Zusammenwirken wie durch ein Wunder die
Unfehlbarkeit erlangen werden!

Halten wir aber gar damit die positiven Vorschriften der verschiedenen Schwurgerichts-Gesetzgebungen zusammen, so überzeugen wir uns bald, dass selbst diese den Geschwornen weder
im Einzelnen, noch als Gesammtheit eine besondere über den
Beruf der rechtsgelehrten Richter hinausreichende Befähigung
zuerkennen, sondern im Gegentheile mannigfache Misstrauensvota
gegen dieselben bekunden, und mehrfältige Cautelen gegen die
bei denselben sich zeigende mindere Befähigung enthalten.

Wenn es nämlich wirklich wahr wäre, dass die Geschwornen als Männer aus dem Volke geeigneter seien, als die rechtsgelehrten Richter, die Wahrheit zu finden, warum hat man dann
das ganze vorbedingende Materiale, die ganze Voruntersuchung,
ferner die Leitung und Durchführung der ganzen Hauptverhandlung, und sofort insbesondere das Aufsuchen und Zusammenstellen der Beweismaterialien, die Darstellung der Anklage und
der Vertheidigung, das Resumé des Präsidenten, endlich die Fragestellung an die Geschwornen — in rechtsgelehrte Hände gelegt?

Wenn die Geschwornen die Gescheidteren, Weiseren und
Fähigeren sind, so ist es wahrhaftig ein ganz eigenthümliches
Unternehmen, dass man die blinden, nämlich die rechtsgelehrten
Richter als ihre Führer, Lehrer und Regulatoren hinstellt. Der
rechtsgelehrte Richter, nämlich der Präsident, oder der Gerichtshof wird als Informator, als Unterweiser, als derjenige hingestellt,
welcher den Geschwornen die Fährte andeuten soll, auf welcher
sie die Wahrheit finden werden; er soll am Schlusse noch das
pro und contra der Schuld des Angeklagten zusammenstellen,
er soll ihnen, wie in einem Catechismus die Fragen vorlegen,
nach welchen sie die Wahrheit zu finden und zu sprechen gewissermassen gepresst werden. Ich gehe nicht auf das Gleichniss
zurück, welches schon ein bekannter Schriftsteller in dieser
Richtung vorgebracht hat, weil das *„Omnis similitudo claudicat“*
auch diesem Gleichnisse entgegen gehalten werden könnte. Allein
so ganz unzutreffend ist die Vergleichung denn doch nicht:
„Wenn ich bei einer schmerzvollen Krankheit mich einer das
Leben in Gefahr bringenden Operation unterziehen soll, und ich
weiss, dass irgend ein berühmter Operateur eine überwiegende
Geschicklichkeit hat, diese Operation zu vollziehen, werde ich
etwa zu ihm gehen, ihn ersuchen, dass er zwei, drei Assistenten
oder Schüler hinschicke, damit sie die Operation an mir vornehmen?“ Nein, ich gehe vielmehr an die Quelle selbst zurück.
Näher liegt noch ein anderes Gleichniss.

Wenn zwei Menschen einen Streit dem Schiedsrichterspruche eines Mannes anvertrauen wollen, auf den sie alles Vertrauen haben, wenn sie wissen, dass in ihm Gerechtigkeitssinn und rechtswissenschaftliche Bildung in vorzüglichem Grade sich vereinigen, werden sie ihm etwa sagen, nicht er selbst möge entscheiden, sondern er soll mit diesen vorzüglichen Eigenschaften einem Collegium von anderen Ungelehrten die Kriterien angeben, nach welchen diese zu entscheiden haben? Gewiss nicht! Die Logik, der gesunde Menschenverstand sagen mir, ich gehe zu demjenigen, der mir als unmittelbarer Informator, als die Quelle erscheint.

Was ist es denn, sage ich, mit allen jenen von mir schon in meinen früheren Vorträgen in anderer Richtung angeführten Gesetzesvorschriften, mit welchen man ebenso viele Misstrauensvota gegen die Fähigkeit der Geschwornen ausspricht, wenn man nämlich in allen Schwurgerichtsgesetzen ausdrücklich festgesetzt findet: Die Geschwornen haben sich strenge an die Fragen der Richter zu halten, nur dürfen sie der einen oder andern Antwort beschränkende Zusätze beifügen. Sie können ferner, wenn sie sich in den Fragen nicht zurecht finden, von dem Richter Aufklärung, Information, Interpretation verlangen. — Wie kommt es wohl, dass man fast in allen Schwurgerichtsgesetzen zu einem Schuldig-Verdicte von Geschwornen eine erhöhte Majorität, wie zweidrittel, dreiviertel Majorität oder gar Stimmeneinhelligkeit fordert, während man sich bei Urtheilen von rechtsgelehrten Richtern regelmässig mit der einfachen absoluten Majorität begnügt? — Wie kommt es denn, dass man, wenn man die Geschwornen für tüchtiger erkennt, die Wahrheit zu finden, als einen rechtsgelehrten Gerichtshof, dennoch dem letzteren das Recht einräumt, entweder die Geschwornen zurückzuschicken und sie zu belehren, dass sie sich geirrt haben, oder dass der Wahrspruch unklar sei, oder sich widerspreche, und sofort sie anzuweisen, ein anderes Verdict zu bringen, oder dass das Gesetz den Gerichtshof, wie alle Strafprocessordnungen Europas es thun, sogar ermächtigt, den Wahrspruch der Geschwornen in gewissen Fällen als irrig aufzuheben und die ganze Sache an ein anderes Schwurgericht zu weisen?

Sind alle diese Bestimmungen nicht eben so viele *testimonia paupertatis* gegen die Schwurgerichte? Haben die Schwurgerichtsgesetzgebungen aller Länder nicht eben dadurch das thatkräftigste Certificat der anerkannten Geistesdürftigkeit, Unselbstständigkeit, Hilflosigkeit und selbsteigenen Unzulänglichkeit der Geschwornen zur Rechtfindung und Rechtsprechung ausgedrückt? Gipfeln sich nicht diese Geistesarmuthszeugnisse in jenen positiven Gesetzgebungen, welche, wie namentlich in Preussen und im neuesten Entwurfe von Hessen-Darmstadt, sich in dem Ausspruche gefallen: „Man solle bei der Fragestellung alle Rechtsfragen nach Möglichkeit in Thatfragen umwandeln, man solle,

heisst es in diesen Gesetzen weiter, unter Vermeidung solcher
Rechtsbegriffe, welche nicht eine allgemein bekannte oder in
dem gegebenen Falle unbestrittene Bedeutung haben, so fassen,
dass sie von Männern, welche des Rechtes nicht kundig sind,
mit Sicherheit beantwortet werden können, oder durch solche
gleichbedeutende Ausdrücke ersetzen, zu deren Verständniss
Rechtskenntnisse nicht erforderlich sind." — Prägt sich — frage
ich Sie selbst, hochverehrte Herren! — nicht gerade in solchen
Vorschriften ganz unverkennbar einerseits das Misstrauen selbst
der bestehenden Schwurgerichtsgesetzgebungen in die Capacität
der Geschworen, und andererseits deren offenes Bekenntniss aus,
dass die Geschworen überall der Mit- und theilweise sogar der
sehr gekünstelten Nachhilfe der rechtsgelehrten Richter bedürfen,
um nur überhaupt die Wahrheit zu finden und das an sich
Richtige in ihrem Spruche constatiren zu können?

Doch sehen wir davon ab. Wird darüber gestritten, ob Geschworne einerseits oder rechtsgelehrte Beamtenrichter andererseits mehr Bürgschaften darbieten, die Wahrheit an und für sich
finden und aussprechen zu können, so finden wir in der neuesten
Zeit ausser der bisher erörterten angeblich tüchtigeren persönlichen Qualification der Geschworen noch einen anderen Moment
als die bedeutsamste Lichtseite des Schwurgerichtes schildern,
den aber ich für meine Person vielmehr als eine grosse Schattenseite dieser Institution erkenne.

Es wird nämlich vielfach die Behauptung aufgestellt, dass
die Geschworen gerade dadurch einen so grossen Vorzug vor
den rechtsgelehrten Richtern haben, dass die Ersteren ohne Beweisregeln und ohne Verpflichtung, den Entscheidungen Gründe
beizufügen, ihre Verdicte abgeben. — In ersterer Beziehung hat
die französische und mit ihr die ganze neueste deutsche Strafprocessgesetzgebung das Beispiel Englands längst verlassen. Ich
habe in meinem letzten (III.) Vortrage nachzuweisen gesucht, dass
man bei den Engländern die Rechtsinstitution des Geschwornengerichtes gerade dadurch zu wahren und heilig zu halten bemüht
ist, dass man in den traditionellen Beweisregeln, an welche die
Geschworen sich als gebunden ansehen, die Bürgschaft gegen
ungerechte Verurtheilungen findet.

Ich bin nun auch für meine Person sehr weit davon entfernt,
gesetzliche Beweisregeln, und sei es selbst nur in negativer Richtung, gegenüber einem sehr gebildeten, einsichtsvollen und wirklich unabhängig gestellten Richterstande als ein unerlässliches Er-
forderniss einer gerechten Strafprocessgesetzgebung ansehen zu
wollen.

Allein wenn die Jury zugleich auch von der Verpflichtung
entkleidet ist, ihren Verdicten Entscheidungsgründe beizufügen,
dann kann ich in ihrer völligen Entfesselung von jeder beschrän-

kenden Norm selbst in der Richtung, wann sie den Angeklagten
überhaupt für schuldig erklären darf, nur — eine Calamität der
Legislative erkennen. Zur Begründung dieses Manchem vielleicht
sogar paradox erscheinenden Ausspruches erlaube ich mir vorerst auf die merkwürdige Thatsache hinzuweisen, dass noch vor
kaum zwei bis drei Jahrzehenten fast kein namhafter deutscher
Jurist zu finden war, der nicht mit Nachdruck die sogenannten
negativen Beweisregeln, nämlich die Aufstellung einer bindenden
Schranke in dem Gesetze rücksichtlich jener Voraussetzungen,
die erfüllt sein müssen, damit der Richter ein Schuldig sprechen dürfe, sogar für eine unabweisbare Schutzwache der Unschuld, daher für eine Forderung der Gerechtigkeit gehalten hätte.
Heutzutage aber spricht man mit ebenso denkwürdiger Frivolität über diese frühere Ansicht der Wissenschaft, sowie über jene
früheren Gesetze ab, welche solche negative Beweisregeln auf-
stellen. Dieses modern gewordene Eifern und Belfern gegen alle
gesetzlichen Beweisregeln vergisst oder verschweigt oder über-
schreit den selbst dem schlichtesten Verstand einleuchten sollenden Satz, dass „derlei negative gesetzliche Beweisregeln nicht dazu vorhanden sind, um die Verurtheilung des Angeklagten zu erleichtern, sondern vielmehr blos dazu, um sie zu erschweren, und dass sie daher ein Schutzmittel für den Angeklagten sind."
Man vergisst ferner dabei, dass diese negativen Beweisregeln
bisher überdiess sogar für unsere Richter eine Wohlthat, nämlich
eine Schutzwehr gegen Gefährdungen ihrer persönlichen Stellung
waren. — Ohne das mir nach meiner amtlichen Stellung oblie-
gende und heilige Amtsgeheimniss in irgend einer Weise abzu-
streifen, darf ich aus meinen ämtlichen Erfahrungen doch im
Allgemeinen die Mittheilung machen, dass ich mehrmals die Beweisregeln unserer bestehenden Strafprocess-Ordnung, und namentlich den §. 260 des Gesetzes vom 29. Juli 1853 segnend als
eine der grössten Wohlthaten auch für den österreichischen
Richterstand begrüsst habe. Es kommt nämlich wohl in allen
Staaten und daher auch bei uns nicht selten vor, und wird in
aller Zukunft vorkommen, dass übereifrige oder wohldienerische
Organe der Regierung und freiwillige Sklaven dieses oder jenes
Regierungs-Satrapen, in ihren Bestrebungen für die Unverletzter-
haltung des Ansehens der Regierung und in ihrer Invigilanz
gegen alle, wenn gleich noch so harmlosen Angriffe auf deren
Autorität zelotischer sind, als es eine verständige Regierung je
wünschen kann und wirklich wünscht . . . Sogenannte tüchtige
Administratoren und wegen ihrer Energie gerühmte Polizei-Chefs
gehen nun in diesem unzeitigen Eifer häufig so weit, dass sie
sich alle Mühe geben, insbesondere gegen solche Personen,
welche politisch anrüchig oder unwillkommen sind, irgend ein

ihnen angeblich zur Last fallendes Factum aufzuspüren, welches dieselben vor die Schranken des Strafgerichts führen könnte, sie sofort zu denunciren oder durch bestellte Agenten, die dann nur zu gerne die Rolle von *Agens provocateurs* spielen, denunciren zu lassen, um sie auf solche Weise durch eine strafrichterliche Verurtheilung für die Zukunft — unschädlich zu machen. — Wenn es nun aber solchen einseitigen Denunciationen geschäftiger Zuträger dennoch an denjenigen Kriterien gebricht, welche nach Vorschrift des Gesetzes zur Herstellung eines Schuldbeweises gegen den Denuncirten erforderlich sind, und wenn die Richter sich sofort nicht bestimmt finden, ein Schuldig auszusprechen, so reiht sich nicht selten an die Denunciation noch eine zweite Verdächtigung, und zwar — gegen die R i c h t e r, dass nämlich diese selbst schlechte politische Gesinnung haben, oder ebenfalls versteckte Widersacher der Regierung seien u. dgl., und dass daher blos vermöge solcher unlauteren Ursachen von ihnen keine Verurtheilung ausgesprochen worden sei.

Mit welcher Segnung haben nun in derlei allerdings auch bei uns schon vorgekommenen Fällen die österreichischen Richter die Beweisregeln unserer bestehenden Strafprocess-Ordnung begrüsst, wornach sie zur Abwehr ähnlicher Verdächtigungen sich einfach darauf berufen konnten, dass ganz abgesehen von der Strafwürdigkeit des dem Angeklagten angeschuldigten Thun und Treibens an und für sich, sie dennoch nicht in der Lage gewesen seien, ihn irgend einer bestimmten strafbaren Handlung s c h u l d i g zu erklären, weil die gesetzlichen Beweis-Kriterien seiner subjectiven Schuld nicht erfüllt sind, weil nämlich die vorliegende einseitige Denunciation nicht zureiche, indem nach der unverletzlichen Vorschrift des posiven Gesetzes hierzu die übereinstimmende Aussage z w e i e r Zeugen erforderlich sei u. s. f., u. s. f. — In derlei gesetzlichen Beweisnormen lag daher nach den bisherigen Erfahrungen eine kräftige Schutzwehr auch des Richterstandes gegen unbegründete Verdächtigungen und etwaige weitere noch nachtheiligere Massregelungen!

Allein eine ebenso werthvolle Schutzwehr sind derlei gesetzliche Beweisregeln auch für den A n g e s c h u l d i g t e n. — Wenn nämlich der Angeklagte mit Zuversicht entgegnen kann, ich darf nicht schuldig erklärt werden, wenn vielleicht auch dieser oder jener Verdachtsgrund gegen mich spricht, weil nicht einmal jenes Minimum der Beweis-Kriterien erfüllt ist, welche das Gesetz zu einem Schuldig-Spruche fordert, so ist diess gewiss eine Beruhigung für Manchen, der durch eine unglückselige Verkettung von Verdachtsgründen eines Verbrechens beschuldigt erscheint.

Doch abstrahiren wir von solchen, wenn gleich nur negativen Beweisschranken des Gesetzes und gehen wir in die moderne Voraussetzung ein, dass es aus bekannten Gründen zweckmässiger sei, von solchen bindenden Beweisnormen in dem positiven Gesetze gänzlich Umgang zu nehmen, indem die durch dieselben angestrebten und soeben angedeuteten Schutzwehren der Gerechtigkeit gegenüber einem verständigen, gebildeten und gehörig unabhängig gestellten Richter völlig überflüssig sein sollen: so ist es doch nicht zu begreifen, wie diese Entbindung von allen gesetzlichen Beweisregeln als ein specifischer Vorzug gerade nur des Geschwornen-Instituts geltend gemacht werden kann, da das Gesetz diese Entbindung, wenn sie eine wirkliche Wohlthat für die Rechtsfindung ist und im Interesse der Gerechtigkeit liegt, doch ebenso gut auch den aus rechtsgelehrten Richtern zusammen gesetzten ständigen Gerichtshöfen zugestehen kann und dieselbe bekanntlich in neuerer Zeit auch fast von allen Strafprocess-Ordnungen wirklich zugestanden worden ist.

Allein wenn man auch die Geschwornen, sowie überhaupt alle Strafrichter von allen — selbst nur negativ beschränkenden — Beweisregeln befreien will, scheint es im Interesse der Gerechtigkeit überdiess gerathen, auch die andere von den oben angedeuteten Bürgschaften für objective und gesicherte Strafrechtspflege, nämlich die Verpflichtung der Richter, ihre Urtheilssprüche mit Entscheidungsgründen zu versehen, aufzugeben? Diess hielte ich für ein Wagniss, und zwar für ein Wagniss, welches, wie wir sogleich sehen werden, sich in der Erfahrung aller Zeiten überaus traurig bewährt hat. Ich halte nämlich die Vorschrift, dass richterliche Strafurtheile und richterliche Erkenntnisse überhaupt mit Entscheidungsgründen versehen, verkündet und hin ausgegeben werden müssen, für eine unabweisbare Garantie der Gerechtigkeit. — Denn wer wird läugnen, dass dadurch erst der Richter genöthigt ist, sich die Gründe klar zu machen, aus welchen er namentlich ein Schuldig-Urtheil ausspricht, und bei sich selbst gezwungen, moralisch und äusserlich genöthigt erscheint, den ganzen Sachverhalt und sein Urtheil in allen einzelnen Bestandtheilen aus den Thatsachen selbst, also aus der Wirklichkeit oder objectiv zu begründen, dass also dadurch erst die Stützung des Urtheiles auf einem realen, wahrhaftigen Gedankenfundamente verbürgt werde!

Wenn nämlich der Richter genöthigt ist, seine Urtheilsgründe der Kritik des Publikums und der mit dem scharfen Späherauge des Partei-Interesses prüfenden unmittelbar betheiligten Parteien, so wie der Kritik des Vertheidigers und Anklägers zu unterwerfen; wenn er genöthigt ist, sich gewissermassen vor der Gesammtheit des Volkes gerade in seinen Entscheidungsgründen zu rechtfertigen: so wird er anders zu Werke gehen, als wenn er mit dem einfachen „ich bin von der Schuld überzeugt oder nicht überzeugt" sein Urtheil ausspricht. Ich gestehe, dass ich einen grelleren Widerspruch, einen schneidenderen Contrast der verschiedenen Anforderungen der Neuzeit an die Strafprocessgesetzgebung unter sich selbst mir kaum denken kann, als in der ebenfalls zur Mode gewordenen Forderung

liegt, dass die Gerichte auch von der Beigebung von Entscheidungsgründen zu ihren Erkenntnissen entbunden werden sollen.

Wie charakterisirt sich nämlich, und zwar sowohl in Beziehung
auf die Strafrechtspflege im Staate, als auch in Bezug auf das öffentliche Leben und die Thätigkeit der Regierung überhaupt in den
modernen Staaten der Geist der Jetztzeit? — Vor allem durch
das Streben der Individuen, gleichmässig wie der Völker im
Ganzen, nach *Selfgovernement*, nach immer grösserer Autonomie,
und folgerichtig hieraus nach immer weiter gehender Abstreifung
fremder Willkürherrschaft und Autokratie. In Betreff jener ge-
meinsamen Angelegenheiten der Gesellschaft aber, deren Betreuung und Leitung naturnothwendig einer Autorität überlassen
sein muss, fordert der eben angedeutete herrschende Grundzug
unserer Zeit gleich consequent die grösstmögliche Oeffentlichkeit aller Vorgänge der Autorität bei Ausübung der ihr anver-
trauten Gewalt, volle Rechenschaft und Verantwortung
ihrer Machtübung gegenüber der Gesammtgesellschaft. Es liegt
daher in den allgemeinen Anschauungen unserer Gegenwart tief
begründet, dass auch in Beziehung auf die öffentlichen Angelegenheiten des Staates alle Schritte der Regierung, sowie alle
Verfügungen sämmtlicher wie immer Namen habender Autoritäten im Staate mit einer Art Misstrauen und Argwohn beobachtet
und controlirt werden, und dass man von allen Organen der
Staatsgewalt öffentliche Darlegung ihrer Schritte, Nachweisung
der Nothwendigkeit und Zweckmässigkeit der verfügten Massregeln, kurz, Rechtfertigung alles dessen fordert, was die Regierung, was die Gewaltträger im Staate thun. Das berühmte
Wort, womit die Könige von Frankreich einst die Ordonanzen
durch Jahrhunderte schlossen *„parceque tel est mon plaisir"* ist das
Grab der unbeschränkten Monarchie und des Absolutismus, sowie zugleich die Quelle des Constitutionalismus geworden; denn
wer möchte denn verkennen, dass man heut' zu Tage in dem
Dictum des Absolutismus: *„Stat pro ratione voluntas"* eine Knech-
tung, eine unwürdige Knebelung der Menschheit erkennt. —
Man will daher durch das Wesen des Constitutionalismus vor
allem Andern Rechtfertigung des gesammten Thun und Wirkens
der Gewalthaber! Bei der Jury aber legt man in die Hände von
zwölf Männern, welche die Laune des Zufalls, nämlich das Los,
zusammengewürfelt hat, doch nein, in die Hände von zwölf
Männern, von welchen vielleicht — — in Folge der allmäligen
Sichtungen und homöopatischen Diluirungen, welche die Urlisten
der zum Geschwornenamte überhaupt Befähigten durch die successiven Abschälungen zu den Gemeinde- oder Bezirkslisten und
sofort zur Haupt- oder Jahresliste und der Dienstliste bis zur
unmittelbaren Geschwornenbank durchzumachen haben, sowie in
Folge der mannigfachen Einflussnahme, welche auf diese Sichtun-

gen nach dem französischen Muster-Vorbilde die mannigfaltigsten Administrativ-Beamten des Staates, der General-Procurator, der Gerichts-Präsident oder andere Regierungsorgane zu nehmen haben — — gerade die unabhängigsten Männer ausgeschieden worden sind, in die Hände dieser zwölf Männer legt man im Widerspruch mit jeder andern Regierungs-Controle nun auf einmal die völlig uncontrolirte, absolute Gewalt, wornach sie mit ihrem völlig autokratischen und inappellablen Ausspruche: „Wir haben diesen Mann schuldig oder nichtschuldig befunden" jeder äusseren Verantwortung oder Rechtfertigung vor dem Volke entrückt bleiben sollen, und sich blos hinter ihr Gewissen zu verschanzen brauchen!

Dieser Contrast, sage ich, mit dem Grundzuge des Charakters der Neuzeit muss aber jedem Unbefangenen um so mehr auffallen, wenn wir damit die in meinem früheren (III.) Vortrage hervorgehobene Thatsache zusammenhalten, dass man sich in den Stammländern der Jury, namentlich in England und Nordamerika, zu dem Bekenntniss gedrängt fühlt, dass man wenigstens in einer Richtung eine Abhilfe gegen die Inappellabilität der Geschwornen anstreben und feststellen müsse, in der Richtung nämlich, dass mindestens jeder Schuldig-Ausspruch einer Jury noch irgend eine Abhilfe, sei es nun in einer Revision, in einem Cassations-Recurse, in einer förmlichen Berufung oder irgend einem andern Rechtsmittel finden möge. Wird aber nicht dadurch von der Erfahrung jener Jahrhunderte, seit welchen die Jury in England in Uebung ist, ein lauter Protest erhoben gegen den Katechismus der französischen Schwurgerichtsgesetzgebung, welchen alle deutschen Strafprocess-Ordnungen blindlings nachgebetet haben, wornach die Geschwornen keine Rechenschaft über die Gründe ihrer Ueberzeugung zu geben, und ihr Verdict nach Aussen hin nicht mit Entscheidungsgründen zu erhärten haben, sondern für die objective Richtigkeit desselben ausschliesslich ihrem Gewissen verantwortlich sein sollen? — Liegt nicht in jenen neuesten Ansichten der englischen Juristen und den ihnen entsprechenden positiven Statuten verschiedener amerikanischer Gesetzgebungen ein feierliches *Desaveu* jener furchtbaren französischen Jury-Theorie, wornach durch ein völlig autokratisches, sich jeder Controle, jeder Oeffentlichkeit in seinen Motiven, jeder äusseren Rechenschaftsgebung und Verantwortung, sowie jeder Sanirung etwaiger Irrthümer entziehendes, infallibles Dictum der Geschwornen: *„sic putamus, sic jubemus"* jedem Angeklagten unwiederbringlich Vermögen, Freiheit, Ehre und Leben genommen werden können und sollen!? — Soll wirklich in dieser Theorie ein freiheitlicher Fortschritt der Gesellschaft, eine weitere Entwicklung ihrer Autonomie, ihrer immer grösseren Entfesselung von fremder Willkür und Autokratie liegen?

Dieser selbst von manchen Anhängern der Schwurgerichte zugegebenen Schattenseite desselben wird nun freilich mehrfach die Bemerkung entgegen gehalten, dass die Abhilfe dagegen sehr einfach sei, indem man ja nur auch die Geschwornen zu verpflichten brauche, dass sie ebenfalls ihren Verdicten Entscheidungsgründe beizufügen haben. — Allein es sei mir erlaubt, alle Unbefangenen zu fragen: „Wird dies nach dem gewöhnlichen Bildungsgrade der Geschwornen je ausführbar sein?"

Man versuchte es sogar hie und da, und scheiterte immer wieder an der Unmöglichkeit der Durchführung. Man kehrt daher immer wieder zu jenen bekannten Gemeinplätzen zurück, durch welche dargethan werden soll, dass es eben im Wesen des Schwurgerichtes liege, dass die Geschwornen ihr Verdict nicht zu motiviren haben. „Die Geschwornen — so lautet der Orakelspruch, der die Stelle der Gründe zu vertreten hat — sehen, weil sie sehen, sie hören, weil sie hören; sie brauchen sich der einzelnen ihre Ueberzeugung herbeiführenden Gründe nicht klar bewusst zu werden, weil eben blos die Gesammtanschauung des vor ihnen in seiner Gänze reproducirten Straffalles, der Total-Eindruck, welchen die Verhandlung auf ihre unmittelbare Wahrnehmung und ihr Gewissen gemacht hat, es ist, welcher die *intime conviction* in ihnen erzeugt."

Ich meinerseits spreche es nun ganz offen aus, dass mir diese und ähnliche Orakelsprüche eben nur als inhaltleere Phrasen erscheinen; denn derjenige Mensch, der fest überzeugt ist von dem Dasein irgend einer Thatsache, der muss sich doch auch die einzelnen Momente klar machen können, welche diese Ueberzeugung in ihm herbeiführten. Die Garantie für die Wahrheit einer Entscheidung liegt nicht in der Thatsache der Ueberzeugung, sondern in der Art, wie diese Entscheidung in dem Entscheidenden entstanden ist. „*Verbaque bene provisam rem non invita sequentur*" sagte uns der grosse Dichter-Philosoph schon vor Jahrtausenden. Derjenige, der eine Sache gründlich erfasst, der sie durch und durch penetrirt hat, der insbesondere darüber sich selbst Rechenschaft geben kann und soll, dass diese oder jene Thatsache wahr sei, der muss auch sagen können, warum er sie für wahr halte. Um meine Ueberzeugung von der historischen Gewissheit einer Thatsache auch äusserlich darthun zu können, brauche ich auch keineswegs etwa an positive Beweisregeln gebunden zu sein; denn die Darstellung, ob diese oder jene Zeugenaussagen, dieses oder jenes Gutachten eines Experten, diese oder jene Indicien, diese oder jene Art des Geständnisses, diese oder jene Umstände des in Frage stehenden Verbrechens in mir die Ueberzeugung der Gewissheit des Daseins einer bestimmten Thatsache herbeigeführt haben, diess werde ich, wenn ich nur einmal darüber bei mir selbst im Klaren bin, auch nach den natürlichen Beweisregeln, d. h. nach den Normen des gesunden Menschenverstandes, darzuthun vermögen.

Betrachten wir aber diese vielgerühmte Lichtseite der Jury, wornach sie ihre Verdicte gar nicht zu begründen braucht, noch von einer andern Seite!

Wenn ein Richter oder Geschworner im Voraus weiss, dass er seinen Ausspruch nach Aussen hin gar nicht zu motiviren oder zu rechtfertigen hat, und dass derselbe als sein eigenster Gewissensausspruch jeder anderweitigen Verantwortung, Ueberprüfung und höherrichterlichen Abänderung entrückt ist, so wird er sich auch bei Bildung seines eigenen Urtheils nur zu leicht — um mich eines schlagenden Commun-Ausdruckes zu bedienen — gehen lassen; denn es steht dann keineswegs die Ehre seiner Intelligenz, die gute Meinung Anderer von seiner Gewissenhaftigkeit, die Reputation seines Verstandes und Charakters auf dem Spiele, wie dies allerdings dann der Fall ist, wenn er jeden seiner Aussprüche, zumal aber ein Schuldig-Verdict, auch nach Aussen hin Punkt für Punkt selbst schriftlich begründen und rechtfertigen muss, und wenn sofort Jedermann im Volke und insbesondere auch die unmittelbar betheiligten Parteien ihn in diesen Gründen seines Urtheils zu controliren vermögen. Ist also der Richter von der Verpflichtung enthoben, seinen Erkenntnissen und selbst seinem Schuldig-Verdicte die Entscheidungsgründe beizufügen, so werden jene Richter, die nun einmal bei überhaupt vorhandener grösserer Indolenz oder Leichtfertigkeit es schon bei der Aufnahme der Verhandlungen selbst leichter nehmen, auf gleiche Weise weniger kritisch bei Abwägung der Beweise vorgehen, und überhaupt mit ihrem nackten Ausspruche: „Schuldig“ oder „Nichtschuldig“ es leichter nehmen. Welche Schwierigkeit ergibt sich ferner hieraus auch in Betreff der künftigen Eruirung unterlaufener Irrungen, wenn nicht *litera scripta manente* fixirt erscheint, auf was für Momente, oder auf welche von den vorgebrachten Beweismitteln der Schuldig-Ausspruch erfolgte. — Oder glauben die Verfechter dieser Nichtbegründungs-Theorie richterlicher Urtheile etwa gar, dass der grosse Vorzug der s. g. Mündlichkeit, richtiger der Unmittelbarkeit des gerichtlichen Verfahrens darin bestehe, dass bei demselben gar nichts geschrieben werde, und dass der mündliche Process sogar die schriftliche oder protocollarische Feststellung derjenigen Thatmomente und Beweismittel von sich weise, worauf sich das Schuldig-Verdict stützt und nach der Sachlage des Falles nur stützen kann?

Forschen wir nun in der Geschichte der Schwurgerichte nach, wie sich denn die von ihren Vertheidigern behauptete besondere Fähigkeit der Geschwornen zur Auffindung der Wahrheit bisher bewährt habe, so finden wir wahrhaftig der Belege genug, welche beweisen, dass irrige Entscheidungen der Geschwornengerichte, und namentlich unbegründete Schuldig-Verdicte gerade nur aus ihrer geringeren Urtheilsfähigkeit zu erklären sind. —

Ich beschränke mich für heute auf unbegründete Schuldig-Verdicte, da unrichtige Freisprechungen wohl nur in seltenen Fällen auf der mindern Fähigkeit der Geschwornen, sondern vielmehr grösstentheils in der absichtlichen Selbstüberhebung der Geschwornen über das positive Gesetz, in ihrer sich selbst zugeschriebenen Omnipotenz beruhen. — Bei Erwägung solch' unbegründeter Schuldig-Verdicte der Geschwornen muss ich aber vorerst nochmal auf dasjenige zurückkommen, was ich schon anderwärts über die französische und englische Schwurgerichts-Praxis und Gesetzgebung bemerkt habe. — Soviel Gewähren nämlich auch die englische Gerichtspraxis selbst in dem Mutterlande der Jury seit Jahrhunderten gegen solche unbegründete Schuldig-Verdicte eingeführt oder versucht hat, so haben dennoch selbst die neuesten Parlaments-Commissionen von 1848 und 1853 der Fälle nicht wenige dargelegt, wo die englischen Richter erkannten, dass durch die Jury Justizmorde begangen, dass durch dieselbe völlig unrichtige und klar in ihrer Unwahrheit constatirte Schuldig-Verdicte gefällt worden sind, denen man nur im Wege der Gnade des Königs abhelfen konnte. Allein gegen diese Art Abhilfe muss ich nochmals den schon früher erörterten Rechtssatz in Erinnerung bringen, dass Wunden, welche die Gerechtigkeit geschlagen, auch wieder nur die Justiz und nicht die Gnade saniren soll. — Trauriger noch sind die diesfälligen Erfahrungen aus Frankreich, welche übrigens, wenigstens in jüngster Zeit, das Ergebniss herbeiführten, dass auch in diesem Lande von besonnenen und würdigen Juristen vielfach und laut das Bedürfniss ausgesprochen wird: „Es ist Zeit, dass man endlich den vielen ungerechten Verdicten der Jury ein Ende mache!" Ich erinnere an die Processe, welche als *causes célèbres* in allen europäischen Sammlungen und Zeitungen erschienen sind, — Régnault, Fualdes, Laffarge, la Roncière u. s. f., ferner an jene erschreckende Beispielsammlung, die uns von der Leyen und Feuerbach schon vor nahebei fünfzig Jahren gebracht haben, indem der Erstere eine Reihe von empörenden Fällen ungerechter, zum Theil von ihm selbst erlebter Verurtheilungen der Geschwornengerichte in den Rheinlanden, letzterer aber eine nicht geringe Zahl von Personen namhaft macht, welche durch die französischen Schwurgerichte ungerecht verurtheilt wurden, und zwar nicht etwa blos zu zehn und zwanzig Jahren Galeeren, sondern selbst zum Tode. Also ungerechte Hinrichtungen oder Justizmorde im engsten Sinne des Wortes in Folge der Wahrsprüche der Geschwornen!

Erlauben Sie mir, bei einem einzelnen Vorgange der jüngsten Zeit etwas länger zu verweilen. Es ist dies jener Fall, der vor wenigen Monaten alle Zeitungen beschäftiget hat, nämlich der Fall der Witwe Doize. Die jetzt erwiesene völlige Ungerechtigkeit des diesfälligen Wahrspruches der Geschwornen ist zwar allerdings zunächst dem Benehmen des Untersuchungsrichters zugeschrieben worden, nämlich der Pression, die er auf die Angeklagte geübt hat, um sie zu einem Geständnisse zu vermögen. Allein ich möchte jenen rechtsgelehrten Gerichtshof sehen, der aus drei oder fünf gewiegten Richtern zusammengesetzt ist, und der nicht im Stande gewesen sein würde, durch die unmittelbare Vernehmung der Angeklagten zu eruiren, dass das von der Angeklagten in der Voruntersuchung abgelegte Geständniss ein abgepresstes war, und der sofort sich nicht alsbald von der völligen Unglaubwürdigkeit und innern Unwahrheit dieses von den Geschwornen zur Herstellung des Beweises der Schuld für zulänglich erkannten Beweismittels überzeugt hätte!

Fast gleichzeitig hat einen noch grösseren Eclat der Process Renosi gemacht, welcher bekanntlich in Gemässheit des Schuldig-Verdictes der Jury wegen Mord im Jahre 1848 zu zwanzigjähriger Galeerenstrafe verurtheilt wurde. Im December 1862 hat eine andere Jury den wahren Mörder gefunden, so dass der erste Ausspruch cassirt werden musste.

Ich weise endlich auf jene nicht wenigen Fälle unbegründeter Schuldigverdicte hin, welche neuere Schriftsteller von den Geschwornengerichten in der Schweiz und selbst in Deutschland aufzählen, obgleich ich nicht verschweigen darf, dass namentlich über die Missgriffe deutscher Schwurgerichte bisher nur selten die actenmässigen Belege beigebracht wurden.

Hier muss ich aber noch ein Paradoxon in Erwähnung bringen, welches in neuerer Zeit namentlich die französische Schwurgerichtspraxis zur Beschönigung ungerechter Schuldig-Verdicte der Jury in's Leben gesetzt hat. Es ist dies die Theorie der *circonstances atténuantes*, welche dem berühmten Gesetze vom Jahre 1832 ihr Dasein verdankt, und wornach die Geschwornen ihrem Schuldig-Verdicte den Zusatz beifügen dürfen: „Schuldig, jedoch mit mildernden Umständen." Diese Neuerung der französischen Schwurgerichts-Gesetzgebung hat nun in ihrer praktischen Fortbildung bereits vielfach Erscheinungen zu Tage gefördert, welche eben so sehr der Gerechtigkeit, als dem gesunden Menschenverstande geradezu in's Antlitz schlagen. Wenn nämlich die Geschwornen in Frankreich gegen die Schuld des Angeklagten Zweifel haben und dennoch verurtheilen wollen, so erklären sie nunmehr nicht selten das Schuldig mit mildernden Umständen. Wenn Laffarge oder Lieutenant La Roncière mit mildernden Umständen schuldig gesprochen wurden, so muss wahrhaftig vor Allem der gesunde Menschenverstand sich darüber empört finden. Waren sie schuldig, so waren die grässlichen, mit besonderer Brutalität, cynischer Gemeinheit und Raffinirtheit ausgeführten Mordthaten wahrhaftig von überwiegenden erschwerenden

8*

Umständen begleitet und der Zusatz: „mit mildernden Umständen" steht daher in diesen Fällen in schneidendstem Widerspruche
mit dem wirklichen Sachverhalte. Sucht aber gar die französische Jury-Praxis hinter der Maske der mildernden Umstände
ungerechte oder wenigstens höchst zweifelhafte Schuldig-Verdicte
zu verbergen, so kann dies von einem ernsten Justizmanne nur
als ein frazzenhaftes Zerrbild der Rechtspflege erklärt werden.

Ich darf endlich nicht verschweigen, dass auch von unserem
eigenen Vaterlande Oesterreich trotz der sehr kurzen, bekanntlich kaum 1¼ Jahr betragenden Zeit, während welcher die
Jury bei uns in Wirksamkeit stand, ein Fall zur öffentlichen
Kunde gelangt ist, in welchem die Geschwornen trotz der wiederholten Warnungen der rechtsgelehrten Richter in Folge der
sich selbst über die letzteren zugeschriebenen richtigen Einsicht,
ein Schuldig-Verdict fällen, welches sich — um nicht mehr zu
sagen — höchst wahrscheinlich als ein unbegründetes, ungerechtes darstellt.

Es ist diess der bekannte Neutitscheiner Kindesmordfall, der
zweimal, nämlich in den Jahren 1850 und 1851, verhandelt worden
ist. Die Sache verhielt sich so: Eine ledige Frauensperson wurde
in ihrer Kammer von der Geburt eines unehelichen Kindes überrascht, und aus Sorge, dass die Frau ihres Dienstgebers (sie war
im Dienste eines Wirthschaftsmannes), welche sehr strenge war, sie
anzeigen und Lärm machen würde, verbarg sie in der Eile das Kind
in dem Kuhstalle unter einem „Lauberhaufen", wie sie sich ausdrückte. Wenige Minuten darauf entdeckte die Dienstfrau das neugeborne Kindchen und nahm das Laub weg. Zu dieser Zeit war
das Kind noch am Leben. — Sofort stellte sie ihre Dienstmagd zur
Rede, und machte, nachdem die Letztere den ganzen Vorfall
sogleich wahrheitsgetreu eingestanden hatte, hiervon die Anzeige
bei Gericht. Die hierüber gerichtlich vernommene Dienstmagd
erklärte beharrlich, dass sie das Kind nur in der Eile vor ihrer
Dienstfrau in dem Lauberhaufen habe verstecken wollen, leugnete
eben so beharrlich fortan die Absicht, das neugeborne Kind
tödten zu wollen, indem sie zugleich geltend machte, dass, wenn
ihr eine solche Absicht überhaupt im Sinne gelegen wäre, sie
ja gar leicht Gelegenheit gehabt hätte, dasselbe im Verborgenen
zu tödten, oder irgendwo hinunterzuwerfen, sie diess aber eben-
sowenig gethan habe, als bei ihren zwei früheren unehelichen
Entbindungen, woraus sich noch mehr der völlige Mangel einer
solchen Tödtungs-Absicht ergebe. — Die Aerzte erklärten,
dass das Kind so gelegen sei, dass bei dem Umstande, als es im
Kuhstalle warm gewesen, und das Kind mit wenigem Laube bedeckt
gewesen sei, weder durch Kälte noch durch Erstickung
eine Tödtung hätte erfolgen können; dass aber das
Kind in sich selbst so schwach und lebensunfähig war, dass es

an und für sich sterben musste. Es starb auch wirklich eine
Viertelstunde nach der Geburt. Alles dieses wurde von drei
Aerzten übereinstimmend dargestellt. Die einzige Zeugin für die
Anschuldigung war die Dienstfrau, die aber auch nichts Anders
wusste, als dass sie das Kind so gefunden hatte, wie früher angegeben wurde. Was geschah nun weiter? Der Staatsanwalt
beharrte auf der Anklage wegen Versuch des Kindesmordes;
der Vertheidiger remonstrirte scharf dagegen. Das ganze Publicum nahm lebhaften Antheil; alle Umstände waren dafür, dass
nicht ein Mensch zweifelte, hier könne unmöglich ein Schuldig
gesprochen werden, wenn vielleicht auch einige Verdachtsgründe
vorhanden sein mögen. Dennoch erklärten die Geschwornen mit
8 gegen 4 Stimmen: „Schuldig.“ Der Gerichtshof zog sich zur
Fällung des Straferkenntnisses zurück, erkannte aber mit Stimmeneinhelligkeit: „Die Geschwornen haben sich geirrt; der Gerichtshof cassirt den Wahrspruch der Geschwornen, und verwei-
set den Fall (nach §. 338 der Strafprocessordnung vom Jahre 1850)
an ein anderes Schwurgericht.“ Hiernach wurde die Sache mehrere
Monate später vor einem zweiten Schwurgerichte verhandelt. Bei
demselben wurden die nämlichen Aussagen der Sachverständigen reproducirt. Dieselben beharrten fortan und
einhellig bei ihrer früheren Angabe: es liege keine Handlung vor,
aus welcher man irgendwie subjectiv auf einen Versuch, das Kind
zu tödten, oder objectiv auf irgend eine Tödtungshandlung schliessen könnte. Die Dienstfrau blieb auch jetzt wieder mit ihrer
früher bezogenen vagen Aussage allein, während die Angeklagte
selbst auf ihrer früheren Aussage und auf der Darlegung beharrte, dass ihr die Absicht, ihr neugebornes Kind zu tödten,
wohl nach allen Umständen des Vorfalles völlig fremd gewesen sei.

Mit Nachdruck setzte nicht blos der Vertheidiger, sondern
sogar der Präsident des Gerichtshofes den Geschwornen auseinander, dass, wenn auch dieses zweite Schwurgericht ein Schuldig-Urtheil fällen würde, dagegen nach dem Gesetze keine Abhilfe mehr möglich wäre, da der Ausspruch dieser zweiten Jury
inappellabel sei. Der Vertheidiger erschöpfte sich in warmen
Auseinandersetzungen, und am Schlusse derselben fragte er —
diess war nun freilich ein sehr eigenthümlicher Vorgang — die
Geschwornen, ob sie ihn verstanden hätten und sie antworteten:
Nein; — denn er sprach deutsch, während die meisten derselben
der deutschen Sprache gar nicht, sondern nur der böhmischen
mächtig waren.

Der Präsident sah die Sache als so klar an, dass er in
Folge der letzten Aeusserung der Geschwornen sich nun dazu
bestimmt fand, das deutsche Exposé des Vertheidigers den Geschwornen ganz kurz in böhmischer Sprache zu resumiren, wohl

unverkennbar in der Meinung, es könnte gegen die Nichtschuldig
sprechung ohnehin kein Zweifel sein. Nichtsdestoweniger erklärten
auch diese Geschwornen mit 8 gegen 4 Stimmen: „Schuldig." Die
ganze Welt war von der Schuldlosigkeit überzeugt, oder doch
davon, dass unmöglich äussere Beweisgründe vorliegen.

Solche vereinzelte Fälle sind in andern deutschen Staaten, nach
dem, was mehrere Schriftsteller der Neuzeit, so insbesondere
Völlert, Wiarda u. A. mittheilen, mehrfach vorgekommen.

Kann es uns hiernach Wunder nehmen, dass besonnene Juristen, denen es bei jedem Rechtsinstitute vor Allem um Realisirung
der Gerechtigkeit und nicht um politische Nebenzwecke zu thun ist,
auch aus solchen Ländern, wo das Schwurgericht seit langer Zeit
in Wirksamkeit steht, sich gegen dasselbe aussprechen, ja dass
selbst die glühendsten Vertheidiger des Schwurgerichtes sich gegenüber den eben angedeuteten so trüben Erfahrungen über dasselbe in ganz eigenthümlichen Expectorationen ergehen.

Um nicht nochmals auf die zermalmende Aeusserung Ben-
thams, der doch die auf gesunderen Grundlagen beruhende
brittische Jury im Auge hatte, und dennoch — wie ich schon
in meinem ersten Vortrage (oben Seite 5) anführte — dieselbe
als unwürdig eines aufgeklärten Zeitalters erklärte,
wollen wir für heute bei einigen französischen Zeugnissen
stehen bleiben.

Als in Frankreich unmittelbar vor Einführung des *Code d'instruction criminelle* (vom Jahre 1808) die Gerichte zum Gutachten
über die Beibehaltung der Jury aufgefordert wurden, hatten
nach Locré's Zeugniss von den 73 ein Gutachten abgebenden
Gerichten 30 entschieden die Aufhebung der Jury begehrt, 22
sich für die Beibehaltung erklärt und die übrigen eine auswei-
chende Antwort gegeben (nach den Umständen zu schliessen,
weil sie zu viel Gewissenhaftigkeit hatten, um sich dafür, und
zu wenig Muth, um sich dagegen auszusprechen). Der Cassationshof aber erklärte mit Beschluss vom 20. September 1803 das
Schwurgericht für mehr schädlich als nützlich, „weil es die
öffentliche Moral verletze und die bürgerliche Gesellschaft erschrecke."

Der hochgeachtete franz. Rechtsgelehrte Cottu gibt in seinen
Reflexionen über das Schwurgericht (Paris 1818) erschreckende
Schilderungen von dem wirklichen Zustande der französischen
Jury, und erklärt: „Bei der dermaligen Organisation derselben ist
es ein blosser Zufall, dem Ehre, Freiheit und Leben der Bürger
preisgegeben sind, und in unzähligen Fällen habe blos die Vor-
sicht und Discretion des vorsitzenden Richters, oder die Weis-
heit und Gerechtigkeit des Gerichtshofes die von der Jury ungerecht Verurtheilten selbst vom Schaffot errettet. Beinahe
täglich erkaufen wir die politischen Vortheile der

Jury mit den ungerechtesten Verdicten einzelner Schwurgerichte!"

Comte in seiner Schrift über die Jury (Paris 1819) erklärt, dass „man es nach den in Frankreich vorliegenden Erfahrungen als ein mathematisches Axiom ansetzen könne, dass $5/_{12}$ der auf die Verdicte der Geschwornen gestützten Assisen-Erkenntnisse fortwährend (constamment) falsch sind." — Merlin aber klagt insbesondere „über die Machtusurpationen und den Despotismus der Geschwornen, womit sie mit der Wahrheit spielen, und das Gesetz trügerisch elidiren," wie er wohl selbst hundert solche Fälle gesehen habe.

Einer der grössten Freiheitshelden Frankreichs, Manuel, hat im Jahre 1820 bei seiner warmen Schutzrede für die Erhaltung der Jury in einer beredten Auseinandersetzung, wie nothwendig die Jury gerade gegenüber der Regierung, mit welcher er eben in steter Opposition war, als politisches Palladium und immerfort waches Misstrauensvotum gegen die Regierung sei, dennoch ehrlich gestanden: „Ich kann übrigens nicht läugnen, dass meine persönliche Erfahrung, so oft ich als Geschworner mitwirkte, mich immer zittern machte, so oft sich die Geschwornen in das Berathungszimmer zurückzogen, dass sie über einen Schuldlosen ein Schuldig-Verdict fällen, weil es rein vom Zufalle abhängt, wie sich die Majorität der Geschwornen gestaltet." In einem und demselben Departement, erklärte er in dieser Schutzrede weiter, habe ich in demselben Jahre zwei später constatirte Justizmorde durch die Geschwornen aussprechen hören.

Der berühmte Hélie aber, obgleich er ebenfalls zu den Vertheidigern der Jury gehört, klagt noch im Jahre 1847 „über die häufigen, offenbar irrigen Lossprechungen der französischen Jury."

Auf ganz merkwürdige Weise hat sich ferner Hilgard, ein Mann, dessen Zeugniss von grösster Bedeutung ist, da er durch ungefähr 20 Jahre als Vertheidiger und als Präsident von Geschworrengerichten in der Pfalz fungirte, und dann ebensolange Zeit die verschiedenartigsten Erfahrungen bei Schwurgerichten in mehreren nordamerikanischen Staaten machte, trotz seiner warmen Befürwortung der Schwurgerichte vom politischen Standpunkte, dahin ausgesprochen, dass er nicht umhin könne, zu gestehen, dass ihm selbst, so oft er einem Schwurgerichte präsidirte, fortwährend der Gedanke kam: „Wenn ich je unschuldig angeklagt würde, so möchte ich um keinen Preis mein Urtheil von Geschwornen empfangen; allerdings aber würde ich mich freuen, vor Geschwornen zu stehen, wenn ich schuldig bin." Im ersten Falle bleibt also selbst dieser schwurgerichtserfahrene Mann immerfort von der Besorgniss erfüllt, unschuldig von einem Schwurgerichte verurtheilt zu werden, während in seinen Worten zugleich das Zugeständniss liegt, dass er im zweiten Falle hoffe, durch gewandte Vertheidigung, Ueberredungskunst oder pfiffiges Herauslügen bei Geschwornen den verdienten Schuldig-Ausspruch von sich abwehren zu können. Dieser Mann, wiederhole ich, ist einer der wärmsten Vertheidiger der Jury.

Ein anderer hochangesehener Jurist — Heffter — vollführte zwar auf dem Germanisten-Congresse zu Lübeck (1847) seinen Uebertritt aus dem Lager der beharrlichen Bekämpfer der Jury in die damals sich mächtig vermehrende Schaar ihrer Verfechter, konnte aber doch nicht umhin, selbst bei der Darlegung dieses Wandlungsprocesses auf die mancherlei ungehörigen Momente hinzuweisen, welche die Geschwornen so häufig vom Ziele der Wahrheit und Gerechtigkeit ablenken und namentlich einen neueren Fall aus Frankreich hervorzuheben, wo ein Schwurgericht, nachdem es den Ausspruch „Schuldig" gethan, und dadurch bei dem anwesenden Publicum lautes Missfallen erregt hatte, und vom Präsidenten zur Verbesserung eines reinen Formfehlers in der schriftlichen Verzeichnung zurückgeschickt worden war, bei seiner Wiederkehr ein Nichtschuldig-Verdict zurückbrachte! — Können — frage ich nochmal, solche Aussprüche noch mit dem Namen „Wahr- und Rechts-Sprüche" bezeichnet werden?

Es ist endlich eine nicht unwichtige Thatsache, dass nach öffentlichen Blättern im Parlamente von Turin (sage Turin!) im November des Jahres 1862 einer der angesehensten Präsidenten eines dortigen Gerichtshofes, Vigliani, unter dem stummen Beifalle vieler seiner Landsleute, welcher sich nämlich blos in den erstaunten, aber sichtlich zustimmenden Antlitzen der Zuhörer aussprach, erklärte, der Ruin der Justiz sei das moralische Verderbniss des Institutes der Jury. Durch die Geschwornengerichte werden zum grössten Skandal und Verderbniss der Justiz — hierbei hatte er namentlich einen Process im Auge, wo ein Exminister, dessen Bestechung mit 150.000 Francs vor Augen lag, und den die Geschwornen freigesprochen haben — nur zu häufig Schurken, welche bis zur Evidenz ihrer Schuld überwiesen seien, aus politischen Nebenrücksichten oder noch traurigeren Motiven freigesprochen. Trauriger noch aber sei es, wenn aus ähnlichen Motiven oder aus Unfähigkeit sogar unbegründete Schuldig-Verdicte von den Geschwornen gefällt, Justizmorde begangen würden.

Ist es hiernach Wunder zu nehmen, wenn ernste, besonnene Nationen, sei es auch nur aus dem zuletzt erörterten Standpunkte, weil sie nämlich unbegründete Schuldig-Verdicte fürchten, Anstand nehmen, das Geschwornengericht einzuführen; — wenn insbeson-

dere die klugen umsichtigen Italiener im ersten Jahrzehend des
laufenden Jahrhunderts auf die Frage Napoleons, ob sie den
französischen Strafprocess bei sich eingeführt wünschen, mit Begeisterung die Frage bejahend beantworteten, aber mit grösstem
Nachdruck die Schwurgerichte ausnahmen, weil sie in denselben
keine Bürgschaft für die Gerechtigkeit zu erkennen vermochten;
und überdies auch in der neueren Zeit nach dem in unserem
Reichsgesetzblatte niedergelegten Zeugnisse des Justizministers
Schmerling, der doch selbst die Einführung des Schwurgerichtes
in einem grossen Theile Oesterreichs veranlasst hatte, erklärten,
„dass dieses Institut für das lombardisch-venetianische Königreich
in Folge sorgfältiger Erkundigungen und Erhebungen nicht passe
und dem dortigen Volkscharakter nicht zuzusagen scheine, und es
zweifelhaft sei, ob es daselbst als eine Wohlthat oder mit Dank
aufgenommen werden würde;" — wenn ferner die Generalstaaten
der Niederlande, als die letzteren wieder ihre Unabhängigkeit im
Jahre 1814 und 1815 errungen hatten, die in der Zwischenzeit dort
eingeführte französische materielle und processuale Strafgesetzgebung im Allgemeinen als einen Fortschritt im Verhältnisse zu ihren
früheren Rechtszuständen erklärten und dieselbe beibehielten, aber
aus derselben die — Geschwornengerichte abstreiften, und wenn
dies nicht etwa von der Regierung, sondern von den Generalstaaten, also von der Volksvertretung geschehen ist, und wenn
wiederholte Versuche einzelner Stimmführer und Doctrinäre in den
20er und 30er Jahren, das Geschwornengericht dennoch auch in
den Niederlanden wieder einzuführen, stets an dem fast einhelligen Widerstande der Generalstaaten selbst scheiterten; — wenn
endlich, sage ich, so manche deutsche Kammern, wie jene von
Sachsen und Sachsen-Altenburg, und in allerjüngster
Zeit die erste Kammer in Hessen-Darmstadt — also
deutsche Kammern, nicht deutsche Regierungen! — und zwar
nicht etwa blos Ober-, d. i. aus aristokratischen und privilegirten
Herren zusammengesetzte, sondern allerdings auch Volksabge-
ordnetenkammern sich gegen die Schwurgerichte aussprachen,
und in neuester Zeit selbst die höchste Repräsentanten-Versamm-
lung einer freien Republik, nämlich von Lübeck, in dem jüngst
erschienenen Entwurfe einer neuen Strafprocess-Ordnung; wenn
endlich die freien und zum Theile völlig republikanisch constituirten Schweizercantone Luzern, St. Gallen, Graubündten,
Basel und die Urcantone das Schwurgericht nicht adoptirten.
— Sind diese neuesten Emanationen hoher und massgebender
legislativer Autoritäten nicht als lebendige Zeugnisse der Gegenwart anzusehen, dass man auch in den Kreisen der Gesetzgebung
die Gefahren für die Gerechtigkeit erkennt, welche von den
Geschwornen drohen, dass man insbesondere unbegründete Schul-
dig-Sprüche — dass man Justizmorde von ihnen besorgt?! — Wird

ferner nicht selbst von warmen Vertheidigern der Jury zugestanden, dass dieselbe sich in Portugal nicht bewährt habe?

Möchten doch diese Gegen-Zeugnisse aus der neueren Zeit und selbst aus der Gegenwart von jenen Verfechtern der Jury beachtet werden, welche da behaupten, dass man den Geschwornen eine grössere Befähigung und tüchtigere Qualification zum Strafrichteramte, mit Einem Worte, einen entsprechenderen Beruf, die Wahrheit zu finden, selbst von Seite des Könnens zuerkennen müsse, als rechtsgelehrten Richtern.

Die Zeit lässt es heute nicht mehr zu, dass ich auf den zweiten Theil der juridischen Schutzargumentation der Jury übergehe, nämlich auf die Würdigung ihrer angeblichen grösseren Geneigtheit, bei ihren Richtersprüchen der Gerechtigkeit und blos der Gerechtigkeit ohne alle Nebenrücksichten folgen zu wollen. Diese Seite der Frage bildet nun allerdings den wundesten Fleck der richterlichen Rechtsprechung, weil in Betreff desselben von den Vertheidigern des Schwurgerichtes behauptet wird, dass man die Geschwornen aus dem Standpunkte einer unabhängigen und gerechten Justizpflege vorziehen müsse, indem dieselben schon nach ihrer socialen Stellung grössere Unabhängigkeit und Unbefangenheit haben, als die im Solde der Regierung und in Abhängigkeit von der Gunst und Ungunst der Regierung stehenden Beamten-Richter.

Von dieser allerdings heiklichen Seite der Frage, heiklich, weil sie mit vielfachen fehlerhaften und schadhaften Institutionen der verschiedenen europäischen Länder und allerdings auch mit manchen nicht zu verkennenden Mängeln der derzeit bestehenden österreichischen Justiz-Gesetzgebung zusammenhängt, das nächstemal!

Fünfter Vortrag.

Gehalten am 27. Februar 1863.

Der Zielpunkt meines letzten Vortrages war, darzuthun, dass die erste von den Vertheidigern des Schwurgerichtes für dasselbe gewöhnlich geltend gemachte juridische Erwägung, welche ungefähr dahin lautet, dass Schwurmänner aus dem Volke eine grössere Befähigung haben, das Recht zu finden, und und zwar einerseits vermöge ihrer dem Angeklagten näher stehenden Lebensanschauung und ihrer sonstigen socialen Beziehungen, und andererseits vermöge ihrer Berechtigung, vollkommen frei von allen Beweisregeln und von der Verpflichtung der Angabe von Entscheidungsgründen nur nach ihrer inneren Ueberzeugung einen reinen Gewissensausspruch zu fällen, und dass daher durch sie die Findung der Wahrheit mehr verbürgt sei, als durch rechtsgelehrte, an die Beigebung von Entscheidungsgründen zu ihren Erkenntnissen und gar an durch das positive Gesetz festgestellte Beweisregeln gebundene Beamtenrichter, — dass, wiederhole ich, dieser Grund jeder innerlichen Wahrheit und Berechtigung ermangle.

Ich habe ferner darzuthun gesucht, dass das Illusorische dieser ersten und wichtigsten juridischen Schutzargumentation für das Schwurgericht sich auch in der Wirklichkeit manifestire, indem so viele unbegründete Wahrsprüche der Schwurgerichte in allen Ländern Europas und selbst nicht seltene durch deren Verdicte constatirte Justizmorde vielmehr das gerade Gegentheil von ihrer behaupteten hervorragenden Befähigung zur Eruirung der Wahrheit darthun.

Ich habe nun meiner neulichen Auseinandersetzung heute noch zwei Daten beizufügen.

Es ist dies vorerst eine Exposition in einer französischen Gerichtszeitung „le Droit“, einer Zeitschrift, die bekanntlich seit einer Reihe von Jahren sich zur Aufgabe setzt, die Verhandlungen der französischen Justiz, und insbesondere der französischen Geschwornengerichte mit der grössten Gewissenhaftigkeit zu verfolgen und wiederzugeben, zugleich aber, in sehr massvollem Tone, und dennoch mit energischem Feuereifer für den Fortschritt der französischen Justizgesetzgebung wirkt. Diese Zeitschrift hatte gegen das Ende des vorigen Jahres sich zur Aufgabe gesetzt, eine Reihe von Fällen nachzuweisen, in welchen Justizmorde durch französische Geschwornengerichte zweifellos ausgeführt sind. Es hat diese Nachweisung nur rücksichtlichs des letzten Decenniums geliefert, zugleich aber auf die traurigen Warnungstafeln hingedeutet, welche durch solche Verdicte auch in früheren Zeiten vorgekommen sind, jedoch nicht mit so scrupulöser Gewissenhaftigkeit, wie in der neueren Zeit, aufgezeichnet und gesammelt wurden. Sie spricht es nun aus, dass mit allem Nachdrucke auf die Verbesserung der Rechtspflege durch die Jury hingewirkt werden müsse, dass man vor Allem den durch dieselbe so häufig geschehenden Justizmorden begegnen müsse, dass man daher irgend ein Abhilfsmittel gegen die Infallibilität dieser Verdicte finden müsse, ohne zu verleugnen, dass es trotz alledem — sei es auch nur aus politischen Sympathien — das Schwurgericht zu erhalten wünsche. Es schliesst endlich diese Schauergeschichten mit dem Ausrufe: *„Trop de nombreux exemples sont venus dans le dernier temps relever la déplorable réalité!"*

Diese deplorable Wirklichkeit, dass man in der französischen Jury nach ihrer bisherigen Einrichtung und Wirksamkeit in keiner Weise die Bürgschaften für die Wahrheit ihrer Verdicte überhaupt und insbesonders für die Gerechtigkeit der Schuldigaussprüche finden kann, wird also selbst von ihren warmen Vertheidigern anerkannt.

Ich höre nun wohl auch heute Manchen von Ihnen dagegen sagen, wie ich es mir schon so oft einwenden lassen musste: „Solche Uebelstände mögen in Frankreich vorkommen, wo der französische Leichtsinn, die französische Frivolität, oder wollen wir es milder und gewiss auch gerechter ausdrücken, die französische Lebhaftigkeit, die leichte Aufregbarkeit der Fantasie der Franzosen so leicht auch einen übereilten Schuldigausspruch in jenen Fällen herbeizuführen geeignet sind, in welchen eine unglückselige Verkettung von Indizien, zumal gegen ein sonst auch nicht gut beleumundetes Individuum, den leicht aufgeregten Franzosen sehr leicht dahin führt, mit seiner lebhaften Imagination dasjenige aus dem Reiche der Hypothese zu ersetzen, was für ruhigere und umsichtige Richter zu einem Schuldigbeweise fehlt. Nicht so aber urtheile der besonnene, nüchterne Deutsche, der überhaupt in seinem Urtheile reifer, bedächtiger vorwärts gehe und der sich's insbesondere zweimal überlegt, ehevor er einen seiner Mitbürger s c h u l d i g erklären soll."

Die Pflicht, auf diese wohlmeinende Schutz- und Schirmrede zu Gunsten der deutschen Schwurgerichte zu antworten,
legt mir die peinliche Nothwendigkeit auf, meinen neulichen
Aufzählungen von Irrthümern und ungerechten Schuldig-Verdicten
der Geschwornen heute auch noch ein zweites Datum nachzu-
tragen, und hiefür die unerbitterliche Logik der Ziffern und
Thatsachen geltend zu machen.

In dem Lande, welches sich selbst so häufig das Monopol
der deutschen Intelligenz zuschreibt, in dem Lande, dessen Hauptstadt bekanntlich die Metropole deutscher Wissenschaftlichkeit
genannt wird, in dem Lande, in welchem die Jury, wenigstens in
einem grossen Theile desselben, seit mehr als einem halben
Jahrhunderte in Wirksamkeit ist, hat man — wie ich schon
ein andermal erwähnte — im Jahre 1849 für die gesammte
Monarchie, mit Ausschluss der Rheinprovinz, wo eben die Jury
seit langer Zeit ohnehin bestand, ein neues Schwurgerichtsgesetz
geschaffen, mit der ganz natürlichen Intention, in demselben alle
Gebrechen und Lücken der rheinischen Institution zu vermeiden.
Nach kaum dreijähriger Erfahrung wurde aber am 3. Mai 1852
auch dieses neue Schwurgerichtsgesetz schon reformirt und bedeutsam umgestaltet. In diesem Lande nun, welches sich also einer
zweifach, und nach dem eben Gesagten zum Theile sogar einer
dreifach verschiedenartigen Schwurgerichts-Gesetzgebung erfreut,
werden in neuerer Zeit sehr ausführliche statistische Tabellen über
die Ergebnisse der Strafrechtspflege bei den Schwurgerichten
geführt.

Ich entnahm nun dieser authentischen Justiz-Statistik, die in
dem preussischen Justiz-Ministerium, wenn auch nur als Manuscript gedruckt wird, folgende wichtige Belege: Das preussische
Gesetz hat, wie ich schon früher aus einem andern Anlasse im
Vorbeigehen bemerkte, im Jahre 1852 wieder eine ältere Institution des französischen *code d'instruction criminelle* aufgenommen,
welche das französiche Gesetz selbst im Jahre 1831 verlassen
hat. Es ist dies die Vorschrift: „Der Schuldig-Ausspruch gegen
den Angeklagten, so wie überhaupt der Wahrspruch über einen
jeden zum Nachtheile des Angeklagten lautenden Umstand kann
nur durch eine Majorität von wenigstens $^2/_3$ Stimmen (also mindestens von 8 Stimmen unter 12) von den Geschwornen selbst
fixirt werden. Wenn daher die dem Angeklagten nachtheilige
Beantwortung einer Frage nur mit der einfachen absoluten Majorität, nämlich nur mit einer Mehrheit von 7 gegen 5 Stimmen
der Geschwornen beschlossen ist, so tritt der (rechtsgelehrte,
aus einem Vorsitzenden und 4 Richtern zusammengesetzte) Gerichtshof selbst in Berathung und entscheidet, ohne Angabe von
Gründen, über den von den Geschwornen mit nur 7 Stimmen
gegen 5 festgestellten Punkt."

Die preussische Justizstatistik über die Strafrechtspflege durch
Geschworne gibt nun genaue Nachweise über die verschiedenen
Erfolge der eben erörterten Gesetzes-Bestimmungen. Es liegt
diese Statistik vor aus den Jahren 1854, 1855, 1856 und 1857,
— so weit wenigstens ist sie mir bekannt geworden, ich weiss
nicht, ob sie noch weiter geht.

Es wurden auf solche Art Schuldig-Verdicte durch die Geschwornen mittelst Majorität blos von 7 Stimmen gefällt:

im Jahre 1854 . . . 431,

„   „   1855 . . . 428,

„   „   1856 . . . 411,

„   „   1857 . . . 369.

Rücksichtlich dieser nur durch eine Majorität von 7 gegen 5
der Geschwornen gefällten Schuldig-Verdicten wurden nun in
Folge des früher erwähnten Gesetzes folgende Entscheidungen
durch die Gerichtshöfe gefällt. Bei dem grösseren Theile derselben trat auch der Gerichtshof der früheren absoluten Majorität der Geschwornen bei; es wurde nämlich von dem Gerichtshofe ebenfalls ein Schuldig-Verdict gefällt. Dagegen sehen wir,
dass ein ziemlich beträchtlicher Theil dieser Schuldig-Verdicte
der Geschwornen, nämlich:

im Jahre 1854 . . . 113,

„   „   1855 . . . 138,

„   „   1856 . . . 112,

„   „   1857 . . 111,

durch den Gerichtshof mit überwiegender Majorität, nicht selten sogar mit Stimmeneinhelligkeit als irrig aufgehoben und
in Nichtschuldig-Urtheile verwandelt, also mit Freisprechungs-
Urtheilen ersetzt worden sind. Dazu kommen diejenigen Schuldig-
Verdicte der Geschwornen, welche von denselben voraussetzlich
mindestens mit einer Majorität von 8 gegen 4 oder sogar mit
Stimmeneinhelligkeit gefällt worden sind, aber vermöge einer
anderen in Preussen so gut, wie in allen Schwurgerichts-Ländern
bestehenden Norm, von dem rechtsgelehrten Gerichtshofe als
irrig aufgehoben wurden. Es ist dies nämlich diejenige gesetzliche Vorschrift, wornach der Gerichtshof dann, wenn er einstimmig der Ansicht ist, dass die Geschwornen, sei es auch mit
Einhelligkeit, obgleich ihr Ausspruch in der Form regelmässig
ist, sich in der Sache zum Nachtheile des Angeklagten geirrt
haben, das Verdict gänzlich cassiren und die Sache an ein neues
Schwurgericht weisen kann. Fälle der letzteren Art kamen nur
im Königreiche Preussen vor:

im Jahre 1854 .   . 12,

„   „   1855 .   . . 5,

„   „   1856   . 9,

„   „   1857 . . . 10.

Diese Thatsachen und Ziffern mögen nun für sich selbst sprechen.

Würde nämlich in Preussen nicht jene früher erörterte gesetzliche Bestimmung bestehen, welche doch beinahe alle übrigen Schwurgerichts-Legislationen Europas aus wichtigen Gründen für unpassend erkannt und vorlängst aufgehoben haben, so würden alle oben aufgeführten Schuldig-Verdicte der Geschwornen, die zusammen in 4 Jahren nicht weniger als 474 betragen, und welche der Gerichtshof in Freisprechungs-Urtheile verwandelte (selbst ganz abgesehen von den weiteren 36 Schuldig-Verdicten, welche in eben dieser Zeit von den Gerichtshöfen wegen offenbarer Irrung der Geschwornen in der Sache zum Nachtheile des Angeklagten an ein neues Schwurgericht verwiesen worden sind), ohne Weiteres zum Vollzuge gelangt, die Verurtheilten also einer Bestrafung unterworfen worden sein, die aller Wahrscheinlichkeit nach geradezu an und für sich ungerecht gewesen wäre, oder für deren Zufügung menschlichen Richtern wenigstens die Berechtigung abgesprochen werden muss, so lange nämlich nach dem Urtheile von 5 Geschwornen und mindestens 3 rechtsgelehrten Richtern noch Zweifel über die Schuld des Angeklagten vorhanden sind.

Ich glaube nun aussprechen zu dürfen, dass es wahrhaftig nicht erst eines besonders lebhaften Gerechtigkeitsgefühles bedürfe, um von einem eisigen Schauer durchrieselt zu werden bei dem Gedanken, dass in einem deutschen Staate Jahr für Jahr durch die Geschwornen d. h. durch jene Männer des Volkes, denen man angeblich eine präeminente Befähigung, die Wahrheit zu finden, daher eine überwiegende Verbürgung, dass kein ungerechtes Schuldig-Verdict gefällt wird, zuschreibt, dass in diesem deutschen Lande Jahr für Jahr mehr als hundert Fälle vorkommen, wo das rein zufällige Bestehen der erwähnten gesetzlichen Bestimmung das Schuldig von den Häuptern der wahrscheinlich unschuldigen Angeklagten abwandte. Fragen Sie etwa weiter, welches sind denn die Verbrechen, bei denen dies vorkam, so finden wir, dass es wohl vorzugsweise Eigenthumsverbrechen sind; aber es waren darunter auch Mord, zumal Giftmord, Todschlag, körperliche Verletzungen, Unzuchtsfälle, ja selbst Verbrechen, die, wenn auch nicht völlig, so doch theilweise oder vorherrschend einen politischen Charakter tragen, wie Münzverbrechen, Zusammenrottungen, Tumult und Aufstand. Also auch bei Verbrechen der letzterwähnten Kategorien haben die Schwurmänner des Volkes Schuldig-Verdicte gefällt, welche von rechtsgelehrten Beamten-Richtern als irrig, als ungerecht erkannt worden sind!

Doch die besonnenen Vertheidiger der Jury gestehen derlei Missgriffe und Irrungen der Geschwornen in einzelnen Fällen sogar zu, fügen aber bei, dass diese Irrthümer natürlich, ja unvermeidlich seien, weil die Geschwornen eben auch nur menschliche Richter, und als solche dem Irrthum unterworfen seien, und knüpfen daran frageweise die Einwendung: „Sind denn die Urtheile der rechtsgelehrten Beamten-Richter nur der Wiederhall der Wahrheit und Gerechtigkeit, oder nehmen wir nicht vielmehr in denselben eben so viele Irrthümer und Ungerechtigkeiten wahr?"

Auf diese Frage antworte ich nun mit fester Zuversicht: „Allerdings sind auch die Urtheile dieser Richter noch weit von dem Ideale einer ausnahmslosen und durchgreifenden Realisirung der Wahrheit und des materiellen Rechts entfernt, aus dem gleichen Grunde, der soeben in Betreff der Geschwornen angedeutet wurde, weil nämlich auch die rechtsgelehrten Richter — Sterbliche und als solche dem Irrthume und selbst andern vom Pfade der Wahrheit und Gerechtigkeit ablenkenden Motiven unterworfen sind. Allein in den Urtheilen der rechtsgelehrten Richter finden sich sowohl nach der Natur der Sache als nach der Erfahrung Irrthümer überhaupt und namentlich irrige Rechtssprechungen zum Nachtheile des Angeklagten, unbegründete Schuldig-Verdicte, Justizmorde weitaus seltener als in den Wahrsprüchen der Geschwornen vor. — Erlauben Sie mir, dass ich Ihnen auch darüber meine persönlichen Erfahrungen vorlege.

Ich habe mir durch eine Reihe von Jahren die Mühe genommen und fand später sogar amtlich dazu einen verpflichtenden Beruf, die Registratur unseres obersten Gerichtshofes zu durchstöbern, um Fälle ausfindig zu machen, in denen wirklich durch Urtheile der höheren Gerichte und namentlich unseres höchsten Gerichtshofes ungerechte Verurtheilungen oder gar Justiz-Morde im engsten Sinne des Wortes geschehen sein sollen, weil das Gerede, es seien solche auch bei den deutschen rechtsgelehrten Beamten-Richtern sogar häufig, und auch in Oesterreich nicht selten zum Vorschein gekommen, durch alle Gauen Deutschlands verbreitet wird. Ich habe nun in einem Zeitraum von beiläufig vierzig Jahren, nämlich aus der Zeit von 1804 bis etwa zum Jahre 1847 wenigstens in den Acten des obersten Gerichtshofes blos einen einzigen Fall gefunden, bei welchem wirklich auch von dem obersten Gerichtshofe Jemand trotz alles Läugnens und des beharrlichen Widerspruches aller ihm zur Last liegenden Umstände eines Mordes schuldig erklärt wurde, jedoch nach unserer sowohl früher als auch jetzt wieder bei uns bestehenden Strafprocess-Bestimmung nicht zum Tode, sondern nur zu zwanzigjähriger Zuchthausstrafe verurtheilt wurde, und bei welchem sich nach etwa fünf bis sechs Jahren, wo er noch im Zuchthause sass, die Schuld eines Andern und die Unschuld des Ersteren klar herausstellte.

Ich hörte wohl auch von Richtern verschiedener Kronländer, mit denen ich vielfach, zumal in den letzten zwanzig Jahren meines Wirkens, diessfalls mündlich und schriftlich in Verkehr trat, da und dort Fälle erzählen, dass die erste oder selbst die zweite, nämlich die Appellations-Instanz, einen Untersuchten wegen Diebstahl, Veruntreuung, Betrug, Raub und insbesondere auch wegen Nothzucht oder anderer Unzuchts-Verbrechen als schuldig verurtheilt haben soll, rücksichtlich dessen sich in der Folge das Urtheil als ungerecht herausgestellt habe. Allein trotz aller Bemühungen und Bitten, mir darüber actenmässige Nachweise zu liefern, ist es mir niemals gelungen, solche zu erhalten. Ich muss also die Thatsache, dass derlei ungerechte Verurtheilungen in einzelnen Fällen auch in Oesterreich durch rechtsgelehrte Richter gefällt worden seien, dahin gestellt sein lassen, aber ich muss bei dem Mangel aller Nachweise hierüber wenigstens jener kühnen Behauptung entgegentreten, dass eben so, wie diess von nicht seltenen *causes célèbres* der Geschwornen bekannt ist, durch deutsche oder gar österreichische aus rechtsgelehrten Beamten-Richtern zusammengesetzte Gerichtshöfe jemals offenbare Justizmorde begangen worden seien.

Wenn wir aber auch zugestehen, dass wenigstens andere ungerechte Verurtheilungen durch dieselben hie und da ausgesprochen worden sein mögen, so wolle doch nicht übersehen werden, dass sowohl der früher von mir angedeutete specielle Fall bei unserem obersten Gerichtshofe, als auch alle übrigen, von denen man mir, wenn gleich ohne nähern Nachweis, noch erzählt hat, aus einer Zeit herrühren, wo kein einziges Mitglied des in einer höheren oder selbst blos in erster Instanz erkennenden Gerichtshofes auch nur den Angeschuldigten, geschweige einen der Zeugen persönlich gesehen oder vernommen hat, aus jener Zeit nämlich, wo dem Strafverfahren in Oesterreich die allein ein gerechtes Urtheil verbürgende Unmittelbarkeit (s. g. Mündlichkeit) völlig mangelte, und wo daher der Angeklagte beinahe blindlings der Einsicht, Gerechtigkeit und Gewissenhaftigkeit des im Dunkeln waltenden Inquisitionsrichters und weiterhin des Referenten überlassen, und die eigentlich erkennenden (das Urtheil sprechenden) Richter ferne von aller Autopsie, mit ihrer Einsicht in den Sachverhalt ausschliessend auf dasjenige angewiesen waren, was ihnen ein Dritter in schriftlichem Referate aus den von einem Andern erhobenen Acten mitzutheilen beliebte. Dass nun bei so gearteter Urtheilssprechung ein Irrthum von Seite der erkennenden Richter gar leicht möglich war, brauche ich Ihnen wohl nicht näher auseinander zu setzen. Es mag uns wahrhaftig viel mehr Wunder nehmen, dass die Annalen der österreichischen Justiz, sowie überhaupt aller Staaten, in welchen man das natürliche Princip der Unmittelbarkeit des Straf-

9

verfahrens verlassen hat, nicht viel häufigere Fälle ungerechter Verurtheilungen darbieten, als wirklich nachgewiesen sind.

Dies möge zur Widerlegung der Behauptung dienen, dass auch bei rechtsgelehrten Beamten-Richtern ebenso häufige und krasse ungerechte Verurtheilungen und namentlich ebenso schreiende Justizmorde wie bei Geschwornen vorkommen. — Ich muss und werde nach dem Gesagten die Thatsache selbst so lange bestreiten, als nicht eben solche actenmässige Nachweise auch rücksichtlich der ersteren geliefert werden, wie wir sie von Geschwornen in allen Zeitschriften und Justiz-Statistiken niedergelegt sehen. Dies als Nachtrag zu meinem letzten Vortrage.

Der nächste Zielpunkt meines heutigen Vortrages ist aber nach dem, was ich darüber schon neulich (hier oben S. 95) andeutete, ad b) die Beleuchtung des zweiten Momentes der von den Vertheidigern der Jury behaupteten grösseren Eignung zur Rechtsprechung in Straffällen, der ungefähr so lautet: „Männer aus dem Volke seien darum geeigneter, das Recht zu finden und in Straffällen gerechter zu sprechen, weil sie grössere Bürgschaft von Seite ihres Wollens, einen unter allen Umständen wahren und gerechten Ausspruch zu fällen, darbieten.“ Man formulirt diese Beweisführung, so lehrt es uns neuerdings ein in jüngster Zeit mit specieller Bezugnahme auf meine dermaligen Vorträge erschienener Aufsatz in der Gerichtshalle, beiläufig in folgendem Satze:

„Die in ihrem Kern unangreifbare Idee des Schwurgerichtes liege darin, dass unabhängige Männer aus dem Volke über die Schuld oder Nichtschuld ihrer Mitbürger urtheilen.... Darin liege — so wurde es auch in der vorgestrigen Verhandlung des niederösterreichischen Landtages ausgesprochen — die Wahrheit und der Schwerpunkt des Schwurgerichtes, dass man nie und nimmer den Beamten-Richtern des Staates jene Unabhängigkeit einimpfen könne, welche die Männer aus dem Volke haben. Denn der Beamte empfange seine Bezahlung vom Staate, er wird vom Staate pensionirt, präterirt, befördert, entlassen, unfreiwillig versetzt; er habe endlich aus dem Füllhorn der Gunst und Ungunst-Bezeugungen des Staates so viel zu erwarten, so viele ehrende Auszeichnungen zu hoffen, wenn er sich gegenüber der Regierung willfährig und wohldienerisch zeigt, dagegen so viele getäuschte Hoffnungen schlafen zu legen, wenn er der Regierung nicht willkommene Dienste leistet oder sich unlenksam bezeigte.“ Man könne sofort — so steigern die schärfsten Sprecher dieses Argumentes dasselbe — in dem Beamten-Richter nur „einen von der Regierung abhängigen Söldling, einen geworbenen Miethling“ erkennen. Es sei daher nothwendig, ein Gericht aus unabhängigen Männern des Volkes zusammen zu stellen, welches nicht nach Laune und Willkür der Regierung, nach den Insinuationen höherer Behörden oder einzelner Regierungsorgane

Urtheil geben und Recht sprechen wird. Solche Unabhängigkeit sei nun einmal von Beamten nimmermehr zu erwarten, wohl aber von Männern des Volkes, welche von all' den angedeuteten Abhängigkeitsbeziehungen völlig freigestellt seien."

Ich hoffe, nicht den Vorwurf zu verdienen, diesen wichtigsten Empfehlungsmoment für das Schwurgericht, diesen bedeutsamsten Einwurf gegen Beamtengerichte zu wenig scharf markirt zu haben. Ich antworte aber darauf mit folgenden zwei Erwägungen: Wenn Beamtenrichter so gestellt sind, wie sie in dieser Einwendung vorausgesetzt werden, dass nämlich wirklich Laune und Willkür der Regierung, Machtbefehle oder Massregelungen einer höheren Behörde, oder irgend eines einzelnen höheren Administrativ-Organes, heisse es nun Generalprocurator, Justizminister, Staatsminister, oder wie sonst immer — auf die Richter wegen der Ausübung ihrer richterlichen Wirksamkeit, also in Betreff ihres Urtheilens einen Einfluss nehmen können und dürfen, dass also die Richter in Ansehung der Judicatur nicht in voller Unabhängigkeit und Freiheit sich befinden, ihre Urtheile nur nach ihrem Gewissen und nach dem von ihnen als solches erkannten Rechte und Gesetze zu sprechen: dann freilich stünde es um die Gerechtigkeitspflege und um die Rechtsprechung durch rechtsgelehrte Beamtengerichte schlimm, ja sehr schlimm. Dann aber liegt das Uebel nicht darin, dass sie rechtsgelehrte Richter sind, und auch nicht darin, dass sie Beamte sind, sondern anderswo, nämlich in jener unglückseligen Justizorganisation, die dem Richterstande eine solche Stellung gegenüber der Regierung gibt. Dann müssen wir unseren Gesetzgebern zurufen: Anderswo ist Euer „hic Rhodus, hic salta". Umstaltet erst den Justizorganismus, der solche Schäden hat, der es zulässt, dass richterliche Judicaturen von Oben her, von Regierungswegen, von administrativer Willkür beeinflusst, insinuirt oder gar dictirt werden können und dürfen, oder welcher wenigstens die völlig unbefangene Rechtsprechung der Richter dadurch beirrt, dass das persönliche Schicksal der Richter wegen eines Richterspruches den Launen oder Willküracten, den Gunst- oder Ungunstbezeugungen der Regierung preisgegeben werden kann!

Ist der Richterstand in irgend einem Staate Europas wirklich so traurig, so erbärmlich gestellt, dann freilich erwarte man von ihm keine gerechten, unbefangenen Machtsprüche! Gerade in dieser Beziehung aber mögen uns unter allen Legislationen Europas wohl am wenigsten die französische und die ihr nachgebildeten zum Prototyp dienen, da ja gerade in Frankreich die Unabhängigkeit des Richterstandes schon durch seine Stellung zum *Ministère public* mannigfach beeinflusst ist, und sei es auch nur dadurch, dass die geheimen Rapports des Generalprocurators an den Justizminister in Betreff der persönlichen Wirksamkeit

jedes einzelnen Richters zugleich über das künftige Schicksal des
Richters entscheiden, da ferner fast ausschliessend in das *bon plaisir*
des Justizministers, also eines Administrativorganes die
Gewalt gelegt ist, jeden Richter zu präteriren, zu versetzen, oder
selbst gänzlich vom Richteramte zu entfernen. Kann es uns dann
Wunder nehmen, dass in einem andern Staate, der sich einer der
französischen nachgebildeten Justizorganisation erfreut, in jüngster
Zeit ein hochgestelltes Organ der Regierung die Stirne hatte,
sogar im Parlamente auszusprechen: Man müsse jene Richter,
die bei dem *brigantaggio* mit aller Strenge vorgegangen sind, be-
lohnen und auszeichnen, denn das *brigantaggio* sei eine grosse
politische Gefahr — diejenigen Richter aber, welche die Theilnahme am *brigantaggio* nach dem Gesetze zu entschuldigen glaub-
ten, vom Richteramte entfernen! Wahrhaftig, ist der Richterstand
eines Staates schon durch seine Organisation und seine Stellung
zum Ministerium dahin gedrängt, um sich nur als serviles Werkzeug der jeweiligen Regierung gebrauchen zu lassen: dann freilich wird eine aus unabhängigen Männern des Volkes zusammengesetzte Jury eine unentbehrliche Schutzwehr der Gerechtigkeit,
eine politische Nothwendigkeit werden!

Allein ist es denn auch in Oesterreich mit der Stellung des
Richterstandes dahin gekommen? — Gewiss nicht! Wenn aber
wirklich auch die vaterländische Gesetzgebung und die bei uns
dermal bestehende Justizorganisation in der angedeuteten Richtung ebenfalls Lücken oder Gebrechen darbietet, nun so möge
man diese heben und verbessern, also das Uebel an seiner Wurzel angreifen, um es völlig und allseitig zu heilen, nicht aber
eine nach dem bisher Gesagten für die Justiz wieder in anderen
Richtungen bedenkliche Institution einführen, durch welche dem
Uebel, das dadurch beseitigt werden soll, doch keinesfalls rücksichtlich jener zahllosen strafbaren Handlungen gesteuert werden
würde, welche auch nach eingeführter Jury noch immer der Gerichtsbarkeit der gewöhnlichen Beamtengerichte vorbehalten bleiben sollen.

Glauben Sie nicht, dass ich dabei blind gegen die Schäden
an unseren bestehenden Justizeinrichtungen bin. Es würde mir
auch nach meinen amtlichen Verhältnissen und es würde jedem
ehrlichen Patrioten übel anstehen, wenn er Mängel und Gebrechen, Lücken oder sogar offenbare Uebel, die von keinem Unbefangenen verkannt werden können, etwa schweigend verhüllen
wollte, ja, es ist nothdringend, nothdringender als irgend etwas,
nothdringender insbesondere, als die Einführung der Jury, dass
wir an unserem Justizorganismus mannigfach nachhelfen. Mögen
wir daher vor Allem zurückkehren zu dem bereits in dem Justiz-
organisationsgesetze vom Jahre 1850 festgestellt gewesenen, aber
von der österreichischen Regierung factisch fast durchweg wohl

auch vor dem Jahre 1848 zur Geltung gebrachten Grundsatze:
„dass kein Richter wider seinen Willen versetzt, pensionirt, präterirt, geschweige etwa entsetzt oder entlassen werden könne,
ohne ein durch ein höheres Gerichtstribunal collegial ausgespro-
chenes Erkenntniss, oder noch präciser ohne einen förmlichen
Rechtsspruch desselben."

Wir müssen daher vor Allem gründlich und radikal verbessern unser das Verhältniss des Richterstandes regelndes Gesetz vom 3. Mai 1853, welches vielleicht am besten gänzlich zu
beseitigen und durch ein grundsätzlich neues organisches Gesetz
für die Gerichtsbehörden zu ersetzen ist. Wir müssen insbesondere die durch dieses Gesetz festgesetzte, in unserer Geschäfts-
welt nicht unpassend sogenannte Präsidenten-Wirthschaft abstellen. Es möge daher in Zukunft nicht mehr der Präsident des
Gerichtshofes mit einem berathenden Senate — den er sich nach
dem bestehenden Gesetze selbst und beliebig, daher auch aus
den servilsten Werkzeugen der Räthe wählen kann — sondern in
allen drei Instanzen nur ein Plenarbeschluss des Gerichtshofes
über Disciplinarfälle von Justizbeamten zu entscheiden haben!
Es möge ferner überhaupt das persönliche Schicksal der richterlichen Beamten nicht mehr von dem *bon plaisir* des Präsidenten
abhängen, daher namentlich die Besetzung von Richterstellen in
allen drei Instanzen, die Beförderung oder Uebergehung, die
Versetzung und Pensionirung, und gar die Entlassung von richterlichen Beamten in Zukunft blos von Plenarbeschlüssen und
förmlichen Erkenntnissen der richterlichen Collegien ausgehen,
und nicht mehr von dem blossen Präsidialgutachten der Präsidenten abhängig sein! — Es mögen ferner für alle Straffälle im
Vorhinein s t ä n d i g e S e n a t e zusammengesetzt werden, und
nicht mehr, wie bisher, der Präsident jedes Gerichtshofes das
Richtercollegium für jeden einzelnen Fall nach Convenienzrück-
sichten aus beliebigen Räthen zusammenstellen können!

Wir haben aber auch noch an so manchen anderen Einrichtungen unseres Justizorganismus nachzuhelfen. Dahin gehört vor
Allem die von allen Einsichtigen laut und oftmals schon ausgesprochene und selbst von einem früheren Leiter des Justizministeriums im Abgeordnetenhause unseres Reichsrathes officiell als
gerecht anerkannte Forderung, unserem Richter-, sowie überhaupt
unserem Justizbeamten-Stande e i n e w ü r d i g e r e m a t e r i e l l e
S t e l l u n g zu geben.

So lange bei uns Richter, welche über Leben und Tod und
über Millionen von Eigenthum urtheilen, sich so g e r i n g e r
G e h a l t e erfreuen, wie sie dem untersten Commis an der nächstbesten Kaufmannsbude zukommen; so lange unsere richterlichen,
gleichwie wohl alle Beamten in Oesterreich, unter einem nach
jeglicher Richtung hin unpassenden P e n s i o n s s y s t e m e zu

dienen haben, kann man ihre materielle Stellung nicht als gesichert, als sorgenfrei erkennen. — Zur Erhärtung dieser Behauptung braucht nur darauf hingewiesen zu werden, dass dieses Pensionssystem seine Hauptbestimmungen zweien unter ganz anderen Lebensverhältnissen vor nahebei einem Jahrhundert (sage einem Jahrhundert!) entstandenen Normal-Vorschriften dankt, und dem Beamten, der nicht volle zehn Jahre dient, jeden Rechtsanspruch auf einen Ruhegenuss oder eine Pension für sich und seine Angehörigen gänzlich versagt und ihn blos auf die Gnade der Regierung anweiset, d. h. von all' den tausend Zufällen und persönlichen Patronagen, Gunst- oder Ungunst-, also Willkür-Acten abhängig macht, welche derlei Gnaden-Eingaben bei den mannigfaltigsten Behörden und entscheidenden Persönlichkeiten durchzuwandeln haben; dass dasselbe ferner den Mann, der vierundzwanzig Jahre dient, auf ganz gleiche Linie mit demjenigen, der nur zehn Jahre dient, und denjenigen, der neunundreissig Jahre dient, wieder ganz gleich mit demjenigen behandelt, der blos fünfundzwanzig Jahre dient, und überdies die seltsame Bestimmung enthält, dass man mit dem vollendeten vierzigsten Dienstjahre den Anspruch auf zwei Drittel, nach Ueberschreitung desselben aber auf den vollen Activitätsgehalt als Pension erlangt, daher im ersten Theile dieser Bestimmung kaum jemals in Anwendung kommen kann; — und dass endlich dieses Pensions-System dem Beamten auf den Fall seines Ablebens für die Gattin und gar für seine Kinder nur sehr kärgliche Versorgungsgenüsse in Aussicht stellt. — Könnte es uns da wohl Wunder nehmen, wenn hie und da ein materiell so ärmlich gestellter richterlicher Beamter in seiner und der Seinigen gedrückten dermaligen Lage, und gar im wehmuthsvollen Hinblick auf seine einst hungernde Witwe und auf die eventuel nach seinem Ableben dem grössten Elende preisgegebenen geliebten Kinder — bei Ausübung seines Amtes vielleicht auch anderen Motiven Gehör schenkt, als jenen der Gewissenhaftigkeit und Gerechtigkeit?!

Wir haben diesfalls in unserer Gesetzgebung im Grossen und Kleinen zu verbessern. Dabei mögen wir, um eine würdigere Stellung unseres Richterstandes herbeizuführen, so manche unserer Einrichtungen aus der Gesetzgebung der Jahre 1849 und 1850 wiederherstellen, aber ja nicht unbedingt alle!

Wir mögen diesfalls namentlich nicht zurückkehren zu jenen disciplinarisch-superioren, auf das Beförderungs-Schicksal aller richterlichen Beamten so präoccupirenden Einfluss der Staatsanwaltschaft über die Richter! Dies hiesse nach meinem geringen Erachten dem Zwecke der Organisirung eines unabhängigen Richterstandes geradezu entgegenwirken! — In dieser Ueberordnung des *Ministère public* über den Richterstand in allen auf die personellen Beziehungen der letzteren Bezug habenden

Disciplinar- und Administrativ-Angelegenheiten erkenne ich die grösste Schattenseite der französischen Justiz-Organisation, und insoweit nun dieselbe leider auch in das österreichische Staats-anwaltschafts-Gesetz vom Jahre 1850 übergegangen ist, mögen wir daher das letztere nicht wieder activiren. — Mögen wir ferner in derselben Zielrichtung, nämlich zur Herstellung eines in jeglicher Beziehung auch tüchtigen Richterstandes, Umgang nehmen von jener Einrichtung der s. g. Bezirks-Collegial-Gerichte der Jahre 1849 und 1850, wornach denselben ausschliessend Strafgerichtsbarkeit zugewiesen war, weil eben dadurch die bei ihnen angestellten Richter, zumal da diese Gerichte regelmässig nur aus einer ganz kleinen Zahl von Richtern zusammengesetzt waren, in ihrer praktischen Ausbildung sehr einseitig werden, geistig verkümmern und ihre rechtswissenschaftliche Bildung gänzlich verloren gehen wird. — Wir mögen, sage ich, an unserem Justiz-Organismus auch in so manchen scheinbar geringfügigen Nebensachen nachhelfen. Wir müssen vor Allem dahinwirken, dass man der Justiz auch in unserem Staate gegenüber den andern Zweigen der Staatsverwaltung die ihr gebührende, eine ihrer würdige Stellung einräume. Während die Justiz das nach der Wichtigkeit ihrer Aufgabe, sowie nach der Zeit-Priorität erste und dringendste Bedürfniss der Gesellschaft, die Realisirung der rechtlichen Ordnung, zu befriedigen hat, diejenige Aufgabe also, welche zuerst und vor allen anderen realisirt sein muss, wenn irgend ein anderer Zweck der Gesellschaft und die Staatswohlfahrt nach was immer für einer Richtung hin gedeihen soll: sehen wir die Träger der Justiz in Oesterreich mannigfach hinter den Beamten der anderen Verwaltungszweige zurückgesetzt, ja die Justiz selbst durch ihre Verkoppelung mit der politischen Administration in der untersten Instanz, durch die Stellung, welche den politischen Beamten gegenüber allen übrigen Behörden und in der Wechselbeziehung zum Publicum gegeben ist, sowie durch die ganze Zusammensetzung der sogenannten gemischten Landes- und Ministerial-Commission in Submission unter die Influenz und Oberleitung der politischen Behörden gestellt! Oder weisen nicht selbst kleinliche Momente unserer dermal bestehenden Einrichtungen darauf hin, dass es manchen *Faiseurs* derselben fast darum zu thun schien, den Glanz der sogenannten politischen Verwaltung und ihrer Träger dadurch zu erhöhen, dass man der Justiz, um mich eines trivialen zwar, aber zutreffenden Ausdruckes zu bedienen, im Verhältniss zu allen übrigen Zweigen der Staatsverwaltung eine wahre Aschenbrödelstellung zuwies? — Während man den Räthen der übrigen Behörden und so namentlich den Finanzräthen der ersten Instanz überall die Gehalte mit 1600, 1800 und 2000 fl. zuwies, wurden bei der Justiz zwei Kategorien von Rathsstellen der ersten Instanz geschaffen, wovon die

untere in Rang und Bezügen den Secretären der politischen
Landesbehörden gleichgestellt wurde, aber selbst die höhere sich
blos mit den Gehaltstufen von 1400, 1600 und 1800 fl. begnügen musste! — Selbst bis zum Adjuncten hinab wurde der
politische Bezirksamts-Adjunct in Rang und Gehalt namhaft
höher gestellt als der Gerichtsadjunct. — Nur den politischen
höheren Beamten, aber nicht auch den Vertretern der Justiz wurden
sogenannte Functions-Zulagen zugewiesen! Bei allen öffentlichen
Repräsentationen muss die politische Behörde, und stehe deren
Chef im persönlichen Range auch noch so weit hinter dem Chef
der Justizbehörde zurück, den Vortritt vor der Justiz haben!
Und um das Mass dieser kleinlichen Nergeleien an den Repräsentanten der Justiz voll zu machen, hatten die mächtigen Schirm-
herren der Suprematie der politischen Behörden über die Justiz
im Jahre 18·4 auch noch darauf gedrungen, den fünf Oberlandesgerichts-Präsidenten in Ungarn die mit dieser hohen Stellung
in allen übrigen Kronländern verbundene Rangs- und Gehalts-
Stellung um eine Stufe zu schmälern und ihnen ein Sternchen
vom goldenen Rockkragen wegzunehmen, weil dieselben zufällig
an solchen Orten dislocirt waren, wo man auch den politischen
Chef nicht höher stellen wollte, und es sich doch nicht zieme,
dass der Justiz-Chef einen höheren Rang einnehme, als der eben
da befindliche höchste politische Beamte!

Wir haben also auch in unserem Vaterlande im Grossen und
Kleinen noch Vieles zu thun, noch Manches wegzuschaffen, um
unserem Richterstande die ihm gebührende Stellung zu geben!
Erst muss mit eisernem Arme all' das Gerümpel von Vorurtheilen, verrostetem Herkommen und unverständigem Dünkel zer-
brochen werden, welches in manchen Kreisen noch der allseitigen
Hebung der wichtigsten Kategorie des gesammten
staatlichen Beamtenstandes — des Richterstandes
— entgegensteht. Dann möge eine energische oberste Leitung der
Justiz auch Positives schaffen, um unseren vaterländischen Richtern
eine wahrhaft unabhängige, sorgenfreie, aber nicht blos materiell
sorgenfreie, sondern auch für die Sicherheit ihrer Stellung, sowie
für ihre Zukunft sorgenfreie und ihres erhabenen Amtes würdige
Position im Staate zu verschaffen. Dann fürwahr! werden wir
nicht nöthig haben, zu Geschwornen aus der Mitte des Volkes zu
greifen, um uns einen unabhängigen Richterstand auch zu erhalten! — Ich sage mit Vorbedacht: „zu erhalten," denn wer wird
dem österreichischen Richterstande gerechter Weise das Zeugniss
versagen können, dass er trotz seiner dermaligen verkümmerten
Stellung dennoch im grossen Ganzen seine Unabhängigkeit, seine
unbeugsame Gerechtigkeitstreue furchtlos bewahrt und bewährt
habe? — Geschah dies im Allgemeinen bisher schon, wie erst
werden wirklich unabhängig und würdig gestellte Richter in Zu-

kunft ihre Urtheile nur nach Recht und Gewissen, frei von jedem
Rückblicke, ob sie damit nach Oben oder Unten Gefallen oder
Missfallen erwecken, zu finden und auszusprechen bestrebt sein!

Liegt es denn nicht schon psychologisch in der Natur des
richterlichen Berufes begründet, dass diejenigen, die ihr Leben
zunächst dem Rechtfinden und Rechtsprechen weihen und für
diese Lebensaufgabe schon durch ihre wissenschaftliche oder
theoretische Vorbildung während ihrer empfänglichsten Jugend-
zeit, gleichwie durch ihre praktische spätere Beschäftigung fort
und fort und ununterbrochen thätig sind, auch immerdar ihren
Rechtssinn, ihr Rechtsgefühl schärfen und vervollkommnen, und
dass ihnen das Streben, immer und überall nur das Wahre und
an sich Gerechte zu eruiren und auszusprechen, sozusagen zur
zweiten Natur wird?

Gerade jene Selbstverläugnung, welche eine besondere Stärke
des Charakters voraussetzt, um erhaben über alle Nebenrücksichten nur der Wahrheit gerecht zu werden, Berufstreue und
lebendiges Pflichtgefühl, sie lassen sich von denjenigen, deren
Lebenslauf eben das Richteramt und nur das Richteramt ist, mit
grösserer Zuversicht erwarten als von denjenigen, die nur zeit-
weilig und selten sich so nebenbei hiermit zu befassen haben.
Werden ferner alle diese Momente, wird das Gefühl der Rein-
erhaltung und treuen Bewahrung der richterlichen Standesehre
sich nicht gerade in ständigen Gerichtshöfen lebendiger erhalten, und durch die gegenseitige Aneiferung in der fast täglichen
collegialen Berathung und Berufsübung immer stärker und voll-
kommener ausbilden, als bei den ephemeren, durch den Ausschlag
des Zufalles heute aus diesen, morgen aus jenen Persönlichkeiten
zusammengewürfelten Geschwornenbänken? Liegt ferner nicht
gerade auch in dem Umstande eine mächtige Bürgschaft für die
allseitige Unabhängigkeit des Beamten-Richters, sowohl gegenüber der Regierung, als auch in der Wechselbeziehung zur gesammten Gesellschaft, dass er seine Besoldung und gänzliche Versor-
gung nur vom Staate empfängt, und in dem Bezuge derselben nicht
alterirt werden kann, mögen auch seine richterlichen Urtheile, sei
es der Regierung oder der grossen Menge, missfällig sein, dass
er also fortan sich in der ruhigen Zuversicht wiegen kann, dass
seine wie immer ausfallende Rechtsprechung ihm wenigstens in
Beziehung auf seine eigene und der Seinigen materielle Lebens-
stellung nicht nachtheilig werden, und dass namentlich auch Gunst
oder Ungunst seiner Mitbürger, wie dies wohl allerdings bei den
gar vielfach von dem Wohl- oder Uebelwollen ihrer übrigen
Lebensgenossen materiell abhängigen Geschwornen der Fall ist,
ihm in Betreff des gesicherten Besitzes und ungeschmälerten
Fortgenusses seines gewohnten Unterhalts-Erwerbes völlig ruhig
lassen könne?

Ich habe, verehrte Herren! in Beziehung auf das dem österreichischen Richterstande innewohnende Unabhängigkeitsgefühl reiche und ich kann wirklich sagen, mich persönlich überaus befriedigende Erfahrungen, namentlich in den letzten anderthalb Decennien meines praktischen Wirkens gemacht. Ich kann mich aber darüber um so unbefangener aussprechen, da ich selbst nie der Ehre theilhaftig war, dem österreichischen Richterstande als selbstständiger Richter anzugehören, allein hundert und hundertmal bei andern Berathungen mit Richtern aller Kategorien am grünen Tische zusammensass, und hundert und hundertmal mich davon zu überzeugen Gelegenheit hatte, wie gerade einem Richter mehr als jedem andern Geschäftsmanne, öffentlichen Functionär oder Privaten es zum unerlässlichen Bedürfniss seines ganzen Wesens, ja wirklich zur zweiten Natur geworden ist, immer und überall vorerst dasjenige herauszuspüren und zu constatiren, was er als gerecht erkennt. Ich war unzählige Male in der Lage, diesen und jenen Richter auch bei solchen Angelegenheiten, wo es sich nicht um Rechtsprechung, sondern um Verwaltungsfragen, um Zweckmässigkeits-Gutachten, um einen Klugheitsrath, um legislatorische Vorschläge, um Personalfragen handelte, vertraulich dahin aussprechen zu hören: „Ich weiss es wohl, der Minister oder mein unmittelbarer Vorgesetzter wünscht ein Votum in diesem oder jenem Sinne, oder nach Oben will man dies oder jenes, allein so kann ich nicht votiren, denn dies widerstrebt meiner Rechts-Anschauung von der Sache. Es ist mir unangenehm, dem Minister oder überhaupt den Oberen zu widersprechen; es ist mir um so peinlicher, da gerade jetzt meine Beförderung, die Erlangung einer Auszeichnung für mich, oder eine Angelegenheit eines meiner nächsten Angehörigen in Verhandlung steht. Allein es ist mir in meinem Innersten unmöglich, so zu votiren, wie man es zu hören wünscht: das wäre nicht gerecht. Nach meiner ehrlichen Ueberzeugung muss ich anders sprechen, denn so will es das Recht!“

Die Allmacht der Idee der Gerechtigkeit ist es, welche auch hier, wie überall, eben weil sie eine Idee ist und auf jeden Menschen einwirkt, über alle Nebenbetrachtungen den Sieg davon trägt, und gerade denjenigen, dessen Lebenslauf eben nur im Erkennen des Rechtes besteht, mit voller Gewalt beherrscht!

Haben wir denn nicht solche Erfahrungen auch mannigfach in unserem eigenen Vaterlande Oesterreich gemacht? Sehen wir nicht, seit das öffentliche Verfahren besteht, bei manchen Fällen in jeder Weise auf die Richter einwirken, dass sie ihre Entscheidung in diesem oder jenem Sinne geben sollen? Wurde nicht sogar auf die Richter mit Drohungen, mit Spott und Hohn eingewirkt, um sie zur Ausübung ihres Amtes nach dieser oder jener Richtung zu bestimmen? Sie aber liessen sich in Erkennung dessen, was sie als Recht erkannten, nicht irre machen. Es ist ja eine notorische Thatsache — warum sollen also wir sie hier verschweigen — dass bei einer bekannten *cause célèbre*, die wir vor wenigen Jahren in Wien durchführen sahen, solche Einflussnahme auf die erkennenden Richter durch mächtige Stimmen der Journalistik versucht, aber vergeblich versucht worden ist. Es ist dies jene *causa*, die offenliegend auch zum Anlass und Ausgangspunkte jener Bestimmung eines erst seit wenigen Wochen bei uns eingeführten Gesetzes genommen wurde, wornach es in Zukunft als strafbar erklärt wird, wenn Jemand gewisse Theile einer noch anhängigen Strafverhandlung durch den Druck veröffentlicht oder sich darüber in Druckschriften Erörterungen erlaubt, welche auf die öffentliche Meinung einen dem Ausspruche des Gerichtes vorgreifenden Einfluss zu nehmen geeignet sind. Während der mehrtägigen strafgerichtlichen Verhandlung dieses Falles hatten nämlich fast alle Journale von Wien, mit sehr geringen Ausnahmen, dafür Chorus gemacht, dass der Gerichtshof in allen Punkten — freizusprechen habe. Der Gerichtshof aber, der aus 5 Richtern zusammengesetzt war, die zum Theile nicht mehr als 600—700 Gulden Gehalt hatten, urtheilte nach seiner Ueberzeugung und sprach ohne Beachtung dieser mächtigen Influenz der öffentlichen Meinung und der einflussvollen Personen, die hinter derselben stehen mochten, ein Schuldig aus, weil dieser Ausspruch der gewissenhaften Rechtsüberzeugung der Richter entsprach.

Solcher Fälle, meine Herren! kenne ich, kennen ohne Zweifel auch Sie selbst nicht wenige. Ich erwähne nur noch eines einzigen aus vormärzlicher Zeit.

Ein vornehmer Herr, den höchsten Ständen der Gesellschaft angehörend, und dem allmächtigen Minister Oesterreichs nahe verwandt, hatte vor ungefähr 30 Jahren in bübischem Uebermuthe einen Polizeisoldaten, der ihn zur Einhaltung der polizeilichen Fahrordnung bei einer grossen Praterfahrt verwies, niedergeritten und schwer beschädigt. Die ganze vornehme Welt setzte sich in Bewegung, um den hochgestellten Standesgenossen, der sich offenliegend eines Verbrechens schuldig gemacht hatte, von der straftgerichtlichen Verfolgung zu befreien, und endlich, als diese unerbittlich eingeleitet ward, ein freisprechendes Erkenntniss herbeizuführen. Man hatte Summen darangesetzt, in die tausende, die an das Armen-Institut gezahlt werden sollten, wenn dadurch eine anderweitige Bestrafung losgekauft werden könnte. Man verbreitete sogar allgemein das Gerücht, dass der damalige Herrscher, der gerechte Kaiser Franz, den Wunsch zu erkennen gegeben hätte, den vornehmen Herrn ohne Strafe zu lassen, wenn dies nach dem Gesetze nur irgendwie möglich wäre. Aber Niemand konnte ihn bestimmen, dem Laufe der Gerechtigkeit abwehrend entgegenzutreten. Man suchte auf alle Gerichtshöfe und auf die mit der Untersuchung und Cognition dieses Falles betrauten Richter auf die mannigfachsten Arten einzuwirken, um in irgend einer Weise eine Nothwehr, eine augenblickliche Verirrung oder irgend einen anderen Entschuldigungsgrund zur Geltung zu bringen. Doch die Richter erster, zweiter und dritter Instanz widerstanden allen Influenzen; der Herr Graf wurde schuldig erklärt und von Seite der Gerichte zur entsprechenden Kerkerstrafe verurtheilt.

Erlauben Sie, dass ich aus naheliegenden Gründen der Discretion Umgang nehme von der Aufzählung noch mannigfach anderer, mir persöhnlich bekannt gewordenen, aber nicht notorischen Fälle, bei denen von mächtigen Parteien oder sogar von dienstbeflissenen Organen der Regierung — von letzteren wollen wir voraussetzen, blos im selbstaufgedrungenen Hypereifer, angeblich für das beleidigte Ansehen der Regierung — auf die Richter eine unlautere Einflussnahme in Betreff ihrer Rechtsprechung versucht, aber ebenfalls vergeblich versucht worden ist. Allein ich darf wohl noch hindeuten, dass die in Betreff ihrer Integrität von den Verfechtern der Jury so häufig in Zweifel gestellten Beamten-Gerichtshöfe nicht blos in Oesterreich, nicht blos in Deutschland — ich erinnere an Preussen unter dem grossen Friedrich, und an Kurhessen vom Jahre 1850 und 1851 — sondern insbesondere auch in Frankreich durch Jahrhunderte gerade wegen ihrer Unabhängigkeit, ein Gegenstand der Ehrerbietung, ja der Bewunderung für die Welt waren. Erscheinungen, wie wir sie unter dem grossen Friedrich in Preussen sahen, der allerdings in seinem Despotensinne glaubte, hie und da mit Cabinetsjustiz zu regieren, und in dem notorischen Krebsmüller-Arnold'schen Falle von Pensionirungen, Entlassungen, Auf-die-Festung-schicken und dgl. gegen Richter Gebrauch machte, weil sie nicht so erkannten, wie er sich's in seinem Kopfe einbildete und ein andermal dem Müller von Sanssouci seine Hütte nehmen wollte, weil sie ihm seinen königlichen Park arrondirte — kamen wohl öfter vor. Hat aber nicht eben der Müller von Sanssouci dem Machtbefehle des Königs mit unerschrockenem Freimuthe die Zuversicht entgegengesetzt, dass ihn im rechtlichen Besitze seiner Mühle schon das Kammergericht in Berlin schützen werde? Und haben etwa in beiden Fällen nicht die königlichen Beamten-Richter der Cabinets-Justiz selbst dieses mächtigen Despoten beharrlich widersprochen, und ihre Unabhängigkeit allen Drohungen zum Trotz bewahrt? Geschah das Gleiche nicht auch in der Angelegenheit des Predigers Schulz zu Gilsdorf?

Aehnliche Erscheinungen, dass nämlich die aus angeblich immer abhängigen Beamten-Richtern zusammengesetzten Gerichtshöfe mit unerschrockenem Muthe und erfolgreich — sinist'ren Zumuthungen selbst von Königen widerstanden, finden wir auch in der Geschichte der Justizpflege von Frankreich schon vor 2 und 300 Jahren. Der lange Kampf der Parlamente Frankreichs, die bekanntlich in früheren Jahren Gerichtshöfe waren, mit der königlichen Gewalt ist ja eine historische Thatsache. Ist es denn vergessen, dass sich in Frankreich bereits eine Parömie gebildet hat aus dem berühmten Spruche, den ein französischer Gerichtspräsident einem Könige Frankreichs entgegen donnerte, als dieser ihn merken liess, dass es dem Könige sehr wünschenswerth wäre, in einem politischen Straffalle von dem Gerichte einen Schuldig-Ausspruch zu vernehmen: „*Sire, la cour rend des arrêts, mais non des services!*"

Dies mag genügen zur psychologischen und erfahrungsmässigen Beleuchtung der von den Vertheidigern der Jury dem Beamten-Richterstande nur zu häufig nachgeschmähten Abhängigkeit.

Doch — so hört man gewöhnlich diesen Vorwurf weiter ausspinnen — mag man auch den Beamten-Richterstand im Justiz-Organismus noch so unabhängig und selbstständig stellen, ein Mangel wird demselben und wird seiner Unbefangenheit, namentlich der Regierung gegenüber, ewig entgegenstehen: es ist dies die Aussicht des Beamten auf die Gunstbezeigungen, auf die Huld-Momente, auf die Ehren-Auszeichnungen und Ordens-Decorationen der Regierung, wenn er ihr auch im Rechtsprechen sich willfährig zeigt. Diese Lockreize werden ihn daher auch bei richterlichen Entscheidungen nur zu leicht zu Gunsten der Regierung schwach machen!

Indem ich auf die Würdigung auch dieses schmählichsten, dem Beamten-Richterstande gemachten Vorwurfes schreite, kann ich es im Interesse des öffentlichen Zartgefühles nur bedauern, dass die Vertheidiger der Jury gerade mit d i e s e m Argumente bei jeder Gelegenheit hervorkommen. Es fällt daher nicht meinem Verschulden zur Last, wenn ich auch diese Seite mit der Sonde des kritischen Verstandes, aber auch mit der frischen Lebensanschauung der täglichen Erfahrung beleuchte.

Wenn, sage ich, in der Aussicht auf die Huld- und Gunstbezeigungen der Regierung, auf Decorationen und dergleichen überhaupt eine Corruption liegt, dann, meine Herren, ist unsere gesammte Gesellschaft schon vorlängst der Corruption verfallen. Sehen wir denn nicht, dass gerade in constitutionellen Staaten, in Staaten, wo das öffentliche Leben sich reger zeigt, als früher, dieses Jagen und Treiben nach den Gunstbezeigungen der Regierung alle Schichten und Kreise der Gesellschaft und namentlich der Elite der Gesellschaft durchdringt? Ist denn das Kirchthurmlaufen um ein Bändchen im Knopfloche, um einen Titel, um eine Adelserhebung, um das Berufenwerden als Vor-

trauensmann der Regierung zu dieser oder jener Commission oder
Deputation, um eine Gnade heute für den Herrn Sohn und
morgen für den wirklichen oder zu erwartenden Eidam, für diese
und jene Sippschaft, um Patronanz für diesen und jenen Bekannten oder auch um irgend eine Concession für diese oder jene
Gemeinde oder Gesellschaft u. dgl. — etwa jenen Kreisen so
fremd, aus welchen die Schwurmänner des Volkes hervorgehen?

Jeder aufrichtige und ehrliche Mann muss zugestehen, dass
der Hinblick auf solche Auszeichnungen so manches Votum nicht
blos in Gemeinderaths-Versammlungen, in industriellen Gesell-
schaften und anderen öffentlichen Vereinen aller Art, sondern
selbst — in Volksvertretungskörpern herbeiführt.

Wer — wir müssen da offen von der Brust wegsprechen —
die Erfahrung macht und sich täglich mit anschaut, wie sogenannte unabhängige Männer, ja wie gerade selbst die Elite des
Volkes, wie unabhängige Millionäre, Banquiers, Industrielle und
Grossgrundbesitzer, Aerzte, Advocaten, Notare, mit Einem Worte,
die ganze gebildete sogenannte Honoratioren-Welt in gleicher
Weise sich herandrängt, um diese oder jene Auszeichnung von
der Regierung zu erlangen, oder selbst blos bei irgend einem
öffentlichen Cercle mit einem gnädigen Huldlächeln oder auffal-
lendem Händedruck irgend eines mächtigen Ministers beglückt
zu werden; wer öfters Gelegenheit hat, wahrzunehmen wie sich die
in socialer Beziehung angeblich unabhängigsten Männer bei dieser oder jener Vorstellung vor dem Souverain oder vor andern
Mitgliedern des Herrscherhauses oder einem einflussreichen Minister drängen und bemühen, um sich voran zu stellen, und ja
gewiss bemerkt und einer unmittelbaren Ansprache gewürdigt zu
werden; — wer dieses Treiben gerade der sogenannten höheren
Gesellschaft beobachten kann und würdigt: der muss zugestehen, dass es wahrhaftig ein von den Vertheidigern der Jury
sehr unglücklich gewählter Vorwurf gegen das staatliche Beam-
tenthum, und zugleich eine Lüge sei, die behauptet, dass d e r
B e a m t e, und so auch der staatliche Beamtenrichter v o r z u g s w e i s e
oder g a r a u s s c h l i e s s e n d dieser Art Corruption unterliege. —
Es ist diese Corruption, wenn man sie so nennen will, eine a l l-
g e m e i n e, eine solche, welche vorlängst alle Schichten der Gesellschaft und namentlich auch jene Kreise durchdrungen hat, aus
welchen die das Schwurgericht bildenden Männer hervorgehen.
Man übertreibt aber zugleich, wenn man dieses, nach Montesquieu's
berühmtem Ausspruche gerade im Wesen der monarchischen
Staatsverfassungs-Einrichtungen wurzelnde allseitige Streben nach
„*honneur*" oder vielmehr nach „*honneurs*" — mit dem brandmarkenden
Namen „Corruption" bezeichnet. Es ist dieses Streben nur in der
natürlichen Eitelkeit oder, wenn Sie wollen, in einer Schwäche
des Menschengeschlechtes begründet, welche aber auch ihre

grossen Lichtseiten hat, da sie zugleich das Ferment und Inci-
tament zu den grössten welt- und menschenbeglückenden Thaten
ist. *„Homines sumus, nihil humani alienum a nobis putemus!"* Aber traurig
ist es, wenn diese menschliche Schwäche sich bei irgend Jemandem bis zur wirklichen Corruption steigert, wenn er nämlich
jemals durch das Motiv solcher Gunstbezeigungen der Regierung
sich bestimmen lässt, irgendwie seiner gewissenhaften Ueberzeugung, seiner Berufspflicht untreu zu werden, oder gar die Gerechtigkeit zu verleugnen. — Vermeide man doch diesen Vorwurf, der gewiss eben so begründet, oder eben so wenig den
Beamtenstand, als alle übrigen Schichten der Gesellschaft, und
daher namentlich auch die Schwurmänner des Volkes trifft und
bemakelt!

Dazu kommt, dass die gerühmte Unabhängigkeit der Geschwornen noch von einer ganz andern Seite bedroht erscheint,
welche — wie ich schon früher (Seite 137) angedeutet habe —
den ständigen Beamten-Richtern nicht anklebt. Es ist dies nämlich die sociale Abhängigkeit der Geschwornen von ihren
Mitbürgern, zumal in denjenen Kreisen, aus denen sie hervorgehen, und in welche sie nach jeweilig ausgeübtem Richteramte
wieder zurückkehren. Sind nämlich die meisten dieser Geschwornen selbst in Beziehung auf ihre materiellen Lebens- und Er-
werbs-Verhältnisse nicht vielfach von ihren Mitbürgern abhängig? Haben sie nicht materielle Nachtheile zu besorgen, und
werden sie nicht als Gewerbsleute, Kaufleute, Gast- und Kaffee-
Wirthe, oder selbst als Advocaten, Aerzte, Notare u. dgl. Kunden
und Clienten zu verlieren fürchten, wenn sie ein Verdict fällen, das
der *vox populi* nicht zusagt? Wie soll die drückende Besorgniss,
dass ihre Rechtsprechung nach dieser oder jener Richtung so
empfindliche Folgen für sie selbst herbeiführen könne und werde,
sie hierbei noch unbefangen lassen? Haben sie ferner im Falle
eines missliebigen Verdictes nicht auch in geselliger Beziehung
Kränkungen und Unannehmlichkeiten zu befürchten, welche ihr
Urtheil im Voraus gefangen halten? Werden sie nämlich desshalb nicht gerade in jenen Kreisen, in denen sie verkehren und
wohl aus socialer Nöthigung verkehren und leben müssen, mit
Vorwürfen verfolgt, beschimpft, verhöhnt, von ihren früheren
Freunden gemieden, verachtet und auf's Empfindlichste gekränkt
werden? — — Sind denn ferner die Angehörigen des sogenannten dritten Standes, aus dem die Geschwornen zumeist entnommen werden, nach der Erfahrung wirklich in ihren Urtheilen
über ihre Mitbürger überhaupt gar so unbefangen und unparteiisch? Werden nicht gerade diese Personen — wie diess ein
altes Wort schon vor Jahrtausenden andeutet: *„Figulus figulum
odit!"* — bei solchem Urtheile, zumal gegenüber ihren nächsten
Standes-, Gewerbs- und Berufsgenossen, nur zu häufig von Scheel-

sucht, Missgunst, Concurrenz-Rücksichten, ferner von Familien- und
Coterien-Parteiungen oder Gevatterschaften, von den Eingebun-
gen der Klatschsucht, von Privatfeindseligkeiten und Privatrache,
von einseitigen Standes-Interessen und Standes-Vorurtheilen geleitet? — Sind überdiess die Männer gerade dieser Volksschichten so ganz unabhängig von der wechselnden Tagesmeinung, vom
Lärm der Journale, von herrschenden Parteiansichten, von Eitelkeit und Gefallsucht, von Ostentationssucht und dem Streben,
Aufsehen zu machen, sich hervorzuthun, sei es nun durch syste-
matische Opposition gegen die Regierung oder durch volksthümlich
klingende Verdicte und durch den Schein liberaler Gesinnung und
dergleichen, und werden demnach diese Momente sie immer ein
ruhiges, parteiloses Urtheil fällen lassen? Sind nicht gerade diese
Klassen unserer Bevölkerung vorzugsweise von der sich erst
machenden, also noch nicht völlig gereiften, daher bedenklichsten Art der öffentlichen Meinung abhängig? Liegen nicht notorische Erfahrungen vor, dass die Geschwornen sich ihre Meinung
über jeden einzelnen von ihnen zu entscheidenden Straffall nur
zu häufig während der Interstitien der gerichtlichen Verhandlung gerade vorzugsweise aus den Debatten in Gast- und Caffeehäusern bilden und einholen? — Mag es auch sein, dass diese
Männer gegenüber der Regierung ihre Unabhängigkeit bewahren: haben sie aber auch immer oder selbst blos gewöhnlich
die zu einem unparteiischen und gerechten Urtheile gleich nothwendige Unabhängigkeit von der lärmenden Tagesmeinung der
Menge? In unseren Tagen ist es ja überhaupt viel leichter, die
Unabhängigkeit nach Oben, als nach Unten zu erringen und zu
bewahren. Es hält ja heutzutage lange nicht so schwer, der
Regierung, einem mächtigen Minister und selbst seinem Monarchen und Fürsten entgegenzutreten, als frei zu bleiben von jener
Eitelkeit und Gefallsucht, die nach Popularität hascht, und in
allen Dingen nur zu leicht statt der Stimme des Gewissens,
vielmehr der augenblicklichen Stimmung des grösseren oder doch
lauteren Theiles seiner Mitbürger folgt. Diese Seiten aber
sind es gerade, wo die Geschwornen als Männer des
Volkes schwach, und gewiss viel verwundbarer sind, als der
nach seiner persönlichen Stellung von der Menge unabhängige
Beamtenrichter des Staates!

Doch wir müssen die Berührung der sogenannten Unabhängigkeit der Geschwornen noch in einer anderen Version, nämlich
in Betreff der von derselben überdies behaupteten völligen Incorruptibilität in Betracht ziehen, welche in jüngster Zeit, nämlich in der vorgestrigen Sitzung des n. ö. Landtages, von einem
der geistreichsten Vertheidiger der Jury auf folgende Weise geltend gemacht wurde: „Kein anderes Stück des constitutionellen
Apparates lasse so wenig wie gerade die Jury eine absoluti-

stische Correctur zu, weil das Geschwornengericht selbst in seiner verkümmertsten Gestalt den Absolutismus darin hemme,
dass nicht vom Staate abhängige Richter nach der Laune und Willkür und nach der Insinuation der Gewalthaber Recht sprechen."
— Es sei mir erlaubt, diese Seite der Frage, nämlich die angebliche Incorruptibilität der Jury aus dem Standpunkte der bestehenden europäischen, zumal französischen und ihr nachgebildeten
Schwurgerichts-Gesetzgebungen und aus dem Standpunkte der
Erfahrung etwas näher zu prüfen, und darzuthun, dass die Regierung, wenn sie überhaupt so unredlich und unklug ist, um
gegen ihr eigenes wohlverstandenes Interesse unlautere Einflüsse
auf die Rechtsprechung der Gerichte zu nehmen, dies beinahe
eben so sicher in Beziehung auf die Jury, wie in Betreff der
Beamten-Richter in ihrer Hand hat. Beschauen wir uns nur
noch einmal die früher schon in anderer Richtung besprochene
Bildung der Geschwornenlisten und die Bildung der Geschwornenbank. Bis nämlich von der ersten Urliste jeder einzelnen
Gemeinde bis zur letzten Liste derjenigen zwölf Geschwornen,
welche die Geschwornenbank über einen einzelnen Fall bilden,
die von den Gesetzen vorgeschriebenen Läuterungs-, Scheidungs-
und Sichtungs-Processe vorgegangen sind, bei denen mehr oder
weniger immer Organe oder Beamte der Regierung, heissen sie
nun Bezirksvorsteher, höhere administrative Chefs, Staatsanwälte,
Generalprocuratoren, Gerichtshofspräsidenten u. s. f., einen massgebenden Einfluss äussern; — bis endlich die letzte Ausscheidung
mittelst der sogenannten Recusation, welche begreiflich alle modernen Gesetzgebungen ebensowohl dem öffentlichen Ankläger,
also wieder einem Regierungsorgane, gleichwie dem Vertheidiger
zugestehen, erfolgt ist, hat eine mit unlauteren Absichten vorgehende Regierung gewiss reichlichst Gelegenheit gefunden, um
wenigstens alle der Regierung unwillkommenen Geschwornen von
der Geschwornenbank entfernt zu halten, und um die letztere
nach Möglichkeit auf solche Individuen zu reduciren, welche ihr
willfährig sind, oder auf welche sie sonstwie zu influiren in
der Lage ist.

Die Erfahrung bestätiget dies auch. Niemand weniger in
Frankreich hat sich in den Zeiten des absolutesten Despotismus
für die Abschaffung der Jury interessirt, als der despotische
grosse Napoleon selbst. Ihm war sie politisch gar nicht bedenklich, sondern galt ihm unverkennbar als ein Werkzeug in den
Händen der Regierung. So lange sein Genie in Frankreich wal-
tete, blieb es auch so. — Erst unter den späteren Regierungen,
unter den Bourbons und Orleans, ging die Jury, ging aber auch
der grösste Theil der Staatsbeamtenschaft, gingen selbst die aus
Beamten-Richtern zusammengesetzten Gerichtshöfe mehr weniger
zur Opposition über.

Sind denn ferner, frage ich, nach dem Zeugnisse der Geschichte die Thatsachen so ganz unbekannt, dass es Schwurgerichte, dass es Männer aus dem Volke waren, welche in England unter dem 8. Heinrich, unter Cromwell, zum Theil auch unter Karl I. und II., namentlich aber unter dem berüchtigten Jeffreys mit gewissenlosester Willfährigkeit für die Machtbefehle der Regierung allenthalben Bluturtheile ausfertigten, welche vor Gott und aller Welt als himmelschreiende Ungerechtigkeiten erscheinen. Ist es denn vergessen, dass einer dieser Richter sich rühmte, auf einer einzigen Rundreise 300, und wie die Feinde ihm nachsagten, sogar 800 Bluturtheile mittelst der allzeit nach seinem Befehle bereiten Geschwornen gefällt und in Vollzug gesetzt zu haben?! — Liegen vielleicht in diesen historischen und notorischen Thatsachen die *testimonia historiae* für die gerühmte Unabhängigkeit der Schwurgerichte? Sind ferner die Blut- und Schreckenstribunale der französischen Revolution aus den 90er Jahren schon vergessen? Auch diese Volkstribunale waren grösstentheils aus Männern des Volkes, die man den Gerichtshöfen beigab, zusammengesetzt, und sie haben bekanntlich in einer Weise Recht gesprochen und Justizmorde verübt, welche von der Weltgeschichte, als dem ewigen Weltgerichte, und zwar selbst nach den Zeugnissen der sonst nur für die Gloire ihres eigenen Vaterlandes bedachten französischen Historiker, — mit dem Fluche des Abscheues gebrandmarkt wird.

Dies möge genügen zur Würdigung der von den Fahnenträgern der Jury behaupteten Unabhängigkeit der Geschwornen, in welcher die mehresten Schutzredner derselben den eigentlichen Schwerpunkt der ganzen Institution zu erkennen vermeinen. — Andere aber glauben — wie ich schon neulich (hier oben S. 95) andeutete — einen zweiten juridischen Empfehlungsgrund für die Jury, und beziehungsweise für die im Vergleiche mit rechtsgelehrten Richtern bessere Eignung der Geschwornen zur Rechtsprechung in Strafsachen in folgender Betrachtung zu finden: „Das Wesentliche einer guten und gerechten Rechtspflege, nämlich die Bürgschaft, dass immer nur das eigentliche, das materielle Recht, nämlich dasjenige, was an sich das Recht und das Wahre ist, gesprochen und vollzogen werde, sei durch die Geschwornen sicherer realisirt, als durch die unverbrüchlich nach dem positiven Gesetze urtheilenden Beamten-Richter, weil die Geschwornen nicht blos nach dem todten, häufig schon überlebten Buchstaben des gegebenen Gesetzes, sondern nach dem lebendigen, d. h. nach dem im stetig fortschreitenden Volksbewusstsein lebenden Rechte urtheilen. Hierdurch sind also die Geschwornen zugleich das natürliche Correctiv für die schlechten, überlebten Gesetze, indem sie dort, wo irgend Jemand zwar nach dem tödtenden Buchstaben des Gesetzes auch schuldig und strafbar erklärt werden müsste, dies aber nach dem Rechtsbewusstsein des im Volke lebenden Rechtes ungerecht wäre, ein Nichtschuldig sprechen können und werden. Sie urtheilen also — um es mit Einem Worte zu sagen — nach demjenigen, was sie für das vernünftige, für das ewige, für das aus Gott, dem Urquell alles Rechtes, entstandene Recht erkennen, und sind nicht gefesselt durch dasjenige, was der Zufall, nämlich der Buchstabe des positiven Gesetzes als Recht statuirt hat."

Eben dieses Argument wird von Andern nicht selten auch in folgender Version vorgebracht: „Nur auf diesem Wege hört der Staatsbürger auf, Mittel für den Zweck des Gesetzes zu sein, denn wenn die Richter immer nur nach dem positiven Gesetze richten sollen, so sei jeder einzelne Staatsbürger nur als Mittel vorhanden, um dem Gesetze zum Zwecke zu dienen, damit nämlich das Gesetz an ihm seine Ausführung finde."

Ich gestehe nun offen, dass diese Bevorwortung der Jury, möge sie nun in der ersteren oder zweiten der oben erwähnten Formen wiedergegeben werden, mir von jeher nur als ein sehr trauriges Wahrzeichen der Anschauung der modernen Zeit über den Beruf der Rechtspflege im Staate erschien. Ich rede nicht davon, dass es eine wirkliche Verlästerung der Geschichte des brittischen Institutes der Jury ist, wenn die Fürredner dieser Argumentationsweise ihrer Bevorwortung häufig sogar noch den Zusatz beifügen: „Das eben sei der grosse Gedanke, welcher den Britten in der Jury das Palladium ihrer politischen Freiheit, ihrer Rechte und der persönlichen Beschützung jedes einzelnen Bürgers gegen Willkür und Uebergriffe der Regierung erkennen lasse." Ich habe bereits in meinem dritten Vortrage den Nachweis geliefert, dass diese Behauptung historisch grundfalsch ist, und der Wahrheit geradezu, ja mit unbegreiflicher Keckheit in's Gesicht schlägt. — Wahrhaftig, so oft ich diese Art Hinweis auf die brittische Jury und die Berühmung höre oder lese, dass man durch die Verlebendigung gerade dieses Gedankens bei uns das Wesen des englischen Schwurgerichtes einbürgern werde, fällt mir unwillkürlich immer das bekannte Wort des wallensteinischen Jägers ein:

> „Wie er räuspert und wie er spuckt,
> Das habt ihr ihm glücklich abgeguckt.
> Aber sein Genie, ich meine sein Geist,
> Sich nicht auf der Wachparade weist!"

Ja, wahrhaftig: „Auf der Wachparade!" — Jene Männer, die mit solchen Worten sich für das Schwurgericht begeistern, wollen aus der Jury nur ein Paradestück machen!

Wenn dem Schwurgerichte diese Omnipotenz, diese Souveränität zuerkannt wird, sich über das Gesetz zu erheben, dann, meine hochverehrten Herren! ist es um die rechtliche Ordnung im

10*

Staate geschehen! — Es ist, so äussert sich ein berühmter französischer Staatsmann, der zu den liberalsten gehörte und in hoher
Verehrung wegen seines Liberalismus stand, es ist im Staate
nur Ein Despotismus zulässig, aber nicht blos zulässig, sondern
in jedem Staate mit gebieterischer Nothwendigkeit aufrecht zu
erhalten „C'est le despotisme de la loi!" Das Gesetz und nur das
Gesetz allein darf und muss im Staate mit Despotismus herrschen, unverändert aufrecht stehen und geachtet werden von jedem Richter „Lex quamquam dura, sed ita scripta est!" Mag ein Gesetz noch so hart sein, so muss es gewissenhaft angewendet werden, wenn überhaupt Recht und Ordnung im Staate bestehen und
nicht alle Lebensgüter der Staatsangehörigen, statt durch den
Staat sicheren Schutz zu haben, dem Walten des Zufalls preisgegeben sein sollen. Oder sollen etwa die zwölf Geschwornen
über das Gesetz absprechen, welches, zumal im constitutionellen
Staate, doch nur der Ausdruck des Gesammtwillens des
Volkes, der Ausspruch des zur Mitwirkung bei der Gesetzgebung berufenen Volksvertretung sein soll? Sollen etwa
solche zwölf Auserwählte oder vielmehr durch das Loos Zusam-
mengewürfelte sich der Gesammtheit der Volksvertretung entgegensetzen dürfen? Wahrhaftig, wenn die Geschwornen sich in
jedem einzelnen Falle das Recht, wornach sie richten, selbst
machen dürfen, dann ist gar kein positives Strafgesetz mehr
nöthig, dann — werden Sie aber auch gar kein sicheres Recht
mehr haben! — Setzt sich der Richter nur einmal über das
gegebene Gesetz, wornach er richten soll, hinaus, dann ist kein
Ziel und kein Boden mehr für die rechtliche, für die gesellschaftliche Ordnung im Staate zu finden. Ist nur einmal der erste
Schritt über die Schranken des gegebenen Gesetzes gemacht
worden, dann kann der Richter auch schrankenlos walten,
das ungerechteste Urtheil fällen, weil er demselben statt des
festen, unerbittlichen Gesetzes dasjenige unterlegt, was ihm subjectiv als das vernünftige, als das Recht an sich erscheint oder
von ihm dafür ausgegeben wird, weil er mit einem Worte an
Stelle der objectiven Norm in jedem einzelnen Falle seine subjective Willkür, sein bon plaisir setzt. Der Staat fällt aus der
festen Ordnung des Rechtes in den bodenlosen Abgrund der Willkür!

Darum haben denn auch so viele andere Vertheidiger der
Jury, die es ehrlich mit der Einführung des Schwurgerichtes
meinen, die aber mit Besonnenheit und Nüchternheit dessen Licht-
und Schattenseiten erkennen, wenigstens gegen jene Omnipotenz,
gegen jene Souveränität der Geschwornen lauten Protest eingelegt.

Sehen wir nun aber auch die Erfahrung an, wie sie sich
in jenen Ländern zeigt, wo sich die Geschwornen wirklich diese
Souveränität zuerkennen. Die folgenden Fälle dürften zureichen, das
politisch und social Gefährliche dieser Argumentation darzuthun.

Es mag nun vorerst einer der berühmtesten Fälle, welcher seiner Zeit in allen Zeitschriften und Sammlungen weitläufig behandelt wurde, nämlich das Strassburger Attentat vom Jahre 1836 uns zum Belege dienen. Ein Hochverräther, der vom französischen Boden verbannt war, fällt aus fremdem Lande auf französischen Boden ein, dingt hier eine Reihe von Soldaten und Officieren, verleitet sie zum Treubruch, zur Verletzung ihres Dienst-, Pflicht- und Militäreides, erklärt offen: „Er wolle zuerst Strassburg überrumpeln, und dann die Regierung überhaupt umwerfen, die er als usurpatorisch bezeichnet." — Allein der Pflichttreue und Uebermacht des dortigen Militärs gelang es, dem Unternehmen ein Ziel zu setzen, die Verbrecher in kürzester Zeit zusammen zu fangen und vor den Gerichtshof zu stellen. Frankreich's damaliger Herrscher, Louis Philipp, hatte, vielleicht aus Staatsklugheit oder auch aus grossherziger Pietät für das Andenken des grossen Onkels des Hauptschuldigen, denselben durch den Machtspruch der Gnade nicht blos aller Strafe, sondern selbst der strafgerichtlichen Procedur entzogen und nach Amerika abführen lassen. Die Mithelfer aber wurden vor die Jury gestellt. — Sie gestehen die Schuld ganz klar ein und haben als Vorwand nur anzuführen, dass sie die Gloire des französischen Kaiserreiches wieder herzustellen bemüht waren, dass das unvergängliche Recht, welches der grosse Napoleon sich und seiner Familie auf die Herrschaft über Frankreich erworben habe, auch ihr Vorhaben rechtfertige. — Alle Nachweisungen und überzeugenden Begründungen aus dem Gesetze von Seite des Staatsanwaltes, von Seite der rechtsgelehrten Richter, dass in diesem Falle ganz offen der Thatbestand des Verbrechens des Hochverrathes, eines mit Tod verpönten Verbrechens constatirt sei, halfen nichts. Die Opposition war so sehr gegen die orleanische Regierung, gegen Louis Philipp, dass die Geschwornen ein — Nichtschuldig-Verdict fällten.

Als späterhin verschiedene Aeusserungen einzelner Geschwornen über diesen Vorgang bekannt wurden, zeigte sich, dass einige derselben ihr Verdict ungefähr mit folgendem Raisonnement zu rechtfertigen suchten: „Wenn man den Hauptschuldigen straflos entschlüpfen lasse, warum hätten wir seine minder schuldigen Mithelfer zur Strafe ziehen sollen?" — Haben sich aber dadurch nicht die Geschwornen zugleich das Begnadigungsrecht angemasst, welches doch nach unbestrittenen staatsrechtlichen Grundsätzen niemals dem Richter, sondern nur dem Träger der höchsten Staatsgewalt, also auch in der constitutionellen Monarchie blos dem Könige zusteht?

Mehrere andere dieser Geschwornen hingegen sollen erklärt haben: „Es war ja unmöglich, ein Schuldig zu fällen nach den Reden, die der Vertheidiger gehalten. Die Erinnerungen an die

glorreiche Vergangenheit Frankreichs und insbesondere an jenen
grossen Namen, dessen unsterblicher Ruhm in Frankreich für und
für von einer Apotheose umstrahlt bleiben wird, seien es gewesen,
welche vor dem Gewissen der Geschwornen einen Ausspruch rechtfertigten, durch welchen man die Bestrebungen zur Wiederher-
stellung einer so glorreichen Aera Frankreichs nimmermehr als
strafbar brandmarken konnte. Dazu kam die Apostrophe, die der
Vertheidiger eines Angeklagten am Schlusse der Verhandlung
an die Geschwornen hielt, in welcher er auseinandersetzte, welche
Glückseligkeit die 85jährige Mutter seines Clienten erfassen werde,
wenn sie urplötzlich aus dieser furchtbaren Verhandlung, während welcher fortan das Damoklesschwert über ihren einzigen
Sohn hing, denselben straflos in ihre sterbenden Arme schliessen
werde u. s. f.“

Soll es nun wohl zu kühn sein, wenn ich all' diesen Be-
schönigungen gegenüber mein subjectives Urtheil in dem Satze
zusammenfasse: „Dieser Vorgang war und bleibt immerdar ein
Skandal der Justiz!“ — Das heisst die Gerechtigkeit zum Spiel-
ball nicht blos der Willkür und Laune, sondern zugleich aller
Leidenschaften machen!

Wie ging es denn nun in deutschen Ländern her? Zeigten
sich auch hier so verhängnissvolle Auswüchse einer von den
Geschwornen sich selbst angemassten Omnipotenz und Selbstüberhebung über das gegebene Gesetz?

Wenn wir uns die Zustände in der Pfalz, in beiden Hes-
sen, in Baden, selbst in Preussen und in Thüringen in den
Jahren 1850 bis ungefähr 1853 beschauen, so kann kein Unbefangener in Abrede stellen, dass bei sehr vielen politischen
Straffällen und Pressprocessen, selbst wenn die Schuld offen
constatirt vorlag, die Geschwornen dennoch Nichtschuldig-Verdicte
fällten. Wenn wir lesen, dass z. B. die Geschwornen in Thüringen die Unverschämtheit hatten, einem Staatsanwalte, wie er mit
seinem Plaidoyer oder mit der Entwicklung der Anklageschrift
begann, zu sagen: „Lassen Sie es gut sein, ersparen Sie sich die
Mühe, das Nichtschuldig ist im Voraus schon entschieden!“ —
Was nun aber ist, frage ich, die weitere Folge solcher Skandale?
Eine Reaction der Regierungen in entgegengesetzter Richtung!
Die Einen sahen sich veranlasst, die Competenz der Geschwornengerichte im Gesetzes- oder selbst nur im Verordnungswege
einzuschränken und die politischen, sowie die Pressprocesse den
Geschwornengerichten wieder zu entziehen; — Andere griffen
zu noch einschneidenderen reactionären Massregeln, nämlich zur
Einsetzung ausserordentlicher Gerichte!

Die Prevotalgerichte Frankreichs, die ausserordentlichen Gerichtshöfe und Gerichtscommissionen, die wir in den verschiedensten Ländern Europas eingeführt sehen, die Kriegsgerichte

und Standgerichte, die an die Stelle der Schwurgerichte und überhaupt anstatt der ordentlichen Gerichte gesetzt wurden, die ausserordentlichen Specialgerichtshöfe und richterlichen Untersuchungscommissionen, die Centralcommissionen von Frankfurt u. s. f., sind etwa sie eine grössere Segnung für die Gerechtigkeit? Ist es vielleicht eine Wohlthat für die menschliche Gesellschaft, wenn man die Staatsbürger ihren natürlichen und gesetzlichen Richtern entzieht, und wenn die Staatsregierungen durch die Ausschreitungen der Schwurgerichte zu den angedeuteten Nothwehracten gedrängt werden, wodurch gerade dasjenige gänzlich zerstört wird, was jedem Bürger im Staate als die natürlichste Bürgschaft seiner Rechte gelten muss, nämlich die Unterstellung unter seinen gesetzlichen Richter?

Doch — höre ich mir einwenden — diess Alles seien nach allen bisherigen Erfahrungen ausschliessend exotische Erscheinungen für uns Oesterreicher, denn in Oesterreich sei während des kaum anderthalbjährigen Bestandes der Geschwornengerichte nichts Aehnliches zum Vorschein gekommen. Die österreichischen Schwurgerichte haben sich durchaus nicht schlechter, ja vielfach sogar besser als in manchen anderen Gegenden Deutschlands bewährt!

Recht gerne, ja sogar mit freudigem Herzen stimme auch ich im Allgemeinen in dieses anerkennende Urtheil über die Geschwornengerichte in Oesterreich ein. Niemand wird behaupten können, dass die Schwurgerichte in Oesterreich sich während ihrer ephemeren Wirksamkeit etwa relativ noch unvortheilhafter als in andern Ländern Deutschlands oder gar in Frankreich bewährt haben. Allein nichts desto weniger haben wir auch in unserem engeren Vaterlande nicht sehr wenige Fälle zu beklagen, in welchen trotz der offen vorgelegenen Schuld des Angeklagten die Geschwornen vermöge der sich angemassten Omnipotenz und Souveränität ein Nichtschuldig gefällt haben.

Ich schweige aus Zartgefühl von den Fällen, die in Wien vorgekommen sind, weil uns aus der Darlegung ihrer Einzelheiten auch die Namen der unter uns lebenden Angeklagten oder Schwurrichter wieder in's Gedächtniss treten würden. Es waren überdies deren nur wenige, von welchen aber der Eine sogar ausdrücklich in der vorgestrigen niederösterreichischen Landtagsverhandlung andeutend herausgehoben worden ist.

Doch sprechen wir von solchen Vorkommnissen in anderen Kronländern, welche Niemanden persönlich blossstellen können, weil ich selbstverständlich die Nennung von Namen und jede individuelle Bezeichnung vermeiden werde! — So sind z. B. sogar in den Acten des Justizministeriums aus dem durch die Intelligenz seiner Bewohner vorzugsweise gerühmten Königreiche Böhmen (und zwar ebensowohl aus deutschen als aus czechischen und gemischten, häufig utraquistisch genannten Theilen des Landes) nicht wenige Fälle constatirt, in welchen die Geschwornen trotz offen liegender, ja nicht selten sogar bei von dem Angeklagten selbst einbekannter Schuld, zumal bei s. g. p o l i t i s c h e n Verbrechen, namentlich bei dem Verbrechen der Störung der öffentlichen Ruhe des Staates durch Lästerungen auf die Person des Landesfürsten, oder durch Erregung von Abneigung gegen die bestehende Regierung — ferner bei falschen gerichtlichen Zeugenaussagen und Meineiden, sobald dieselben nicht zum Schaden eines Privaten, sondern nur zum Nachtheile der Strafjustiz des Staates verübt wurden, — ein Nichtschuldig aussprachen. — Gleich unbegründete Freisprechungen erfolgten sowohl in diesem Kronlande als auch in M ä h r e n und S c h l e s i e n bei den Verbrechen des Todtschlages, der schweren körperlichen Beschädigung und der öffentlichen Gewaltthätigkeit durch gewaltsame Besitzstörungen, sobald diese Verbrechen nur bei Raufereien oder Schlägereien oder als Acte der Volksjustiz und eigenmächtigen Selbsthilfe verübt worden waren, zumal, wenn der grössere Theil der Geschwornen aus Bauern bestand, und wenn die Besitzstörungen gegenüber ihrer ehemaligen Guts-Herrschaft begangen worden waren. —

In eben diesen drei Kronländern wurden ferner in wiederholten Fällen und beharrlich trotz der energischesten Vorstellungen der Gerichtshöfe und der Staatsanwaltschaften von den Geschwornen beinahe regelmässig alle Nachmacher von Vierteln der damaligen Ein-Gulden-Staatspapierzetteln — von aller Schuld freigesprochen, obgleich ihnen auseinandergesetzt wurde, dass diese Viertel nicht blos wirkliche Bestandtheile eines Staatspapiergeldes seien, sondern auch im allgemeinen Verkehre, zumal auf dem Lande, thatsächlich als Münze galten, und als solche im vollen Nennbetrage nicht nur vom Publicum, sondern sogar von vielen öffentlichen Cassen angenommen wurden.

Als man nun die Geschwornen nachträglich privatim zur Rechtfertigung ihrer Verdicte aufforderte, gaben sie eine solche sogar in öffentlichen Zeitungen, und erklärten, die Viertel-Guldenzettel seien ja gar kein Staatspapiergeld, das Staatspapier werde von der Finanzverwaltung blos als Ganzes ausgegeben und nicht als Viertelzettel. Es könne daher die Nachmachung nur eines vierten Theiles eines Guldenzettels als keine Nachahmung des Staatspapiergeldes angesehen werden. — Wie steht es nun — stelle ich diesen Vorgängen die ganz einfache Frage entgegen — mit der Gerechtigkeit, wenn man bei einem so gemeingefährlichen Verbrechen, wie die Nachahmung von Staatspapiergeld ist, selbst von Seite der Strafgerichte derlei spitzfindige Entschuldigungs-Vorwände zur Geltung bringt? Wäre ein solcher, dem Finanz-Credite des Staates, wie der Sicherheit des allgemeinen Verkehrs gleich gefährlicher Wicht, wenn man ihn auch vermöge der angedeuteten Spitzfindigkeit

nicht als Creditspapierfälscher erklärt, nicht wenigstens, und zwar
sowohl nach dem gemeinen als nach dem österreichisch-positiven,
gleichwie nach dem natürlichen Rechte des schlichten Menschenverstandes als ein gemeiner Betrüger zu brandmarken und
zu strafen gewesen? Doch nein! Die sich souverän dünkenden
Geschwornen sprachen ihn regelmässig von aller Schuld und
Strafbarkeit frei! — Das ist und bleibt, ich wiederhole es nochmals, ein Skandal der Justizpflege!

Ich erwähne ferner jener nicht seltenen Fälle, die ebenfalls in Böhmen, Mähren und Schlesien, dann auch in
Steiermark und Krain vorkamen, wo die Geschwornen bei
offen vorliegenden Verbrechen des Aufstandes oder der öffentlichen Gewaltthätigkeit durch gewaltsamen oder gefährlich be-
drohenden Widerstand gegen die in Ausübung obrigkeitlicher
Aufträge begriffene Finanzwache oder Gendarmerie ganz einfach ein Nichtschuldig-Verdict aussprachen, zumal wenn derlei
Gewaltsamkeiten gegen obrigkeitliche Organe zum Schutze von
Schwärzern, zur Realisirung irgend eines wichtigen Schmuggels
oder zur Ausführung einer eigenmächtigen Selbsthilfe verübt
worden waren. — Als man dann die Geschwornen vertraulich
befragte, wie sie denn bei mehreren ähnlichen Fällen, zumal
wenn von Seite der Angeklagten selbst offene Geständnisse der
Schuld vorlagen, ein Nichtschuldig sprechen konnten, entblö-
deten sie sich nicht, ungefähr folgende Bekenntnisse ungescheut
zu machen: „Die Finanzwache, insbesondere aber die Gensdar-
merie, sei ein sehr unbeliebtes, unpopuläres Institut; namentlich
die letztere hat sich da und dort Missbräuche zu Schulden kommen lassen; sie hat sich verschiedene Befugnisse angemasst: sie
hat sich im Allgemeinen mit der Bevölkerung in einen grossen
Widerspruch gesetzt, und so muss man es denn auch erklär-
lich finden, wenn sich die Bevölkerung ihr gegenüber Luft
mache und zur Selbsthilfe schreite. Daher können denn auch
Geschworne im Geiste des volksthümlichen Rechtes den Widerstand gegen die Gendarmerie in der Regel nicht als strafbar
ansehen" u. s. f., u. s. f.

Wenn wir nun auch in Oesterreich ähnliche Vorgänge gegenüber dem positiven Gesetze erfahren haben, welches doch
mit klarem Wortlaute, wie dies begreiflich die Gesetze aller wohl-
geordneten Staaten thun, jeden gewaltthätigen Widerstand gegen
ein in Ausführung eines öffentlichen Auftrages begriffenes obrig-
keitliches Organ als strafbare Handlung erklärt, so wird wohl
die bescheidene Frage nicht mehr als Verletzung des Zartge-
fühls der österreichischen Völker angesehen werden können, ob
man denn wirklich ohne Beunruhigung für das Ansehen der Gesetze und für die rechtliche Ordnung des Staates diesen Männern

des Volkes die Rechtsprechung insbesondere über die s. g. öffentlichen oder politischen Verbrechen, wird anvertrauen können?

Mögen die eben aufgezählten Erfahrungen auch nur als einzelne traurige Verirrungen dieses oder jenes Schwurgerichtes erklärt, und soll dabei auch von mir keineswegs verschwiegen werden, dass dem entgegen in manchen anderen Fällen unsere Schwurgerichte auch bei Verbrechen der erwähnten Kategorien pflichttreu und vollkommen loyal dem bestehenden Gesetze gemäss ihr Schuldigverdict fällten, so wird doch Niemand in Abrede stellen können, dass auch jene vereinzelten Aberrationen, selbst wenn sie nur als seltene Ausnahmen eintreten würden, der Gerechtigkeit schwere Wunden schlagen und das Vertrauen zur Rechtsprechung der Schwurgerichte unheilbar erschüttern müssen.

Es sei erlaubt, noch auf verschiedene einzelne gar seltsame Vorkommnisse bei den Schwurgerichten in Oesterreich hinzuweisen.

Eines immerhin sehr grellen Falles, der wenigstens kein besonders rühmliches Zeugniss für die Intelligenz der Geschwornen — in dem durch die Verständigkeit seiner Bewohner doch sonst rühmlich bekannten Kronlande Oberösterreich — gibt, habe ich schon in meinem ersten Vortrage aus anderem Anlasse erwähnt. (Siehe oben Seite 35.)

In Mähren kam der Fall vor, dass der Angeklagte, ein junger Bursche, von dem Verbrechen der Nachahmung öffentlicher Creditspapiere von den Geschwornen freigesprochen wurde, obgleich er selbst offen eingestand, Zehnkreuzer-Münzscheine nachgemacht und ausgegeben zu haben, weil sie — mit seiner Jugend und seiner dürftigen Lage Mitleid hatten.

In Schlesien wurde ein 22jähriger Bauerssohn von dem Verbrechen der Mitschuld an einem von ihm in Gemeinschaft mit seinem Vater begangenen bedeutsamen Holzdiebstahle freigesprochen, obgleich er seine Mitwirkung bei dem Verbrechen des Vaters offen eingestand, und auch dessen Vertheidiger die criminelle Mitschuld anerkannte, blos — weil die Geschwornen erkannten, dass das Ansehen eines Vaters über einen 22jährigen Sohn so gross sei, dass man dem letzteren keine selbstständige Schuld an dem Verbrechen seines Vaters zur Last legen könne.

In Steiermark kam der Fall vor, dass die Geschwornen eine Bauersfrau, die selbst umständlich eingestand, dass sie geraubtes Gut mit dem Bewusstsein, dass es geraubt war, an sich gebracht, nämlich gekauft und versteckt habe, freisprachen, weil der Vertheidiger in seiner Schlussapostrophe den Geschwornen auseinandersetzte, was für ein ungeheures Unglück es wäre, wenn die Arme, welche sieben unversorgte Kinder zu Hause habe, gleichzeitig mit ihrem Manne, der das nämliche Verbrechen einverständlich mit seiner Frau begangen hatte, und desshalb bei der nämlichen Schwurgerichtsverhandlung von den nämlichen Geschwornen allerdings schuldig erklärt worden war, wenn also gleichzeitig beide Elterntheile ihren Kindern entzogen würden.

Ein andermal wurde von den Geschwornen in Krain der Angeklagte von dem ihm zur Last gelegten Verbrechen des Todtschlages freigesprochen, obgleich der Staatsanwalt den Beweis der Schuld aus den vernommenen Zeugenaussagen überzeugend nachgewiesen hatte; allein der Angeklagte, ein junger, hübscher Mann, hatte sich, trotz seiner sonstigen Beschäftigung (er war Hausknecht) sehr fein und artig vor Gericht benommen, und einen überaus vortheilhaften Eindruck auf die Geschwornen gemacht, so dass Einer der Geschwornen die Naivetät hatte, noch im Gerichtssaale selbst, sogleich nach beendigter Sitzung, offen auszusprechen: „Es wäre doch Schade gewesen, so einen Burschen auf längere Zeit einsperren zu lassen. Der kann vielleicht noch eine gute Partie machen, und ein ordentlicher Mensch werden. Wie mancher Andere geht frei herum, der noch was Schlimmeres angestellt hat!"

Auch aus Triest und dem Küstenlande kam dem Justizministerium die Klage zu, dass sich die Geschwornen überhaupt, zumal bei gewissen Verbrechen, so namentlich bei Todtschlägen und falschen Eiden mehr von ihrem Gefühle und von äusseren Eindrücken, als von der Beurtheilung nach der Richtschnur des Gesetzes leiten liessen.

Dabei soll nun aber auch von mir nicht in Abrede gestellt werden, dass viele dieser unbegründeten Wahrsprüche der Geschwornen in Oesterreich — wie diess ja auch mehrere der bisher aufgezählten Fälle bezeugen — auf einem überaus achtungswerthen Motive, nämlich auf jener Gutmüthigkeit beruhen, die ein vorherrschender Grundzug des Nationalcharakters der mehresten Völker Oesterreichs ist. Allein diese Gutmüthigkeit verleitete unsere Geschwornen eben vielfach zur Anwendung übelverstandener und unpassender Humanität, zu falschem Mitleid auf Kosten und mit Abbruch des Rechtes, also zu einer in letzter Nachwirkung dem Festbestande der rechtlichen Ordnung im Staate, der Sicherheit der Gesellschaft nachtheiligen Milde und — nennen wir die Sache beim rechten Namen — zur selbst angemassten Ausübung des Begnadigungsrechtes.

Oder können etwa mehrere der bisher aufgezählten Vorgänge von diesem Vorwurfe befreit werden? Trifft derselbe nicht auch einen anderen Fall, der in Oberösterreich vorkam, wo die Geschwornen einen öffentlich Angestellten (er war Gefangenwärter) von dem Verbrechen der zweifachen Ehe freisprachen, obgleich er zugestand, dass er aus Anlass seiner amtlichen Versetzung seine ihm sehr lästige Frau verlassen und mit Verschweigung dieser Ehe in seinem neuen Aufenthaltsorte eine andere Frau genommen hatte, und zu seiner Entschuldigung Nichts vorbringen konnte, als dass ihm ein Herr aus seinem früheren Domicil (den er aber nicht kannte, noch zu nennen wusste) gesagt haben soll, dass seine erste Frau daselbst gestorben sei. Als man einige dieser Geschwornen über die Motive dieses allgemein auffallenden Verdictes fragte, zeigte sich's, dass sie sich hierzu theils durch Mitleid mit diesem sonst sehr braven und ehrenwerthen Manne, theils durch die Rücksicht, dass seine erste Gattin notorisch eine sehr liederliche und unverträgliche Person war, hatten bestimmen lassen.

In Böhmen wurde von den Geschwornen ein lediges Dienstmädchen, welches die Weglegung ihres Kindes selbst offen und reumüthig eingestanden hatte, zum allgemeinen Erstaunen des gesammten, bei der Gerichtsverhandlung anwesenden Publikums und zur Verwunderung der Angeklagten selbst, von dem Verbrechen der Kindesweglegung durch die Geschwornen freigesprochen, blos aus Mitleid mit ihrer dürftigen Lage.

Noch will ich eines Falles erwähnen, wo eben solche falsche Humanitätsrücksichten nur nahe daran waren, ein wunderliches Nichtschuldig-Verdict zu Stande zu bringen, der mir von einem bei der gerichtlichen Verhandlung Mitwirkenden erzählt wurde. In einer ansehnlichen Provinzialhauptstadt unseres schönen Kaiserstaates hatte das etwa 20 Jahre alte Dienstmädchen einer sehr guten und beliebten Familie ihr neugeborenes uneheliches Kind in den Keller getragen, und daselbst mittelst einer Hacke (Axt) auf sehr grausame Weise getödtet und zerstückelt. Bei der Schwurgerichtsverhandlung machte die Angeklagte sowohl durch ihre auffallende Schönheit, als auch durch ihr bescheidenes und reuevolles Benehmen einen überaus vortheilhaften Eindruck auf die Geschwornen, der so weit ging, dass bei der Berathung derselben sich unter den Geschwornen, die grösstentheils aus der Stadt selbst entnommen waren, und der genannten Familie persönlich sehr freundlich gesinnt waren, bereits die Majorität für die Freisprechung der Angeklagten aus dem Mangel ihres vollen Bewusstseins (!) bei Verübung dieser That gebildet hatte. Da erhob sich plötzlich aus der Minorität Einer der Geschwornen, ein derber Bauer, und stellte seinen Collegen eindringlichst das Unvernünftige eines Nichtschuldig-Verdictes in diesem Falle auseinander und drohte, dass er, wenn der Wahrspruch wirklich dahin ausfalle, sogleich den Saal verlassen und um keinen Preis jemals mehr als Geschworner fungiren würde, da er sich schämen müsste, an einer so auffallend unvernünftigen Rechtsprechung Theil zu nehmen und — auch die übrigen liessen sich umstimmen. Wahr ist's, dass in diesem Falle durch den Rath eines Einzigen von zwölf Geschwornen eine Ungereimtheit vermieden wurde. Allein ich frage nochmal:

Ist eine Institution angemessen, bei welcher die Rettung des Rechtes dem dünnen Faden eines solchen Zufalles preisgegeben ist?

In eben diese Kategorie seltsamer Mitleids-Verdicte unserer österreichischen Geschwornen gehört auch ein weiterer Fall aus Steiermark, wo die Geschwornen einen wohlhabenden Grundbesitzer, der eine Musterwirthschaft führte, und durch seine hervorragende Cultivirung des Feldbaues allen seinen Nachbarn zum Vorbilde diente, von dem offen constatirten Verbrechen des falschen Eides freisprachen. Sie rechtfertigten dieses Verdict gegenüber denjenigen, die ihre Verwunderung darüber äusserten, ungefähr mit folgendem Raisonnement: Der Angeklagte hat mit seinem falschen Eide Niemanden einen unmittelbaren Schaden zugefügt. Man brauchte ihn also nicht wegen einer eigentlichen Rechtsbeschädigung zu verurtheilen, und man konnte, ja musste ihn im Interesse des Volkes um so mehr freisprechen, weil dessen Freilassung und unbehinderte Thätigkeit bei Cultivirung seiner Ländereien sowohl ihm selbst als der übrigen Gesellschaft von grossem Nutzen ist, und dessen längere Abwesenheit von dem persönlichen Betriebe seiner Wirthschaft dieser selbst grossen Schaden bringen würde u. s. f.

In Tirol wurde ein Bauer, der einen Andern in dunkler Nacht auf offener Gasse eingestandenermassen absichtlich mit einem mit Bier gefüllten irdenen Kruge an die Schläfe geschlagen hatte, worüber dieser todt zu Boden fiel, sowohl von dem Verbrechen des Todtschlages, als der schweren Verwundung, als auch von jeder fahrlässigen Verletzung freigesprochen. Und als man sie vertraulich um das Motiv dieser wunderlichen Entscheidung befragte, erklärten sie (es waren grösstentheils Bauern) ganz offen, dass ja dies reiner Zufall sei und dass keiner von ihnen in dieser Handlungsweise, zumal wenn sie wie im vorliegenden Falle als Entgegnung auf ein ungeschaffenes Wort geübt wird, irgendwie etwas Strafbares erkennen könne, indem ja jeder von ihnen in gleicher Lage ebenso handeln würde.

Ja sogar in Wien wurde von den Geschwornen ein Angeklagter von dem Verbrechen der Nothzucht, trotz der evident vorgelegenen und auch von ihnen einhellig anerkannten Beweise der Schuld, und zwar mit 8 gegen 4 Stimmen freigesprochen, nachdem sie den zu ihrer Berathung gerufenen Präsidenten nicht hatten bewegen können, noch eine Zusatzfrage zu stellen, wodurch für den Fall ihres Schuldig-Verdictes eine geringere als die auf das Verbrechen der Nothzucht gesetzte Strafe erzielt werden könnte, indem sie diese letztere für den concreten Fall zu hart fänden.

Ich schliesse die Reihe dieser, theilweise durch gedruckte Zeitungsberichte bereits notorisch gewordenen, zum andern Theile

aber mir aus amtlichen Acten bekannte oder durch vollkommen
glaubwürdige Augen- und Ohrenzeugen mitgetheilten Fälle mit
einem fast drolligen Vorkommnisse, das mir ebenfalls ganz zuverlässig bekannt geworden ist. Es wurden nämlich in einem unserer
Kronländer zur Zeit, als daselbst das Schwurgericht in Wirksamkeit war, sieben Bauern wegen Holzdiebstahl, wodurch sie
ihrem ehemaligen Grundherrn aus dessen Walde Holz in grosser
Menge weggenommen hatten, in Anklagestand versetzt und vor
das Schwurgericht gestellt. Schon bei Ausübung des Recusations-
rechtes war durch Manipulationen aller Art darauf hingewirkt
worden, dass in der Geschwornenbank nach Möglichkeit nur
Bauern zurückblieben, nämlich solche Geschworne, welche in
ähnlicher Lage und, wie die böse Welt behauptete, sogar in gleicher
Beziehung zu ihrem Grundherrn standen, wie die Angeklagten.
Der Sachverhalt wurde constatirt, die Angeklagten leugneten
auch nicht das Factum der Wegnahme des Holzes, sondern
redeten sich dahin aus, dass durch die Aufhebung des Unter-
thänigkeitsverbandes ein Theil des Waldes, aus dem sie das Holz
weggeschleppt haben, ihr Eigenthum geworden sei; sie hätten
daher nicht geglaubt, einen Diebstahl zu begehen u. s. f. —
Diese Ausflüchte reichten zu, um die Geschwornen, die Standesgenossen und Wahlverwandten der Angeklagten, zur Freisprechung
der letzteren zu bestimmen. Doch was geschah weiter? Wenige
Tage darnach kamen die freigesprochenen und in Freiheit gesetzten 7 Angeklagten zu dem Präsidenten des Gerichtshofes,
und baten ihn mit aufgehobenen Händen, er möchte sie schuldig
erklären und zur Strafe verurtheilen lassen. Sie hätten ja den
Holzdiebstahl wirklich verübt, und verdienen allerdings Bestrafung. Sie seien wohl durch die Künste ihres Vertheidigers schuldlos erklärt worden, aber sie müssten jetzt vermöge eines von dem
Vertheidiger ihnen früher abgenommenen und von ihnen auch im
Voraus zugesicherten feierlichen Wortes jeder 50 Gulden Honorar
an den Vertheidiger zahlen. Dies zu leisten seien sie nicht im
Stande, und daher wollen sie sich lieber ein Jeder ein halbes
oder selbst ein ganzes Jahr einsperren lassen, da sie doch selbst
einsehen, dass sie wirklich schuldig seien und eine solche Strafe
sie nicht ungerecht treffe.

Ich frage Sie nun, geehrte Herren! ob durch solche Wahrsprüche der Geschwornen nicht geradezu der Gerechtigkeit Hohn
gesprochen wird? — Aehnliche Vorkommnisse werden gewiss
bei einem rechtsgelehrten Gerichtshofe niemals eintreten!

Doch — höre ich auch aus diesem Anlasse wieder Manchen
von Ihnen sagen — zugegeben, dass diese Missgriffe in den so
eben angeführten Fällen vorgekommen sind: was ist es denn
auch für ein so grosses Unglück, dass in Folge der in Rede
stehenden Selbstberechtigung der Geschwornen, sich in einzelnen

Fällen mit ihrer Entscheidung über die engen Grenzen des positiven Gesetzes hinauszusetzen, hie und da ein wirklich Schuldiger und nach dem positiven Gesetze Strafbarer straflos durchschlüpft, wenn nur in Folge dieser Selbstüberhebung niemals ein Unschuldiger schuldig erklärt wird!

Was sich gegen die Einseitigkeit dieser Bemerkung sagen lässt, habe ich schon in meinem zweiten Vortrage erwähnt, als ich darlegte, dass man dieselbe Schutz- und Abwehr-Argumentation auch rücksichtlich jener Nichtschuldig-Verdicte oder Freisprechungen zu machen pflegte, die zunächst in dem mechanischen Fragen-Formalismus der französischen und deutschen Schwurgerichts-Gesetzgebung beruhen. Um nun heute nicht nochmal auf meine damaligen Erörterungen über die schweren Wunden, welche der Gerechtigkeit auch durch unbegründete Freisprechungen geschlagen werden, so wie über die kaum heilbaren Risse, welche dadurch im Rechtsbewusstsein des Volkes und im Ansehen des Rechtsgesetzes herbeigeführt werden, zurückzukommen (vgl. oben S. 44 u. 45), schreite ich sogleich zur Würdigung des zweiten Theils dieser euphemistischen Bemerkung, ob es denn wahr sei, dass durch die in Rede stehende Omnipotenz der Geschwornen wirklich ungerechte Schuldig-Verdicte derselben von vornherein ausgeschlossen seien, indem auch ich der Ansicht beipflichte, dass, wenn dies nicht der Fall wäre, darin allerdings die gefährlichere Seite dieser Omnipotenz läge. — Dies aber ist eben die grosse Unwahrheit an der erwähnten Schutzrede! Diese Souveränität der Geschwornen — sie war von jeher, ist es derzeit und wird es fürderhin bleiben, ein zweischneidiges Schwert nämlich, welches eben so tief nach der einen, wie nach der anderen Seite hin einschneidet, heute nach der Einen Richtung, um wirklich Schuldige von aller Strafe zu befreien, morgen in der entgegengesetzten Richtung, um unwillkommene oder gehasste Mitbürger, wenn auch nicht nach dem Tenor des gegebenen Gesetzes, doch nach der Forderung des souveränen Volksrechtes — auf das Schaffot zu führen! Lehrt uns nicht die tägliche Erfahrung, wie aufgeregt die ganze Bevölkerung ist, wenn in irgend einer Gegend Brandstiftungen und ähnliche Eigenthumsbeschädigungen oder Räubereien in grösserem Umfange überhandnehmen, und wie sie dann, wenn man durch längere Zeit keinen wirklichen Thäter aufgreift, jeden übelbeleumundeten Menschen, alle Vagabunden oder nur im Geringsten verdächtigen Personen schlechtweg als Schuldige bezeichnet und der öffentlichen Rache oder Strafe denuncirt. Lassen Sie nun unter dem Eindrucke solcher Ereignisse die Jury als Volksgericht über solche Unglückliche Recht sprechen! — Liegen diesfalls nicht aus allen Ländern, wo Schwurgerichte bestehen und namentlich selbst aus Belgien die traurigsten Erfahrungen vor? — Klagen nicht selbst die eifrigsten

Vertheidiger der Schwurgerichte über die notorische Thatsache, dass insbesondere bei Eigenthums-Verletzungen die Schwurgerichte, zumal wenn sie dem grösseren Theile nach aus Besitzern zusammengesetzt sind, auf die leisesten Verdachtsgründe hin ein Schuldig-Verdict fällen, auf Indicien, welche einen rechtsgelehrten Gerichtshof niemals zu einer Verurtheilung bestimmen könnten? —

Man wecke doch um's Himmelswillen nie und nirgends den Löwen der sogenannten Volksjustiz, der gesetzentfesselten Souveränität jenes unbestimmten und unbestimmbaren Begriffes, welchen man mit dem vagen Namen: „Volk" verknüpft, welches heute aus einer Coterie privilegirter Stände oder vornehmer Geschlechts-Aristokraten, morgen aus einer Clique von Plutokraten, übermorgen aus einem Phalanx einiger überragender Geister und der Oligarchie einiger Doctrinäre oder sogar blos weniger präpotenter und anmasslicher Schreier besteht, und wieder ein andermal sich in der rohen Soldateska-Gewalt einiger übermüthiger Prätorianer oder Janitscharen, oder gar in der Ochlokratie der untersten Hefe des Pöbels, der Lazzaroni's, der Sansculotten oder Banditen wiederspiegelt!

Lassen Sie diese Volkssouveränität nur einmal auch als schrankenlose Volksjustiz walten, dann bildet sie sich von Fall zu Fall das Gesetz, nach dem sie rückwirkend entscheidet, was sie als strafwürdig ansieht!

Zeigen uns nicht sogar vielfache aus den nordamerikanischen Freistaaten vorliegende Erfahrungen, wie gefährlich es für die Gerechtigkeit nach der einen und anderen Richtung ist, wenn man der Jury ein solches Befugniss zuerkennt — ich wiederhole nachdrücklich, aus den nordamerikanischen Freistaaten, wo doch und obgleich die Jury daselbst nach Beweisregeln richtet. Werden von derselben nicht dennoch häufig sowohl grundlose Lossprechungen, als auch ungerechte Verurtheilungen gefällt, weil die gegenseitige Erbitterung der gegenüberstehenden politischen Parteien und Factionen, namentlich der Sklavenerhaltungs- und der Abolitionisten-Partei, so wie der daselbst vorkommenden vielen religiösen Secten, weil politische und religiöse Vorurtheile und augenblickliche Aufregungen heute — wie in dem berühmt gewordenen Bostoner-Falle — notorische Brandleger eines Nonnen-Erziehungsinstitutes, blos aus religiösem Hass gegen die Nonnen, morgen Mörder und Eigenthumszerstörer, wenn die Wuth derselben sich gegen Abolitionisten richtet, freispricht, ein andermal aber wieder die letzteren grundlos als Verbrecher verurtheilt! — — Wird nicht selbst von glühenden Enthusiasten des Schwurgerichtes zugestanden, dass dasselbe in mehreren Cantonen der Schweiz in den 1840er Jahren während der stürmischen Umwälzungen vielfach als politisches Werkzeug zum offenen Hohne der

Gerechtigkeit, bald zu Gunsten, bald aber auch zum Nachtheile der freundlichen und beziehungsweise feindlichen Parteiungen missbraucht worden ist?

In keiner Partie, als gerade in Betreff der furchtbaren Ausartungen aller sogenannten Volksjustiz, ist die Geschichte lehrreicher. Ich brauche wohl kaum an das Alterthum zu erinnern. Die Volksjustiz war es, die dem grössten Denker des Alterthums, Sokrates, den Giftbecher reichen liess. — Die Volksjustiz war es, welche sich eine äussere Form des Rechtes in dem sogenannten Ostracismus erfand, um die edelsten, patriotischesten, verdientesten Männer als strafbar hinzustellen und aus dem Vaterlande zu verbannen. — Die Volksjustiz war es, welche den Themistokles zur Verbannung verurtheilte, weil es etwa von der Gerechtigkeit geboten oder erlaubt? nein! weil es nach ihrer souveränen Meinung für den Staat nützlich erschien. — Die Volksjustiz war es, welcher selbst ein Aristides fallen musste! — — Dieses Volk, sage ich, welches heute dem durch Jahrtausende von Profezeiungen bezeichneten und vorherverkündeten gottgesandten Messias — Hosianna zurief, dieses Volk hat wenige Wochen später zum Danke dafür, dass er dem Menschengeschlechte die erhabenste und reinste, weil unmittelbar Gott selbst, dem Urquell alles Lichtes und aller Wahrheit, entstammte Sittenlehre zurückliess, ein noch lauteres: „*Crucifige eum!*" entgegen gebrüllt, und den welterlösenden Heiland unter viehischem Gejohle und Geheul des Pöbels an's Kreuz geschlagen!

Ich meines Theils verabscheue die Volksjustiz, ich leugne es nicht, in jeglicher Form; nicht blos dann, wenn sie in pöbelhaften Excessen, als amerikanische Lynchjustiz, als das sogenannte Sittengericht in dem Haberfeldtreiben Nieder-Baierns, oder in den dumm-bigotten Hexenprocessen des südöstlichen Europa auftritt.

Ich verabscheue sie auch dann, wenn sie sich die Formen des Rechtes leiht.

Ich verabscheue sie auch dann, wenn sie als religiöser Fanatismus, als Glaubens- und Religionstribunal, als Inquisitionstribunal auftritt, um Tausende von Menschen dem Feuertode zu weihen. Ich verabscheue sie selbst dann, wenn sie aus Cardinälen und Bischöfen zusammengesetzt, dem Kaiser und dem Papste den Rath gibt, jenen klaren, feierlichst besiegelten Geleitsbrief durch treuloses Deuteln zu entweihen, welchen der Märtyrer des Constanzer Concils bei sich führt, und wenn sie sofort diesen — vergeblich auf sein gutes Recht fussenden — Glaubenshelden auf den von einem wahnwitzigen Fanatismus angezündeten Scheiterhaufen führt!

Ich verabscheue die Volksjustiz, die, wie ich schon anderwärts erwähnt, unter dem achten Heinrich und Cromwell

11

zum Justizmorde so vieler Bürger führte. Ich verabscheue jene
Volkssouveränetät und Volksjustiz, welche mit der selbst arro-
girten Omnipotenz den Mangel jedes positiven Gesetzes durch
ein selbstgeschaffenes fictives Volksrecht ergänzt, und nach diesem auch den Königsmord sanctionirt, um in England den ersten
Karl, in Frankreich sogar den wohlwollenden sechszehnten
Ludwig auf's Schaffot führen zu können!

Ich verabscheue jene Volksjustiz, welche, dem Ausspruche
eines zaghaften Gerichtshofes vorgreifend, als angebliche Selbsthilfe des von politischen Factionen aufgehetzten Strassenpöbels
einschreitet, und das edle Brüderpaar de Witt, dem die Niederlande ihren Glanz, ihre Grösse verdanken, wegen angeblichen
Abfalles von des Volkes Wünschen mit viehischer Brutalität ab-
schlachtet!

Ich meinen Theils kann mich mit der Volksjustiz auch dann
nicht befreunden, wenn sie von der hochangesehenen französischen Pairskammer gegen den Helden-Marschall Ney geübt
wird, ohne dass ich damit etwa des letzteren zweizüngiges Benehmen gutheissen möchte. Allein hatte nicht bereits das Kriegs-
gericht gegenüber dem von den Mächten Europas erlassenen
Amnestie-Acte sich incompetent erklärt? Hatten nicht ferner
die rechtsgelehrten Mitglieder der Pairskammer überzeugend
darauf hingewiesen, dass der Artikel XII dieser Amnestie-Acte,
welcher alle politischen Verirrungen der Franzosen als vergessen erklärte, doch offenbar auch jede gerichtliche Verfolgung der
politischen Verbrecher ausschliesse? — Dennoch hatten nur siebzehn Stimmen unter jenen hundert entscheidenden Richtern aus
der Elite des französischen Volks — ich wage, es zu sagen —
den Muth, diesem „Nichtschuldig" oder richtiger „Nicht verur-
theilbar" beizupflichten, während die überwiegende Majorität dieser
nicht rechtsgelehrten Volksrichter der Pression wich, welche unverkennbar die Anwesenheit der fremden Mächte und fremden
Truppen in Paris, welche der Wunsch der kaum restaurirten
Regierung, welche das Geschrei der herrschenden Journale der
Restauration und der Tagesmeinung auf sie übte, und über den
Doppel-Apostaten das — Schuldig aussprach.

Nach diesen illüstren Vorgängen der Volksjustiz bleibe ich
meinen Theils noch immer bei dem Satze stehen: Die Gewähr
für die bürgerliche Freiheit, die Gewähr für Recht und Ordnung
im Staate liegt mir in dem alten Satze: *„Ubi nulla lex punitiva po-
sita, ibi nulla poena!"* —

Eine Justiz dagegen, die sich herausnimmt, sich bei jedem
einzelnen Falle erst selbst die Norm zu schaffen und zu modeln,
nach welcher sie richtet, erscheint mir als das frazzenhafteste
Zerrbild der Justiz, die auf den Namen „Rechts-Pflege" gerade
so wie *lucus a non lucendo* Anspruch hat. — Eine solche Justiz

wird allerdings vielleicht etwa in zehn Fällen unter hundert —
Freisprechungen gegen das positive Gesetz fällen. — Das
ist das mindere Unglück. Sie wird aber auch, und sei es selbst
nur in einem oder zweien von jenen hundert Fällen, gegen alles
positive Gesetz, daher auch gegen das Recht an sich, ein Schuldig-Urtheil fällen.

Es sei mir zum Schlusse meines heutigen Vortrages erlaubt,
Ihnen offen einzugestehen, dass die Lebhaftigkeit meiner persönlichen Ueberzeugung in der bisher erörterten Beziehung allerdings
auch auf einer an meiner eigenen Person gemachten Lebenserfahrung beruht.

Sie werden es mir nach dem bekannten Worte des Dichters:

> „Wer nie sein Brod in Thränen ass,
> Wer nie die kummervollen Nächte
> In seinem Bette weinend sass,
> Der kennt euch nicht, ihr himmlischen Mächte!"

nicht schief deuten, wenn ich Ihnen eine Katastrophe aus meinem
Leben mittheile, um Ihnen nachzuweisen, wie geringhältig in meinem
eigenen Innern die Meinung von der Gerechtigkeit der sogenannten Volksjustiz, und wie wohlbegründet dagegen meine Ueberzeugung von dem unbeugsamen Rechtssinne ständiger, aus
Rechtsgelehrten zusammengesetzten Gerichtshöfe ist.

Es sind gewiss nicht wenige unter Ihnen, die selbst noch
Augen- und Ohrenzeugen dessen waren, was ich Ihnen jetzt in
Beziehung auf meine geringe Person mittheile, und was Sie überzeugen mag, dass der vielgerühmten Volksjustiz selbst in unserem
engeren Vaterlande und auch ohne alle Vorübung in dieser Art Volks-
Souveränität das Gelüste nicht fremd ist, vorkommenden Falls sich
erst selbst ein Gesetz zu schaffen, um darnach über einen unlieb-
samen Angeklagten ein souveränes Schuldig-Verdict zu fällen.

Es war am 25. Mai des Jahres 1848, zu einer Zeit also,
wo die Wogen der politischen Bewegung sehr hoch gingen, und
insbesondere in Wien die Aufregung des Volkes eine bis dahin
noch nie dagewesene Intensität und Extension erreicht hatte, als
der damalige Ministerrath eine Berathung hielt über die Frage,
ob es nicht im Interesse der Studentenschaft läge, die sogenannte akademische Legion (so hiess das einen integrirenden
Theil der Nationalgarde bildende Studenten-Corps) aufzulösen,
die Universitäts-Vorlesungen zu schliessen und alle nicht unmittelbar nach Wien zuständigen oder ihren Erwerb etwa durch
Unterricht in Wien findenden Studenten zur Abreise in ihre
Heimatsorte obligatorisch aufzufordern. Nachdem der Ministerrath,
was übrigens den sogleich zu nennenden zwei Professoren nicht
bekannt gegeben wurde, sich selbst alle diese Fragen bereits mit
einhelligem Beschlusse bejaht hatte, hielt er es für zweckmässig,
noch zwei Männer aus der Mitte der Universität um ihre Mei-

11*

nung zu fragen. Es waren dies der nunmehr verstorbene Professor Endlicher und meine geringe Person, der ich damals auch noch Universitäts-Professor war. — Wir beide hatten unabhängig von einander, nämlich keiner von uns auch von der Vernehmung des Andern wissend, ebenfalls uns über alle durch den erwähnten Ministerraths-Beschluss bereits entschiedenen Fragen bejahend ausgesprochen und uns ungefähr dahin geäussert: „Es sei nicht blos eine politische, sondern vor allem Andern eine sittliche Nothwendigkeit, diese Massregel mit der grössten Beschleunigung auszuführen; es sei nur zu bedauern, dass das Ministerium diese Massregel nicht schon acht Tage früher, nämlich am 18. Mai ins Leben gesetzt habe, wo aus Anlass der Abreise des Kaisers und des dadurch entstandenen allgemeinen Unwillens gegen das Treiben vieler Studenten selbstgebotene Gelegenheit gewesen wäre, sie ohne Aufregung durchzuführen." — „Es sei insbesondere eine dringende sittliche Nothwendigkeit, diese energische Massregel gegen die Studentenschaft wenigstens jetzt nachzuholen, weil in der akademischen Legion, die vorschriftsmässig ausschliessend aus Studenten gebildet sein soll, zu einem sehr grossen Theile, ja nicht unwahrscheinlich zur weitaus grösseren Hälfte Nicht-Studenten eingereiht seien, und weil gerade zumeist diese Nicht-Studenten es seien, welche jene brutalen Scenen viehischer Verrohung und Entsittlichung aufführten, die man seit mehreren Wochen hier in der Nähe der Universität, theils auf offenen Plätzen und in den Strassen, theils in den Sälen des akademischen Gebäudes (der s. g. Aula) ausführen sah, und weil ferner die zahlreiche Bevölkerung einer gewissen Abtheilung des allgemeinen Krankenhauses mit akademischen Legionären, welche zu jener Zeit eine bis dahin unerhörte Anzahl erreicht hatte, nur zu sehr zeigte, dass der grössere Theil der Studenten bei einem längeren Aufenthalte in Wien ihrem sittlichen Ruine entgegengehe."

Die Massregel wurde sofort unwiderruflich beschlossen, und mir selbst der Auftrag gegeben, diesfalls ein Manifest dem Ministerrathe zu entwerfen, welches von demselben gutgeheissen wurde, sofort am andern Tage kundgemacht und nöthigenfalls mit Anwendung von Gewalt durchgeführt werden sollte. Ein Verrath hatte dieses Manifest in der Nacht, während es gedruckt wurde, unberufenen Händen mitgetheilt, von welchen dann dessen Inhalt den damals bereits sich fast täglich in grösseren Ansammlungen und mit trotzigem Ungestüm auftretenden Arbeitern bekannt gegeben wurde. Darum waren die letzteren, welche in der Studentenschaft ihre Schutzmacht sahen, am 26. Mai schon mit dem frühesten Morgen in Massen, zum Theile mit Werkzeugen aller Art, sowie mit Knütteln bewaffnet von den Vorstädten in die innere Stadt gekommen, um den Vollzug der gegen die Studentenschaft beschlossenen ministeriellen Massregel gewaltsam zu behindern. Der Strassenpöbel siegte über die Regierung und antwortete — wie es ein berühmter Volksmann an eben diesem Tage im Gemeinderathe der Residenzstadt aussprach: „auf die unpopulären Massregeln einer schwachen Regierung mit der Lapidarschrift der ersten Barrikaden!" — Bekanntlich hatte nämlich der 26. Mai zum ersten Male die Barrikaden in Wien eingeführt.

Die Minister gaben nach und nahmen gegen den Abend dieses Tages alle von ihnen Tags vorher beschlossenen Massregeln und namentlich auch die Auflösung der akademischen Legion zurück. — Zu gleicher Zeit pressten ihnen einige besonders zudringliche Volksredner die Concession ab: „Dass die Urheber dieser Massregel (welche ja doch eigentlich die Minister selbst waren) gerichtlich verfolgt und vor ein öffentliches Gericht gestellt werden sollen." Diese Zusicherung war vom Ministerrathe gegeben und es wurden darüber an allen Strasseneckern gedruckte Placate im Namen der Regierung angeschlagen. Inzwischen hatte sich selbst eine Volksversammlung constituirt und als Sicherheits-Ausschuss organisirt, anschliessend an eine früher schon von der Regierung halb und halb constituirte ähnliche Organisation. Dieser Sicherheitsausschuss erklärte nun aus eigener Machtvollkommenheit, dass er alle jene Männer, welche ihm als betheiligt, sei es bei der Erlassung oder bei der begonnenen, aber durch das Volk vereitelten Vollziehung dieser Auflösungs-Massregel bekannt werden würden, vor sein Tribunal ziehen werde.

Professor Endlicher nicht blos, sondern auch alle diejenigen Männer, welche sich bei dem Vollzuge dieser Regierungs-Massregel in hervorragender Weise betheiligt hatten, verliessen noch am 26. oder am folgenden Tage flüchtigen Fusses die Hauptstadt. Auch mir hatten wohlmeinende Freunde das Gleiche gerathen, da die Gelegenheit hierzu sehr leicht war. Doch ich blieb in Wien und hatte den Muth — vielleicht nennen Sie es Keckheit — mich schon am 28. Mai Morgens unaufgefordert bei jenem selbstgebildeten Tribunale des Sicherheits-Ausschusses in öffentlicher Versammlung persönlich mit der einfachen Erklärung zu stellen: „Ich sei bereit, über Alles Auskunft zu geben, was ich gethan habe, obgleich ich mich nicht für verpflichtet erkennen könne, vor dieser Versammlung mich irgendwie einer eigentlichen Rechtfertigung meiner persönlichen Handlungsweise einzulassen. Glaube man, dass ich gegen ein Strafgesetz gefehlt habe, so möge man mich an meinen competenten Richter abstellen."

Von den Galerien des Musik-Vereins-Saales, in welchem diese Versammlung öffentlich tagte, erscholl hierauf ein stürmisches Gejohl und Gebrüll: „In den Kotter mit ihm! Was brauchen wir da erst ein Gesetz, um einen Volksverräther zu bestrafen? Was brauchen wir einen Richter? In den Kotter mit ihm! In den Kotter mit ihm!"

Die Vorstellungen einiger besonnenen Juristen aus der Mitte dieses Sicherheits-Ausschusses selbst, dass dieser Volksversammlung doch gar keine Gerichtsbarkeit zustehe, wurden von den mehreren oder doch lärmenderen Stimmführern überschrieen.

Man erklärte mich verhaftet, und weil man die Besorgniss aussprach, dass das Criminal-Gericht, im Falle man dasselbe um die Verhaftung angehen würde, dieselbe etwa nicht vollziehen möchte, und weil man überdiess in der Eile keinen Kotter auf der Universität auffand, gab man mir Hausarrest durch die Bewachung mittelst zwei oder vier Mann Nationalgarde in meiner Wohnung, die alle zwei Stunden durch andere Wachen abgelöst werden sollen.

Ueber meine in sehr bescheidenem Tone ausgesprochene Vorstellung, wie denn die Versammlung dazu komme, meine Verhaftung auszusprechen, indem nach den bestehenden Gesetzen dies doch nur von den Gerichtsbehörden verfügt werden dürfte, wurde unter dem stürmischen Applaus der Galerien von einzelnen Stimmführern aus der Versammlung mir Schweigen geboten und zugerufen: „Das souveräne Volk ertheilt das Recht hierzu; das souveräne Volk beschliesst Ihre Verhaftung. Sie haben daher zu schweigen und zu gehorchen!"

Ich wurde von zwei Mann Nationalgarde abgeführt und hatte — wie schon angedeutet — den mir dictirten Verhaft vorläufig in meiner Wohnung zu bestehen.

Nur nebenbei erwähne ich noch der Modalitäten, unter welchen das souveräne Volk diesen Hausarrest gegen mich in Ausführung brachte. Es stellten sich nicht blos bei Tag jedesmal, so oft die Wachen wechselten, dieselben in meinem Zimmer ein, um mich zu recognosciren, sondern ich wurde in der erstern Zeit auch in der Nacht jede zweite Stunde in meinem Bette geweckt, musste mich aufrichten und von dem Führer der Wache, gleichwie von den abtretenden zwei, und den neu eintretenden Wachmännern recognosciren lassen, weil dieselben — so sagte man mir — die Weisung erhalten hatten, sich jedesmal zu überzeugen, ob ich nicht entflohen sei, oder etwa einen Andern statt meiner substituirt habe.

Des andern Tages entsandte dieser Sicherheits-Ausschuss eine Commission in meine Wohnung, um mich zu verhören. Ich dictirte bei diesem durch vier bis fünf Stunden fortgesetzten Verhöre zu Protocoll, und gab hierbei Alles an, was mir über die Vorfälle des 26. Mai bekannt war, und erzählte namentlich sachgetreu den Hergang derjenigen Thatsachen, welche nach den von meinen Verhörrichtern gemachten Vorhalten mir von dem Volks-Sicherheits-Ausschusse als Schuld zur Last gelegt wurden. Es war das eben vorzugsweise der dem Vernehmen zufolge von mir dem Ministerrathe empfohlene Rath und Vorschlag der Auflösung der akademischen Legion. — Wenige Tage darnach wurde über dieses Protocoll im Sicherheits-Ausschusse verhandelt. Es waren mehr als hundert Stimmführer. Hierbei setzten nun allerdings die Juristen der Versammlung aber nur mit der schwachen Majorität von etwa zweiundsechszig oder dreiundsechszig gegen eine Minorität von vierzig durch, dass diese Versammlung sich keine Gerichtsbarkeit über mich zuschreiben könne, und daher kein Recht habe, über mich ein Urtheil zu fällen, sondern mich an das Criminalgericht abführen, d. h. vor meinen gesetzlichen Richter stellen müsse.

So ward endlich der Nüchternheit, der Besonnenheit Raum gegeben. Die Majorität erklärte sich dafür, während die nicht unbedeutende Minorität aus eigener souveräner Volksmachtvollkommenheit über mich Urtheil und Recht sprechen wollte. Gleichzeitig aber äusserten sich einzelne Stimmführer dieser Minorität, so wie mehrere radicale Blätter jener Tage dahin: „Der Majoritätsbeschluss der erwähnten souveränen Volksversammlung beruhe auf einer gänzlichen Verkennung der ewigen und natürlichen Gerechtigkeit, indem man erst noch nach einem Paragrafe forschte, nach welchem dieser Volksverräther etwa zu behandeln wäre; indem man ferner auch noch nach einem Richter forschte, welchem die Gerichtsbarkeit über diesen Fall zustände. Nach dem Codex des natürlichen und im Volke lebenden Rechtes wäre vielmehr so vorzugehen gewesen: der Mann hat durch seinen dem Ministerrathe gemachten Vorschlag die akademische Legion verrathen, diese sei ein integrirender Bestandtheil des souveränen Volkes, daher hat er sich eines Verrathes an dem souveränen Volke schuldig gemacht, welcher als ein crimen inexpiabile nur mit dem Tode gesühnt werden könne. Was brauchen wir da erst ein positives Gesetz, um ihn zu verurtheilen; das souveräne Volk stelle aus sich selbst einen Gerichtshof zusammen" u. s. f., u. s. f.

Doch, wie gesagt, waren es vor Allem die sehr vielen im Sicherheitsausschusse befindlichen Juristen, welche den erwähnten Majoritätsbeschluss durchsetzten und sich darin durch die Faseleien der Minorität-Wortführer und der Tagesblätter nicht irre machen liessen. Allein diese Stimmen mögen uns als ein Wahrzeichen in Erinnerung bleiben, wie — zumal in politisch aufgeregten Zeiten — das sich souverän dünkende Volk insbesondere dann, wenn es der Leitung rechtsgelehrter Organe entbehren würde, als Richter die Strafrechtspflege auszuüben Lust hätte.

Zurückkehrend zur Erzählung des endlichen Abschlusses dieser wundersamen Procedur bemerke ich, dass sofort durch Beschluss des Sicherheits-Ausschusses das mit mir aufgenommene Protocoll sammt allen weiteren Erhebungen dem ordentlichen

Criminalgerichte zur weiteren Amtshandlung gegen mich übermittelt und ich selbst gegen mein Ehrenwort, bis auf weitere Verfügung nicht die Linien Wiens zu verlassen, auf freien Fuss gesetzt wurde. Bei dieser Zuweisung der weiteren Amtshandlung an das Criminal-Gericht aber hielt sich der Sicherheits-Ausschuss genau an das vom Ministerium gegebene Wort, wornach die Urheber der Ereignisse vom 26. Mai vor ein öffentliches Gericht gezogen werden sollen. Es wurde daher von dem Sicherheits-Ausschusse gleichzeitig an das Gesammtministerium das Begehren gestellt, für diesen Fall ausnahmsweise ein öffentliches Strafverfahren zuzugestehen, daher, weil das damals bestandene allgemeine Strafgesetz vom 3. September 1803 ein solches nicht kannte, eine ganz specielle Procedurs-Vorschrift zu erlassen.

Das Ministerium willfahrte auch wirklich, in Vollziehung seines am 26. Mai in Maueranschlägen gegebenen Wortes, diesem Begehren.

Es wurde eine solche Particular-Vorschrift für den einzelnen Fall erlassen. Dieselbe umfasste insbesondere folgende Punkte:

Erstens: Es soll das *Plenissimum* des Criminalgerichtes Wiens, damals bestehend aus zweiunddreissig als selbstständige Richter fungirenden Votanten, zusammentreten.

Zweitens: Soll es ein durchaus öffentliches Verfahren sein;

Drittens: Soll ein Staatsanwalt oder öffentlicher Ankläger *ad actum* aufgestellt werden.

Endlich viertens: Sollen zur Unterstützung des Anklägers zwölf Mitglieder aus dem mehrgenannten Volks-Sicherheits-Ausschusse beigezogen werden.

Auf solche Weise wurde denn auch dieser sogenannte Strafprocess von diesem Zweiunddreissiger-Criminal-Gerichtshofe in einer einzigen öffentlichen Verhandlung durchgeführt. Zwölf Männer des Sicherheits-Ausschusses standen nebst einem *ad actum* aufgestellten Staatsanwalte mir als Ankläger gegenüber.

Meine Vertheidigung war sehr einfach. Sie hatte sich nämlich auf die Erklärung beschränkt, dass ich diesen Tag für den stolzesten meines Lebens erkenne, an dem ich für meine getreue Pflichterfüllung vor Gericht gestellt werde.

Dies hatte zur Folge, dass der Staatsanwalt, der vom Ministerium aufgestellt war, erklärte: „Seine Function sei mit diesen Worten abgeschlossen; er müsse sich unbedingt den Worten des Angeklagten anschliessen."

Die zwölf Männer aber, die als Ankläger auftraten, machten einen letzten Versuch. Man kam nochmals mit dem früher erwähnten, in öffentlichen Blättern gestandenen Raisonnement hervor. Der Wortführer dieser 12 Ankläger sprach sich nämlich ungefähr in folgenden Worten aus: „Die akademische Legion sei ein integrirender Bestandtheil des souveränen Volkes, das

souveräne Volk aber bilde nach den Neuerungen, die in Oesterreich eingetreten seien, den eigentlichen Angelpunkt der derzeit
zu Recht bestehenden österreichischen Staatsverfassung. Nach
dem positiven Strafgesetze sei nun derjenige, der die Staatsverfassung umstürzen wolle, ein Hochverräther, es sei daher mittelbar auch der Angeklagte als ein Hochverräther anzusehen" u. s. f.

Ueber die Ungläubigkeit, die sich in den Antlitzen der 32
Richter abmalte, und über das kaum unterdrückte Lächeln von
Seite dieser Richter standen die Ankläger — denen ich selbst nur
noch die kurze Bemerkung entgegenhielt, dass die akademische
Legion ihr Dasein nicht etwa einem Staatsgrundgesetze, oder nur
überhaupt irgend einem Gesetze, sondern blos einem von den
beiden Corpsführern des in den Märztagen thatsächlich entstandenen
Studenten-Corps und dem Chef der Nationalgarde gefassten, und
allerdings später von dem Minister des Innern genehmigten Beschlusse danke, dieselbe zwar als integrirenden Bestandtheil der
Nationalgarde, jedoch als abgesondertes Corps fortbestehen zu
lassen, um sie auf solche Weise von der Verpflichtung des allgemeinen Wachdienstes zu befreien — endlich von der Anklage
auf Hochverrath ab und überliessen es dem Gerichtshofe, zu
erkennen, was Rechtens sei. Dieser, durchweg nur aus s. g. abhängigen Beamten-Richtern, die zum grossen Theile eine sehr
kärgliche Stellung hatten, zusammengesetzte Gerichtshof hatte nun
den Muth, trotzdem, dass die radicalen Blätter Tag für Tag doch
wenigstens irgend eine Schuldig Erklärung oder Verurtheilung des
Angeklagten forderten, nicht nur dessen unbedingte Schuldlosigkeit auszusprechen und kurz damit zu begründen, dass
in dem Vorgange des Angeklagten in keinerlei Richtung oder
Beziehung irgendwie ein Anhaltspunkt zum Erkennen einer strafbaren Handlung gefunden werden könne; sondern alle diese 32
Richter beeilten sich, nach dem Schlusse der ganzen Procedur,
einer nach dem Anderen, in Anwesenheit meiner 12 Ankläger,
zu mir hinzutreten, mir die Hand zu schütteln und zu dem Muthe
zu gratuliren, mit welchem ich meine Pflicht so getreu
und furchtlos ausgeführt habe. Ja, mehrere dieser Richter
gingen noch weiter, und erklärten es offen in Gegenwart dieser
Herren Ankläger, dass man eigentlich, wenn es streng nach Recht
und Gesetz ginge, und der Gerichtshof nicht durch die Erklärungen
des hohen Ministeriums hieran gehindert wäre, diejenigen Mitglieder des Sicherheitsausschusses, die für meine Verhaftung votirt
hatten, wegen öffentlicher Gewaltthätigkeit durch widerrechtliche
Beschränkung der Freiheit in Criminaluntersuchung ziehen sollte. —

Meine Herren! Nehmen Sie es einem durch das, was er
schaudernd an sich selbst erlebte, gewitzigten Manne nicht übel,
wenn er nach einer solchen trüben Lebenserfahrung sich sagt:
„Ich wünsche mir, wenn ich schuldlos und gar, wenn ich etwa,

wie es hier der Fall war, wegen getreuer Pflichterfüllung zur
Verantwortung vor einen Richter gezogen werde, mein Urtheil
und Recht nie von Geschwornen, niemals von Männern des Volkes,
sondern immer nur von ständigen und aus rechtsgelehrten Richtern zusammengesetzten Gerichtshöfen zu empfangen!" — Finden
Sie es wohl unnatürlich, dass ich auch aus eigener und per-
sönlichster Erfahrung mit voller Ueberzeugung einstimme in den
Ausspruch des berühmten Manuel, den ich schon neulich erwähnte: „Ich zitterte", sagte er, „so oft ich als Geschworner mich
in's Berathungszimmer zurückzog, für die Schuldlosigkeit aller
derjenigen, die durch irgend eine unglückliche Verkettung von
Umständen in den Verdacht eines Verbrechens fallen!"

Wenn also wirklich auch unserem Vaterlande das Schwurgericht wieder beschieden werden soll, so möge doch um's Himmels
Willen wenigstens jener unheilbringende Gedanke von dem österreichischen Schwurgerichte ferne bleiben, dass dessen wesentlichster
Beruf darin liege, sich auch über das Gesetz zu erheben, und sei es
auch nur in der Richtung, um irgend Jemanden freizusprechen,
der nach dem bestehenden Gesetze schuldig zu erklären wäre.
Darin würde ich den Fluch des Schwurgerichtes sehen, darin
würde ich das grösste Unglück für die staatliche Ordnung, für
die Gesellschaft, für die bürgerliche Freiheit eines Jeden von uns
erkennen, da uns so nahe liegende a priorische Erwägungen und
reiche Erfahrungen aller Zeiten und Länder überzeugen, dass
diese Omnipotenz der sich souverän dünkenden Schwurrichter
des Volkes von ihnen selbst nur zu leicht und zu oft auch in's
Gegentheil, nämlich zu Schuldig-Verdicten über und
trotz dem entgegenstehenden Gesetze oder ohne Vorhandensein
eines positiven Strafgesetzes missbraucht wird.

Denken Sie sich nun dazu auch noch die Inappellabilität
der Verdicte der Jury! —

In einer solchen Einrichtung des Schwurgerichtes eine
Wohlthat für die Justiz, ein Palladium der Gerechtigkeit, eine
Segnung der Gesellschaft erkennen zu wollen, übersteigt wenigstens nach meinem einfachen Verstande selbst nur das Begreifen!
— Im Gegentheile, ich wage es ungescheut, dem allgemeinen
Schmerzensschrei nach endlicher Einführung des Schwurgerichtes
auch in Oesterreich, wenigstens für den Fall, als demselben wirklich verfassungsmässig die heute erörterte Omnipotenz und Souveränität, sich nöthigenfalls auch über das positive Gesetz hinauszusetzen, zusammt der Inappellabilität seiner Verdicte zuerkannt
werden wollte, aus tiefster Ueberzeugung vielmehr den Ausspruch
entgegenzuhalten: „O Dii, talem terris Austriae avertite pestem!" —

Sechster Vortrag.

Gehalten am 6. März 1863.

Bevor ich zu der Aufgabe schreite, die ich mir für den heutigen Abend vorgesteckt habe, erlauben Sie, dass ich eine ergänzende Berichtigung jenem Berichte beifüge, den ein mir unbekannter Berichterstatter über meine Vorträge in der Notariats-Zeitschrift macht und diese Gelegenheit wahrnehme, um diesem unbekannten Berichterstatter meinen Dank auszusprechen für die freundliche Weise, in welcher, so wie für die Sorgfalt, mit welcher er das Wesentliche meiner Vorträge treu wiedergibt; und zwar trotzdem, dass er selbst, wie ich glaube, ein vollüberzeugter Schwärmer für die Schwurgerichte ist, daher er ohne Zweifel keine Sympathie für den Inhalt meiner Vorträge in sich trägt. Es kommt aber in dem letzten Rapport eine Bemerkung vor, die gewiss nicht von mir so gemacht wurde, wie sie von dem genannten Berichterstatter dargestellt wird, und welche ich daher mehr der Sache als der Person wegen zu berichtigen mir erlaube.

Als ich den Wunsch aussprach, dass verschiedene Institute des Jahres 1850, namentlich aus der damaligen Justiz-Organisation, in Oesterreich wieder eingeführt werden möchten, habe ich beigefügt, dass ich mich nicht unbedingt zum Adoptivvater dieser Organisation herbeilassen möchte. Allein als ich sagte, dass ich jenen Theil der damaligen Einrichtung des staatsanwaltschaftlichen Organismus, wornach man die Organe der Staatsanwaltschaft als hauptwirkende Factoren bei der Ernennung und Beförderung der Richter statuirt hatte, nicht mehr hergestellt wünsche, habe ich, so glaube ich mich recht zu entsinnen, keineswegs den allgemeinen Satz ausgesprochen, als ob ich überhaupt die Staatsanwaltschaft nicht mehr wollte, wie die Ausdrucksweise in jenem Berichte schliessen lässt. Im Gegentheile muss ich heute nur dasjenige wiederholen, was ich bereits in mehreren meiner literari-

schen Werke gedruckt niedergelegt habe, nämlich, dass auch ich
die Staatsanwaltschaft als einen unerlässlichen und integrirenden Factor einer guten Strafrechtspflege erkenne, und dass
ich der Staatsanwaltschaft alle jene Attribute im vollsten Umfange
zugetheilt wünsche, welche ihr nothwendig sind, um die Funk-
tionen der öffentlichen Anklageschaft im Strafprocesse und in
Betreff der gerichtlichen Polizei ungehemmt durchführen zu können.
Nur insoweit sie auch Controleur, Ueberwacher und Einfluss-
nehmer in Beziehung auf die persönliche Stellung der
Richter war, wünsche ich mir die früheren Verfügungen aus
dem Jahre 1850 nicht mehr hergestellt.

In gleicher Weise habe ich mich auch über die Bezirks-
Collegialgerichte nur mit der Modification geäussert, dass ich
jene Momente derselben, wornach sie nur einseitige Strafgerichte waren, d. h. nicht auch civilgerichtliche Gewalt hatten,
nicht wiederhergestellt wünsche; als kleinere Collegialgerichts-
höfe aber überhaupt, mit vereinigter Straf- und Civilgerichts-
barkeit würde ich dieselben allerdings auch meinerseits als
einen sehr zweckmässigen Moment einer neuen Justizorganisation erkennen.

Die Aufgabe meines heutigen Vortrages, wie ich schon
neulich angedeutet habe, steckte ich mir dahin ab, dass ich II. die
politischen, III. die allgemeinen Zweckmässigkeits- und
IV. die socialen Seiten der Schwurgerichtsfrage beleuchten will,
wobei ich insbesondere diejenigen Schutzargumente zu würdigen
habe, welche man in den eben angedeuteten Beziehungen von
den Vertheidigern der Schwurgerichte gewöhnlich angeführt findet.

Ad II. Wenn ich nun von der politischen Seite der
Frage spreche, so stossen wir auf eine ganz merkwürdige Wahrnehmung in fast allen Ländern Europas, insbesondere aber auch in
der wissenschaftlichen Bewegung der Neuzeit und in den öffentlichen Verhandlungen, sowohl unseres Reichsrathes, als auch der
Landtage — auf die Wahrnehmung nämlich, dass die feurigsten,
überzeugtesten und enragirtesten Bannerträger der Jury sich
heutzutage in zwei Lager scheiden, in welchen sie gewissermassen
feindlich einander gegenüberstehen, so sehr sie auch in dem
Einen Punkte, nämlich in dem Wunsche und Verlangen nach
Wiedereinführung der Schwurgerichte in Oesterreich, mit einander
harmoniren.

Die eine Gruppe bilden diejenigen, welche sagen, man müsse
die Schwurgerichte als Rechtsinstitut wieder einführen; es
sei dieses nämlich unumgänglich nothwendig, um eine sichere,
gerechte und gediegene Rechtspflege zu Stande zu bringen. — Die
Andern hingegen sagen „Gott bewahre!" Als Rechtsinstitut, das
müssen wir offen bekennen, hat die Jury so viele Mängel und
Gebrechen, dass selbst die wärmsten Vertheidiger derselben nicht

taub erscheinen können gegen den Vorwurf, dass durch die Eigenthümlichkeiten der Jury gar mancherlei ungerechte Verdicte in einzelnen Fällen bedingt sind. Wir wollen sie daher nur als ein politisches Institut.

Die erste Gruppe dieser Vertheidiger habe ich wohl bisher schon gewürdigt, weil ja alle meine bisherigen Vorträge dazu bestimmt waren, nachzuweisen, dass die der Jury als Rechtsinstitut nachgerühmten Vortheile nimmermehr durch sie verbürgt oder verwirklicht werden können. Ich gehe daher zur Beleuchtung der zweiten Gruppe über.

Am entschiedensten und klarsten hat dieses wohl einer der glänzendsten Redner im Abgeordnetenhause des österreichischen Reichsrathes im Laufe des vorigen Sommers ausgesprochen. Er sagte mit dürren Worten: „Mir und meinen politischen Freunden ist es eine ganz untergeordnete Frage, ob durch die Jury das Recht in den einzelnen Fällen besser getroffen oder realisirt wird, ob nämlich der materielle Rechtspunkt, die Rechtmässigkeit selbst richtiger, zweckmässiger erreicht werde. Darum ist es uns zunächst nicht zu thun; wir wollen die Jury als ein politisches Institut, als ein unerlässliches Moment unseres Constitutionalismus." — Das ist denn auch, offen und ehrlich gesprochen, der eigentliche Angelpunkt, um welchen sich die Frage wenigstens in der Ueberzeugung derjenigen dreht, welche sagen, man müsse sie als politisches Institut verwerthen und im constitutionellen Staate um jeden Preis einführen. Daher müsse man die Jury — folgern die Bekenner dieser Ansicht weiter — wenn sie wirklich Schäden und Gebrechen in Beziehung auf die Justiz an sich hat, nach Möglichkeit von diesen Schlacken zu reinigen suchen, aber selbst mit diesen Schlacken übernehmen, weil sie eben als politisches Institut unerlässlich ist.

Wie aber wird diese politische Seite der Frage von den Vertheidigern begründet? Es ist ganz offen liegend zunächst eine staatsrechtliche Betrachtung, welche dieser Auffassung zur Folie dient. Man sagt ungefähr Folgendes:

„Es liege im Wesen des Constitutionalismus, dass keine Gewalt im Staate über die Staatsangehörigen oder das Volk ausgeübt werde, bei welcher nicht das Volk selbst durch seine Repräsentanten mitzuwirken hat. Gleichwie bei der Gesetzgebung und der Leitung der öffentlichen Angelegenheiten in ihrem höchsten Ausgangspunkte, und namentlich bei der Ordnung des Finanzhaushaltes im Staate das Volk vermöge des Wesens des Constitutionalismus mitzuwirken hat, so müsse dasselbe auch bei der vollziehenden Gewalt oder wenigstens bei dem wichtigsten Theile derselben, nämlich bei Ausübung der richterlichen Gewalt eine Mitwirkung haben. Die Jury sei es nun, welche dem Volke diese Mitwirkung bei der Ausübung der richterlichen

Gewalt zusichert. Ohne dass nämlich das Volk durch seine Repräsentanten selbst es ausspricht, Jemand habe Strafe, Verkürzung an
seiner Freiheit, seiner Ehre, seinem Vermögen oder gar an
seinem Leben verdient, soll dieser richterliche Act gar nicht ins
Leben treten können. Dasjenige also, was die Volksvertretung
in den Repräsentativ-Kammern bei der Gesetzgebung ist, das
ist die Jury in Beziehung auf die Rechtspflege; oder mit kurzen
Worten die Jury ist die Volks-Repräsentation in Beziehung auf
die vollziehende Gewalt, in Beziehung auf die Rechtspflege."

Dieser Betrachtung schliesst sich gewöhnlich noch eine zweite
Bemerkung an, welche von den Schirmrednern der Jury ungefähr
in folgende Worte gekleidet wird:

„Es fordere doch schon die einfachste, logische und sofort
auch praktisch staatsrechtliche Consequenz, dass man denjenigen,
welchen man einen wesentlichen Antheil an der Zustande-
bringung der Gesetze gibt, auch einen eben so wesentlichen
Antheil an der Anwendung derselben, d. h. an dem Richteramte oder an der Vollstreckung der Gesetze zuerkenne."

Ich gestehe nun, dass diese politische oder richtiger genannt,
streng staatsrechtliche Begründung des Schwurgerichtes, nach
meiner einfachen Auffassung und geringen Kenntniss der Publi-
zistik, wohl eine der schwächsten Seiten von allen Schutzargu-
menten ist.

Sie wollen es mir, als einem alt geschulten Staatsrechtslehrer,
der ich durch eine Reihe von mehr als 20 Jahren berufsmässig
mich gerade mit diesem Fache zu befassen hatte, diesem altge-
schulten Lehrer des allgemeinen Staatsrechtes also wollen Sie es
zu Gute halten, wenn ich das ganz herbe Urtheil ausspreche,
dass die eben angeführten staatsrechtlichen Argumente mit dem
A-b-c des Staatsrechtes im Widerspruche stehen, wenigstens mit
dem A-b-c desjenigen Staatsrechtes, welches nicht etwa die Publi-
zisten des grauen Alterthums, sondern die angesehensten Staatsrechtslehrer der jüngsten Zeit, also der letzten 3 oder 4 De-
zennien, so ziemlich unbestritten als die leitenden Grundsätze
des modernen constitutionellen Staatsrechtes hinstellen.

Das Staatsrecht bezeichnet nämlich für die constitutionelle
Monarchie im Gegensatze der constitutionellen Demokratie — und
ich glaube darüber werde ich wohl von Niemand bekämpft werden, dass ich voraussetze, in Oesterreich werden wir wohl nur
von einem Staatsrechte der constitutionellen Monarchie reden
— das Staatsrecht bezeichnet das Wesen der constitutionellen
Monarchie dahin, dass in derselben scharf gesondert werden müsse,
die gesetzgebende von der vollziehenden Gewalt.

Im Wesen der constitutionellen Monarchie liege es nun allerdings, dass die gesetzgebende Gewalt zwischen dem Monarchen
und den Repräsentanten des Volkes — seien diese nun als Stände,

oder nach der Interessenvertretung, oder nach der Majorität der allgemeinen Volksvertretung gegliedert — getheilt sein müsse, und dass daher ein Gesetz im constitutionellen Staate nie anders zu Stande kommen kann, als durch die zustimmende Zusammenwirkung aller Factoren, des Monarchen nämlich und der Volksvertretung in ihren verschiedenen Bestandtheilen. Dagegen müsse der andere Theil der höchsten Regierungsgewalt in der constitutionellen Monarchie, die vollziehende Gewalt nämlich, ausschliesslich dem Monarchen zustehen. Desshalb sei aber vom Wesen und Geist des Constitutionalismus keineswegs ausgeschlossen, dass der Monarch allerdings auch bei Ausübung der vollziehenden Gewalt durch eine gewisse Controle und Ueberwachung von Seite der Volksvertretung in doppelter Beziehung beschränkt werde; einerseits nämlich dadurch, dass dem Monarchen zur Ausübung der vollziehenden Gewalt durchwegs nur solche Organe zur Seite stehen sollen, welche nicht blos ihm, sondern zugleich dem Volke, d. i. der Volksvertretung, für die Art der Ausübung der vollziehenden Gewalt, also für die Führung der Regierung verantwortlich erscheinen (Grundsatz der Ministerverantwortlichkeit), und andererseits dadurch, dass jeder Act der Regierung auch vor das Forum der Oeffentlichkeit, oder doch zur Rechtfertigung, gegenüber der gesammten Volksvertretung sich hinstellen müsse.

Der erstere dieser Grundsätze, nämlich das Princip der Minister- und Beamtenverantwortlichkeit, im vollen Umfange des Wortes, ist allerdings einer der consequenten Ausläufer des Constitutionalismus. Es sind daher die Beamten vom Minister bis zum untersten Regierungsorgane hinab, zuvörderst verantwortlich ihren höheren Vorgesetzten, die Minister aber auch verantwortlich der gesammten Volksvertretung.

Handelt es sich nun um die Ausdehnung dieser beiden Grundsätze speciell auf jene Kategorie von Regierungsbeamten, welche das Richteramt ausüben, so mag zugestanden werden, dass es in der Consequenz dieser Grundsätze liege, einerseits auch die Richter im Staate für die Art der Ausübung ihres Richteramtes zuerst dem höheren Richter und in letzter Linie einem Plenarbeschlusse des obersten Gerichtshofes in der Art verantwortlich zu machen, dass durch einen solchen Plenarbeschluss des obersten Gerichtshofes allerdings auch ein Richter für die Art der Ausübung seines Richterberufes zur äusseren Verantwortung und sogar zur Strafe gezogen werden kann; und anderseits auch die Rechtspflege unter den Scheffel der Oeffentlichkeit zu stellen. Diese letztere würde nun allerdings bedingen, dass die Richter namentlich für die Ausübung der höchsten Functionen ihrer Gewalt, für ihre Entscheidungen in Civil- und Strafsachen Entscheidungsgründe zu geben haben, denn dadurch erst und nur dadurch wird, wie ich schon aus einem anderen

Anlasse im IV. Vortrage (Seite 106—113) nachzuweisen bemüht war, die Objectivität der richterlichen Urtheile constatirt, und dem Gesammtvolke die Möglichkeit der Selbstüberzeugung von der Uebereinstimmung der richterlichen Sentenzen mit dem wirklichen Sachverhalte des Falles und mit dem Gesetze verschafft, d. h. die Controle der Oeffentlichkeit des gerichtlichen Verfahrens in ihrer Spitze vollendet, und zur vollen Wahrheit gemacht!

In diesen Momenten prägt sich, so viel mir bekannt, nach der einstimmenden Lehre des constitutionellen Staatsrechtes der Grundgedanke der constitutionellen Monarchie aus. — Davon aber, dass es im Wesen der constitutionellen Monarchie liege, dass auch Einer der Zweige der vollziehenden Gewalt, nämlich eben die richterliche Gewalt von der Volksvertretung und nicht von dem Monarchen durch seine Organe geübt werde, diese kühne Behauptung hat, meines Wissens, noch kein Staatsrechtslehrer als solcher gemacht.

Im Gegentheile wird von den gewiegtesten Publicisten anerkannt, dass eine Seite des Schwurgerichtes, die wir schon bei einer andern Gelegenheit beleuchtet haben, im schneidensten Contraste mit der Idee des Constitutionalismus liegt, jene Seite nämlich, wornach die Geschwornen nach ihrer sogenannten *conviction intime* urtheilen, und keine Entscheidungs- oder Ueberweisungsgründe ihrer richterlichen Ueberzeugung anzugeben verpflichtet sind, wornach sie also gar Niemandem als Gott und ihrem Gewissen für die Ausübung ihrer Gewalt verantwortlich sind, wornach daher bei ihnen und nur bei ihnen allein unter allen Organen der Staatsgewalt das „*sic volo, sic jubeo, — stat pro ratione voluntas*" gelten soll. Gerade diese Seite der Jury, wornach irgend ein Attribut der Staatsgewalt ohne alle äussere Verantwortung, ohne alle Nothwendigkeit und Möglichkeit einer Rechtfertigung vor dem Forum der Publicität gelassen werden soll, steht sogar mit dem innersten Wesen des Constitutionalismus im diametralen Widerspruche.

Von gleichem Gewichte, nämlich nach meiner geringen Auffassung ebenso unlogisch, als unwahr und praktisch-illusorisch ist der zweite Theil des vorangeschickten Raisonements, dass man nämlich schon aus Consequenz dem Volke, gleichwie einen Antheil an dem Zustandebringen der Gesetze, auch einen Antheil an der Anwendung derselben und sofort an der richterlichen Gewalt geben müsse.

Betrachten wir nun einmal jenen Lebensnerv, auf welchem das Princip des Constitutionalismus in der Richtung beruht, dass man das Volk, d. h. seine Vertreter mitwirken lässt bei Ausübung der gesetzgebenden Gewalt. Es ist ja kein anderer, als der wohl auch dem schlichten Menschenverstande einleuchtende einfache Grund, das da, wo es sich um die Leitung der öffentlichen Angelegenheiten in ihrem höchsten Ausgangs- und Brennpunkte handelt, dass da, wo es sich um die Ordnung des gesammten Haushaltes des Staates und Volkes handelt, dass da, wo die Gesetzgebung in Frage steht, nicht blos das einseitige Interesse des Regenten oder seiner Regierung, sondern vor allem Andern, das Bedürfniss, die Interessen und die Wünsche Aller, das Gesammtwohl des Volkes in's Auge zu fassen und zu verwirklichen seien. Was ist nun natürlicher, als dass bei diesen Functionen auch diejenigen mitwirken, welche ihre eigenen Interessen, ihre Bedürfnisse und Wünsche am besten kennen!

Wer nun aber — fahren die Lehrer des constitutionellen Staatsrechtes fort — hat denn ein schärferes Auge auf sein eigenes Interesse als eben jeder Interessent selbst: wer wird daher die Universalität der Interessen, welche sich im Staate concentriren, bei der Gesetzgebung besser vertreten können, als eben die Vertreter aller dieser einzelnen Interessen und sofort der Universalität des Gesammt-Interesses des Volkes nach dessen verschiedenen Beziehungen?

Dieser naheliegende nüchterne Gedanke ist es, welcher der sogenannten constitutionellen Beschränkung des Absolutismus der Monarchie das Dasein und die Nährkraft gibt, und welcher mit der Zunahme der Civilisation und mit der Vermehrung oder Zunahme der Bedürfnisse und Interessen, sowie mit der Steigerung der Wünsche der menschlichen Gesellschaft auch immer vollkommenere Ausführung finden muss und finden wird. Es liegt ferner nun einmal tief im Wesen der menschlichen Natur das Verlangen begründet, dass jeder Mensch seine eigenen Angelegenheiten am liebsten selbst betreuen will, und sie von Niemanden eifriger und besser befördert glaubt, als durch sich selbst.

Was ist nun natürlicher, als dass auch im Staate bei der Anordnung (Gesetzgebung) solcher Bestimmungen, welche das Gesammt-Interesse Aller oder der ganzen Gesellschaft betreffen, auch alle diejenigen mitwirken wollen und sollen, welche präsumptiv oder voraussetzlich die speciellen Interessen, Bedürfnisse und Wünsche des Volkes am besten kennen, und mit dieser ihrer genauesten Kenntniss dieselben auch am besten zu wahren im Stande sein werden?

Da man aber hierzu nicht Alle im Staate berufen, sondern nur Repräsentanten hinstellen kann, so wird man gewiss am besten thun, wenn man zur allgemeinen Volkswahl schreitet, zu der allgemeinen Volkswahl in der Richtung, dass man aus Allen nach Möglichkeit zunächst diejenigen aushebt, welchen man überhaupt politische Mündigkeit, Verstand und Bildung, eigenes oder persönliches Interesse an demjenigen, um was es sich handelt, und eine warme Theilnahme an dem Gesammtwohle zumuthet. Auf diesem Wege hofft man aus der Mitte der Gesammtheit die

Wissendsten, die Intelligentesten, die Besten, die Festesten, die Elite oder die Ersten der Nation herauszufinden, um ihnen die Mitwirkung bei der Betreuung der Interessen der Gesammtheit anzuvertrauen.

Wenden wir nun diese Doctrin des constitutionellen Staatsrechtes auf die Geschwornen an! Wie müsste dieses Princip, übertragen auf die Rechtspflege, seine consequente Durchführung finden? Um was handelt es sich bei der Rechtspflege oder bei der den Geschwornen übertragenen Entscheidung der Schuldfrage?

Die Theorie derjenigen, die etwa da noch behaupten wollten, die Geschwornen haben nichts als eine einfache Thatfrage zu entscheiden und sich von jeder Einmischung in die Entscheidung der Rechtsfrage sorgfältigst zu enthalten, diese Theorie glaube ich vor diesem Auditorium gar keiner Erwiderung mehr würdigen zu dürfen. Männer, die auch noch im Jahre 1863 mit einer so naiven Behauptung auftreten und dafür nichts Anderes aufzuweisen haben, als dass diese Theorie doch auch der österreichischen Strafprocess-Ordnung vom 17. Jänner 1850 zu Grund lag, die also glauben, die Wissenschaft sei seither still gestanden und habe das nicht längst als Mythos überwunden und überzeugend nachgewiesen, dass die Geschwornen allerdings die gesammte Schuldfrage, daher nicht blos mit ihren factischen, sondern auch mit ihren oft hundertfach complicirten Rechts- und Gesetzesmomenten zu entscheiden haben, — sind nun freilich einer wissenschaftlichen Widerlegung nicht zugänglich, weil sie glauben, die Wissenschaft sei fortan so gestaltet, wie sie zu ihrer Schulzeit gewesen, oder wie dieselbe etwa in einem bestimmten Stadium einer früheren Gesetzgebung ihre Forderungen aufgestellt hatte. Solchen Gegnern gegenüber darf man nun freilich und will auch ich keine Erörterung nach dem neuesten Standpunkte der Wissenschaft vergeuden.

Anders aber gestaltet sich diese Erwägung Ihnen gegenüber, verehrte Herren! — Wenn wir uns nämlich aus der Recapitulation dessen, was nicht nur ich selbst, sondern auch Professor Glaser und Landesgerichtsrath Frühwald dem grössten Theile der hier Anwesenden in ihren Vorträgen ausführlich auseinandergesetzt haben, wie ich hoffe, unwiderleglich überzeugt haben, dass die Geschwornen allerdings auch über die Rechts-, weil über die ganze Schuldfrage entscheiden; wenn wir, sage ich, das in's Auge fassen, so sind wir Allesammt gewiss längst von dem Wahne zurück gekommen, dass das Amt, welches den Geschwornen übertragen wird, ein so überaus einfaches sei, wozu nur etwa ein schlichter Menschenverstand und eine ganz gewöhnliche alltägliche Beobachtungsgabe zureichen. Ich habe Sie zu überzeugen gesucht, dass diese Entscheidung ein Mehreres bedingt, dass sie vielfach ganz tüchtige Capacitäten und Bildung voraussetze und dass die europäischen

Schwurgerichtsgesetze auch durch die Sichtung der Geschwornenlisten, sowie durch die persönlichen Eigenschaften und Requisite,
welche sie zum Amte eines Geschwornen überhaupt fordern, dieses
Anerkenntniss thatlebendig aussprechen. (Vgl. oben S. 100—106.)

Uebertragen wir nun den angeführten staatsrechtlichen Gedanken auf die Schwurgerichte, so würde man, um dem Volke
eine angeblich im Wesen des Constitutionalismus liegende Mitwirkung bei Ausübung des Richteramtes übertragen zu können,
auch hier die Wissendsten, die Unterrichtetsten, die für
diesen speciellen Beruf Tüchtigsten und Ausgezeichnetsten zusammenstellen müssen. — Wie aber werden denn die Geschwornen in allen europäischen Gesetzen zusammengestellt?

In einem einzigen Lande hat theils der Gerichtsgebrauch,
theils die Gesetzgebung die Sache verständig geordnet, d. i. in
dem Stamm- und Geburtslande der Jury, in England. In England ist nämlich zwar zum Geschwornenamte Jeder wählbar, der
eine bestimmte, wirklich nur ein Minimum von Einkommen bildende Rente bezieht oder eine gewisse Armentaxe zahlt und nicht
besondere Ausschliessungsgründe gegen sich hat. Aber aus den
Listen aller überhaupt Wählbaren, welche hiernach in alphabe-
tischer Ordnung zusammengestellt werden (Kirchspiels- und Bezirks-Listen), wird die Grafschafts-Liste oder das Geschwornen-
buch der Grafschaft zusammengestellt, und aus dieser werden
48—72 Geschworne für die nächsten Assisen herausgehoben.

Wie aber geschieht diese Aushebung? Haben etwa auch
in England alle jene — erst von der französischen und den ihr
nachgebildeten deutschen Schwurgerichts-Gesetzgebungen vorgeschriebenen — Sichtungen der Geschwornenlisten mittelst Ueberprüfung und die mannigfachen Ausscheidungen durch diese und
jene Beamte der Regierung, oder durch diese und jene Corpo-
ration, und endlich gar durch das Los Platz zu greifen?

Gott bewahre! — Der Sherif ist es, der dort wählt aus
der grossen Menge, die im Grafschafts-Geschwornenbuche steht,
und hierbei an kein anderes Kriterium gebunden ist, als an seine
subjective Personen-Kenntniss und Erfahrung. Er hebt diejenigen
heraus und ernennt sie zu Geschwornen zu den nächsten Assisen, welche er nach ihrer Intelligenz für die Fähigsten und
nach ihrem Charakter und ihrer socialen Stellung für die Tauglichsten zu diesem wichtigen Richteramte erkennt. In England
hat man also anerkannt und von jeher thatsächlich constatirt,
dass nicht Jeder, der überhaupt gesetzlich wählbar ist, um in
die Geschwornen-Listen aufgenommen zu werden, auch gleich
tauglich sei, Geschwornen-Functionen mit Verstand und Umsicht
auszuführen.

Dem englischen Gesetze hat es, meines Wissens, in neuester
Zeit nur Eines, nämlich das Gesetz der freien Stadt Frankfurt,

(vom Jahre 1856) nachgemacht. Auch dort werden die Geschwornen gewählt, aber auch nicht etwa vom Volke, sondern von einem Wahlkörper von 21 Personen, der aus je sieben der drei obersten Staatsgesetzgebungs- und Regierungskörper der freien Stadt Frankfurt zusammengesetzt ist. Es sind also auch hier wie in England, um es mit Einem Worte auszusprechen, von der Regierung gewählte Organe; indem ja auch in England der Sherif ein, mit Ausnahme weniger Städte, in der Regel von der Krone ernannter und unabhängiger Mann der Grafschaft ist, aber wirklich nur ein Mann, der das vollste Vertrauen der Krone hat. Zur wirklichen Ausübung der Geschwornen-Functionen nur diejenigen durch Wahl zu berufen, welche aus allen zu diesem Amte nur überhaupt nicht absolut unfähig Erklärten als die relativ Tüchtigsten oder doch als vollkommen tauglich erscheinen: das hat Sinn und Verstand!

Allein dasjenige, was alle übrigen deutschen Strafprocess-Ordnungen und Gesetzentwürfe — ich scheue mich nicht, das herbe Wort offen auszusprechen — gedankenlos dem französischen Jury-Gesetze nachschrieben, dass man nämlich die Ur-, Gemeinde-, und Bezirks-Listen zwar ursprünglich durch eine Art politischen Ostracismus säubern, nämlich aus denselben durch Gemeindevertreter oder Regierungs-Beamte Diejenigen ausmerzen lässt, welche aus persönlichen Rücksichten oder politischen Gründen nicht *personae gratae* sind, in letzter Linie aber aus dieser gesichteten Liste von achtundvierzig oder zweiundsiebzig oder sechsunddreissig Personen, je nach der Verschiedenheit der Gesetzgebungen, durch das Los Diejenigen bestimmen lässt, welche zu jeder einzelnen Schwurgerichts-Sitzung kommen, dass man also die Ausübung der Strafrechtspflege in letzter Linie dem Zufalle preis gibt, das dürfte wahrhaftig weniger Anspruch haben auf die Billigung selbst nur des schlichten Menschenverstandes. Es ist eine notorische Thatsache, dass die zu jenen vorläufigen Sichtungen und Ausscheidungen berufenen Regierungs-Organe hierbei weniger den Grad der Tüchtigkeit der in der Geschwornen-Liste Stehenden, als vielmehr andere Rücksichten im Auge haben, und ebenso notorisch ist es, gleichwie dies auch in Oesterreich in den Jahren 1850 und 1851 vielfach vorkam, dass die Laune des Zufalls, welchem eben durch die Verlosung der letzte Entscheid überlassen ist, nicht selten bittere Ironie ausspricht, indem das Würfelspiel der Urne endlich vierundzwanzig oder zwölf Namen auf die Geschwornenbank zusammen bringt, von denen — zumal auf dem Lande — oft kaum einer oder zwei einen solchen Grad von Verständigkeit, Intelligenz und Bildung darbietet, dass man sein Schicksal als Angeklagter ohne Beunruhigung ihrer Entscheidung anvertrauen würde.

Wenn man daher, sage ich, das Princip des Constitutiona-

lismus in dieser Richtung consequent auf die Rechtspflege an-
wenden wollte, so müssten es Wahlen sein, aus welchen die
Geschwornen hervorgehen.

Folgerichtig mit diesen Grundsätzen des Constitutionalismus
müsste man nämlich auch hier durch Volkswahlen aus der grossen
Menge der im Allgemeinen zum Geschwornenamte nur überhaupt
fähig erklärten Personen diejenigen ausheben, welche hierzu als
die Tauglichsten und Tüchtigsten erscheinen.

Man hat nun diesen Versuch wirklich gemacht; es wurde
sogar in Oesterreich, durch die Press-Verordnung vom 18. Mai
1848, ebenso in Sachsen, Baden und im Canton Genf mit dem
Grundsatze der Wahl der Geschwornen durch das Volk
versucht, aber alle diese Länder sind sehr bald davon zurück-
gekommen. In England hat man sich das freilich von vorneher-
ein nie beifallen lassen. Der Engländer ist zu nüchtern und praktisch verständig, um das tollkühne Unternehmen zu wagen, die
Auswahl oder Berufung zum Richteramte auf den Tummelplatz
der politischen Leidenschaften zu stellen, d. h. durch tumul-
tuarische Volkswahlen ohne besondere wählerische Feststellung
der persönlichen Qualificationen diejenigen zum Richteramte zu
berufen, welche hierbei oft sogar zufällig die Majorität erlangen.

Mein patriotisches Herz erlaubt mir nicht, jenes Zerrbild
einer Justizpflege — es ist dieses keine Uebertreibung — vor
Ihnen aufzurollen, welches durch solche aus der Volkswahl hervorgehende Richter in einem Theile des österreichischen Kaiserstaates vormärzlich und auch neuerlich wieder in den letzten
jüngsten Tagen sich uns dargestellt. Die öffentlichen Blätter haben beinahe Woche für Woche, namentlich die juridischen und
ganz insbesondere unsere Gerichtshalle, der Belege genug mitgetheilt, welche zeigen, wohin es komme, wenn man das heilige,
unpartciische Richteramt in die Hände von Männern legt, welche
politische Parteileidenschaft zum Richteramte erkoren hat. Dieses
Wagniss hat noch ganz im Ernste kein einziges der europäischen
Schwurgerichts-Gesetze für längere Zeit auch nur versucht, denn
die kurzen Experimente, die in Baden und Sachsen und selbst
in Oesterreich gewagt wurden, haben sich nur zu schnell über-
lebt und die gänzliche Unbeholfenheit dargethan, ja die traurigsten Resultate geliefert.

Wenn daher nach der Natur des Richteramtes hier die Wahlen durch das Volk, um die Wissendsten und Besten zu erhalten, nicht ausführbar sind, so würde wohl, um diesen Zweck
dennoch zu erreichen, nichts übrig bleiben, als die tauglichsten
Geschwornen aus der Reihe aller zu diesem Amte nur überhaupt
für fähig Erklärten durch Regierungs-Organe wählen oder richtiger ernennen zu lassen, wie wir dies in England und in der
freien Stadt Frankfurt ausgeführt sehen. — Freilich im schnei-

denden Gegensatze zu demjenigen, was — wie wir schon erwähnt — wohl in den meisten deutschen Strafprocess-Ordnungen nach dem leuchtenden Prototype des französischen Gesetzes durchgeführt ist.

Wir sehen daher auch, dass eine andere Gruppe derjenigen Hauptfraction, welche sich vorwiegend auf die politische Seite der Juryfrage wirft, diesen zuletzt angeführten sehr ernsten und nüchternen Erörterungen nicht gerne nachgeht, sondern vielmehr offen eingesteht: das kümmert uns wenig, ob die Consequenz des Constitutionalismus auf diese oder jene Detaileinrichtung des Schwurgerichtes hinweise; uns beschäftigt zunächst der politische Grundgedanke des Schwurgerichtes überhaupt, wornach nämlich die wichtigste Gewalt im Staatsleben, d. i. die richterliche Gewalt, vorherrschend durch Organe des Volkes, und nicht durch die Organe der Regierung ausgeübt werden möge. Uns ist es also — sagen die Partisane dieser Richtung — zunächst um die Existenz des Schwurgerichtes überhaupt, d. h. vor Allem darum zu thun, dass die Jury im Staate, sei es nun mit was immer für einer Specialeinrichtung oder selbst mit was immer für einer Competenz, und wären es selbst nur für die sogenannten gemeinen Verbrechen, als da Mord, Brandlegung, Raub, Diebstahl u. s. f., eingeführt werde.

Diese Classe von Vertheidigern der Jury gesteht es also ohne Umschweife ein, dass es ihr blos um Herstellung einer demokratischen Zuthat oder sogar völligen Metamorphose der monarchischen Staatsform zu thun sei, unbekümmert darum, welche Rückwirkung dieselbe auf die Realisirung der Gerechtigkeit im Staate habe. Mit dieser Partei kann nun begreiflich ein ernster Justizmann, dem es vor Allem um die Realisirung des Rechtes im Staate zu thun ist, nicht weiter kämpfen.

Politisch consequenter und gerade auf ihr Ziel lossteuernd ist eine dritte Gruppe dieser Hauptfraction, diejenige nämlich, welche das Schwergewicht der Frage auf die politischen Verbrechen und Vergehen und auf die durch die Presse begangenen Verbrechen und Vergehen werfen. Bei dieser Kategorie von strafbaren Handlungen steht gewissermassen — so raisonniren die Anhänger dieser Schattirung — Macht gegenüber von Macht. Das Charakteristische dieser Delicte liege nämlich darin, dass sie gegen gewisse Institutionen des Staates oder gegen Organe der Obrigkeit, also jedenfalls gegen das Ansehen der Obrigkeit gerichtet seien, oder dass sie in der Form der Presse als Kritik des Staates auftreten. Hier nun müsse man eben, weil Macht gegenüber der Macht steht, nicht etwa die Eine dieser Mächte, nämlich die Regierung, zum Richter berufen, sonst würde sie ja als Partei und Richter zugleich dastehen, sondern man muss ein Drittes schaffen, welches über diesen beiden Mächten steht und das Richteramt übt. Dieses Dritte sei nun eben das Schwurgericht. Es sei daher der eigentliche wesentliche Charakter des Schwurgerichts darin gelegen, dass man demselben nicht blos vorzugsweise, sondern ausschliessend alle politischen Verbrechen und Vergehen und alle Pressdelicte zur Competenz zuweise.

Ich muss nun vorerst das Ehrliche und Offene anerkennen, welches in dieser das Kind wenigstens bei dem rechten Namen nennenden Schutzrede liegt, da sie nicht, wie so manche andere Vertheidigungen der Jury, unverstandenes oder unredliches Versteckenspiel treibt. Allein die Anhänger dieser Argumentionsweise mögen mir die Bemerkung nicht ungütig deuten, dass mir das ganze Raisonnement auf einer Kette von Sophismen zu beruhen scheint. Der erste Trugschluss liegt schon einmal in jener Prämisse, dass bei allen politischen Verbrechen das Volk als Ganzes gegenüber der Regierung stehe. Es sind vielmehr immer blos einzelne Mitglieder des Volkes, welche beschuldigt erscheinen, dass sie zunächst allerdings gegen das Ansehen der Obrigkeit und Regierung, allein in letzter Auflösung immer zugleich gegen den Festbestand der staatlichen und socialen Ordnung, sowie gegen die bestehenden Gesetze, also gegen dasjenige sich vergangen haben, was die gesetzgebende Gewalt, also im constitutionellen Staate voraussetzlich nicht blos einseitig die Regierung, sondern auch die andern Gesetzgebungsfactoren, d. i. namentlich auch das Volk selbst durch seine Vertretung als Gesetz oder bindende Norm für Alle hingestellt haben. Wer nun behauptet, dass die Regierung da, wo sie eben dieses Gesetz, die Unverbrüchlichkeit und das Ansehen desselben, sowie die rechtliche und sociale Ordnung im Staate, und sei dieselbe auch zunächst in einem obrigkeitlichen Organe verletzt, vertritt, gleichsam in Gegnerschaft gegen das Volk als Partei auftrete, der wagt, sage ich, eine Behauptung, welche durch das Wesen des Staates Lügen gestraft wird. Gerade weil es erste, höchste und unabweislichste Pflicht jeder Regierung ist, die rechtliche und sociale Ordnung im Staate zu erhalten, muss sie auch alles dasjenige, nöthigenfalls selbst strafend zurückweisen, was sich ihr diesfalls auflehnend, widerstrebend oder gar zerstörend entgegenstellt.

Doch gesetzt auch, man fasse die Regierung in dieser Parteistellung auf und gestehe sogar zu, dass hier der Regierung als Macht das Volk als andere Macht gegenüber stehe, und dass man daher zum Richter über gegenseitige Angriffe dieser zwei Mächte eine dritte Macht berufen und schaffen müsse. Geschieht dies denn wirklich durch das obige Raisonnement. Was thun denn die Vertheidiger desselben? Sie setzen die eine Macht zurück, die Regierung nämlich, und erheben die andere — das Volk, nicht aber eine dritte Macht zum Richter.

Wollte man aber wirklich eine dritte, von Regierung und vom Volke verschiedene Macht zum Richter constituiren, so gelangt man zu dem — allem bisherigen constitutionellen Staatsrechte fremden Satze, dass man in der constitutionellen Monarchie neben der gesetzgebenden und vollziehenden noch eine dritte, neben und gewissermassen über beiden stehende richterliche Gewalt schaffen müsse. — Glaubt man nun wirklich, der Jury diesen Charakter geben zu sollen, und meint man etwa sogar wieder, dadurch nur das Institut der brittischen Jury auf unsere Länder zu übertragen? Beschauen wir uns nur einmal die diesfällige Auffassung der Engländer!

Niemandem in England fällt es bei, in der Jury den Ausfluss oder Träger der souveränen Volksmacht gegenüber der Regierungsmacht oder eine dritte Gewalt, die unabhängig über Volk und Regierung steht, zu erkennen. Gott bewahre! Die englischen Geschwornen erklären sich selbst und sind auch in allen Gesetzen als Richter der Krone erklärt, sie urtheilen im Namen des Königs; sie sehen sich als Organe der Regierungsgewalt an, sie üben nur die richterliche Gewalt des Königs aus und Niemandem fällt es bei, ein solches Drittes hineinzuschmuggeln in die verschiedenen Staatsgewalten, welches über der Regierung und über dem Volke, also auch über der gesetzgebenden Gewalt stehen soll.

Doch betreten wir mit der in Rede stehenden politischen Argumentation das unmittelbar praktische Gebiet! Glaubt man denn wirklich, dem allgemeinen Wohle und namentlich der Freiheit der Volksrechte und dem Institute der Jury selbst dadurch einen so grossen Dienst zu thun und Vortheil zu bringen, dass man namentlich die sogenannten politischen Verbrechen und Vergehen und der Pressdelicte den Geschwornen zuweiset?

Ich abstrahire einstweilen von allen Erfahrungen, obgleich uns solche aus alter und neuer Zeit reichlich vorliegen und beschränke mich vorerst auf eine schon aus der Natur der Sache hergeholte Betrachtung, wenn ich bemerke, dass gerade die Zuweisung der politischen Verbrechen und der Pressvergehen an die Geschworengerichte die gefährlichste Klippe für die Schwurmänner des Volkes, sowie für die Verbürgung der Dauer des Schwurgerichtes selbst ist. Denn wenn man die Schwurgerichte als vorzugsweise und gar exclusive competent für alle politischen Verbrechen und Vergehen, so wie für die Pressdelicte hinstellt, so hat man es so recht eigentlich zum Censoramte über die Massregeln und das ganze Gebahren der Regierung gestempelt und mitten in den politischen Parteikampf hineingeworfen. Man muthet nämlich dadurch offenliegend den Geschworengerichten im Voraus die Function zu, nach Möglichkeit gegen die Regierung zu erkennen; man muthet ihnen zu, dass sie in allen Fällen, wo irgendwie das Gehorsams- und Unterwürfigkeitsverhältniss der Staatsangehörigen zur Regierung oder Staatsgewalt in Frage kommt, vorweg den Angeklagten in Schutz zu nehmen, die Regierung aber im Hintergrunde stehen zu lassen haben. Wie gefährlich aber gerade bei solchen Verbrechen die Stellung der sogenannten unabhängigen Männer des Volkes sei, möge uns ein einfacher Blick auf die rauhe Wirklichkeit zeigen. Glauben Sie denn wirklich, dass jene Männer, welche in den socialen Wechselbeziehungen des alltäglichen Lebens mit den übrigen Mitbürgern stehen, gerade zu solchen Processen ein unabhängiges Urtheil mitbringen werden, mitbringen können?

Wegen gar keines Ausspruches so sehr, als gerade wegen eines Ausspruches bei politischen Strafprocessen haben die Richter und sofort auch die Geschwornen zu besorgen, von ihren übrigen Lebensgenossen verhöhnt, verachtet, verspottet, gekränkt und zurückgesetzt zu werden, wenn ihr Ausspruch nicht der *vox populi*, der *aura popularis* willkommen ist. Bei keiner Kategorie von Strafprocessen so sehr, als gerade bei politischen, lauscht daher jeder einzelne Geschworne sorgfältigst nach demjenigen, was das Volk von ihm hören will, und streckt die Fühlhörner so sehr nach der öffentlichen Stimme des Volkes aus. Was erwartet man von uns für ein Verdict, ist die Frage, welche nur zu gewöhnlich fast jeder Geschworne bei solchen Processen ängstlich an sich selbst stellt. — Wer in den Jahren 1849—1851 etwas aufmerksamer sich das Leben mit angesehen hat in Oesterreich und ebenso auch in anderen Ländern Europas, der wird Ihnen sagen können aus der täglichen Erfahrung, dass gerade bei politischen Strafprocessen, zumal wenn die Verhandlung mehrere Tage hindurch dauerte, sich auch das grosse Publicum vielfach mit dem zu erwartenden Urtheile beschäftigte und sich hierüber mit den Geschwornen selbst während des Mittag- und Abendessens in Gast- und Caffeehäusern vielfach in Erörterungen einliess. Da werden denn doch nun bei den letzteren naturgemäss gerade jene, von mir schon in einem früheren Vortrage (S. 143 und 144) hervorgehobenen Motive auf ihre Meinung bestimmend einwirken, die dem Richter gänzlich fremd bleiben sollen. — Eitelkeit nämlich, Popularitäts-Hascherei, Demonstrationssucht, Streben nach Ostentation, hier und da selbst das Gelüste, in Opposition gegen die Regierung zu erscheinen, weil man damit als freimüthig gilt, dann aber auch ernste materielle Besorgnisse, Besorgnisse nämlich, in der Gesellschaft Nachtheil zu erleiden für ein Verdict, welches nicht der öffentlichen Meinung entspricht, werden nur zu leicht auf den Mann des Volkes einwirken. Oder glauben Sie denn, dass etwa ein Kaufmann, ein Gastwirth, ein Caffeewirth, ein Arzt, ein Advocat, ein Notar, ein Landwirth oder Gewerbsmann was immer für einer Kategorie nicht auch der Interessen genug hat, die ihm gestört werden, wenn er es mit diesem oder

jenem seiner Lebensgenossen verdirbt, wenn er mitwirkt bei einem
Verdict, welches seinen Kunden, Waarenabnehmern, Clienten oder
übrigen Lebensgenossen unwillkommen ist? Hat er nicht mannigfache Nachtheile, sociale Kränkungen zu besorgen, wenn er dadurch, dass er in einem politischen Strafprocesse oder einem
Pressprocesse ein Schuldig fällt, nach der herrschenden Tagesmeinung den Anschein auf sich wirft, dass er sich dadurch nur
als ein serviles Werkzeug der Regierung manifestirt habe? —
So lehren es uns auch die Erfahrungen aus den Jahren 1849—
1853; so die Erfahrungen, welche fast alle deutschen Regierungen nach und nach nöthigten, gerade diese Processe den
Geschwornen zu entziehen oder sie veranlassten zu einem noch
traurigeren, schon früher von mir besprochenen Auskunftsmittel
zu greifen, nämlich die Gerichtsbarkeit der ordentlichen Gerichte
aufzuheben, um sofort durch die Einsetzung von ausserordentlichen Gerichtshöfen einen anderen Schlussstein in dem grossen
Gebäude des constitutionellen Staates zu zerstören, der mir wichtiger
dünkt, als das Schwurgericht, nämlich den Grundsatz: „Niemand
soll seinem gesetzlichen, ordentlichen Richter entzogen werden."
Dieses Letztere also wird die Folge sein, wenn man die Schwurgerichte gerade mit der Gerichtsbarkeit über solche Delicte betraut,
wo sie die Feuerprobe auszuhalten so wenig innere Garantie
bieten. — Diese Gefahren fallen bei einem unabhängigen, würdig
gestellten, ständigen Gerichtshofe weg, vorausgesetzt also, dass
die Richter des Staates so gestellt seien, wie ich neulich auseinandergesetzt habe. Auf solche Richter als Mitglieder eines
ständigen Gerichtshofes werden die angedeuteten unlauteren Motive, sowie Drohungen mit der Verhöhnung des Volkes u. dgl.
schon nach der Natur ihrer Stellung niemals oder doch nur selten
und geringen Eindruck machen. Sie sind eben durch ihre Stellung
davor geschützt. Ein Mann, der nämlich eine sowohl der Regierung, als allen seinen Mitbürgern gegenüber gesicherte Staats-
Anstellung und zureichende Bezüge hat, kann mit voller Ruhe
allen derlei Verdächtigungen, Verfolgungen oder Schmähungen,
die ihn ob dieses oder jenes Richterspruches von Oben oder von
Unten treffen könnten, die Selbsttröstung entgegenhalten: „All
das tangirt mich nicht, alterirt weder meine materielle, noch
meine sociale Stellung, hat weder auf meine Vorrückung oder
Beförderung, noch auf Erhöhung oder Schmälerung meines dermaligen Einkommens irgend einen Einfluss — insbesondere habe
ich von denjenigen Stimmführern des Volkes oder der herrschenden öffentlichen Meinung, welche meinen Richterspruch loben oder
tadeln, weder Vortheil, noch Nachtheil zu erwarten. Ich lebe
nicht einmal in den Kreisen dieser Classe von Staatsangehörigen,
habe also auch, eben weil ich nicht wie die Geschwornen nach
beendigten richterlichen Functionen in ihre Mitte zurückzukehren

habe, speciell für einen ihnen etwa missfälligen Richterspruch bei politischen Verbrechen oder Pressvergehen, auf keine Weise eine Missachtung in diesen Kreisen, oder gar eine Ausscheidung aus denselben u. dgl. zu scheuen." —

Kann es uns da noch Wunder nehmen, dass in neuester Zeit gerade diese Spitze der politischen Seite der Jury-Frage, nämlich die vorzugsweise oder gar exclusive Competenz der Geschwornengerichte zur Aburtheilung der politischen Verbrechen und der Pressvergehen — aus den beiden entgegengesetzten Lagern bekämpft wird, nämlich einerseits von den Gegnern des Schwurgerichtes, andrerseits aber selbst von vielen warmen, jedoch besonnenen Fürsprechern desselben hart angegriffen wird? — Von Jenen, weil sie die Competenz der Schwurgerichte gerade rücksichtlich dieser Kategorien von strafbaren Handlungen sowohl aus dem Standpunkte der Justiz, gleichwie politisch als die relativ bedenklichste und eminent gefährlichste Seite derselben erkennen; von diesen aber, weil sie in der Zuweisung gerade dieser Gattung von strafbaren Handlungen an die Competenz der Schwurgerichte die grösste Gefahr für die Fortdauer der eigenen Existenz derselben finden.

Die Verhandlungen des zweiten deutschen Juristentages (zu Dresden im Jahre 1861) geben uns diesfalls eine sehr lehrreiche Aufklärung. — Ich werde auf dieselben später noch einmal in anderer Beziehung zurückkommen. Für heute zur Constatirung meiner eben erwähnten Behauptung nur Folgendes: Obgleich auf dieser Versammlung der Männer deutscher Rechtswissenschaft die überragende Mehrzahl zu den Anhängern des Schwurgerichtes zählte und ihre Vorliebe für dasselbe auch durch Beschlüsse über den ersten und zweiten Punkt der Frage bekundet hatte, wurde dennoch — merkwürdig genug — der dritte Antragspunkt der Abtheilung, der dahin lautete: „Bei Vergehen, welche politischer Natur sind oder durch die Presse begangen werden, ist wegen dieser Natur, beziehungsweise wegen des gewählten Mittels, die Entscheidung der Thatfrage durch Geschworne mehr geeignet als eine Aburtheilung durch Richter-Collegien?" — von der Plenarversammlung **abgelehnt**! Also die eigenen Fürsprecher der Jury dementiren die vorzugsweise oder relativ im Vergleiche mit ständigen Beamten-Richter-Collegien höhere Eignung der Schwurgerichte zur Aburtheilung der politischen Verbrechen und der Pressvergehen! Ist dies nicht ein marquantes Zeichen der Zeit und des Selbstgefühls der Vertheidiger der Jury, von der inneren Schwäche gerade des politischen Kernpunktes ihrer Lieblings-Institution?

Was aber schlagen denn diese — anscheinend besonnenen — Schirmfreunde der Jury, indem sie die Competenz der Schwurgerichte κατ᾽ ἐξοχήν für politische Verbrechen und Pressvergehen desavouiren, für ein Heilmittel in Ansehung der Competenz vor. „Gleiches Recht für Alle, d. h. dasselbe Recht für alle Personen und alle Arten von strafbaren Handlungen" ist der Ausgangs- und Zielpunkt ihrer diesfälligen Vorschläge. Der natürliche Standpunkt wäre hiernach allerdings — so hören und lesen wir diese angeblich nüchterne Gruppe der Jury-Advokaten weiter raisonniren — das brittische System, nämlich alle strafbaren Handlungen durch Geschworne aburtheilen zu lassen. Das aber sei praktisch unausführbar. Es wäre schon wegen der über- schwänglichen Belastung des Volkes nicht möglich und würde das Geschwornengericht discreditiren. Man muss daher eine Schei- dung vornehmen. Wie aber ist dieselbe vorzunehmen?

In Gemässheit des Grundsatzes: „Gleiches Recht für Alle" antwortet man gewöhnlich, daher nach dem Strafausmasse oder nach der Qualität der Strafe, z. B.: Alle schweren Straffälle, die mit einer gewissen Qualität von Strafe, etwa einer entehrenden oder mit einem gewissen höheren Strafausmasse verpönt sind, gehören vor die Geschwornen, alle übrigen strafbaren Handlun- gen werden den ständigen Beamten-Gerichtshöfen zugewiesen.

Auf diesem Wege wird man — so äussern sich selbst höchst- stehende Autoritäten — der Strömung der öffentlichen Meinung nachgeben und sie befriedigen.

Doch die Hoffnung, das Schwurgericht bei uns mit dieser Escamotage, nämlich mit der dadurch indirecte geschehenen Aus- scheidung des grösseren Theiles aller politischen Verbrechen und fast aller Pressvergehen aus ihrer Competenz, bei uns einführen zu können, ist nach meinem geringen persönlichen Dafürhalten ein frommer Wunsch, eine ideologische Träumerei, wie sie wohl- meinende Doctrinäre haben mögen, wie sie aber gewiss einem erfahrenen Staatsmanne, einem nüchternen Praktiker, der sich das Leben in seiner rauhen Wirklichkeit beschaut, nicht beifal- len kann. — Ja, wahrhaftig: „Wir tasten ewig an Problemen!"

„Nichts halb zu thun, ist edler Geister Art" entgegnen vor- erst alle sich ihres Zieles klarbewussten politischen Fürspre- cher der Schwurgerichte. Darin liegt ja gerade das Wesen der Jury, dass wir dort, wo die Regierung als Partei betheiligt ist, Männer des Volkes richten lassen wollen.

Um Mörder, Räuber, Brandstifter, Diebe u. dgl. gemeine Verbrecher vor das Geschwornengericht zu bringen, darum ist es uns nicht zu thun. Bei diesen Verbrechen — dies gestehen wir ja selbst zu — hat gewiss die Regierung ein gleich grosses In- teresse, den Schuldigen zu finden und sicher zur Strafe zu zie- hen, wie das Volk selbst; anders aber ist es bei den politischen Verbrechen und Pressvergehen!

Soll denn wirklich den Befürwortern dieser halben Mass- regel die naheliegende Wahrnehmung entgehen, dass sie durch dieses Schwächlings-Project mit sich selbst in einem auffallenden Widerspruche stehen? Denn gibt eine Regierung Schwurgerichte nur überhaupt zu, so hat sie den Gedanken als richtig anerkannt, dass nach der Meinung und im Sinne des Volkes die Rechtsprechung in Straffällen im grossen Ganzen richtiger oder correcter durch Schwurmänner des Volkes, als durch rechtsgelehrte Beamten-Richter getroffen werde. Gibt sie aber diesen Gedanken zu, so muss sie in unabweisbarer Folgerichtigkeit auch zugestehen, dass Geschworne relativ überwiegend für Pressvergehen, für politische Delicte und Injurienprocesse qualificirt sind, da die Strafbarkeit der ersteren doch vor Allem von dem Eindrucke abhängt, den eine Druckschrift auf das Volk im Ganzen gemacht hat oder doch zu machen geeignet wäre; — bei den zweiten der Moment der Strafbarkeit in der Gefahr für den Staat, also für die Gesammtheit der Gesellschaft liegt; — und bei Injurien es sich darum handelt, ob der Beleidigte durch die Injurie wirklich eine Schmälerung seiner Ehre in den Augen seiner Mitbürger erlitten habe oder doch erleiden könnte: über alle diese Momente aber die Geschwornen als angebliche Stimmführer des Volkes gewiss κα' ἐξοχήν ein massgebendes Urtheil abzugeben berufen sein werden.

Glaubt man denn ferner wirklich — erwidern die wahren und energischen Befürworter der Jury auf jene Halbheits-Versuche mit Recht — dass die Jetztzeit noch weiter zurückbleiben wird hinter demjenigen, was in den Jahren 1848, 1849 und 1850 gefordert wurde und von allen deutschen Gesetzgebungen anerkannt ward? — Wenn die Strafprocess-Ordnung vom 17. Jänner 1850 alle nur immer einen politischen Charakter an sich tragenden Verbrechen, selbst wenn sie mit einem noch so geringen Strafsatz verpönt waren, sowie alle durch die Presse begangenen Vergehen wirklich den Schwurgerichten zuwies; wenn sie allerdings speciell keine anderen politischen Vergehen dahin wies, so erklärt sich dies einfach daraus, dass es damals ausser den Pressvergehen keine politischen Vergehen gab, indem die §§ 300 bis 310 des Strafgesetzes vom 27. Mai 1852 damals nicht existirten: wenn also die Strafprocess-Ordnung Oesterreichs vom Jahre 1850 und mit ihr alle Strafprocess-Ordnungen jener Zeit, gerade die politischen Verbrechen und Pressvergehen *praeeminenter* den Schwurgerichten zugewiesen haben, so möge man sich nicht mit der Sysyphus-Arbeit eines solchen Experimentes abmühen, und dem Wahne hingeben, dass heut zu Tage Diejenigen, welche das Schwurgericht ernstlich und in seiner politischen Bedeutung wollen, sich mit der angedeuteten Escamotage und Abschlagszahlung begnügen werden! —

Wir sehen denn auch, dass auf jenen Landtagen Oesterreichs, wo die Frage bisher zur Abstimmung kam, mit einer an

Einhelligkeit grenzenden Majorität allenthalben die Einführung
von Schwurgerichten nicht blos für alle schweren Straffälle, sondern mit Entschiedenheit namentlich auch für alle sogenannten
politischen Verbrechen, Vergehen und sogar Uebertretungen, so
wie für alle durch die Presse begangenen strafbaren Handlungen begehrt worden ist. Das sei ja — so äusserten sich fast
übereinstimmend auf allen Landtagen die Stimmführer des Antrages — der Kern der Sache; man wird ja nicht mit Neben-
dingen sich begnügen.

In dieses Labyrinth oder, richtiger, in diese Sackgasse ver-
rennen sich jene ehrlichen Staatsmänner, welche — grundsätzlich theils den Anhängern, theils selbst den Gegnern des
Schwurgerichtes überhaupt angehörend — einerseits es bedenklich, ja selbst gefährlich fänden, demselben eine Competenz auch
über die politischen Verbrechen und über die Pressvergehen zuzuweisen, andererseits aber dennoch der nun einmal herrschenden Strömung nach Einführung der Schwurgerichte überhaupt
nachgeben wollen! Ihr irrt Euch, hohe Herren! und seid mit diesem sogenannten Vermittlungsversuche oder Compromisse in einer
seltsamen Illusion befangen. Mit diesem Zwitter-Institute werdet
Ihr hüben und drüben statt Zustimmung nur — Hohn ernten!
Aut-aut! Entweder gebet das Schwurgericht so, wie es von der
herrschenden öffentlichen Meinung verlangt wird, d. h. ganz und
mit seinem politischen Kerne, also namentlich für politische
Verbrechen und Pressvergehen; oder habet den Muth, offen Euch
der Zeitströmung entgegen auszusprechen und zu erklären, dass
Ihr das Schwurgericht, weil es nach den insbesondere aus den
Jahren 1848—1853 vorliegenden Erfahrungen gerade in Betreff
der politischen Verbrechen und der Pressvergehen zu gefährlich
sei, rücksichtlich der gemeinen Verbrechen exclusive aber kaum
von irgend Jemanden gewollt wird, lieber gar nicht geben wollet!

Dabei setze ich voraus, dass von allen denjenigen, welche
bei der endlichen Entscheidung dieser Frage praktisch mitzuwirken berufen sind, ehrlich vorgegangen, dass also von beiden
Seiten, im Lager der Freunde und der Gegner des Schwurgerichtes, von Seite der Regierungsanhänger gleichwie der Opposition, redlich und mit ehrenhaften Waffen gekämpft werde.
Denn wenn es wahr sein sollte, dass im Lager der Einen wie der
Andern sich auch unredliche Kämpfer befinden, die ein falsches
Spiel treiben, die Einen, indem sie die erwähnte Escamotage als
solche erkennen und absichtlich wählen, um auf solche Weise mittelbar das Schwurgericht gänzlich zu hintertreiben, aber dennoch den
Schein zu retten, als ob sie der Forderung der öffentlichen Meinung
nach Einführung des Schwurgerichtes gerecht werden wollten; — die
Anderen aber, indem sie unter dem Heiligenscheine der Connivenz
für die Wünsche und Bedenken der Regierung, sich mit der Jury

blos für die gemeinen Verbrechen begnügen, damit aber die versteckte Tendenz verbinden: „Gebt uns nur einmal die Jury im Grundsatze! Wir nehmen sie selbst mit exclusiver Competenz für gemeine Verbrechen als vorläufige Abschlagszahlung an. Hat sie nur einmal überhaupt Wurzel gefasst, sie wird sich dann schon aus sich selbst weiter entwickeln, immer grösser und mächtiger werden, um der Regieruug endlich auch die Competenz über die politischen Verbrechen und über die Pressvergehen abzupressen" u. s. f. Wenn es wahr sein sollte, dass von Männern, welche die höchsten Aufgaben des Staates und der Gesellschaft zu betreuen haben, von Männern, welche die Prätension haben, als Staatsmänner zu gelten, hüben und drüben, *intra muros et extra*, mit diesen heiligen Zwecken und mit der Gerechtigkeit so frevelnd Spiel unter der Decke getrieben werde: dann — müsste freilich jede ernste Stimme der Wissenschaft verstummen! — Gegen solch' würde- und gewissenloses Thun und Treiben hat auch die Vernunft keine Waffen: mit solchen Gegnern zu kämpfen, oder mit solchen Kämpfern unter den eigenen Meinungs-Genossen zusammenzugehen, hält jeder ehrliche Mann für unehrenhaft. Diesen soll daher auch nicht ein einziges Wort meiner Vorträge gelten!

Diess möge genügen zur vollen und allseitigen Würdigung der eigentlichen politischen Ziel- und Tragweite der Jury. Ich schreite zur Beleuchtung III. jener allgemeinen Zweckmässigkeits- oder Nützlichkeitsgründe, welche namentlich in Oesterreich, nicht blos in verschiedenen Druckwerken, sondern auch auf mehreren unserer Landtage mit grossem Nachdruck für das Schwurgericht in's Feld geführt werden. Von dieser Seite wird behauptet, dass die Jury schon durch ihre blosse Existenz allgemeine legislatorische oder praktische Vortheile für die Strafrechtspflege herbeiführen werde. Dadurch nämlich werden — so schreibt und spricht man häufig — jene vielen Mängel und Gebrechen beseitigt werden, welche auf dem Strafprocesse überhaupt, namentlich in Oesterreich, derzeit noch haften. Es wird nämlich

1. in Folge der Einführung der Schwurgerichte eine bedeutende Beschleunigung des gesammten Strafverfahrens rücksichtlich der ihnen zugewiesenen Delicte eintreten, und es werden namentlich jene monatelangen, und regelmässig mit Untersuchungshaft verbundenen Untersuchungen, sowie jene Verschleppungen der Untersuchung, sowie des ganzen Strafprocesses beseitiget werden, welche mit dem Zwecke, den man dabei anstrebt, in gar keinem Verhältnisse stehen, den Betheiligten unnöthige Qualen, daher schweres Unrecht zufügen, und dem Staate ebenso enorme als ungerechtfertigte Kosten verursachen. Dies Alles werde nämlich bei dem Bestande von Schwurgerichten unmöglich sein, denn die Untersuchungsgerichte werden gar weislich

alle diese Verschleppungen zu vermeiden bestrebt sein, wenn sie wissen, dass die Fälle vor das Schwurgericht kommen.

Ich gestehe offen, dass ich vorerst den logischen Zusammenhang des Vordersatzes mit der Schlussfolgerung nicht zu durchdringen vermag; denn ich kann nicht einsehen, wie die Scheu vor dem Schwurgerichte den Untersuchungsrichter veranlassen soll, einen andern Untersuchungsprocess zu führen, als bisher, indem doch dem Geschwornengerichte als solchem nach keinem Gesetze der Welt eine Kritik über die Gestion des Untersuchungsgerichtes, ein Befugniss, dasselbe zur Verantwortung zu ziehen, oder eine Disciplinargewalt zusteht. Allein die in der obigen Schutzrede für das Geschwornengericht enthaltene Bemerkung, dass durch dieselben die Strafprocesse überhaupt, und namentlich der Untersuchungsprocess abgekürzt werden, ist eine rein thatsächliche Behauptung; auf diese lässt sich nur mit Thatsachen antworten.

Ich will nun mich nicht erst berufen auf die lange Dauer der Schwurgerichtsprocesse in andern Ländern, wornach z. B. in Preussen nach der Schwurgerichtsstatistik von 10 Jahren jährlich ungefähr 6% aller vor ein Schwurgericht kommenden Straffälle wieder vertagt und dadurch um ein ganzes Quartal unnöthig verzögert werden, was bei den gewöhnlichen Gerichten nicht vorkommt, — sondern speciell bei unserem engeren Vaterlande Oesterreich stehen bleiben.

Es wird nämlich ganz vorzugsweise unserem nach der Strafprocessordnung vom Jahre 1853 Platz greifenden Strafverfahren im Vergleiche mit der Strafprocessordnung vom Jahre 1850 der Vorwurf der thatsächlichen viel längeren Verschleppung gemacht. Thatsachen aber können, wie schon erwähnt, nur wieder mit Thatsachen, mit Ziffern beleuchtet werden.

Wohlan, ich nehme die Herausforderung an, die harten Vorwürfe zu beleuchten, welche diesfalls seit mehreren Jahren in Zeitschriften, in gedruckten Eingaben und in öffentlichen Reden — unserer St.-P.-O. vom Jahre 1853 gemacht wurden und selbst von Volksabgeordneten in unserem Reichsrathe und in unseren Landtagen immer wiederholt werden, und stelle ihnen einfach folgende Ziffern entgegen.

Leider können wir die in Rede stehende Einflussnahme der Schwurgerichte in Oesterreich nur von einem einzigen Jahre beleuchten. Es war dies das Jahr 1851, weil sie bekanntlich erst in den letzteren Monaten des Jahres 1850 in Thätigkeit getreten waren, und mit Anfang des Jahres 1852 ausser Wirksamkeit gesetzt wurden.

Wir können uns daher auch hinsichtlich der vor Schwurgerichten verhandelten Straffälle nur auf die Statistik vom Jahre 1851 berufen. In den damals vorgeschriebenen statistischen

Tabellen war überdiess leider keine besondere Rubrik für die Dauer des ganzen Strafprocesses vorgeschrieben. Allein eine andere Rubrik derselben ist geeignet, uns eine sichere Fährte zur Erforschung wenigstens des Minimums der Dauer der damaligen Untersuchungsprocesse zu geben. Es war nämlich eine Rubrik vorgeschrieben für die Dauer der Untersuchungshaft.

Es kann nun gewiss kein der damals geltenden Strafprocessordnung ungebürlich präjudicirliches Resultat zum Vorschein kommen, wenn man annimmt, dass der Strafprocess von damals mindestens so lange gedauert haben muss, als die Untersuchungshaft. Ich lege nämlich dadurch nur einen solchen Massstab zu Grunde, welcher in Beziehung auf die Gesammtdauer des ganzen Strafprocesses von damals gewiss in vielen Fällen ein die Wirklichkeit weit überreichendes günstiges Resultat darbieten wird, weil doch sehr häufig die Dauer des ganzen Strafprocesses eine kürzere ist, als die Untersuchungshaft, indem nicht blos die Untersuchungshaft oft erst in einem späterem Stadium als schon beim Beginn des Strafprocesses überhaupt eintritt, sondern auch nicht selten vor dem wirklichen Schlusse des ganzen Strafprocesses, ja selbst schon vor dem Beginne der Hauptverhandlung wieder aufgehört hat. Doch selbst auf Grundlage dieses unvollständigen, der St.-P.-O. vom Jahre 1850 zu Gunsten kommenden Vergleichungsmassstabes stellen sich folgende Ergebnisse heraus: Von denjenigen Angeschuldigten, welche wegen eines Verbrechens nach der Strafprocessordnung vom Jahre 1850 im Laufe des Jahres 1851 untersucht worden sind und in Untersuchungshaft waren, sind von 100 Verhafteten 46 nicht länger als 3 Monate, 31 nicht länger als 6 Monate, 21 zwischen 6 Monaten und einem Jahr in Untersuchungshaft gestanden.

Rücksichtlich derjenigen Strafprocesse nun, die nach der Strafprocessordnung vom Jahre 1853 durchgeführt wurden, haben wir Daten über beide hierbei in Frage kommende Momente, nämlich sowohl über die Dauer des ganzen Strafprocesses überhaupt. als auch speciell über die Dauer der Untersuchungshaft. Ganz zuverlässig sind diese Daten für die ganze Monarchie erst vom Jahre 1858 angefangen, weil erst die mit einem Erlass des Justizministeriums vom 19. December 1857 vorgeschriebenen statistischen Tabellen diesfalls vollständigen Aufschluss geben. Leider schliesst sich diese eingehendere Strafjustizstatistik in Betreff der ganzen Monarchie zugleich mit diesem Anfangsjahr 1858 wieder ab, weil von dem Justizministerium seither keine solchen statistischen Tabellen mehr veröffentlicht werden. Dagegen erfreuen wir uns in Betreff des Wiener Landesgerichtes durch die überaus sorgfältigen Zusammenstellungen des Herrn Vicepräsidenten Schwarz einer solchen erschöpfenden statistischen Uebersicht von vier Jahren, nämlich für den Cyclus vom Jahre 1858 bis einschliessig 1861.

Lesen wir nun in diesen Ziffern!

Aus der Straf-Justiz-Statistik für das gesammte Kaiserreich — in welcher damals eingeschlossen waren die ungarischen Länder, also das eigentliche Königreich Ungarn, die serbische Wojwodschaft, Kroatien, Slavonien und Siebenbürgen, in welchen Ländern aus hier nicht zu erörternden Gründen die Strafprocesse durchaus nicht mit jener Beschleunigung, Umsicht und Energie durchgeführt wurden, wie diess in den meisten übrigen Kronländern der Fall war — entnehmen wir nun, dass im Jahre 1858 57 pCt. aller Strafprocesse nicht länger als drei Monate dauerten, während nach den vorausgeschickten Angaben in Gemässheit der Strafprocess-Ordnung vom Jahre 1850 nur 46 pCt. aller Untersuchungen in drei Monaten beendigt waren, oder richtiger bei blos 46 pCt. wenigstens präsumtive der ganze Strafprocess nicht länger dauerte, weil bei so vielen Percenten mindestens die Untersuchungshaft nicht länger als drei Monate dauerte. — Gleich auffallend und zwar wieder zu Gunsten der Strafprocess-Ordnung vom Jahre 1853 ergibt sich der Ausschlag rücksichtlich der länger als drei Monate dauernden Untersuchungen, indem nach dem früher Gesagten von den nach der Straf-Process-Ordnung vom Jahre 1850 Untersuchten 31 pCt. zwischen drei bis sechs Monaten und 21 pCt. zwischen sechs Monaten und einem Jahre in Untersuchungshaft waren, also mindestens auch eben so lange Zeit der Strafprocess überhaupt mit ihnen dauerte, während von den nach der Straf-Process-Ordnung vom Jahre 1853 durchgeführten Strafprocessen diese Daten sich blos mit 19 pCt. für die Dauer zwischen drei bis sechs Monaten und mit 12 pCt. für jene zwischen sechs Monaten und einem Jahre, und zwar hier zweifellos gewiss in Betreff der Dauer des gesammten Strafprocesses darstellen.

Noch frappanter, und zwar immer wieder zu Gunsten der St.-P.-O. vom Jahre 1853, stellt sich dieses Wechselverhältniss heraus, wenn man die Dauer der Strafprocesse oder eigentlich, was nicht oft genug wiederholt werden kann, die Dauer der Untersuchungshaft nach der St.-P.-O. vom Jahre 1850 mit jener von 1853 rücksichtlich solcher Kronländer vergleicht, in welchen — sei es nun in Folge der Energie der Präsidenten der einzelnen Gerichtshöfe oder des Oberlandesgerichtes, oder der quantitativ und qualitativ besseren Besetzung der einzelnen Gerichtshöfe und Untersuchungsgerichte, oder aus was immer für anderen, vielleicht selbst zufälligen Ursachen — die Strafjustiz im Jahre 1858 sich einer besonders schleunigen und dennoch höchst umsichtigen und sorgfältigen Pflege erfreute. Dahin gehören vor Allen die lombardisch-venetianischen Gerichte, dann

auch die unter dem österr. Oberlandesgerichte von W i e n stehenden Gerichte. An der Spitze Aller aber muss — um der
Wahrheit und Gerechtigkeit ihre Steuer zu geben — auch heute
noch M a i l a n d genannt werden, gleichwie mir überhaupt im
Vorbeigehen die Bemerkung erlaubt sein wolle, dass nach den
von mir in den Jahren 1848—1859 in meiner amtlichen Wirksamkeit gemachten Erfahrungen die Justizpflege in der L o m b a r-
d e i, so lange sie unter Oesterreich stand, eine musterhafte war,
und dass mir die k. k. lombardischen Justizräthe in ihrer richterlichen Wirksamkeit immer als Prototype von Justizmännern
erschienen sind.

Im Oberlandesgerichtssprengel von Mailand sind nun im
Jahre 1858 mehr als 85 pCt. aller Strafprocesse innerhalb drei
Monaten vollendet worden und davon 45 pCt. sogar innerhalb
eines einzigen Monates, zu welchen Ziffern die schon mehrerwähnten blos 46 pCt. der nach der St.-P.-O. vom Jahre 1850 innerhalb dreier Monate durchgeführten Untersuchungen oder, richtiger, nicht über diese Dauer hinaus fortgesetzten Untersuchungshafte in einem um so auffallenderen Missverhältnisse stehen, als
überdiess gar kein Datum vorliegt, dass Criminal-Processe nach
der St.-P.-O. vom Jahre 1850, was doch für die Lombar-
dei aus dem Jahre 1858 nach der St.-P.-O. von 1853 bei d r e i-
u n d v i e r z i g Percenten (!) der Fall war, nur überhaupt jemals innerhalb eines einzigen Monates zum Abschlusse gekommen wären.

Wenig bleiben hinter diesem hervorragend günstigen Ge-
sammtergebnisse der lombardischen Justizbehörden jene des
Oberlandesgerichtssprengels von Wien zurück, indem auch in
diesem im Jahre 1858 im Ganzen 78 pCt. aller Strafprocesse
innerhalb drei Monaten und hiervon nicht weniger als 35 pCt.
sogar innerhalb eines einzigen Monates vollständig durchgeführt
worden sind.

Doch gehen wir über auf die Resultate von v i e r Jahren
bei dem Strafgerichte von W i e n, wie sie aus den vom Herrn
Vice-Präsidenten Schwarz herausgegebenen statistischen Tabellen
erhellen. — Hier glaube ich wohl eine Bemerkung vorausschicken
zu müssen, dass man billiger Weise kein Aufhebens darüber machen könnte, wenn bei einem so ausgedehnten Gerichtshofe, wie
es das wohl in der ganzen Monarchie meistbeschäftigte Strafgericht von Wien ist, einzelne Untersuchungen relativ längere Zeit
dauern, weil hier ein Verstoss oder eine Verschleppung in Einzelnheiten bei der Unmasse von Geschäften, selbst von dem um-
sichtigsten Präsidenten nicht so schnell entdeckt und beseitigt werden kann. — Dennoch aber sind bei diesem Strafgerichte im Jahre
1858 nicht weniger als 81 pCt. aller Strafprocesse innerhalb
drei Monaten vollendet worden, ferner 13 pCt. binnen sechs Mo-

13 *

naten, 4 pCt. innerhalb eines Jahres, und nicht einmal ein ganzes Percent, sondern nur 0.29 pCt. fallen auf diejenigen Strafprocesse, welche länger als ein Jahr dauerten. — Im Jahre 1859 sind nicht weniger als 82 pCt. innerhalb drei Monaten vollendet worden, 13 pCt. innerhalb sechs Monaten und 3 pCt. innerhalb eines Jahres, und auch in diesem Jahre fällt wieder nicht ein ganzes Percent auf solche Processe, welche mehr als ein Jahr dauerten.

Im Jahre 1860 wurden 85.81 pCt. in drei Monaten, also beinahe 86 pCt., und im Jahre 1861 beinahe 87 pCt. aller Strafprocesse innerhalb drei Monaten vollendet, daher die Percentual-Ziffer der länger als drei oder sogar mehr als sechs Monate dauernden Strafprocesse in beiden Jahren auf 9 und beziehungsweise 4 pCt. sich reducirte und jene der mehr als ein Jahr dauernden Processe ebenfalls in keinem dieser beiden Jahre ein volles Percent erreichte.

Vergleichen wir aber nicht blos die Dauer des gesammten Strafprocesses, sondern namentlich auch jene der Untersuchungshaft, so wird uns klar, dass auch jener Theil der vielen gedruckt vorliegenden Schmähungen des Strafverfahrens nach dem Gesetze vom 29. Juli 1853, wovon freilich die eine der andern blindlings nachschreibt, und welche da behaupten, dieses Gesetz habe bedeutende längere Untersuchungshaften nach sich gezogen als die Strafprocess-Ordnung vom Jahre 1850 — eine bare Lüge ist.

Ich recapitulire nochmals die Ziffern vom Jahre 1851.

Bei 46 pCt. dauerte die Untersuchungshaft nach der Straf-Process-Ordnung von 1850 nicht länger als drei Monate, bei 31 pCt. zwischen drei bis sechs Monaten, bei 21 pCt. zwischen sechs Monaten und einem Jahre.

Wie stellt sich diess nun beim Wiener Landesgerichte in den angedeuteten vier Jahren 1858—1861, also nach der St.-P.-O. von 1853, heraus?

Im Jahre 1858 waren nicht weniger als 89 pCt. nicht einmal volle drei Monate in Untersuchungshaft und darunter mehr als 50 pCt. nicht einmal einen vollen Monat, 7 pCt. zwischen drei und sechs Monaten, 3 pCt. zwischen sechs und zwölf Monaten, und nicht ein volles Percent über ein Jahr. — Im Jahre 1859 waren nicht weniger als 91 pCt. nicht einmal volle drei Monate in Untersuchungshaft; im Jahre 1860 volle 95 pCt. nicht länger als drei Monate und im Jahre 1861 mehr als 96 pCt. von allen Verhafteten nicht einmal volle drei Monate in Untersuchungshaft, von den länger als drei Monate dauernden Untersuchungen waren es kaum 3—5 pCt., welche in diesen drei Jahren zwischen drei bis sechs Monaten dauerten, während deren Zahl im Jahre 1851 nach der St.-P.-O. vom Jahre 1850 volle 31 pCt. betrug, und die mehr als sechs Monate dauernden Untersuchungshafte, deren

Zahl im Jahre 1851 volle 21 pCt. ausmachte, im Jahre 1859 etwas mehr als 2, im Jahre 1860 etwas mehr als ein 1, und im Jahre 1861 nicht einmal ein volles Percent aller Untersuchten ausmachte!

Und dennoch hat man diesen Thatsachen und Ziffern gegenüber die Stirne, in die Welt hinaus mit voller Posaune den Schmerzensruf auszustossen, dass das grösste Unheil des österreichischen Strafverfahrens in der ungebührlich langen Dauer des Untersuchungsprocesses und der Untersuchungshaft bestehen, dass dieses Uebel der St.-P.-O. vom Jahre 1850 fremd gewesen und erst durch die St.-P.-O. vom Jahre 1853 herbeigeführt worden sei! — Wahrhaftig! es bedarf grosser Enthaltsamkeit, um solches Irreführen der öffentlichen Meinung, solches dem Volke Sand-in-die-Augen-streuen nicht mit jenem Namen zu brandmarken, der demselben gebührt, mag es nun auf wirklicher Ignoranz oder auf absichtlicher Lüge beruhen!

Wie aber verhält es sich sofort mit derjenigen Schutzrede für die Jury, welche mich zunächst zu diesen statistischen Excursionen veranlasste, dass nämlich durch den Bestand des Schwurgerichtes der Untersuchungsprocess beschleunigt, die lange Dauer der Untersuchungshaften beseitiget worden? „*Difficile est, satyram non scribere!*"

Doch — fahren diese in's Blaue hinein fechtenden Vertheidiger des Schwurgerichtes fort — der Kern der Frage hinsichtlich der Abkürzung des Untersuchungsprocesses liege in einem anderen Momente, der eben nur durch die Einführung des Schwurgerichtsprocesses verwirklicht werde, und darum auch seine volle Geltung in der St.-P.-O. von 1850 gefunden, dagegen mannigfache Verkümmerungen in jener vom Jahre 1853 erlitten habe. Es sei dies nämlich:

2. Die Unmittelbarkeit oder sogenannte Mündlichkeit des Verfahrens, wornach der Schwerpunkt des ganzen Strafprocesses in die mündliche Verhandlung vor dem erkennenden Gerichtshofe gelegt werden müsse, und von der St.-P.-O. vom Jahre 1850 auch wirklich dahin verlegt worden sei, während die St.-P.-O. vom Jahre 1853 den Accent auf den Instructions-Process lege, und die mündliche Schluss-Verhandlung zu einer blossen referirenden Recapitulation, zu einem skizzenhaften Resumé der Voruntersuchung herabgedrückt habe.

Ich trage keine Scheu, auch diese Behauptung gleich der ersten als eine freche Lüge zu erklären.

Dass sie dies sei, mögen, wie in Betreff der ersteren die in Ziffern gruppirten, hier durch vorliegende Gesetzes-Paragraphen constatirte Thatsachen erhärten!

Man wagt es, zu behaupten, dass die St.-P.-O. von 1853 die durch die St.-P.-O. von 1850 vorgeschriebene unmittelbare oder

mündliche Verhandlung vor dem gesammten erkennenden Gerichtshofe vielfach verstümmelt und verkrüppelt habe, während doch
die diesfälligen Vorschriften der ersteren den entsprechenden
Paragraphen der letzteren vollständig, ja beinahe wörtlich
nachgeschrieben sind, und nicht eine einzige Bestimmung der St.-P.-O. vom 17. Jänner 1850 über die
volle und freieste Entwicklung der mündlichen Hauptverhandlung in der St.-P.-O. vom 29. Juli 1853 weggelassen und in letzterer der einzige rein nominelle Unterschied
erscheint, dass der Name: „Hauptverhandlung", welchen die
1850er St.-P.-O. angenommen hatte, aus Connivenz für die in
den a. h. sanctionirten organischen Grundsätzen vom 31. December 1851 gewählte Ausdrucksweise, mit der allerdings minder
zutreffenden Bezeichnung: „mündliche Schlussverhandlung" ver-
tauscht worden ist. — Dieser Thatsache gegenüber hat man
die Keckheit, fort und fort in die Welt hinauszuschreien, hinaus-
zuschreiben und hinauszudrucken, dass es nicht etwa jene
einzelnen Richter, welche aus Missverständniss des Gesetzes, oder
aus alter Gewohnheit und Vorliebe für den früher bestandenen
inquisitorischen Process die Vorschriften der nunmehr bestehenden St.-P.-O. über das mündliche accusatorische Schluss-Verfah-
ren mehr weniger unbeachtet lassen oder in der praktischen Anwendung zu verkrüppeln pflegen, sondern vielmehr — das Gesetz, nämlich eben die St.-P.-O. vom Jahre 1853 es sei, welche
den Schwerpunkt des Verfahrens in die Voruntersuchung, und
nicht in die Haupt- oder Schlussverhandlung lege. Freilich
wird dabei noch überdiess ignoriret oder absichtlich verschwiegen, dass eben dieses Gesetz im §. 259 ganz kategorisch vorschreibt, dass das erkennende Gericht bei der Würdigung der
rechtlichen Beweise nur diejenigen Beweismittel, die in der
mündlichen Schlussverhandlung vorgekommen sind,
aus der Voruntersuchung aber nur diejenigen Beweismittel, von
welchen auch in der Schlussverhandlung Gebrauch gemacht, und
deren Beweiskraft hierbei weder zerstört noch auch blos geschwächt
worden ist, berücksichtiget werden dürfen. — Diese böswilligen
Verläumder der St.-P.-O. vom Jahre 1853 oder Ignoranten verschweigen ferner, dass eben diese Bestimmung auch in dem §. 260
mit den Worten wiederholt wird: „dass solche Voraussetzungen
und Wahrnehmungen, die nicht in der Schlussverhandlung
selbst vorgekommen sind, von dem Richter bei Würdigung
des Beweises in keiner Weise berücksichtiget werden
dürfen."
Doch halt ein! muss ich mir selbst bei meiner scharfen Zu-
rechtweisung dieses Theiles der Gegner unsres bestehenden
Strafprocessgesetzes zurufen. Die St.-P.-O. vom Jahre 1853 hat in
Beziehung auf die mündliche Hauptverhandlung wirklich zwei neue

Bestimmungen aufgenommen, welche jener vom 17. Jänner 1850
völlig fremd waren. Vielleicht sind es nun diese zwei Vorschriften,
welche das Princip der Unmittelbarkeit oder den Grundsatz der
freiesten Entfaltung aller zur Schuldentlastung des Angeklagten dienenden Momente zerstören, oder doch abzuschwächen
geeignet sind?! — Es sind dies nämlich die §§. 243 und 210.
Beide Vorschriften sind überdiess auch allen übrigen Strafprocess-
gesetzen des europäischen Continentes fremd. — Wohlan! Sehen
wir zu, welche Verkümmerung jener unanfechtbaren Principien der
Gerechtigkeit in denselben vielleicht liegt! — Durch den §. 243
der österr. St.-P.-O. vom 29. Juli 1853 wird die s. g. unmittelbare Fragestellung festgesetzt, d. h. nicht blos dem Vorsitzenden und übrigen Richtern und dem Staatsanwalte, sondern
auch dem Privatankläger, dem Angeklagten, den Beschädigten
und ihren Vertretern das Recht eingeräumt, an jede zu vernehmende Person unmittelbar Fragen zu stellen, während nach
der österr. St.-P.-O. vom Jahre 1850 und nach allen Strafpro-
cessgesetzen des europäischen Continentes alle diese Personen
ihre Fragen zuerst an den Präsidenten und erst dann mit dessen
Erlaubniss und in der von ihm beliebten Form nur mittelbar,
nämlich durch ihn an die zu vernehmende Person stellen dürfen.
— Liegt nun vielleicht in dieser Abweichung der St.-P.-O. vom
Jahre 1853 vom 1850er Gesetze eine Zerstörung oder Abschwächung der Unmittelbarkeit des Verfahrens vor dem erkennenden Gerichtshofe mit allen dabei betheiligten Personen, oder
ein Hinausdrängen und Verlegen des Schwerpunktes des ganzen
Strafverfahrens aus der unmittelbaren Hauptverhandlung in die
Voruntersuchung? —

Oder werden die angeführten Principien einer gerechten
Strafgesetzgebung etwa durch die andere der erwähnten zwei
Vorschriften der St.-P.-O. von 1853, die wohl ebenfalls ein Unicum
in der europäischen Legislation ist, nämlich durch den § 210
und die mit ihm correlaten §§. 211, 304, 307 und 310, wornach
die höheren oder Berufungsgerichte von Amtswegen alle zu
Gunsten des Angeklagten sprechenden Umstände zu würdigen
und hiernach die unterrichterlichen Erkenntnisse zu Gunsten
des Beschuldigten selbst in Betreff solcher Punkte oder
Personen von Amtswegen zu reformiren verpflichtet sind,
hinsichtlich welcher keine Berufung oder Beschwerdeführung stattgefunden hat?? —

Zum Schlusse kann ich mich, wenn es sich um eine Ehren-
rettung der vielgeschmähten St.-P.-O. von 1853, zumal gegenüber
der im Gegensatze damit so nachdrücklich gerühmten 1850er
St.-P.-O. handelt, gewiss auf kein unverdächtigeres Zeugniss berufen, als auf jenes des Herrn Professors Glaser, da auch er
sich im Allgemeinen ebenfalls als ein offener Gegner jenes erste-

ren Gesetzes bekennt. Diese im Gebiete der Strafprocess-Wissenschaft gewiss vollgültige Autorität spricht sich aber über den bisher erörterten Vorwurf: „dass die St.-P.-O. von 1853 den Schwerpunkt des Strafprocesses nicht in die unmittelbare oder Hauptverhandlung vor dem erkennenden Gerichtshofe, sondern vielmehr in die Voruntersuchung gelegt habe" in seinem bekannten in der Gerichtszeitung von 1857 erschienenen Aufsatze über die Hauptpunkte des neuesten deutschen Strafprocessrechtes in Betreff unserer bestehenden St.-P.-O. (von 1853) in folgenden Worten aus: „Sobald ein Gesetz die unmittelbare Vernehmung von Zeugen und Sachverständigen in mündlicher Schlussverhandlung gestattet, sobald es die Bestimmung der vorzuladenden Personen dem Ermessen der Gerichte und nur diesem anheimstellt, ohne dasselbe durch irgend eine beschränkende Norm zu binden, sobald es endlich den Parteien das Recht lässt, die Vorladung von Zeugen zu begehren, und bei der Zeugenvernehmung in Anwesenheit des erkennenden Richters mitzuwirken, dann kann man wohl nicht verkennen, dass es mit der mündlichen Verhandlung etwas mehr als eine blosse Revision der bereits abgeführten schriftlichen Untersuchung geben wollte, dass es den Schwerpunkt der Entscheidung und des Processes in diese mündliche Verhandlung legen, dass es die Richter anweisen wollte, nach den Ergebnissen dieser Verhandlung und nur nach diesen das Erkenntniss zu fällen, und dass eben nicht die Gesetzgebung, sondern lediglich die Praxis dafür verantwortlich wäre, wenn irgendwo bei einem solchen Stande der gesetzlichen Anordnungen die mündliche Verhandlung zu einer mehr oder weniger überflüssigen Wiederholung des bereits in der Untersuchung Festgestellten werden sollte. — Auf den Namen, den das Gesetz dieser mündlichen Verhandlung als letztem Acte des Processes gibt, kann es dabei nicht ankommen. Aus ihm so wenig als aus der Ausdehnung, die es der schriftlichen Untersuchung gibt, kann eine Schlussfolgerung auf den Umfang, welcher der Mündlichkeit des Beweisverfahrens eingeräumt werden soll, mit Sicherheit gezogen werden." — So spricht sich ein entschiedener Gegner der St.-P.-O. von 1853 wenigstens über jenen ihr von den in Rede stehenden Vertheidigern der Jury gemachten Vorwurf aus, dass sie eben in Folge der Wegschaffung des Schwurgerichtes aus derselben auch die Unmittelbarkeit der Strafverhandlung zerstört habe. Gleich anerkennend beurtheilt eben dieses Gesetz gerade in dieser Beziehung noch ein anderer, gleich hochgeachteter vaterländischer Schriftsteller, der längst verstorbene Würth in seinen ebenfalls in der Gerichtszeitung niedergelegten kritischen Excursen über

dieselbe, obgleich gerade dieser würdige Mann als der eigentliche
Autor der St.-P.-O. vom 17. Jänner 1850 schmerzlichst dadurch
berührt war, dass dieses sein theures Kindlein der an deren Stelle
getretenen St.-P.-O. vom 29. Juli 1853 Platz machen musste. —
Hören wir aber gar die Urtheile des Auslandes, so nehmen
wir wahr, dass sich alsbald nach der Publication dieses letzteren
Gesetzes die ersten Criminalisten Deutschlands, dann auch Frankreichs und Italiens in rühmlichster Weise über dasselbe ausgesprochen, und dass ein Mittermaier, Zachariä, Schwarze,
Arnold u. s. f. gerade die in Rede stehende Seite dieses Gesetzes in eingehende Erwägung gezogen und namentlich mit
grossem Lobe als Vorzüge desselben hervorgehoben haben, dass
dessen Bestimmungen über die mündliche Schlussverhandlung ein
getreuer Wiederhall der Principien der Unmittelbarkeit und
der accusatorischen Procedursform seien, dass es mit
aussergewöhnlicher Umsicht insbesondere die Sicherstellung und
ungehemmte Geltendmachung der Schuld-Entlastungsbe-
weise mit allen nur denkbaren Garantien umgeben habe, ganz
und gar von dem Bestreben nach Realisirung der Gerechtigkeit
durchdrungen und geleitet sei, dass es die St.-P.-O. v. 17. Jänner
1850 in sehr vielen Einzelnheiten wesentlich verbessert
habe u. s. f., u. s. f. Wie lassen sich nun diesen rühmlichen Urtheilen des Auslandes gegenüber in Betreff der mannigfachen
Vorzüge unseres Strafprocessgesetzes von 1853 die allerdings
zumeist erst seit dem Jahre 1859 in Oesterreich auftauchenden
Schmähworte der Oesterreicher selbst über dieses Gesetz
erklären? — Man tadle an der St.-P.-O. von 1853 jene Eine
grosse, schwere und nicht zu leugnende Sünde, dass sie das un-
lösbare Problem der Verschmelzung des mündlichen Verfahrens in erster Instanz mit einem schriftlichen Berufungs-
Verfahren in den höheren Instanzen anstrebte, und dass insbesondere eine Berufung von einem vom ersten Richter — nach
Massgabe seiner aus der unmittelbaren Verhandlung entnommenen
Gewissensüberzeugung (§. 260) — gefällten Schuldlosigkeits-Er-
kenntnisse an einen höheren, blos nach schriftlichen Acten erkennenden Richter zugestanden hat! Dieser Vorwurf wäre ein
gerechter. Allein man lasse endlich ab von dem nur die bare
Gesetzesignoranz der Behauptenden blossstellenden Geklatsche,
dass durch diese St.-P.-O. auch in Beziehung auf die erste Instanz
die Unmittelbarkeit der Verhandlung vor dem erkennenden Gerichtshofe zerstört oder zu einer blossen Komödie herabgedrückt,
dass die accusatorische Procedur aufgehoben, die freie Vertheidigung des Angeklagten beschränkt, die Oeffentlichkeit der Verhandlung abgeschnitten worden sei u. s. f., u. s. f. —
     Doch wäre dem auch wirklich so: in welchem inneren sach-
lichen oder auch nur logischen Zusammenhange stünde denn dies

Alles mit der Jury, und mit der oben von den Vertheidigern des Schwurgerichtes behaupteten Thesis: „dass durch die Abschaffung der Jury in Oesterreich begriffsnothwendig auch die Mündlichkeit (richtiger Unmittelbarkeit) des gesammten Strafverfahrens gestört worden sei?" — Hat denn nicht auch die St.-P.-O. vom 17. Jänner 1850 für sehr viele Verbrechen und Vergehen ein eigenes Verfahren vor ständigen, aus rechtsgelehrten Beamten-Richtern zusammengesetzten Gerichtshöfen vorgeschrieben, und ist es jemals irgend einem Vertheidiger der Jury oder einem Lobredner dieser St.-P.-O. von 1850 eingefallen zu behaupten, dass die durch sie für diese Nicht-Schwurgerichte vorgeschriebene Hauptverhandlung — welches aber, wie erwähnt, mit dem Verfahren, wie es die St.-P.-O. von 1853 für die mündliche Schlussverhandlung in Betreff aller Verbrechen und Vergehen vorschreibt, vollkommen gleich ist — nicht ebenfalls die Principien des unmittelbaren und accusatorischen Verfahrens zur vollen Geltung gebracht habe? — Wahrhaftig! solchen Vertheidigern der Jury und solchen Schutz- und Empfehlungsgründen gegenüber möge diese Institution selbst, und möge jede Regierung, welche dieselbe aus ehrlicher Ueberzeugtheit einführen will, das bekannte Wort entgegnen: „Herr! bewahre mich vor meinen Freunden — vor meinen Feinden will ich mich schon selber behüten!" —

Man macht aber noch sehr viele andere Zweckmässigkeits-Gründe und sociale Lichtseiten der Jury für dieselben geltend, die ich nicht unbeleuchtet lassen darf. Allein heute habe ich Ihre Geduld schon zu sehr in Anspruch genommen, und ich müsste fürchten, Sie durch eine noch längere Fortsetzung des Vortrages zu ermüden und abzuspannen. Wenn daher Einzelne von Ihnen den Wunsch haben sollten, dass ich auch noch jene mannigfach anderen zur Apologie des Schwurgerichtes häufig geltend gemachten Betrachtungen einer eingehenden Erörterung unterziehe, so muss ich mir wohl vorbehalten, dieses in einem nächsten Vortrage zu thun, welcher aber wegen der für heute über 8 Tage bereits anberaumten Generalversammlung unseres Vereines wohl erst nach 14 Tagen wird stattfinden können.

Siebenter Vortrag.

Gehalten am 20. März 1863.

Um den Zusammenhang meiner früheren Betrachtungen über die Jury mit denjenigen Erwägungen herzustellen, die ich heute zum Schlusse meiner Vorträge Ihnen vorführen will, sei es erlaubt, ganz kurz zu resumiren, dass die Aufgabe meines letzten Vortrages bereits an der Pforte des Schlusses angekommen ist, insoferne ich in meinen ersten fünf Vorträgen nachzuweisen bemüht war, dass dem Geschwornengerichte als Rechts-Institut, möge man es selbst in der verbesserten natürlichen und urwüchsigen Einrichtung der Britten annehmen, die ernstesten Bedenken aus dem Standpunkte der Justiz entgegenstehen, und dann erst zur Schluss-Aufgabe übergegangen bin, die ich mir dahin abgesteckt hatte, darzuthun, dass auch die grossen Lichtmomente, welche man aus politischem Standpunkte, aus anderweitigen Zweckmässigkeits- oder aus socialen Rücksichten dafür geltend zu machen suchte, eine ernstere Prüfung vor dem Forum der Wissenschaft und zumal des constitutionellen Staatsrechtes, oder der Politik im höheren Sinne des Wortes, nicht aushalten, dass jedoch diejenigen am ehrlichsten und entschiedensten mit der Farbe herausrücken, welche es geradezu sagen, es sei ihnen um die Einführung des Schwurgerichtes nicht aus dem Grunde zu thun, weil sie durch dasselbe das Recht in dem einen oder anderen Falle sicherer realisirt glauben, sondern vielmehr darum, um in demselben eine Institution zu schaffen, durch welche das Volk den wichtigsten Theil der vollziehenden Gewalt, nämlich die richterliche, ausübe. Die wichtigste hieraus unmittelbar abgezogene Schlussfolgerung, dass man nämlich die Schwurgerichte vorzugsweise für alle politischen Verbrechen und Vergehen, sowie für alle durch die Presse begangenen strafbaren Handlungen einführen müsse, damit eben die Repräsentanten des Volkes in die Lage kommen, sich als Macht gegenüber der Macht der

Regierung zu geriren, habe ich in meinem letzten (VI.) Vortrage eingehend gewürdigt und nachzuweisen gesucht, dass dieses Argument zwar Offenheit und Ehrlichkeit für sich habe, dass aber gerade dieses Argument vermöge seiner grossen politischen Tragweite vielen besonnenen Staatsmännern, welche die Regierungsgewalt in ihrer Stärke zu erhalten suchen, unter allen für die Jury jemals geltend gemachten Gründen die relativ grössten Besorgnisse einflösse. Aber auch die aus dieser Besorgniss hervorgehende Bemühung einer sogenannten Vermittlungspartei, die Geschwornengerichte wenigstens von der Competenz über politische und Press-Delicte, sei es auf directem oder indirectem Wege auszuschliessen, ist — so suchte ich ebenfalls schon das letztemal Ihnen darzuthun — ein halbes und mit der Strömung derjenigen öffentlichen Meinung, welche die Einführung der Schwurgerichte überhaupt fordert, geradezu in Widerstreit tretendes Problem, welches eben darum den Keim seiner Abortirung noch vor der Geburt schon in sich selbst trägt.

Ich schreite demnach zur Beleuchtung der weiteren Nützlichkeits-Erwägungen, welche ausser den am Schlusse meines letzten (VI.) Vortrages erörterten zwei Empfehlungsgründen in der neueren Zeit für die Jury in's Schlachtfeld geführt werden.

3. Ein Grund, der erst in den letzteren Jahren mit grösserem Nachdruck hervorgehoben wird als früher, lautet ungefähr dahin: „Durch die Schwurgerichte erst werde das accusatorische Verfahren zu einer Wahrheit werden, während gerade das Verfahren vor rechtsgelehrten Richtern dem accusatorischen Principe allenthalben Abbruch thue, denn nur Geschworne hören und würdigen die Plaidoyers des Anklägers und des Vertheidigers mit voller Geneigtheit, mit voller Aufmerksamkeit; nur die Geschwornen sind es, welche nach Massgabe dieser Plaidoyers sich ihr Urtheil bilden, während die rechtsgelehrten Richter regelmässig auf die Schlussvorträge der beiden Parteien-Vertreter wenig oder gar kein Gewicht legen, sich ihr Urtheil selbst aus der Verhandlung bilden und diese Schluss-Vorträge praktisch als einen ganz überflüssigen Apparat, als eine luxuriöse Zuthat erkennen, welche für die Feststellung ihrer eigenen Ueberzeugung keinen Werth hat. Die rechtsgelehrten Richter — so wird dieses Argument weiter ausgeführt — sind regelmässig mit ihrem Urtheile in ihrem Innern schon fertig, ehevor noch die Plaidoyers begonnen haben, ja nicht selten mit demselben sogar schon fertig, ehevor noch die Verhandlung begonnen, und es sei — so wird verunglimpfend gegen manche Gerichtshöfe noch beigefügt — nicht selten sogar der Fall vorgekommen, dass rechtsgelehrte Gerichtshöfe ihr Urtheil bereits geschrieben mit zur Verhandlung gebracht haben, dasjenige Urtheil nämlich, welches sich die einzelnen Mitglieder aus den Untersuchungsacten oder aus den Anträgen der

Staatsanwaltschaft gebildet haben." — „Auf solche Weise — heisst es dann weiter — gehe also vor rechtsgelehrten Gerichtshöfen der Kern des accusatorischen Verfahrens, nämlich die contradictorische Debatte der sich gegenüber stehenden Parteien, wodurch ja eben vorzugsweise die Eruirung der Wahrheit und die Lichtung der eigentlichen Anhaltspunkte für die richterliche Entscheidung herbeigeführt werden soll, völlig verloren. Weil eben diese ganze Debatte zwischen Ankläger und Angeklagten von den rechtsgelehrten Richtern als überflüssiger Ballast betrachtet wird und unbeachtet bleibt, so wirke diess ganz natürlich völlig entmuthigend auf die Vertreter der Parteien, auf den Staatsanwalt und den Vertheidiger ein. Wie der Soldat sich schon halb geschlagen sieht, wenn er im Voraus weiss, dass keine Hoffnung des Sieges vorhanden ist, so wird auch der Ankläger und der Vertheidiger, wenn er sich sagt, dass er in der Wüste predigt, vor tauben Ohren, dass er mit einem Plaidoyer gar nichts mehr zu erreichen vermag, muthlos alle Zuversicht verlieren, und dadurch eben werde der mündlichen accusatorischen Verhandlung vor einem rechtsgelehrten Gerichtshofe die Spitze abgebrochen. Auf diese Weise nehme aber zugleich die Gesetzgebung wieder mit der einen Hand dasjenige, was sie mit der anderen gegeben, nämlich alle jene Wohlthaten, welche sie dem Volke durch die Einführung des mündlichen und insbesondere des accusatorischen und contradictorischen Verfahrens geben wollte. — Wie so ganz anders sei dies Alles — so wird endlich diese Argumentation geschlossen — bei Geschwornen! Diese sind, und nur diese, ein dankbares Publikum für den Staatsanwalt, für den Vertheidiger! Geschworne nur lauschen andächtig den beiderseitigen Vorträgen der Parteien-Vertreter; Geschworne nur abstrahiren sich ihr Urtheil aus den Beweisführungen, welche der Ankläger oder der Vertreter des Angeklagten als überwiegend über die Anführungen des Gegners darzulegen vermochte; durch diese, ihren gegenseitigen Ausführungen von Seite der Geschwornen und nur von Geschwornen stetig geschenkte, Aufmerksamkeit werden daher Staatsanwalt und Vertheidiger erst zu jener eingehenden Selbstanstrengung und Hingebung für ihre gegenseitigen Aufgaben aufgestachelt und angespornt, welche zugleich die Bürgschaft einschliesst, dass sie gegenseitig Alles erschöpfen werden, um ihre Darlegungen und Beweisführungen — zum Siege zu führen."

Ich gestehe, dass ich dieses Argument, welches insbesondere in Oesterreich nicht blos mündlich vorzugsweise in Kreisen von Advokaten und Staatsanwälten, sondern auch bereits gedruckt mit beredten Worten verfochten wird, hin und her wendete, und dass dasselbe wenigstens auf mich persönlich — ich mache kein Hehl daraus — nur einen sehr wehmüthigen Eindruck macht.

Ich bleibe erst bei der ernsten Seite desselben.

Ich gestehe ganz offen, dass ich in diesem Raisonnement vielmehr ein grosses Ehren-Attestat für den österreichischen Richterstand ausgesprochen finde.

Ich finde nämlich allerdings das Wesen des Strafprocesses in seiner modernen Auffassung und Entwicklung vor allem Andern ebenfalls in dem Principe der Unmittelbarkeit, d. i. in jener vollen Entfaltung des Grundsatzes: *„Nemo inauditus condemnandus“*, wornach nämlich von dem Ankläger und von dem Angeklagten alle Belastungs- und Entlastungs-Beweise, alle jene Personen und alle jene realen Materialien, welche für die Eruirung und Constatirung der objectiven Wahrheit irgend etwas beizutragen vermögen, unmittelbar vor sämmtlichen erkennenden Richtern, d. h. vor Denjenigen producirt und ungehemmt entwickelt werden können, welche das Urtheil darüber zu sprechen haben.

Im Geiste und echten Sinne dieses Grundsatzes soll nun die Verhandlung selbst, d. h. die objective Darlegung und Entwicklung der Belastungs- und Entlastungs-Beweise, in diesem Sinne soll die allseitige und unmittelbare Fragestellung an die zu vernehmenden Personen, an den Angeklagten, an die Zeugen und an die Sachverständigen so wie die Art der Antwort der vernommenen Personen, in diesem Sinne soll also die Autopsie und nur die Autopsie der Richter, d. h. der lebendige, mit eigenen Sinnen wahrgenommene Eindruck, welchen die Richter aus dem Augenscheine, aus den übrigen objectiven und realen Momenten, welche für die Schuld des Angeklagten sprechen, oder die Schuldlosigkeit desselben constatiren, und aus den mit eigenen Ohren gehörten Aussagen aller vernommenen Personen in sich aufgenommen haben, es soll und darf mit einem Worte allenthalben nur die unmittelbar eigene Wahrnehmung des Richters auch sein Urtheil herbeiführen, bedingen und sicherstellen. Nicht also zunächst die Schlussreden des Anklägers und Vertheidigers, welche — dies sei im Vorbeigehen gesagt — aus eben diesem Grunde von mehreren Gesetzgebungen sogar ausdrücklich ausgeschlossen werden, sondern nur die Verhandlungs-Momente selbst sind es, welche die richterliche Ueberzeugung bestimmen dürfen und sollen.

Der Zweck der Schlussreden, so wie auch der Zweck etwa des Resumé des Präsidenten (welches übrigens ebenfalls von manchen Gesetzgebungen gar nicht zugelassen, und jedenfalls nur gegenüber von Geschwornen, niemals aber im Verhältnisse zu rechtsgelehrten Richtern für nothwendig gehalten wird) kann kein anderer sein, als etwa Dasjenige zu suppliren, zu ergänzen, zu vervollständigen, oder zu recapituliren, was in der Verhandlung, etwa vermöge der Schnelligkeit des Augenblickes dem einen oder andern Richter entfallen ist. Der Zweck dieses Plaidoyers soll und darf höchstens noch darauf gerichtet sein, die vielleicht

da und dort aufgetauchten Zweifel über den einen oder andern
Thatmoment zu lichten, und so die über diesen oder jenen Punkt
etwa noch schwankenden Ueberzeugungen tiefer zu befestigen,
keineswegs aber sollen und dürfen sie im Geiste des unmittelbaren Verfahrens die eigentliche Quelle der Ausgangs- und
Haltpunkt des richterlichen Urtheils sein. Diejenigen Richter,
welche ihre Ueberzeugung erst aus den Plaidoyers des Staatsanwaltes und des Vertheidigers entnehmen, oder welche gar in
der Lage sind, ihre richterliche Ueberzeugung erst hieraus abstrahiren zu müssen, — diese Richter haben nach meiner geringen Auffassung das eigentliche Wesen des modernen Strafprocesses
vollkommen verkannt.

Ist es nun wirklich in Wahrheit gegründet, dass die Geschwornen erst die Plaidoyers des Staatsanwaltes und Vertheidigers
darum hören müssen, um eine Ueberzeugung zu gewinnen, um
hiernach erst mit sich selbst in's Reine zu kommen, wie sie ihre
Verdicte sprechen sollen, so könnte ich meinerseits darin nur eine
traurige Schattenseite des Schwurgerichtes, ja wahrhaftig blos
einen schadhaften Auswuchs des modernen Strafverfahrens erkennen; denn dann können wir sicher sein, dass es nicht mehr
die Objectivität des Sachverhaltes, dass es nicht mehr
die materielle Wahrheit, sondern dass es nur die relativ überwiegende subjective Auffassung und gewandtere Darstellung des
einen oder des anderen der sich gegenüberstehenden Parteien-
Vertreter, dass es blos das grössere oder mindere Geschick, die
grössere oder geringere Mühe und Sorgfalt des Anklägers oder
Vertheidigers in Aufsammlung und Zusammenstellung der für
dessen einseitige Anträge sprechenden Momente, die schärfere
Logik oder auch gewandtere Sophistik, die geistvollere Rhetorik,
die glänzendere Oratorik, die tiefer in's Gemüth und in's Men-
schenherz greifende Rührkraft der Rede, mit Einem Worte die
grössere Energie und Macht der Eloquenz, oder auch nur der
gewaltigen Beredungs- und Ueberredungs-Kunst des Einen oder
Anderen sein werden, welche in Beziehung auf das Urtheil der
Geschwornen den Ausschlag geben.

Diess zeigt sich denn auch in der Wirklichkeit, gerade, wenn
wir mit Aufmerksamkeit solche Verhandlungen vor Schwurgerichten verfolgen. Wir sehen wirklich, dass Dasjenige, was
die Schirmvögte der Jury in dem angeführten Raisonnement als
Schutz-Argument für sich in Anspruch nehmen, sich in voller
realer Wahrheit im Leben findet! Kein Unbefangener wird aber
in Abrede stellen können, dass eben dadurch zugleich der erhabene Standpunkt, welcher dem Amte der öffentlichen Anklageschaft einerseits und dem Amte der Vertheidigung andererseits
durch die Natur der Sache zugewiesen ist, gänzlich verrückt
wird. Es ist traurig und ich spreche es mit Wehmuth aus —

wenn manche Staatsanwälte und Vertheidiger — und zwar heute mehr
als jemals — nicht die Gerechtigkeit, das Recht als solches im Auge
haben, sondern vor Allem nur darnach streben, ihre subjectiven
Ansichten zum Siege zu führen, Triumphe über den Gegner zu
erringen, die Richter für sich zu gewinnen, zu überreden, zu
präoccupiren oder zu intimidiren, um — in der öffentlichen Meinung als ein Geistes-Gewaltiger zu glänzen, dessen überzeugender
oder überredender Kraft Niemand widerstehen könne! Wie ferne
liegt nur zu offenliegend nicht selten dem Einen und dem Andern
das erhabene Ziel, die o b j e c t i v e Wahrheit, das wirklich G e -
r e c h t e zur Geltung zu bringen! Lässt es sich leugnen, dass das
fratzenhafte Zerrbild, welches der von der französischen Regierung mit der Prüfung der Mängel der Criminal-Justiz in Frankreich beauftragte Rechtsgelehrte C o m t e in seiner bekannten
Schrift hierüber (Paris 1819) schon vor nahebei einem halben
Jahrhundert von der Procedur vor französischen Schwurgerichten
in nachstehenden Worten entworfen hat, auch auf manche in
Oesterreich und Deutschland v o r d e n, z u g e s t a n d e n e r W e i s e
f ü r d e r l e i P l a i d o y e r s d a n k b a r e r z u h ö r e n d e n, G e -
s c h w o r n e n stattfindende strafgerichtliche Verhandlungen Anwendung findet: „*Chez nous* — so schreibt Comte von seinen Lands-
leuten im Gegensatz zu dem von ihm rühmlich hervorgehobenen
Verfahren vor der Jury in England — *le temps des débats se passe en
répétitions, en bavardages ou en vaines déclamations: dans une
affaire un peu remarquable tout le monde veut briller, l'avocat, le pro-
cureur du roi et jusqu'au président. L'essentiel n'est pas de connaitre
la vérité: c'est de jouer un rôle, — de prouver, qu'on possède une
brillante élocution. — Les débats sont des éternels bavardages
où tout est discuté, excepté ce qui est en question?!*“
Leuchtet nicht ferner schon aus dieser und jener von so man-
chen O r g a n e n d e r S t a a t s a n w a l t s c h a f t eingeleiteten strafgerichtlichen Verfolgung und Anklage, aus so mancher von ihnen veranlassten s. g. provisorischen Verwahrung oder Untersuchungshaft
nur zu unverkennbar die betrübende Thatsache hervor, dass sie hierbei nicht von jener weihevollen Stimmung, welche im Pflichtgefühle
ihres traurigen, aber ernsten Amtes sie allein erfüllen soll, sondern
von persönlicher Ambition, Eitelkeit, Ostentationssucht, Selbstüber-
schätzung und Rechthaberei, wenn nicht vielleicht hie und da sogar
von jener niedrigen Ehrsucht geleitet werden, welche durch hyper-
zelotische Tendenz-Processe und durch servile, nicht selten selbst
aufgedrungene Wohldienerei für oft nur vorausgesetzte Wünsche
der Regierung, von eben dieser für sich selbst Beifall und Lohn zu ernten trachtet? — Nehmen wir nicht, wenn gleich in entgegengesetzter
Richtung, ähnliche Erscheinungen auch in dem Treiben so mancher
V e r t h e i d i g e r wahr? Sind es wohl immer nur der heilige Eifer
oder Enthusiasmus für die Gerechtigkeit, und nicht zu häufig

vor Allem reine Gefallsucht und andere unlautere Motive, welche
ihrer feurigen Vertheidigung der angeblichen Unschuld ihres
Clienten die beredten Worte leihen und sind nicht sogar sehr
ehrenwerthe Vertheidiger von dem Wahne befangen, dass es durch
ihre Pflichtstellung bedingt sei, selbst gegen die objective Unwahrheit für das Nichtschuldig ihres Clienten zu plaidiren, wenn nur
überhaupt nach dem Stande der Belastungsbeweise eine Aussicht auf einen solchen Erfolg vorliegt? Sehen wir nicht, dass
selbst so manche berühmte Vertheidiger die grössten Schurken-
streiche und die unehrenhaftesten Handlungen wenigstens zu
beschönigen suchen, oder sogar aus ihrem Clienten einen Märtyrer zu machen sich bemühen für Handlungen, die jeder hon-
nete Mensch mit Verachtung von sich abweiset!

Kann es uns da noch Wunder nehmen, wenn wir hie und
da selbst jene grosse Wohlthat, welche durch das mündliche
und accusatorisch-öffentliche Verfahren herbeigeführt werden soll,
von besonnenen Männern, von Juristen und Staatsmännern be-
krittelt finden, weil sie eben den Missbrauch dieser grossen Lichtseiten des modernen Strafprocesses, weil sie jene Verkrüppelung
und Entweihung, welche ihm durch einzelne Organe der öffentlichen Anklageschaft und durch irregeleitete, um nicht zu sagen
corrumpirte Vertheidiger da und dort aufgeprägt wird, im Auge
haben. — Wenn man nun aber gar — wie es in der jetzt erörterten Schutzrede für die Wiedereinführung des Schwurgerichtes
wirklich geschieht — einen ganz besonderen Empfehlungsgrund für
dasselbe darin sieht, dass die Geschwornen und dass nur Geschworne,
keineswegs aber auch rechtsgelehrte und ständige Gerichtshöfe
ein dankbares, ein gläubiges und folgsames Publicum für die
Plaidoyers, Parade-Reden und parteiischen Subjectivitäten des
Staatsanwaltes und des Vertheidigers seien, und wenn ich damit
das Spiegelbild der Wirklichkeit zusammenhalte, und wahrnehme,
wie diese Dankbarkeit, Gläubigkeit und Folgsamkeit von
manchen Staatsanwälten und Vertheidigern zum offenen Hohne
der objectiven Gerechtigkeit auszubeuten versucht und wirklich
ausgebeutet wird, und wenn überdiess nicht bestritten werden
kann, dass dieses Würfelspiel des Zufalles um so bedenklicher
für Recht und Wahrheit wird, je entschiedener das Uebergе-
wicht des Talentes, der Energie und der Eloquenz auf Seite des
Einen über seinen Widerpart so häufig ist und wirkt: wahrhaftig! da weiss man nicht, ob man mehr über die Naivetät oder
Zuversicht derjenigen staunen soll, die ein solches Schutzargu-
ment für die Jury allen Ernstes auch denjenigen Regierungsor-
ganen in's Gesicht zu schleudern wagen, denen es bei Regelung
jeglichen Justiz-Institutes vor Allem um die Realisirung der Gerechtigkeit und nur der Gerechtigkeit zu thun ist!

Von ernsterem und inhaltsschwererem Belange scheint aber

14

4. eine andere allgemeine Nützlichkeits-Erwägung, womit man namentlich in Oesterreich die Einführung des Schwurgerichtes in neuester Zeit empfiehlt. Sie lautet ungefähr so:

„Erst durch die Jury werde die Oeffentlichkeit des Strafverfahrens zu einer Wahrheit werden und in's Leben des Volkes übergehen. Denn nur dann, wenn die ganze Procedur mit der imposanten Feierlichkeit von Geschwornen ausgestattet ist und vor den Repräsentanten des Volkes vorgeht, nur dann, wenn Männer des Volkes als die entscheidenden Richter fungiren, werde auch das Volk selbst an den Strafverhandlungen ein warmes Interesse nehmen und sich durch häufige Anwesenheit daran betheiligen, d. h. die Oeffentlichkeit des Verfahrens, dessen wohlthätige Rückwirkung auf die Realisirung des Rechtes selbst doch Niemand mehr bestreiten wird, auch thatsächlich verlebendigen."

Diesem Argumente gegenüber gestehe ich nun ganz offen, dass ich dann, wenn dasselbe nur innerlich wahr wäre, auch meinerseits vor jeder Bekämpfung des Schwurgerichtes zurückschrecken würde, denn gewiss liegt keinem Justizmanne mehr als mir nebst der Unmittelbarkeit oder sogenannten Mündlichkeit alles gerichtlichen Verfahrens die Oeffentlichkeit des Strafverfahrens im vollsten Sinne des Wortes am Herzen. Meine Forschungen auf dem Gebiete der Wissenschaft und meine lebendigen Anschauungen der Wirklichkeit, meine persönlichen mehr denn dreissigjährigen Erfahrungen haben mich — ich kann dies vor Ihnen nicht oft genug wiederholen — von den Segnungen dieser beiden Principien des modernen Strafprocesses unerschütterlich überzeugt, und ich gehöre zu denjenigen, welche da glauben, dass unter Fachmännern heutzutage über diese beiden unabweislichen Attribute alles gerichtlichen Verfahrens überhaupt und namentlich des Strafverfahrens kein Streit mehr geführt werden kann. — Allein ich füge der Wiederholung dieses meines Glaubensbekenntnisses zugleich die Bemerkung bei, dass dem obigen, hieraus für die Jury abgeleiteten Schutzargumente eben sonst gar Nichts, als die innere Wahrheit fehle. Um aber zu erweisen, dass es jeder inneren thatsächlichen und logischen Berechtigung entbehre, würde wohl schon die Hindeutung auf jene vielen europäischen Staaten genügen, in welchen seit vielen Jahrzehenden ein wahrhaft öffentliches Strafverfahren mit wirklich fast schrankenloser Oeffentlichkeit Platz gegriffen hat und noch Platz greift, ohne dass damit die Schwurgerichts-Institution verknüpft ist. Da jedoch dieses Argument besonders laut gerade in Oesterreich und so viel mir bekannt ist, nur in Oesterreich immer wieder proclamirt wird, so muss ich mich zur Beleuchtung desselben wohl vorzugsweise auf dasjenige berufen, was diessfalls in Oesterreich überhaupt und namentlich in Wien wir allesammt wohl täglich mit erleben. Ist es denn nun wirklich

wahr, dass in Oesterreich überhaupt und namentlich in Wien
das Volk an den Verhandlungen der Strafgerichte kein Interesse
mehr nimmt, dass seit der Aufhebung des Schwurgerichtes bei
uns die Oeffentlichkeit des Strafverfahrens aufgehört habe? —
Will man mit der Antwort auf diese Frage dem grossen Publicum nicht wieder absichtlich Sand in die Augen werfen, so muss
man doch zugestehen, dass kaum in irgend einem Lande Europa's
die Strafverhandlungen in Wirklichkeit öffentlicher als gerade
bei uns stattfinden. Werden nicht fortan fast in allen Orten, wo
grössere Strafprocesse nur überhaupt verhandelt werden, Vor-
kehrungen getroffen, um solche Gerichtssäle ausfindig zu machen,
die nach Möglichkeit viel Publicum fassen? Wird der nach dem
bestehenden Gesetze in das Ermessen des Gerichtspräsidenten
gestellte freie Zutritt thatsächlich irgendwo Jemanden verwehrt, der
nur überhaupt darauf Anspruch machen kann? Finden sich nicht,
zumal bei *causes célèbres* oder überhaupt bei allen Strafprocessen,
welche vermöge der Eigenthümlichkeit oder des Aufsehens des
Straffalles, oder vermöge der Persönlichkeit des Angeklagten,
Beschädigten, oder Privatklägers irgend ein grösseres Interesse
darbieten, alle für das Publicum bestimmten Räume von Zuhörern vollgepfropft? Machen nicht die Gerichtshöfe von dem
Rechte, eine geheime Sitzung anzuordnen, nur in den allersel-
tensten Fällen und fast ausschliesslich bloss aus eigentlichen
Sittlichkeits-Bedenken Gebrauch? Sehen wir nicht Tag für Tag,
dass die Vormittags stattgefundenen Strafverhandlungen regelmässig schon des andern Tages in allen Journalen mit allen
Details reproducirt und sohin der unbedingtesten Publicität preisgegeben werden? Gab es wohl irgend einen Staat in Europa,
in welchem man — bis zu dem Erscheinen der bekannten mit Zustimmung der Volksvertretung zustandegekommenen Art. VII—IX
des Gesetzes vom 17. December 1862 — schrankenloser als in
Oesterreich während der Dauer der öffentlichen Strafverhandlungen in allen Journalen Urtheile, anticipirte Kritiken und Insinuationen aller Art hinsichtlich des bei diesem und jenem
Strafprocesse von dem Gerichte zu fällenden Straferkenntnisses
äusserte, Discussionen und Kritiken über diese und jene Zeugenaussagen, diese und jene einzelnen Verfügungen und Inci-
denzbeschlüsse des verhandelnden Gerichtshofes oder des Vorsitzenden sich erlaubte? — Und doch lärmen so Viele auch da
wieder in die Welt hinaus, dass die St.-P.-O. vom Jahre 1853
die Oeffentlichkeit des Strafverfahrens namhaft geschmälert, ja
beinahe aufgehoben habe; dass die Aufhebung der Oeffentlichkeit ja schon durch die Abschaffung des Schwurgerichtes selbst
erfolge, indem wahre Oeffentlichkeit des Strafverfahrens doch
eigentlich nur dem schwurgerichtlichen Verfahren immanent sei!
Dabei werde und kann ich nicht in Abrede stellen, dass

14 *

die Feierlichkeit der Procedur da, wo Schwurmänner des Volkes mitwirken, eine grössere ist, und folgenothwendig auch ein grösseres dramatisches Interesse darbietet. Allein wer aufmerksam auch nur in Oesterreich den Gang der Dinge verfolgt hat, wie er in den anderthalb Jahren, während welcher bei uns die Schwurgerichte in Wirksamkeit waren, statthatte, und damit die seitherigen Wandlungen unseres Strafverfahrens vergleicht, der wird bei unbefangener Würdigung zugestehen müssen, dass der Bestimmungsgrund für die Theilnahme eines grösseren oder kleineren Publicums, dass der Grad der Oeffentlichkeit der Strafverhandlungen damals genau so wie jetzt, von ganz anderen Momenten abhing und noch abhängt, als von der Mitwirkung oder Nichtmitwirkung von Geschwornen. Handelte es sich um ganz gewöhnliche, nicht interessante Fälle und um völlig unbekannte Persönlichkeiten, so war der Gerichtssaal in der Regel unter den Geschwornen nicht sehr gefüllt, gerade so, wie er es auch jetzt nicht ist, ja häufig war in solchen Fällen gar kein Publicum zugegen.

Handelte es sich aber um *causes célèbres*, um Personen, die in irgend einer Weise bekannt waren, oder um einen grosses Aufsehen oder gar grossen Skandal machenden Straffall, so sehen wir jetzt, wie früher unter den Schwurgerichten, und zwar nicht blos in Wien, sondern aller Orten in Oesterreich, die Gerichtssäle mit Zuhörern überfüllt. Ja, ich gestehe ganz offen, dass der eigentliche Werth der Oeffentlichkeit, jene mannigfach wohlthätige Rückwirkung nämlich, welche durch dieselbe auf die Förderung der Justiz selbst herbeigeführt wird, vielleicht in Oesterreich und zwar sowohl zur Zeit der Schwurgerichte als auch dermal noch immer nicht in seiner ganzen Tiefe und Wichtigkeit erfasst und gewürdigt wird; denn wir sehen, dass gerade diejenigen, an deren Anwesenheit in den Gerichtssälen im Interesse der Gerechtigkeit und einer würdigen Gerichtspflege vorzugsweise gelegen wäre, sehr selten in denselben erscheinen, und dagegen das neugierige, klatschsüchtige oder gar skandallüsterne Publicum sich am meisten dort einstellt.

Doch diese Erscheinungen, so wie überhaupt der Grad grösserer oder geringerer Oeffentlichkeit der Strafverhandlungen sind in der Regel ganz unabhängig davon, ob die Verhandlung vor Schwurgerichten oder rechtsgelehrten ständigen und Beamten-Gerichtshöfen stattfindet. Damit will ich aber nicht etwa die gesetzliche Bestimmung unserer bestehenden St.-P.-O. über das Mass und die Modalitäten der Oeffentlichkeit des Strafverfahrens — aus legislativem Standpunkte unbedingt gutheissen. Auch mir erschien die diessfällige positive Vorschrift von jeher und erscheint sie auch heute in mehr als Einer Beziehung unzureichend, unpassend und zu vag. Dagegen aber glaube ich — gestützt auf das lebendige Zeugniss der täg-

lichen, thatsächlichen Wirklichkeit — entschiedenen Protest einlegen zu müssen, dass diese positive Gesetzesbestimmung es nicht
einem jeden verständigen und loyalen Gerichtshofs-Präsidenten
möglich gemacht habe, die Oeffentlichkeit der Strafverhandlungen in einem Grade und Umfange zuzulassen, der wahrhaftig
wenig zu wünschen übrig liess.

Wenn aber manche Gerichtspräsidenten und Staatsanwalt-
schafts-Organe, vielleicht aus kaum verhülltem Aerger über die
Abschaffung des Schwurgerichtes, nach Eintritt der Wirksamkeit der St.-P.-O. von 1853 auch die Oeffentlichkeit der Strafverhandlungen mehr einschränkten, als es das Gesetz selbst
zugestand, ja dieselbe dem bestehenden Gesetze geradezu zum
Trotze faktisch beinahe völlig aufzuheben suchten; wenn wir
erfahren haben, dass man hie und da die den Schwurgerichtsverhandlungen zugewiesenen grösseren Gerichtssäle den nun-
mehrigen Strafverhandlungen entzog und statt derselben kleinere Säle oder selbst in solchen Quartieren des Verhandlungs-
ortes anwies, welche dem Publicum weniger zugänglich und von
den Knotenpunkten des sonstigen allgemeinen Verkehres weiter
entfernt sind; — wenn wir ferner erfuhren, dass einzelne Präsidenten das von dem Gesetze ihnen eingeräumte Ermessen:
„erwachsene und anständige Personen männlichen Geschlechtes
(ohne alle weitere Beschränkung) als Zuhörer zu den
Strafverhandlungen zuzulassen", dahin ausbeuteten, dass sie diesen Zutritt nur gegen von ihnen von Fall zu Fall ertheilte Ein-
trittskarten gestatteten und bei Ertheilung derselben überaus
scrupulös und vexatorisch vorgingen und solche Karten nur
gegen vorläufigen Ausweis über die Individualität und das Interesse, das der sich darum Meldende etwa an dem einzelnen
Straffalle haben könnte, ausfolgten, den Journalisten aber gänzlich
verweigert haben; — wenn wir wahrnehmen, dass den darüber
entstandenen lauten Klagen erst der Justizminister selbst Abhilfe
bringen, und durch verschiedene nunmehr gedruckt in der s. g.
kleinen Justizgesetzsammlung von 1855 vorliegende Erlässe diesen und jenen Gerichtspräsidenten und Generalprocurator erst
aufmerksam machen musste, dass durch die Strafprocessordnung
vom Jahre 1853 die Oeffentlichkeit keineswegs in dem von ihnen
festgehaltenen Sinne und Umfange beschränkt worden sei und eingeschränkt werden wollte; wenn wir sehen, dass eben erst das Ministerium darauf hinweisen musste, dass allerdings auch Journalisten
als Zuhörer zu den Strafverhandlungen ohne Anstand zuzulassen
seien, und dass die St.-P.-O. vom 29. Juli 1853 keineswegs
verboten habe, oder hintan halten wollte, dass die gerichtlichen
Verhandlungen auch in den Tagesblättern reproducirt werden;
wenn wir mit Einem Worte die Oeffentlichkeit des Strafverfahrens alsbald nach der eingetretenen Wirksamkeit der St.-P.-O.

von 1853 dem Wortlaut und Sinne desselben geradezu entgegen
von untergeordneten Vollzugsorganen des Gesetzes gar mannigfach verkrüppeln sahen: so kann diess doch wahrlich nicht dem
Gesetze, und am allerwenigsten der Abschaffung der Jury zur
Last gelegt werden, sondern wir müssen solches Treiben einzelner Beamten deren übelverstandenem oder bornirtem Pflicht-
eifer oder ihrer sich selbst aufdringenden Wohldienerei für immerfort vorausgesetzte reactionäre Tendenzen der Regierung, wenn
nicht vielleicht hie und da sogar dem Uebelwollen und der absichtlichen Herabsetzung der bestehenden Gesetze zuschreiben!

Dass diese Einschränkungen der Oeffentlichkeit auch schon
damals wirklich nur den persönlichen Einflüssen einzelner Handhaber des Gesetzes, und nicht diesem selbst zuzurech-
nen seien, zeigen uns erfreuliche Erfahrungen, die man zu eben
jener Zeit über die Handhabung der diesfälligen gesetzlichen
Bestimmungen in einem ganz entgegengesetzten Sinne
machen konnte. — Kaum nämlich war mit der Einführung der
St.-P.-O. vom 29. Juli 1853 das mündliche und öffentliche Strafverfahren auch in unserem Italien (im lombardisch-venetianischen
Königreiche) und in unseren s. g. ungarischen Ländern in's Leben
getreten, so haben die Gerichts-Präsidenten in diesen Ländern
fast allenthalben die erwähnte Vorschrift dieses Gesetzes in jenem
Sinne aufgefasst und in Ausführung gebracht, wie sie ein ver-
ständiger, wahrhaft liberaler und die Absichten der Gesetzgebung loyal vollziehender Justizmann auch wirklich nur verstehen kann. In diesen Ländern haben die Präsidenten der Gerichtshöfe ohne alle Weisung von oben — ich habe mich selbst
wiederholt davon überzeugt — bei Strafverhandlungen vor Oeff-
nung der Thüren des Gerichtssaals einfach einen Gendarm an
die Gerichspforte gestellt und demselben den Auftrag gegeben,
er habe von dem Gerichtssaale nur Frauenspersonen, sehr junge
Leute und ganz lumpig aussehendes Volk zurückzuweisen, alle
übrigen Personen habe er zuzulassen, ohne weiter nach ihren persönlichen Verhältnissen oder nach den Motiven ihrer Theilnahme an
der Strafverhandlung zu fragen. Ich sah namentlich in Pressburg
den Gerichtssaal mehrmals mit einer ungeheuer grossen Menge von
Menschen, vorzugsweise aus dem Bauern- und Gewerbestande an-
gefüllt, und ich sah, wie die Bauern sich insbesondere an Markt-
tagen in den Gerichtssaal drängten und dort stundenlang den
Strafverhandlungen selbst über ganz gewöhnliche Fälle unverkennbar mit grossem Interesse beiwohnten, und zwar in den
Jahren 1855—1859, zu einer Zeit also, wo von Geschwornengerichten keine Rede war.

Diese Erörterungen mögen genügen, um darzuthun, dass
die aus dem angeblich untrennbaren Zusammenhange der Schwurgerichts-Institution mit der Oeffentlichkeit des Strafverfahrens

abgeleitete Bevorwortung der Jury jedes inneren Haltes völlig entbehre.

Ich gehe nun über zur Würdigung (IV.) der streng s o c i a l e n Empfehlungs-Momente der Jury, denen ebenfalls vorzugsweise in Oesterreich, und zwar auch in den Kreisen der Legislation, nämlich in unserem Reichsrathe, so wie bei den verschiedenen Landtagen vielfach Ausdruck gegeben wurde, und auf welche selbst hervorragende Männer der Regierung ein Gewicht legen.

Die erste dieser Erwägungen *a)* lautet ungefähr: Man müsse die Jury schon darum einführen, weil sie die beste Rechtsschule des Volkes ist, indem nichts so sehr die Rechtskenntniss, den Rechtssinn und das Rechtsgefühl des Volkes schärfen und bilden wird, als die Ausübung der Strafrechtspflege durch die Schwurgerichte. — Dazu komme die weitere Betrachtung, dass *b)* kein Institut im Staate so sehr wie eben die Jury geeignet sei, die Rechtspflege populär oder volksthümlich im edelsten Sinne des Wortes zu machen.

In ersterer Beziehung, nämlich *ad a)* wird gewöhnlich bemerkt, dass schon an und für sich die Erkenntniss des Rechtes, die Aneignung von Rechts- und Gesetzes-Kenntnissen, der Rechtssinn, die Beurtheilung und das Rechtsgefühl im Volke wohl durch kein Mittel so lebendig und selbstthätig geweckt, gebildet und geschärft werden könne, als eben dadurch, dass das Volk unmittelbar selbst zur Ausübung der Rechtspflege, zur Anwendung all' dieser Momente berufen werde. Dazu tritt noch der Umstand, dass die Geschwornen nach ausgeübtem Richteramte bei der Rückkehr zu den Ihrigen und in den Kreis ihrer sonstigen Lebensgenossen, die sich selbst durch die Uebung des Richteramtes angeeigneten Rechtsanschauungen und gesammelten Rechtskenntnisse ganz natürlich auch wieder in weiteren Kreisen verbreiten werden.

In der andern Beziehung *ad b)* aber macht man geltend, dass die durch die Jury geübte Rechtspflege schon darum volksthümlicher sei, als die von Beamten-Gerichtshöfen gehandhabte Justiz, weil das Volk zu einer von ihm selbst geübten Justiz immer ein relativ grösseres Vertrauen haben werde; denn es liege tief psychologisch im menschlichen Herzen begründet, dass alles dasjenige, wobei man mehr oder weniger selbst mitwirkt, auch im höheren Grade unser Wohlgefallen, unsere Sympathien für sich habe, und dass demnach das gesammte Volk zu der von seinen unmittelbaren Vertretern gehandhabten Justiz ein relativ grösseres Vertrauen haben werde, eben weil es sich sagt, dass die Männer des Volkes hierbei immer zugleich des ganzen Volkes, also auch ihre selbsteigenen Interessen betreuen.

Man müsse daher — so fahren die Anhänger dieses Argumentes fort — das Schwurgericht schon wegen dieser wichtigen socialen Beziehungen allenthalben einführen, die um so bedeutsamer

in's Gewicht fallen, da doch zugegeben werden muss, dass das
Volk in allen Ländern, wo man die Schwurgerichte eingeführt hat,
mit wahrer Liebe daran hängt, und um keinen Preis sich dieses
Kleinod wieder nehmen lassen will."

Entschuldigen Sie, meine Herren! wenn ich in meinem Eifer
für das, was ich als Wahrheit erkenne, vielleicht zu weit gehe,
und bei Beleuchtung solcher Scheingründe, womit man immer wieder nur der grossen Menge Sand in die Augen wirft, etwas scharfe
oder gar hart klingende Ausdrücke wähle; allein „wenn es sich
um Wahrheit handelt, fizelt und fezelt man — nach dem bekannten Worte eines energischen Mannes — nicht mit Schmei-
cheleien und Complimenten." Ich sage es nun rund heraus, dass
ich in dem eben angeführten Doppel-Argumente, so vielfach es
auch selbst von den edelsten Männern Deutschlands, von Männern, denen ich meine aufrichtigste persönliche Hochachtung zolle,
gebraucht wird, dennoch nichts Anderes, als hohle, inhaltsleere
Phrasen erkenne.

Gehen wir etwas näher auf die Würdigung des Gehaltes
dieser schön klingenden Phrasen ein, so können wir uns alsbald
überzeugen, dass sie überall auf Sand gebaut sind.

Was nämlich *(ad a)* den ersten Theil dieses Argumentes betrifft,
so glaube ich vor Allem die Bemerkung vorausschicken zu müssen, dass nach meinem geringen Erachten ein grosser Miss- und
Uebelstand darin liegen würde, wenn demselben innere Wahrheit zukäme, wenn es nämlich wirklich wahr wäre, dass die Jury
die beste Rechtsschule für das Volk sei; denn wenn die Männer
des Volkes, welche als Geschworne das Richteramt auszuüben
haben, wirklich ihre Rechtsschule erst in dem Augenblicke machen sollen, wo sie das Richteramt ausüben, sich erst bei der
Rechtsprechung selbst und durch dieselbe ihre Rechtskenntnisse
aneignen und sammeln, wenn sie hier erst mit ihren schülerhaf-
ten Experimenten auftreten sollen, um sich persönlich für ihren
hohen Beruf zu bilden und die hierdurch erst für sich selbst
erworbenen Rechtskenntnisse wieder weiter zu verpflanzen: wahrhaftig, dann schiene wenigstens mir das Schul- und Lehrgeld,
welches für die Ausbildung des Volkes auf diesem Wege gezahlt werden muss, ein zu hohes oder zu theures zu sein. Wenn
mit unbegründeten und unwahren Verdicten, wenn mit Justizmorden die Rechtsbildung des Volkes erkauft werden soll, dann
danke ich für das Mittel, welches zu dem gewiss von jedem
denkenden Menschen als hochwichtig anerkannten Zwecke der
Volksbildung in Geltung gesetzt werden will. Allein kein auch
noch so heiliger Zweck kann ein an sich verwerfliches, oder andere gleich wichtige oder vielleicht noch wichtigere Zwecke —
wie es doch unbezweifelt die Handhabung der Gerechtigkeit im
Staate ist — zerstörendes Mittel heiligen!

Dass aber durch das in der Jury liegen sollende Mittel der Volksbildung die Gerechtigkeit gefährdet werde, gestehen ja die Bekenner dieses Arguments eben durch dasselbe selbst ein, indem sie zugeben, dass die Männer des Volkes als Geschworne eben erst durch die Uebung des Richteramtes sich die hierzu nöthigen Rechtskenntnisse, die hierzu erforderliche Beurtheilungsgabe, denjenigen Tact und diejenige scharfe Beobachtung aneignen sollen, die man zu dem Richteramte braucht.

Doch sehen wir ab von dieser Kehrseite, welche dem Argumente ankleben würde, wenn es innere Wahrheit für sich hätte, und prüfen wir vielmehr dessen thatsächliche Richtigkeit. Ist es denn wirklich wahr, dass die Institution der Jury als solche mannigfache Elemente zur Volksbildung in sich schliesse, und als die eigentliche Pflanzstätte und Schule für die Rechtsbildung des Volkes anzusehen sei? Wie soll vorerst die Zusammensetzung der Geschworenenbank diesem Zwecke dienen? Recapituliren wir uns diesfalls die einschlägigen Bestimmungen der verschiedenen Schwurgerichts-Gesetzgebungen, namentlich in Deutschland und Frankreich, so finden wir, dass je nach Verschiedenheit derselben bald auf je 5000, bald auf je 10.000 oder selbst nur auf je 20.000 Staats-Einwohner Ein Geschworner kommt. Unter 5000 dürfte dieses Verhältniss wohl nirgends herabreichen. Nimmt man aber auch diese letztere Ziffer als die Durchschnittszahl an, in welcher sich das Verhältniss der Zahl der wirklichen Geschwornen zur Gesammtzahl der Einwohner jedes Landes darstellt, so ist es jedenfalls und immer nur ein sehr winziges Minimum der Staatsangehörigen, welche an jener Rechtsbildung theilnehmen, die in der Ausübung des Geschwornenamtes liegen und durch sie stattfinden soll. Aber selbst dieses Minimum kommt nach den bestehenden Schwurgerichtsgesetzen höchstens einmal im Jahre zur Ausübung dieser Functionen, und bei diesem Einen Male haben diese Auserwählten natürlich über das Mannigfaltigste und Verschiedenartigste, wie es nun gerade der Zufall für die einzelnen Schwurgerichtsverhandlungen zusammenwürfelt, und sofort nicht selten über solche Dinge und Straffälle zu judiciren, über deren specifische Rechts-Eigenthümlichkeiten die Meisten derselben bisher gewiss auch nicht die geringste Sachkenntniss zu erwerben in der Lage waren.

Ich frage nun ganz unverholen: wie sollen denn diese ganz und gar ungewohnten und regelmässig fremdartigen Dinge, über welche diese Geschwornen vorübergehend das Richteramt ausüben, auch nur für sie selbst eine Bildungsschule constatiren, da ja bei der nächsten Quartalssitzung wieder andere Geschworne fungiren, und da selbst für den Fall, als selbst die nämlichen Geschwornen nach einem, zwei oder mehr Jahren wieder zu fungiren haben, nicht nothwendig, ja vermöge der Mannigfaltigkeit der Straffälle sogar nur selten analoge Causen verhandelt werden? Wie soll aber dadurch gar auf die Rechtsbildung des Volkes in den weitesten Kreisen gewirkt werden?

Wer sich je die Mühe genommen hat — und ich habe sie mir vielfältig sowohl in unserem engeren Vaterlande Oesterreich als in andern Ländern genommen — mit solchen Männern, die selbst öfters die Functionen von Geschwornen versehen haben, und namentlich mit solchen aus dem Mittelstande, aus dem Bauern-, Handwerker-, Gewerbs- und Handelsstande, unmittelbar in Verkehr zu treten, um von ihnen zu erfahren, was sie denn für einen Eindruck aus derlei Schwurgerichtsverhandlungen mitnahmen, der wird Ihnen auch bekräftigen müssen, dass man aus Unterredungen mit solchen Geschwornen nur zu häufig das gerade Gegentheil desjenigen erfährt, was die Vertheidiger der in Rede stehenden Lichtseite des Schwurgerichtes von denselben rein imaginär behaupten.

Nicht wenige gewissenhafte Männer aus diesen Kreisen sagten mir ganz unverholen, dass sie ihr diesfälliges Amt regelmässig mit wahrer Herzensangst geübt haben, und dass sie insbesondere in allen Fällen, wo der Angeklagte nicht klar seine Schuld eingestanden hatte, wahrhaft beklommen und zaghaft an die Fällung des Verdictes herangetreten seien. Eigentlich gelernt aber haben sie schon wegen des fortdauernd beängstigenden Druckes, unter dem sich ihr eigenes Gewissen befand, nichts, und zwar um so weniger, da sie aus dem einander häufig so direct widersprechenden Hin- und Herreden des Staatsanwaltes und des Vertheidigers, und namentlich aus den nicht selten mit wahrer Begeisterung sich für die angebliche völlige Unschuld seines Clienten ereifernden Schutzreden des Vertheidigers, und aus den dagegen ankämpfenden, durch ihren strengen Ernst imponirenden, oft aber auch durch scharfe Stichworte tief eingreifenden Angriffen des Anklägers, und selbst aus dem häufig sehr elastisch, vag und zweideutig gehaltenen „Resumé" des Vorsitzenden sich nicht zurecht finden konnten. Den Kopf voll und wirr von diesen widersprechenden Eindrücken kommen sie nun in das Berathungszimmer der Geschwornen. Wie aber ging es da zu? Es waren ebenfalls nicht wenige dieser braven Männer, die mir ganz ehrlich eingestanden haben, dass bei dieser Berathung, zumal bei allen an sich controversen und verwickelten Fällen regelmässig Einer oder Zwei, sei es nun der Obmann oder irgend ein Anderer, das grosse, aber auch entscheidende Wort führen, dem alle übrigen Geschwornen glaubensfromm nachfolgen, dass aber dieser Mass- und Ausschlag gebende Stimmführer, von dem die Uebrigen fortgerissen werden, sehr häufig nicht etwa der Begabteste oder Tüchtigste unter ihnen, sondern derjenige sei, welcher sich als der gewandteste Raisonneur oder als der präpotenteste Schwätzer oder Schreier vor

Allen hervorthut. Es ist also — so lauten die Zeugnisse vieler ehrlicher
Männer — in den seltensten Fällen das eigene, aus selbstständigem
Denken und Combiniren gereifte Urtheil aller einzelnen Geschwornen, sondern vielmehr die den grösseren Theil der zwölf Männer des
Volkes fortreissende Ansicht einiger wenigen oder gar nur Eines
aus ihnen, welche das Verdict der Gesammtheit einschliesst. —
Wie — frage ich — soll auf diesem Wege das Schwurgericht
als Pflanzstätte und Schule zur Verbreitung der Rechts- und
Gesetzeskenntnisse in den weitesten Kreisen der Bevölkerung
wirken? Liegt doch auch in dieser Beziehung, und zwar aus
einem Lande, in welchem das Schwurgericht in engem Zusammenhange mit der allseitigen Selbstherrschaft des Volkes steht, nämlich aus der Schweitz, eine sehr herbe Erfahrung vor, welche
die in Rede stehende Lichtseite der Jury in einer sehr eigenthümlichen Färbung erscheinen lässt. — Man hat sich nämlich
daselbst sogar in öffentlichen Verhandlungen darüber beschwert,
dass von Seite der Parteien und ihrer Vertreter das Recusations-
recht gegen Geschworne häufig so ausgeübt werde, dass nur die
D ü m m s t e n und U n t ü c h t i g s t e n als Geschworne übrig bleiben!

Doch beschauen wir uns zur Charakteristik dieser vorgebli-
chen Volksbildungsschule überdiess etwas näher die o b j e c t i v e
Beschaffenheit d e r F ä l l e, welche vor Schwurgerichten verhandelt werden! Bleiben wir vorerst bei den s. g. g e w ö h n l i c h e n
F ä l l e n stehen! Worin soll denn die Bildung des Volks, worin
die Schärfung seines Rechtsbewusstseins liegen, wenn durch das
Schwurgericht Mord, Raub, Brandlegung, Diebstahl u. s. f. als
strafbar erklärt werden? Wahrhaftig, um die Strafbarkeit solcher Handlungen einzusehen und um lebendig von dem Bewusstsein durchdrungen zu sein, dass ein dieser Verbrechen schul-
diges Individuum gerechter Weise auch mit Strafe belegt werden dürfe, dazu braucht es wohl selbst bei dem rohesten Volke
nicht erst einer künstlichen Aufweckung und Unterweisung durch
die Jury!

Gehen wir nun über auf die sogenannten feineren, und
namentlich auf die politischen Delicte! — Soll man denn wirklich annehmen können, dass die zeitweise Beschäftigung der Geschwornen mit dieser Kategorie von Delicten sich zu einer
Rechts- und Bildungsschule für das Volk in weiteren Kreisen
gestalten werde? Wird das Volk im Ganzen oder werden auch
nur die einzelnen sich mit dem Falle beschäftigenden Geschwornen ihren Rechtssinn schärfen und stärken, wenn sie z. B. einen
sehr raffinirten Betrugsfall oder complicirten Rechnungsprocess
zu beurtheilen haben, wobei sie sich überzeugen, dass man höchst
unehrenhaft handeln, dabei aber sich noch immer auf der äusser-
sten Schneide des Gesetzes bewegen kann, ohne einen nach dem
S t r a f g e s e t z e zu ahndenden Betrug zu begehen? Oder wird

etwa die gesunde und schlichte Anschauung von dem, was an sich Recht und unter ehrlichen Menschen erlaubt ist, („quod justum et honestum est"), dadurch veredelt, dass die als Geschworne erkornen Männer des Volkes durch die Redekünste gewandter oder gar rabulistischer Vertheidiger eingeführt werden in die spitzfindigen Unterscheidungen zwischen blos civilistischen und strafrechtlichen Betrug, dass sie belehrt werden und darnach sogar ihre Verdicte fällen, wie man sehr malhonnet handeln könne, ohne noch dem Strafgesetze als Schuldiger zu verfallen? — Oder hält man es denn wirklich für möglich, durch das Playdoyer des Staatsanwaltes oder des Vertheidigers oder durch ein noch so gewandtes Resumé des Präsidenten so auf einmal jene mannigfachen publicistischen Kenntnisse und jene eingehenden Gesetzes-Studien beizubringen, die in der Regel zur Entscheidung von politischen Delicten nothwendig sind? Lassen sich denn wirklich jene feinen juridischen Distinctionen und zugespitzten gesetzlichen Begriffe, die zur Beurtheilung des Thatbestandes gerade bei politischen Delicten erforderlich sind, den Geschwornen so anlässlich eines einzelnen Falles eintrichtern? Und wäre es auch so, werden Sie etwa dadurch, dass sie die hier empfangene, und wie natürlich nur dem concreten Falle adaptirte Rechtsbelehrung wirklich wie einen Katechismus in weiteren Volkskreisen verpflanzen, richtige Gesetzeskenntnisse verbreiten, und nicht vielmehr Gefahr laufen, die einseitige, weil eben nur dem einzelnen Falle entlehnte Auffassung zu generalisiren, und sofort schiefe, irrige und auf Fehlpfade führende Anschauungen über die Gesetze zu verbreiten? — — Oder soll etwa dadurch der Rechtssinn des Volkes, die Kenntniss, das Ansehen und die Achtung des bestehenden Gesetzes gestärkt und befördert werden, wenn das Volk wahrnimmt, dass seine Geschwornen sich die — wie ich neulich nachwies — so vielfach in Frankreich und selbst in Deutschland angemasste Omnipotenz zuerkennen, sich über das zu Recht bestehende Gesetz zu erheben, und demselben zum Trotz diese oder jene Handlungen für nicht strafbar zu erkennen, weil sie nach ihrer subjectiven Anschauung, oder nach der gerade herrschenden Volksmeinung darin nichts Strafwürdiges finden? — —

Prüfen wir nun *ad b)* den zweiten Theil des in Rede stehenden Schutz-Argumentes der Jury etwas näher, nämlich die Behauptung, dass dieselbe eine in allen und namentlich den betheiligten Kreisen des Volkes überaus populäre Institution sei.

Die Erfahrungen der neuesten Zeit weisen uns vielmehr in verschiedenen Ländern auf das Gegentheil hin. Dies zeigte sich selbst in unserem engeren Vaterlande Oesterreich. Obgleich nämlich die im Jahre 1850 erfolgte Einführung des Schwurgerichtes

von der überwiegenden Mehrheit aller politischen und fachwis-
senschaftlichen Journale, sowie überhaupt von der grösseren
Menge all derjenigen Organe, welche in öffentlicher Meinung
machen und sie zugleich bilden, mit lautestem Jubel begrüsst
ward; obgleich das Schwurgericht bei uns den Reiz der Neuheit für sich hatte, und in Oesterreich allenthalben unter imposanten und tiefen Eindruck hinterlassen sollenden Feierlichkeiten,
hie und da sogar durch den Justizminister selbst, anderwärts
durch den Oberlandesgerichts-Präsidenten, oder doch wenigstens
durch weihevolle Reden der Schwurgerichts-Präsidenten und Generalprocuratoren eingeführt, und dem Volke seine dadurch begründete selbsteigene Theilnahme an der Rechtsprechung in leb-
haftester und eindringlichster Weise ans Herz gelegt wurde; obgleich endlich diese Institution schon an und für sich der Eitelkeit und Selbstliebe der betheiligten Volksklassen so mächtig
schmeichelt: so zeigte sich dennoch selbst während ihres so kurzen Bestandes (indem in den bezüglichen Kronländern nirgends
mehr als fünf und hie und da sogar nur vier Quartals-Assisen
stattgefunden hatten) gerade in diesen Volksklassen, nämlich
bei denjenigen, die persönlich zum Geschwornenamte berufen
waren, vielfach nicht blos keine Sympathie, sondern vielmehr
Scheu und Widerwillen, sich diesen Functionen zu unterziehen,
ja wahre Antipathie gegen dieselben. Wir sahen nämlich nicht
selten, dass die zur Dienstleistung einberufenen Geschwornen
nicht erschienen, und sich lieber zu Geldstrafen verurtheilen
liessen, als sich ihren diesfälligen Functionen unterzogen, dass
sie ferner häufig — so weit dies gesetzlich zulässig war, Andere
ersuchten, statt ihrer zu fungiren.

Die Acten unseres Justizministeriums enthalten aus der Pe-
riode der ungefähr 15monatlichen Thätigkeit der Schwurgerichte
in Oesterreich eine lange Reihe von Klagen der Staatsanwaltschaften und Schwurgerichtspräsidenten über die Lauheit
und geringen Sympathien der einberufenen Geschwornen für ihr
wichtiges Amt. Aus den verschiedensten Orten der Kronländer
Niederösterreich, Steiermark, Krain, Triest und dem
Küstenlande, Böhmen, Mähren und Schlesien haben
diese Organe, und zwar mitunter auch solche Männer, welche
sich als warme Anhänger des Schwurgerichtes bekannten, und
der Intelligenz so wie der Ehrenhaftigkeit und Loyalität der
Geschwornen ausserdem recht gute Zeugnisse gaben, wiederholt
auf die bedauerlichen Erscheinungen hingewiesen: „dass sehr viele
von den zur Assise eingeladenen Geschwornen, insbesondere
Bauern und Gewerbsleute, sich entschuldigen, Enthebungsgesuche
einreichen oder ohne alle Entschuldigung und Rechtfertigung
ausbleiben und es vorziehen, sich zu Geldstrafen verurtheilen zu
lassen, und dass dies insbesonders häufig zur Ernte-, Weinlese-

und Jahrmarkts-Zeit geschehen; — dass sie unter Vorschützung ihrer
Familien-, häuslichen, Erwerbs- und Wirthschafts - Verhältnisse,
die ihnen durch die Geschwornen-Function aufgebürdete Bürgerpflicht nicht selten geradezu als eine ihnen sehr unwillkommene
Last erklären; — dass bei der am Schlusse jeder Schwurgerichts-
Assise an sie geschehenden Befragung, ob sie für dasselbe Jahr
von der nochmaligen Theilnahme an der Schwurgerichtssitzung
befreit sein oder wieder kommen wollen, regelmässig alle ohne
Ausnahme von dem ihnen nach dem Gesetze zustehenden Ent-
hebungsbefugnisse Gebrauch machen; — dass mehrere derselben
bei dem Ansuchen um Enthebung ganz offen bekannten, dass sie
sich scheuen, ein Verdict abzugeben; — dass insbesondere nicht
wenige schlichte Landleute unter ihnen diese ihre Stellung gar
nicht begreifen und ganz naïv fragen, wozu man denn sie in
diese Verrichtungen hineinmenge, die man doch passender den
gesetzkundigen Herren belassen soll," u. s. f. u. s. f.

Ausserdem kam es aber auch in Oesterreich nicht selten
vor, dass die Gewandteren und Kundigeren von den vorgeladen-
nen Geschwornen, um sich dieser Function und dem — wie sie
es häufig nannten — damit verbundenen Zeitverluste zu entziehen, sich an den Vertheidiger oder an den Staatsanwalt wandten
mit der Bitte, sie zu recusiren. — Dieses Recusiren durch Collusion mit dem Vertheidiger oder dem Staatsanwalte ist wohl
überhaupt eine Erscheinung, über welche auch in andern Ländern und namentlich in Frankreich, Belgien und der Schweiz
selbst die wärmsten Freunde und Enthusiasten der Jury sich vielfach beklagen. Von Belgien liegen namentlich aus neuester
Zeit officielle Bestätigungen vor, dass man daselbst bereits An-
stände, ja wirkliche Hindernisse findet, zu jeder Schwurgerichts-
sitzung auch nur die nöthige Anzahl Geschworner aufzutreiben,
weil sich die mehresten, nach dem Gesetze hierzu Berufenen von
der Erfüllung dieser sogenannten Bürgerpflicht zurückzuziehen
suchen.

Forscht man nun — wie ich es selbst in Oesterreich und
auswärts mannigfach gethan habe — durch unmittelbare Unterredung mit derlei Geschwornen nach den Gründen ihrer diesfälligen Scheu oder Antipathie, so äussern sich die Einen dahin:
„Es ist für einen gewissenhaften Mann keine Kleinigkeit, ein
Richteramt zu übernehmen, welches sein Gewissen nach der
einen oder andern Richtung hin in eine peinliche Lage versetzt,
und dasselbe oft auch nach schon ausgeübtem Amte noch
mannigfach mit Skrupeln oder gar Vorwürfen beunruhigt."
— Andere hingegen sagten mir: „dass nach vorliegenden Erfahrungen die von den Geschwornen gefällten Wahrsprüche die
Letzteren nur zu oft, zumal bei zweifelhaften, bei grosses Aufsehen machenden oder allgemeines Interesse erregenden Fällen,

bei politischen Delicten, möge nun das Verdict so oder so lauten, mit ihren eigenen nächsten Angehörigen, Freunden und Bekannten, mit ihren Kunden oder Gönnern oder mit den Machthabern der Regierung in sehr peinliche Collisionen bringen und dass sie es vorzögen, statt des sehr zweideutigen Ruhmes, bei derlei *causes célèbres* als Richter mitzuwirken, lieber in Ruhe, Frieden und Eintracht in ihren Familien und liebgewordenen socialen Kreisen fortzuleben." — Dritte endlich bekannten mir ganz offen und ungescheut, dass es die Rücksicht auf den Erwerbs-Entgang sei, welche sie abhalte, sich tage- oder gar wochenlang den Geschwornen-Functionen zu unterziehen. — Seien wir billig, meine Herren! bei Beurtheilung dieses Vorwandes, um sich einer, wenn gleich ehrenden Bürgerpflicht zu entziehen! Kann man es einem Kaufmanne, Fabriks-Unternehmer oder Landwirthe, der die Seele seines grossartigen Geschäftsbetriebes ist, oder selbst einem kleinen Gewerbsmanne, kann man es einem vielbeschäftigten Arzte, Advokaten, Notar, Agenten oder sonstigen Geschäftsmanne, kann man es überhaupt irgend Jemandem, der für sich und seine Angehörigen den nöthigen Erwerb zunächst durch seine persönliche Causalität verdienen muss, übel deuten, wenn er sich scheut, und sei es auch nur Einmal im Jahre, aber da regelmässig durch mehrere Wochen sich den Geschwornen-Functionen zu unterziehen, und darüber eben so lang seinen Erwerb zu vernachlässigen, zu schmälern oder vielleicht sogar für alle Zukunft wesentlich zu beeinträchtigen?

Die Klage über diese Schattenseite des Schwurgerichtes können Sie bereits in allen Ländern, wo diese Institution besteht, vielleicht mit einziger und selbst da nur theilweiser Ausnahme Englands, vielfach vernehmen; denn auch in England pflegen sich nicht mehr sehr selten ziemlich viele der zur Assise vorgeladenen Geschwornen von der Uebernahme der Function mit dringenden Geschäften zu entschuldigen. — Dass aber diese Beschwerde in England nicht gar so häufig vorkommt, erklärt sich, — wie ich schon anderwärts dargethan — nicht blos aus dem in Jahrhunderten Liebgewordensein dieser Institution, sondern vor Allem dadurch, dass eben in England der Cyclus des wirklichen Berufenwerdens zur Ausübung des Geschwornenamtes sich in einem sehr kleinen Kreise und zwar fast durchweg solcher Männer bewegt, welche nicht vom täglichen Erwerbe leben, sondern unabhängigere sociale Stellungen einnehmen. — Anders aber ist es in Frankreich, Belgien, in den deutschen Ländern. Oder soll es etwa als ein Wahrzeichen der besonderen Beliebtheit des Institutes in diesen Ländern gelten, dass die Schwurgerichtsgesetzgebungen in neuester Zeit, um nur überhaupt das zuverlässige Erscheinen der einberufenen Geschwornen zu den Schwurgerichtssitzungen zu garantiren, zu dem traurigen Nothmittel der Festsetzung von

Diäten (Taggeldern und Reisekostenvergütungen) greifen? Da
stehen wir denn wieder bei einer bedenklichen Massregel, die das
Institut der Jury nach meiner geringen Auffassung auf eine sehr
zweideutige Weise blossstellt. Greift man mit den Diäten hoch,
das heisst, wenigstens so hoch, dass sie wirklich als Entgeld für
den Entgang des Erwerbes und zugleich als volle Entschädigung
für alle Auslagen gelten können, welche der Geschworne für
die Hin- und Zurückreise und für den oft wochenlangen Aufent-
halt an einem theuren Orte hat, so muss man begreiflicher
Weise das Institut der Jury mit einer sehr bedeutenden Ziffer
in dem Ausgaben-Etat des Justiz-Budgets setzen. Einer so namhaften Höher-Belastung des Staatshaushaltes gegenüber werden
aber gewissenhafte Staatsmänner ohne Zweifel die Frage auf-
werfen, ob die dadurch erzielten Wohlthaten denn wirklich so
gross seien, um sie selbst mit einem so namhaften Preise zu
erkaufen? — Setzt man aber die Diäten niedrig an, so wie es in
den meisten neueren Gesetzen versucht wird, nämlich so gering, dass
sie den Geschwornen nur höchst kümmerlich den nothdürftigsten
Unterhalt für die Zeit ihres Verweilens an einem andern Orte
zu decken vermögen, so bleiben sie nicht blos hinter dem Zwecke
zurück, sondern drücken auch die Autorität des Schwurgerichtes
selbst herab, indem man doch wahrhaftig eine sehr mesquine
Ansicht über die sociale Stellung von Richtern ausspricht, die
man etwa mit einem Taggeld von zwei Gulden abfertigt.

Wir haben diesfalls in Oesterreich auch noch andere nicht
sehr erfreuliche Erfahrungen gemacht.

Es sind die Fälle nicht vereinzelt vorgekommen, wo die
Geschwornen während ihres Aufenthaltes am Sitze des Schwurgerichtes sich als Arbeiter, hie und da sogar zu sehr niedrigen
Taglöhner-Arbeiten verdungen haben, um sich dort ihren Lohn
und ein Entgelt für den Entgang ihres Erwerbes zu sichern.
Soll nun etwa die Volksthümlichkeit der Jury und das Ansehen
der Geschwornenrichter so wie der von ihnen gefällten Verdicte
durch solche Vorgänge erhalten und gefördert werden? Gerade von dieser Seite her mögen die Vertheidiger der Jury
sie nicht zu sehr empfehlen, weil dadurch entgegenstehende Erörterungen provocirt und Erfahrungen herausgekehrt werden,
welche den Schutzrednern dieser Institution mehr als unwillkommen sein würden.

Nach den speciell aus den verschiedensten Ländern Oesterreichs aus der kurzen Dauer der Wirksamkeit des Schwurgerichtes im Jahre 1851 bereits vorliegenden Erfahrungen, die
ich früher (oben, Seite 120—122) auseinandergesetzt habe und
nach den von mir persönlich in Oesterreich, in vielen anderen
deutschen Ländern und in Belgien an Ort und Stelle eingezo-
genen Erkundigungen glaube ich mit Zuversicht behaupten zu

können, dass, wenn man ein wahrhaftiges, nicht künstlich er-
presstes oder gefälschtes *Suffrage universel* über die Einführung
und in Ländern, wo sie besteht, über die Beibehaltung der
Jury, ausschliessend unter denjenigen Volksklassen oder Personen, welche zur persönlichen Ver-
richtung der Geschwornen-Functionen berufen
sein sollen, anstellen wollte und könnte, — sich die überwiegende Mehrheit dagegen aussprechen würde. Doch wenn auch!
— Den Enthusiasten dieser Institution, zumal denjenigen, welche
sie aus demokratischen Tendenzen anstreben, gelten selbst solche
Erfahrungen, ihnen gilt das alte Wort: *„Invito beneficia non obtru-
duntur"*, ja selbst das rein demokratische Axiom: „Nichts für
das Volk ohne das Volk" (d. h. in unserem Falle: „keine Institution ohne dessen eigene Zustimmung") — nichts mehr, sobald
es sich nun einmal um eine nach ihrer subjectiven Anschauung
oder Tendenz die Völker selbst wider deren Willen be-
glückende moderne Idee handelt!
  Mit dieser angeblichen Popularität der Jury hängt nun
innigst jene weitere Betrachtung zusammen, deren massgebende
Bedeutung ich selbst schon in meinem ersten vor Ihnen gehaltenen Vortrage zugestanden habe. Es kommt nämlich bei der
Frage: „ob Schwurgerichte oder rechtsgelehrte ständige Beamten-
Gerichtshöfe?" zunächst nicht darauf an, ob die Einen oder
Andern das grössere Vertrauen zu einer unbefangenen, gerechten
Justizpflege verdienen, sondern nur darauf, wer grösseres Vertrauen wirklich besitze. Wenn man nun zugestehen muss, dass
unter den gegebenen Verhältnissen sich einmal die öffentliche
Meinung der herrschenden Kreise der Bevölkerung dahin fixirt
hat, dass eine unabhängige, unbefangene, gerechte, gesunde, der
urwüchsigen Volksanschauung entsprechende, die natürliche Gerechtigkeit allenthalben mit dem positiven und hölzernen Buch-
stabenrechte des Gesetzes ausgleichende Justizpflege nur von
Männern des Volkes und nicht von Beamtenrichtern zu erwarten
sei, so müsse man auch diese Art der Justizpflege einführen,
eben darum, weil das Volk es einmal glaubt, dass dort die
grössere Gerechtigkeit zu finden sei.
  Ich selbst habe diesem Argumente sein schweres Gewicht
nicht abgesprochen und thue es auch heute nicht.
  Diess sei nun aber, — so fahren die Vertheidiger des Schwurgerichtes fort — gerade der Fall in Oesterreich. Die Völker
Oesterreichs verlangen das Schwurgericht, sie verlangen es durch
ihre competenten Stimmen, durch den Reichsrath, durch die
Landtage.
  Wir sehen nämlich, dass die überwiegende Mehrheit wenig-
stens in dem einen Hause unseres Reichsrathes sich bei zwei
Gelegenheiten sogar mit jubelnder Begeisterung für das Schwur-

gericht ausgesprochen hat. Haben sich auch hierbei die Vertheidiger desselben in die verschiedensten Fractionen gespalten, haben auch die Einen mit Nachdruck gegen die Jury als politisches Institut remonstrirt, und sie blos als Rechtsinstitut begehrt; Andere hingegen mit dürren Worten zugestanden, dass sie als Rechtsinstitut nicht viel taugt, aber gerade als politisches Institut im constitutionellen Staate unentbehrlich sei; haben ferner auch die Einen sie schlechtweg und ohne weitere Unterscheidung für alle schweren Verbrechen, d. h. eigentlich für alle Verbrechen, und weil diess wegen der grossen Kosten, wegen der Schwerfälligkeit und Weitläufigkeit, also auch Langsamkeit der Procedur nicht wohl ausführbar wäre, wenigstens für alle mit einer gewissen schweren Strafqualität oder einem bestimmten höheren Strafsatze verpönten Verbrechen, also auch für politische Verbrechen nur insoferne, als sie unter dieses Strafausmass fallen, begehrt, die Anderen hingegen die Competenz des Schwurgerichtes vorzugsweise oder gar ausschliessend für die politischen Delicte, sowie für die durch die Presse begangenen strafbaren Handlungen in Anspruch genommen; haben sich also die vielen Schutzredner der Jury in unserem Abgeordnetenhause in Beziehung auf ihre Motive und Tendenzen in noch so mannigfaltige Fractionen gespalten: in dem Einen Gedanken: „Wir verlangen das Schwurgericht" einiget sich unverkennbar eine grosse Majorität unserer Volksvertretung.

Dasselbe Schauspiel bot sich uns dar auch in den meisten Landtagen unseres grossen Gesammtstaates. *Rarissimi nantes in gurgite vasto* sind jene vereinzelten Stimmen, welche da und dort schüchtern einige Zweifel oder Bedenken, oder gar ein negatives Votum gegen die Einführung der Jury herauszulispeln wagten.

Doch trotz alledem habe ich für meine Person immerhin einige Zweifel darüber, ob diese Schwärmerei für das Schwurgericht der wirklichen inneren Ueberzeugtheit aller jener hochachtbaren Männer entspreche, welche in diesen hohen Versammlungen sich nicht dagegen aussprechen. Ich mache nämlich kein Hehl daraus — Sie werden mir aber nicht zumuthen, dass ich so indiscret sein werde, auf bestimmte Personen hinzuweisen oder etwa gar Namen zu nennen — dass ich von mehreren bedeutenden Männern, die der einen oder andern dieser hohen Körperschaften angehören, folgende vertrauliche Aeusserung gehört habe: „Ja, persönlich bin ich nichts weniger als überzeugt von der Vorzüglichkeit der Jury, im Gegentheile, aus dem Standpuncte der Justiz habe auch ich sehr ernste Bedenken gegen dieselbe; allein ich würde es nie wagen, dagegen zu sprechen, ja nicht einmal dagegen öffentlich zu stimmen, denn dann verliere ich allen Credit in der öffentlichen Meinung, und bin in derselben förmlich erschlagen, und dann kann ich auch für andere grosse Dinge nicht mehr wirken. Es liegt nun einmal — so fahren derlei, der Zahl nach vielleicht sehr ansehnliche Factoren der angedeuteten Majorität fort — es liegt nun einmal das Verlangen nach dem Schwurgerichte in der Strömung der Zeit. Diesem unläugbar vorhandenen, mächtigen Zuge des Volkes, dieser gewaltigen öffentlichen Meinung entgegen zu wirken, wäre eben so unklug als praktisch unfruchtbar, daher auch nicht staatsmännisch, und sofort auch aus dem Standpunkte eines jeden Einzelnen um so weniger zu billigen, als er sich selbst dadurch um die Möglichkeit bringt, für andere wichtige Volks-Interessen einflussreich zu wirken" u. s. f.

Es ist mir aus mehr als einer Rücksicht peinlich, auf diese Erörterungen zu antworten: dennoch habe ich den Muth, auch diesem Argumente jenen eigentlichen Beweisnerv abzusprechen, welcher in demselben gesucht wird. Ich gehöre — auch daraus mache ich kein Hehl — zu denjenigen, welche mit wärmster Begeisterung für die Festigung unserer kaum gewonnenen politischen Institutionen zu wirken sich zur Pflichtaufgabe setzen, und überall, wo ich berufen werden sollte, in dieser Richtung thätig aufzutreten. Ich bin also der Letzte, der irgendwie an demjenigen rütteln möchte, was uns unser Grundgesetz vom 26. Februar 1861 gegeben hat. Diese politische Unterlage, die wir nun einmal als Bürgschaft für die sichere Betreuung der allseitigen Volks-Interessen durch des Volkes eigene Vertreter gewonnen haben, die wollen wir festhalten. Wir wollen sie zwar fort und fort noch weiter entwickeln, ausfeilen und vervollkommnen, wir wollen aber nicht rütteln an ihr in der Richtung, dass man die darin liegenden Garantien in ihrer Wesenheit zerstört! Ich bin also keiner Derjenigen, die in irgend einer Weise unseren Landtagen und gar dem Reichsrathe den äusserlich vollberechtigten Beruf, d. h. den vollen legalen und verfassungsmässigen Beruf absprechen möchten, auch über die Frage der Jury sich massgebend zu äussern.

Allein wenn es sich darum handelt, zu erforschen, was denn hierbei der wirkliche Wunsch oder das Verlangen der Völker Oesterreichs sei, so gestehe ich Ihnen offen, dass ich sehr ernste Zweifel habe, ob der Ausspruch, der diesfalls durch unsere Landtage und Reichsraths-Deputirten gefällt wird, auch die wirkliche Stimme des Volkes sei.

Ich muss hier auf meine schon früher ausgesprochene Induction der Stimmung in jenen Schichten und Classen der Bevölkerung in den verschiedenen Ländern unseres Gesammtstaates Oesterreich zurückkommen, die bei der Einführung des Schwurgerichtes zunächst betheiligt erscheinen.

Wenn man nämlich jene Tausende von Menschen, die in Oesterreichs Ländern wirklich berufen sein werden, das Geschwornenamt auszuüben, offen und ehrlich fragen und sie auch unbefangen, also durch ein geheimes Scrutinium ihre Stimmen darüber abgeben könnten: wahrhaftig, nach dem, was mir über die Stimmung der grossen Menge bekannt ist, möchte ich in jeder Weise dafür einstehen, dass die entschiedenste Majorität sich gegen die Einführung des Schwurgerichtes in Oesterreich aussprechen würde, wenn auch aus sehr verschiedenen Motiven, indem hierbei allerdings nebst der schon früher angedeuteten Gewissens-Aengstlichkeit und der Besorgniss, durch dieses oder jenes Verdict mit werthen Personen oder Kreisen in Collision zu kommen, die materielle Rücksicht, durch die Erfüllung dieser Bürgerpflicht einen Entgang an den Erwerbsverhältnissen zu erleiden, die Hauptrolle spielen mag.

Ist daher mein Wagniss zu kühn, wenn ich bescheidene Zweifel dagegen ausspreche, dass in dem lauten Noth- und Schmerzensschrei unserer Landtage, sowie des Abgeordnetenhauses unseres Reichsrathes nach Einführung des Schwurgerichtes sich wirklich auch die wahrhaftige Stimme des Gesammtvolkes, der innere Wille der verschiedenen Völker Oesterreichs auspräge?

Damit bin ich zugleich auf einem specifisch-österreichischen Standpunkte angelangt.

Sofort wollen Sie mir erlauben, auch die übrigen specifisch-österreichischen Bedenken gegen die Einführung der Jury in unserem Vaterlande zur Geltung zu bringen; Bedenken, denen ich schon vor Jahren in mehreren meiner gedruckten Werke Ausdruck zu geben bemüht war, über welche man aber in unseren Landtagen, sowie im Reichsrathe mit grosser Zartheit, ja in der Regel mit der Klugheit des Schweigens hinübergleitet.

Es sind dies *A*) der Nationalitäten-, *B*) der confessionelle Standpunkt und *C*) der Vorschlag, die Jury für gewisse Delicte nur in einigen der im engeren Reichsrathe Oesterreichs vertretenen Länder einzuführen, dagegen in den übrigen dieser Länder dieselben Delicte der Competenz von ständigen und rechtsgelehrten Beamten-Gerichtshöfen zuzuweisen.

Ad *A*) Nur auf Einem unserer Landtage, so viel mir bekannt wurde, nämlich auf dem böhmischen, wurde der Nationalitäten-Moment der Schwurgerichtsfrage leise angedeutet.

Es war einer der angesehensten Deputirten dieses Landtages, zugleich einer der gefeiertsten unseres Reichstages, in dem ich überdies seit einer langen Reihe von Jahren einen persönlichen Freund verehre, der, nachdem er sich selbst als warmer Fürsprecher für die Einführung des Schwurgerichts auch in Oesterreichs Ländern bekannt hatte, mit specieller Bezugnahme auf Böhmen andeutete: „dass nach seiner Ueberzeugung das Schwurgericht der beste Kitt sein werde, um die beiden in diesem Lande sonst so häufig einander gegenüberstehenden Nationalitäten mit einander zu verbinden, die Versöhnung derselben anzubahnen und in's Leben zu führen."

Ich kann als Patriot nur wünschen, dass diesen schönen
Worten meines edlen Freundes einst thatsächliche Bewahrhei-
tung, d. h. des Lebens Wirklichkeit zu Theil werden möge.
Allein vor der Hand möge mir Niemand übel deuten, dass ich
dagegen noch immer bescheidene Zweifel habe, und dass ich
auch diese, obwohl sehr heikle und delikate Seite unserer Frage
offen bespreche.

Beschauen wir uns nur die einzelnen unserer Länder, die
einzelnen unserer Völker, und fragen wir uns dann unbefangen,
ob denn wirklich eine Regierung so leichten Sinnes es wagen
wird, und ob nicht am Ende unserer Regierung selbst ernste
Bedenken und Besorgnisse aufsteigen werden, wenn es sich darum
handelt, das Geschwornengericht auch in d e n j e n i g e n unserer
Länder einzuführen, wo und so lange sich z w e i o d e r m e h r e r e
N a t i o n a l i t ä t e n einander schroff, um nicht zu sagen, feindlich gegenüber stehen.

Bleiben wir bei jenen Ländern stehen, wo deutsche und
slavische Nationalitäten einander gegenüber stehen.

Finden wir denn nicht, dass in allen Fragen, wo irgendwie
nationale Elemente in den Vordergrund treten, sich eine solche
gegenseitige Bitterkeit zwischen beiden Nationalitäten kund gibt,
dass von einer Einigung, von einem versöhnlichen Behandeln des
Gegenstandes nimmermehr die Rede ist, dass in derlei Fällen
von der einen und andern Seite kaum jemals die objective Wahrheit, sondern fast ausschliessend der subjective Parteien-Stand-
punkt im Auge gehalten wird.

Erwägen Sie nun, ob Sie denn wirklich mit voller Beruhigung dem Urtheile einer Geschwornenbank, in welche von der
Urne etwa 7 Czechen und 5 Deutsche hineingewürfelt wurden,
das Schicksal eines Deutschen, oder umgekehrt, wenn 7 Deutsche
und 5 Czechen das Schwurgericht bilden, das Schicksal eines
Czechen mit der Zuversicht einer parteilosen, unbefangenen
Würdigung anvertrauen werden? Es liegen durch öffentliche Verhandlungen notorisch constatirte Fälle vor, daher ich keinen Anstand nehmen kann, darauf hinzuweisen, in welchen dieser Na-
tionalitäten-Conflict selbst bei ständigen Beamten-Gerichtshöfen
nicht ganz ohne Einfluss auf die richterlichen Entscheidungen
blieb. Wie liesse sich nun eine unbefangene Rechtsprechung von
Geschwornen solcher getheilter Nationalitäten erwarten, welche
als Männer des Volkes regelmässig ganz und gar von jenen einseitigen Auffassungen und Vorurtheilen durchdrungen sind, die
in ihren socialen Kreisen herrschen und daher sich denselben
auch unterordnen müssen, um nicht von ihren eigenen Nationa-
litätsgenossen als Abtrünnige, als Verräther geächtet zu werden!
Wie soll insbesondere bei politischen Delicten, bei Pressvergehen,
von solchen Geschwornen parteilose Unbefangenheit erwartet wer-

den können, da gerade bei diesen Kategorien von Delicten der
Nationalitätenpunkt so häufig der entscheidendste ist? Wie könnte
man hoffen, dass bei Strafprocessen, wo es sich um Angriffe gegen unsere Staatsverfassung, um Ausfälle gegen das October-
Diplom, oder im Gegensatze davon um Schmähungen des Grund-
gesetzes vom 26. Februar 1861, um Aufhetzung gegen diese oder
jene Nationalität handelt, eine Geschwornenbank ein parteiloses
Verdict fälle, auf welchem das eine Mal der Zufall in relativ
grösserer Anzahl enragirte National-Föderalisten, das andere Mal
aber rücksichtslose Centralisten oder Deutschthums-Propagandisten
zusammengeworfen hat? —
      Solche Conflicte wären aber nicht blos dort, wo Slaven ge-
genüber von Deutschen stehen. Oder ist es denn nicht eine notorische Thatsache, dass z. B. in unserem Dalmatien sich zwei
Nationalitäten, nämlich die illirische und italienische, einander in
so mannigfachen Beziehungen nichts weniger als freundlich und
versöhnlich entgegentreten? Wie würde sich diess in Galizien
gestalten? Sind es nicht erst wenige Wochen her, dass Männer,
den höchsten und feinsten socialen Kreisen angehörend, einerseits, und andererseits Priester der katholischen Kirche, welche
nur die Palme des Friedens und der christlichen Versöhnung in
ihren Händen tragen sollen, sich gegenseitig selbst im Landtage
mit Berserkerwuth angriffen und sich einander auf eine die
Grenzen des gewöhnlichsten Anstandes überschreitende Weise
selbst an jener Stätte, wo sie als Vertreter des Volkes doch vor
Allem ihre Würde bewahren sollten, sich einander alle möglichen Invectiven sagten? Erfahren wir es nicht nur zu oft, dass
Polen und Ruthenen, gestachelt von jenem unglückseligen Na-
tionalitätenhasse, einander grobe Bestechungen, Perfidien, Betrü-
gereien und Unzukömmlichkeiten aller Art zum Vorwurfe machen? — Und solchen Männern des Volkes wollen die Vertheidiger der Jury das Richteramt anvertrauen, und wollen es
von der Zufälligkeit abhängig machen, dass heute etwa 5 Polen und 7 Ruthenen über einen Polen, und morgen 7 Polen mit 5 Ruthenen über einen Ruthenen Urtheil und Recht
sprechen?
      Glauben Sie mir, bei Völkern, in welchen einmal das Na-
tionalgefühl eine gewisse Intensität erlangt hat, ist dasselbe stärker, als ihr bester Wille, auch den gegenüber stehenden fremden Nationalitäten gerecht zu werden. Es ist dieses mächtige
Gefühl eingesogen mit der Muttermilch, es ist ihnen zur zweiten
Natur geworden. Es verwandelt sich in ihnen zugleich zum heiligen Pflichtgefühl, jeden Anlass wahrzunehmen, um für ihre
Nationalität und gegen die entgegenstehende zu kämpfen. Wer
je Gelegenheit hatte, als Unbefangener den Parteienkampf zwischen solchen einander gegenüber stehenden Nationalitäten im

wirklichen Leben mit anzuschauen, unparteiisch zu beobachten, wie zum Beispiel in unseren Ländern jenseits der Leitha, wenigstens in allen etwas aufgeregten Zeiten, Magyaren gegen Deutsche, Magyaren gegen Rumänen und Serben (die sogenannten Ratzen) oder Slovaken, oder überhaupt gegen Slaven, und umgekehrt wieder all' diese letzteren Nationalitäten gegen die Magyaren; wie die Rumänen gegen die Sachsen und die Sachsen gegen die Rumänen denken, fühlen und handeln, welche Urtheile sie gegenseitig über einander, im Privat- wie im öffentlichen Leben gleichmässig, fällen, wie sie sich gegenseitig nicht im Mindesten etwas Gutes zutrauen, sondern im Gegentheile a priori jeden der entgegengesetzten Nationalität Angehörigen mit Misstrauen und Argwohn ansehen, ja sogar häufig von demselben grundsätzlich nur Schlechtes erwarten: wahrhaftig, der muss zittern für die Justiz, wenn man Schwurgerichte zusammensetzt aus den Gegensätzen dieser Nationalitäten. —

Erwägen Sie, m. H.! noch einen anderen, gleichfalls nationalen Moment rücksichtlich einzelner Länder unseres Kaiserstaates! — Glauben Sie denn wirklich, dass es räthlich wäre, das Schwurgericht in unserem lombardisch-venetianischen Königreiche, in unserem Dalmatien einzuführen? Nicht blos im Jahre 1807 haben sich die besten, erleuchtetsten und freisinnigsten Männer des damaligen Königreiches Italien gegen den Kaiser Napoleon geäussert: „Gib uns mündlichen und öffentlichen Strafprocess, aber ohne Geschworne! Die Geschwornen sind nimmermehr für Italien, für den heissblütigen Italiener, der es wohl verträgt, Verurtheilung und Strafe ungerächt hinzunehmen von den Richtern des Staates, nimmermehr aber von seines Gleichen aus dem Volke selbst gerichtet werden will, und von seinem Naturell, von seinem glühenden Rachegefühl nur zu leicht hingerissen wird, gegen Letzteren Rache zu üben."

Das nämliche Urtheil wurde in den Jahren 1849 und 1850 von den besonnensten und gewichtigsten Männern aus unserem Italien geäussert, als von Seite der österreichischen Regierung die Frage wegen Einführung der Schwurgerichte auch im lombardisch-venetianischen Königreiche die Frage gestellt wurde, und es war der Justizminister Schmerling, welcher, nachdem er doch mit solchem Nachdrucke das Schwurgericht in Oesterreich eingeführt hatte, und namentlich auch für alle politischen Verbrechen und Pressvergehen eingeführt hatte, Anstand nahm, die Einführung desselben auch in Italien zu empfehlen.

Aehnliches finden wir in Dalmatien. Dort sind leider die Reminiscenzen und die Thaten der Blutrache noch immer nicht völlig erstorben, dort sieht es noch immer so mancher aufgeregte, heissblütige Dalmatiner nicht blos als unsträflich, sondern als eine lobenswerthe That, als eine heilige Pflicht

an, die er schon mit der Muttermilch eingesogen hat, dass
er eine Unbill, die seiner Familie von irgend einem Mitgliede
einer andern Familie zugefügt wurde, an der letztern rächen,
und bis in die entferntesten Generationen derselben mit Blut
rächen müsse. Dort würden wir daher bei der zufälligen
Zusammensetzung eines Schwurgerichtes aus Männern, die von
solchen Vorurtheilen erfüllt sind, nur zu leicht die fürchterliche
Erfahrung machen, dass selbst die blutigsten Mordthaten durch
Nichtschuldig-Verdicte einen Freibrief und sofort Aufmunterung
zu ähnlichen Freveln finden, dagegen aber auch so mancher nur
leichthin Verdächtige, wenn er zufällig einer dem Urtheilenden
feindseligen Familie angehört, aus Rache ungerecht verurtheilt
werden würde. Liegen uns nicht notorische Erfahrungen aus dem
sitten- und stammverwandten Corsica vor? Warum scheute sich
der grosse, einsichtsvolle Corse, das Schwurgericht, das er doch
für das ganze übrige Frankreich sanctionirte, in dieser seiner
Geburtsinsel einzuführen? Weil er besorgte, dass die in Corsica
herrschende Blutrache die aus der Mitte des Volkes hervorgehenden Geschwornen, keineswegs aber auch die ständigen, aus
dem Juristen- und Beamtenstande entnommenen Richter zu ungerechten Verdicten verleiten könnte. — Seit aber unter Louis
Philippe (1831) die Jury dennoch auch in Corsica eingeführt
wurde, trägt sie — nach dem unverdächtigen Zeugnisse selbst
warmer Vertheidiger des Schwurgerichtes — daselbst nur bittere
Früchte. Der Einfluss der Familienrache ist so gross, dass die
Geschwornen fast regelmässig eingeschüchtert sind, und nur zu
häufig selbst zweifellos Schuldige zum allgemeinen Aergernisse
lossprechen, und dass demnach fast jede Lossprechung die eine,
aber auch jede Verurtheilung die andere Familie empört und zu
neuer Rache aufflammt.

Glaubt man nun wirklich, dass es an der Zeit wäre, auch
in s o l c h e n Ländern, wo analoge nationale Verhältnisse bestehen, Schwurgerichte einzuführen? Wenn man mir zur Antwort
gibt: Ja, das Schwurgericht soll gerade eine Versöhnung der
feindlichen Nationalitäten und das endliche Erlöschen solcher
traurigen nationalen Vorurtheile und Unsitten herbeiführen: so
fürchte ich, dass dies ein sehr trauriges Experiment wäre. Es
wäre nämlich, wie ich mir schon bei einem früheren Argumente
anzuführen erlaubte, sehr misslich, dass man erst durch ungerechte Verdicte, und zwar nicht blos durch unbegründete Nicht-
schuldig-, sondern auch durch ungerechte Schuldig-Verdicte,
durch Justizmorde nach und nach das erwähnte schöne Ziel herbeizuführen trachtete.

Auf diesem Wege darf ein gewissenhafter Justizminister,
ein einsichtsvoller Staatsmann keinen, wenn auch noch so wichtigen Staatszweck anstreben!

Als einen allerdings nur untergeordneten, aber praktisch dennoch nicht gar zu sehr zu unterschätzenden Moment dieser specifisch österreichischen nationalen Bedenklichkeiten muss ich auch noch die sprachlichen Schwierigkeiten hervorheben, welche der Einführung des Schwurgerichtes in jenen Ländern Oesterreichs entgegenstehen, in welchen, wie zum Beispiel (um selbst blos von den im engeren Reichsrathe unseres Kaiserstaates vertretenen Ländern zu sprechen) in Böhmen, Mähren, Schlesien, in den südlichen Theilen der Steiermark, in Krain und Kärnten, in Triest und dem Küstenlande, in Galizien und der Bukowina zwei oder gar mehrere Landes- und Volkssprachen in Uebung sind. Auch in dieser Richtung liegen in Betreff derjenigen dieser Kronländer, in welchen im Jahre 1851 die Schwurgerichte thätig waren, Erfahrungen vor. Es war nicht nur überaus schwierig, sondern regelmässig geradezu unmöglich, zu jeder Schwurgerichts-Sitzung zwölf Geschworne zusammenzubringen, welche der beiden oder gar mehrerer daselbst herrschenden Landes- und Volkssprachen nur überhaupt kundig und gar vollkommen mächtig waren. Und doch wäre dieses so häufig nöthig gewesen, da die einen Zeugen diese, die anderen jene Sprache reden, da ferner bei Complicitäten diese Sprachverschiedenheit selbst unter den verschiedenen Mit-Angeklagten eintritt. Man musste dürftig genug mit Dollmetschern nachhelfen, und der Gerichtsvorsitzende war nicht selten genöthigt, selbst die Schutzreden dieses und jenes Angeklagten, und die Plaidoyers des Vertheidigers den Geschwornen erst in die ihnen zugängliche Sprache zu übersetzen. Wie misslich es aber um jede Verdollmetschung und gar um eine blos auszugsweise Recapitulation der von einem Anderen gehaltenen Reden durch einen Dritten in einer Uebersetzung stehe, zumal in so wichtigen Fällen, wo es sich um Schuld oder Nichtschuld, um Leben, Freiheit und Ehre eines Menschen handelt, diess brauche ich Ihnen, geehrte Herren Zuhörer! nicht erst auseinander zu setzen. Ich erinnere diesfalls nur an den in meinem IV. Vortrage (hier oben S. 116—118) erörterten Neutitscheiner-Kindsmordfall, bei dem gerade diese sprachliche Schwierigkeit so missliche Resultate herbeiführte.

All' diese Umstände fallen bei Bestellung der Gerichtshöfe aus rechtsgelehrten Beamten-Richtern hinweg, da es bei der sprachlichen Bildung unseres Richterstandes notorisch niemals Schwierigkeiten hat, in den angeführten Ländern fünf bis sechs Richter und selbstständige Strafsenate zusammen zu stellen, in welchen alle Mitglieder der verschiedenen daselbst bestehenden Landessprachen vollkommen mächtig sind.

Doch ziehen wir den zweiten oben

ad *B*) erwähnten Moment, der ebenfalls specifisch gerade in

Oesterreich von grossem Einflusse auf unsere Frage ist, nämlich unsere confessionellen Verhältnisse, in Betracht!

Ist denn wirklich selbst nur in dieser Beziehung — und nehmen wir hierbei sogar unsere deutschen Provinzen, vielleicht nicht einmal die Stadt Wien aus — die Bildung schon so weit vorgeschritten, um mit voller Beruhigung sich sagen zu können, es werden sich die Geschwornen wenigstens bei Ausübung dieses Richteramtes erhaben fühlen über den confessionellen Standpunkt?

Meine den Erfahrungen des täglichen Lebens entnommene Anschauung lehrt mich das Gegentheil. Glauben Sie wirklich, dass, wenn etwa ein Jude so unglücklich ist, vor ein Schwurgericht zu kommen, das zum grösseren Theile aus Gewerbsleuten und Handelsleuten der mittleren Volksschichten zusammengesetzt ist, und sei es selbst — wie schon erwähnt — in der Haupt- und Residenzstadt Wien, derselbe vor einer so zusammengesetzten Geschwornenbank unbefangenes Urtheil und Recht finden werde? — Lehrt uns nicht die tägliche Erfahrung, dass es gerade in diesen Classen unserer christlichen Bevölkerung auch ausser den enragirten Judenfressern und denjenigen, welche die Judenverfolgung aus Ueberzeugung oder Profession betreiben — wenigstens solcher Judenhasser noch genug gibt, welche die Juden als die allgemeinen Erwerbsbeschränker und Brodwegschnapper ansehen, und welche die Einführung der Gewerbefreiheit und damit zugleich die Herbeiführung des allgemeinen Elendes und Proletariates, den Umsturz aller hergebrachten Ordnung u. s. f. u. s. f. vorzugsweise den Juden zuschreiben?

Hören Sie ähnliche Aeusserungen gegen die Juden nicht täglich selbst im Kreise der sonst ehrenwerthesten und humansten Personen gerade aus diesen Volksclassen? Wie Wenige haben sich gar, und zwar selbst unter den Gebildetsten und Intelligentesten unserer Gegenwart, zu jener allein vernünftigen Anschauung erhoben, dass die religiöse Confession eines Anderen weder den Einzelnen im Staate, noch diesen selbst rechtlich etwas angehe, und dass aus dem Standpunkte des vernünftigen Rechtes die vollste und allgemeinste bürgerliche Toleranz gegen alle Religions-Confessionen, welche nicht an sich unsittliche, social oder staatlich gefährliche Lehren und Zwecke bekennen oder verfolgen, für die Regierung des Staates eine unabweisbare Rechtspflicht sei, wie es schon das berühmte Dictum des zweiten Friedrich andeutete: „dass im Staate Jedermann nach seiner Façon selig werden möge."

Glauben Sie wohl unter diesen nun einmal nicht wegzuläugnenden Verhältnissen einem Geschwornengerichte ohne alle Rücksicht auf die confessionellen Standpunkte seiner einzelnen Mitglieder mit voller Beruhigung das Schicksal auch eines Andersgläubigen anvertrauen zu können? — Wollen Sie z. B. ein Geschwornengericht, in welchem sich zufällig einige solcher Judenhasser befinden, über den jüdischen Redacteur eines Journals urtheilen lassen, welches etwa ohnehin schon seit längerer Zeit wegen dieser und jener herausfordernden Artikel gegen das Spiessbürgerthum, gegen Vorurtheile der Mittelschichten unserer Bevölkerung u. dgl. in Ungunst bei den Christen steht?

Solche Besorgnisse schwinden gegenüber einem rechtsgelehrten Gerichtshofe, da wir mit Stolz auf den gesammten deutschen und speciel auf den österreichischen Richterstand auch in der Richtung hinweisen können, dass er bei seinen Richtersprüchen von confessionellen Rücksichten völlig abstrahirt, niemals darnach frägt, ob Christ oder Jude, Türke oder Heide von ihm Urtheil und Recht zu empfangen haben. Er hält den objectiven Standpunkt des thatsächlichen Verhaltes und das gegebene Gesetzesrecht vor Augen!

Doch führen wir diesen confessionellen Standpunkt, wie ihn die Männer des Volkes festzuhalten pflegen, noch näher selbst in Beziehung auf die verschiedenen christlichen Confessionen aus!

Wie wird sich das Schwurgericht gegenüber den nicht katholischen Christen in jenem schönen Lande ausnehmen, in welchem eben erst die Auserwählten des Landes mit einer an Einhelligkeit grenzenden Majorität einen denkwürdigen Act der Unduldsamkeit zum Landesgesetze erheben wollten, wodurch nämlich den Nichtkatholiken sogar jene Rechte wieder genommen werden sollen, die schon vor nahe einem Jahrhunderte der grosse Joseph ihnen einräumte, wodurch ferner dasjenige, was vorlängst schon die positive Satzung des deutschen Staatenbundes den Bekennern der drei christlichen Haupt-Confessionen als unwiderrufliches Recht sanctionirt hatte, für Tirol wieder annullirt werden soll.

Wenn dies die Besten, die voraussetzlich Intelligentesten im Lande gethan haben, wie wollen Sie dann einen Protestanten von einem Schwurgerichte dieser katholischen Zeloten oder Fanatiker unparteiisches Urtheil und Recht empfangen lassen?

Ich zittere für ihn, und wäre ich ein Protestant, so würde ich rufen: „Herr! Bewahre mich vor einem solchen Volksgerichte!"

Es sind wenige Jahre her, dass gerade in diesem Lande ein fanatischer Priester, der eine incendiarische Schrift gegen den Protestantismus in Druck herausgab, die von allen Unbefangenen für gleich strafwürdig nach natürlichem Rechte, gleichwie nach dem positiven Gesetze erkannt wurde, als er sich hierüber vor dem Strafgerichte zu rechtfertigen hatte, in öffentlicher Sitzung es laut aussprach, dass ein echt katholischer Priester nichts Anderes als Bekämpfung und Verfolgung gegen alle Ketzer, also auch gegen die Protestanten, predigen müsse, und dass diese Aeusserung mit Jubel von der Bevölkerung gefeiert wurde. Und in diesem Lande, wo nach dem Zahlenverhältnisse der Bevölkerung die Geschwornenbank wenn nicht ausschliesslich so doch weit überwiegend aus Katholiken zusammengesetzt sein würde, wollen Sie auch den Protestanten sein Urtheil von dem Geschwornengerichte empfangen lassen?

Sehen wir nicht durch nur zu häufige Erfahrungen aus analogen Verhältnissen in Irland bestätiget, und selbst von aufrichtigen Freunden des Institutes der Jury zugestanden, dass auch dort die confessionellen Conflicte zwischen Katholiken und Protestanten sehr bedenklichen Einfluss auf die Unparteilichkeit der Verdicte der Geschwornen, und hie und da sogar auf die Auswahl derselben von Seite des Sherifs äussern?

Gerade specifisch österreichische Momente sind es daher, welche mich bei dem Gedanken mit Bangigkeit erfüllen, dass man das Schwurgericht in diesem und jenem Lande unseres Kaiserstaates, oder gar in allen Ländern, welche in unserem sogenannten engeren Reichsrathe vertreten sind, einführen will.

Oder will man

ad C) wirklich zu jenem anderen Experimente schreiten, dass man das Schwurgericht für gewisse Delicte nur in jenen Ländern einführen wird, deren Landtage es wünschen werden, in einigen anderen dieser Länder aber dieselben Delicte fortan durch Beamten-Gerichtshöfe entscheiden lassen will?

Beinahe, möchte ich sagen, schiene mir dieses Experiment noch bedenklicher als die gleichmässige Einführung des Schwurgerichtes in allen österreichischen Ländern diesseits der Leitha.

Wäre es nämlich nicht schon an und für sich politisch unklug und misslich, zwischen den verschiedenen Ländern oder eigentlich Völkern Oesterreichs eine Scheidung nach zwei Kategorien in der Richtung vorzunehmen, dass man von Regierungswegen und gar im Wege der Gesammtgesetzgebung die Einen für vollkommen qualificirt, die Anderen aber für untauglich, das Geschwornengericht bei sich aufzunehmen, die Einen also für juryfähig, die Andern als juryunfähig erklärte, möchte man nun den Massstab für diese Fähigkeit aus dem Grade der Intelligenz oder der politischen Loyalität derselben entnehmen? — Will man etwa die gegenseitige Eifersüchtelei zwischen den verschiedenen Ländern und Nationalitäten unseres herrlichen Gesammtstaates auch noch künstlich, und zwar gerade von ihrer empfindlichsten Seite aufregen, erhöhen und in steter Spannung erhalten? — Mahnt ein solches Project nicht gar sehr an einen analogen, in den Jahren 1848—1852 wiederholt von einzelnen sogenannten Staatsmännern gemachten, aber von der besonnenen österreichischen Regierung immer wieder abgelehnten Vorschlag, die Prügelstrafe wohl in diesen und jenen Ländern Oesterreichs wieder einzuführen oder zu belassen, dagegen in einigen anderen davon Umgang zu nehmen, mit anderen Worten also an den Vorschlag, die Länder und Völker Oesterreichs nach zwei Hauptgruppen, in prügel- würdige und prügelfreie, zu classificiren?!

Doch abstrahiren wir von der politischen Tragweite eines solchen Experimentes, und würdigen wir als Juristen diesen Vor- schlag vorzugsweise wieder aus dem Standpunkte der Justiz!

Sehen wir Gesammt-Oesterreicher nicht unsere vaterlän- dische Rechtspflege zu einem wahren Zerrbilde entstellt in jenen Ländern, welche sich losgesagt haben von der österreichisch- deutschen Justiz-Gesetzgebung, in jenen Ländern nämlich, welche im Jahre 1860 die nach jahrhundertelangen Kämpfen endlich errungene Staats- und Gesetzgebungs-Einheit mit den übrigen Ländern unseres herrlichen Gesammtreiches nur zu ihrem eigenen Unheil wieder abgeschüttelt haben? Will man nun die grosse Kluft, welche diesfalls zwischen den Ländern jenseits und dies- seits der Leitha leider wieder eingetreten ist, auch noch über- tragen auf jene Länder der österreichischen Krone, die in dem engeren Reichsrathe vertreten sind? Will man wirklich die Ju- stiz in dem einen Theile dieser Länder durch Geschworne, in dem andern aber durch rechtsgelehrte Beamtenrichter ausüben lassen? Will man es wirklich absichtlich und künstlich dahin bringen, dass man etwa in Galizien durch rechtsgelehrte Beam- tenrichter irgend einen Angriff auf die Staatsverfassung nach dem unzweifelhaften Gesetzesrechte als ein schweres Verbrechen mit so und so vieljähriger Zuchthausstrafe ahnden wird, wäh- rend vielleicht in Böhmen, weil dort in einem einzelnen Falle das Loos in überwiegender Mehrzahl Föderalisten auf die Geschwor- nenbank zusammenführt, dieselbe Handlung von den Geschwornen vermöge der Omnipotenz ihrer subjectiven Anschauung nicht nur straflos erklärt, sondern der Angeklagte von seinen politischen Parteigängern im Triumphzuge aus dem Gerichtssaale getragen werden wird? — Soll wirklich in einem und demselben grossen Staate diese schreiende Divergenz der Rechts-Sentenzen künst- lich hervorgerufen, und in unsere ohnehin so tief zerklüfteten öffentlichen Zustände auch noch diese schrille Dissonanz hinein- getragen werden? — Diese Zerfahrenheit der praktischen Rechts- übung wird aber gewiss nicht ausbleiben, wenn man in dem einen Lande über die sogenannten politischen und confessionellen Delicte und Pressvergehen Geschworne, in dem andern aber rechtsgelehrte Beamten-Gerichtshöfe Recht sprechen lässt. Glaubt man aber dadurch wirklich der Justiz, dem Ansehen des Ge- setzes und dem Volksbewusstsein von der Unbeugsamkeit des Rechtes einen Dienst zu thun? Soll auf diesem Wege der Rechtssinn des Volkes oder etwa das Gefühl der Gleichheit Aller vor dem Rechte und Gesetze gestärkt werden?

Sind es also ausser den allgemeinen Erwägungen nicht ganz besonders solche Bedenken, die den besonnenen Staatsmann in der Erwägung der specifischen Eigenthümlichkeiten des österreichischen Kaiserstaates es zweimal überlegen machen sollen, bevor er zur allseitigen oder partiellen Einführung des Schwurgerichtes auch in unserem Vaterlande schreiten mag? —

Indem ich zum Schlusse meiner Betrachtungen eile, erlauben Sie mir, nochmals eine Skizze der Geschichte der Jury in gedrängter Rückschau an Ihnen vorüberzuführen. Mit Bezugnahme auf das hierüber bei verschiedenen einzelnen Anlässen in meinen früheren Vorträgen Gesagte resumire ich heute, dass die Jury in England ein historisch gewordenes, ein mit allen übrigen politischen und Volks-Institutionen tief verwurzeltes Institut sei, und daselbst grösstentheils ihre ursprünglichen und urwüchsigen Elemente treu bewahrt habe, daher auch in einer viel gesünderen, richtigeren und namentlich die Findung des Rechtes mehr verbürgenden Einrichtung erscheint, als in allen übrigen Ländern Europa's. Ich muss mich ferner auf die gleichfalls in meinen früheren Vorträgen gegebenen Nachweisungen berufen, woraus erhellt, dass es schon überhaupt und unter allen Umständen ein grosses und kaum ausführbares Wagniss sei, ein historisch gewordenes Institut mit all' seinen Wurzeln und allen ihm im Laufe von Jahrhunderten aggregirten und assimilirten Elementen mit einem Zauberschlage auf fremden Boden zu überpflanzen oder zu machen, und dass es uns daher nicht Wunder nehmen kann, dass das von den Franzosen und den Deutschen bei sich durch ein Machtwort geschaffene Schwurgericht der organisch gewordenen brittischen Jury kaum irgendwie gleiche. Das treffende Wort, das Montesquieu sprach: *„C'est un très grand hazard, si les lois d'une nation peuvent convenir à une autre,"* bewährte sich gerade hier mehr als irgendwo, wurde aber von seinen Compatrioten gar nicht beachtet. — Von dem eigentlichen Kerne der brittischen Jury finden wir wenige Spuren in der französischen Einrichtung.

Schon der leitende Gedanke, welcher den Schöpfern der französischen Jury bei Einführung derselben vorschwebte, die Tendenz nämlich, dadurch eine Theilung der obersten Staatsgewalt vorzunehmen und sofort die richterliche Gewalt in Zukunft bei wichtigen Verbrechen nicht mehr vom souveränen Monarchen, sondern vom Volke ausüben zu lassen, ist der brittischen Jury fremd. — Ebenso die von den Franzosen erfundene Scheidung der That- von der Rechts-Frage, mit der verwunderlichen Selbsttäuschung, dass die Geschwornen ausschliesslich über die erstere, die rechtsgelehrten Richter aber die letztere zu entscheiden haben. — Wie wenig der stetig gebliebene Urcharakter der brittischen Jury bisher in Frankreich Wurzel gefasst habe, zeigt uns wohl am besten das ebenfalls in meinen früheren Vorträgen im Detail dargelegte Hin- und Herschwanken, ja wahrhaftige Herumtappen der französischen Schwurgerichts-Gesetzgebung in legislatorischen Experimenten. Kein Jahrzehend seit Einführung der Jury in Frankreich, ja kaum ein Lustrum, und oft kaum ein Jahr verging, wo man nicht an der diesfälligen Legislation nachflickte. Heute hebt man das wieder auf, was man gestern einführte, morgen modelt man an dem soeben Neueingeführten, übermorgen kehrt man wieder zum Vorgestrigen, oder zu dem ganz Alten und längst Aufgehobenen zurück, und durch keine dieser Phasen fühlt man sich vollständig befriedigt. Man zählt in der französischen Schwurgerichts-Gesetzgebung rücksichtlich der Zusammensetzung der Jury nicht weniger als eilf, in Betreff der Stimmenzählung ihrer Abstimmung nicht weniger als neun verschiedene Phasen! — Weiset dies Alles nicht darauf hin, dass man in Frankreich, um Dasjenige, was in England wirklich besteht, herzustellen, entweder nicht die Fähigkeit oder nicht den Willen habe, oder dass dort der Boden und die Elemente zur historisch getreuen Ueberpflanzung der brittischen Jury fehlen?

Wenn ich nun heute diesen vielleicht gewagt oder zu kühn erscheinenden Ausspruch in Beziehung auf die französische Jury nochmals wiederhole, so habe ich freilich dasselbe Urtheil auch schon über die deutschen Schwurgerichts-Gesetzgebungen ausgesprochen, indem sie ja allesammt dem französischen Prototyp nachgebildet sind. Sehen wir nun aber den Gang der Dinge, den die Einführung der Schwurgerichte in Deutschland genommen hat, so glaube ich darin zugleich schon einige Anhaltspunkte für meine Anschauung über die Gestaltung der Schwurgerichtsfrage in einer ferneren Zukunft zu finden. — In jener Zeit, wo Deutschland vielleicht den Glanzpunkt seiner Geschichte gefeiert hat, in jener Zeit, wo die allgemeine Erhebung der Geister ganz Deutschland durchdrang, wo begeistertes Nationalgefühl für Deutschlands Selbstständigkeit und Grösse eine Wahrheit war, in jener Zeit, wo man die französische Zwingherrschaft von sich abschütteln wollte und endlich wirklich abgeschüttelt hat, in jener freudetrunkenen Zeit nach dem siegreichen Triumphe der deutschen Befreiungskriege von 1813 und 1814 gab sich in Deutschland allenthalben auch ein gehobener Enthusiasmus für die Herstellung volksthümlicher Institutionen in unseren Verfassungs- und Gesetzgebungs-Zuständen kund. — In dieser Zeit nehmen wir zugleich wahr, dass in jenen Ländern Deutschlands, in welchen Frankreichs Zwingherrschaft auch französische Gesetzgebung eingeführt hatte, nämlich in den Rheinlanden, wo man die Strafjustizpflege und die Schwurgerichte täglich vor sich hatte, sich nicht blos fast alle gewiegten und angesehenen Juristen, sondern auch

aus den übrigen Volksclassen die besten und freisinnigsten Männer gegen die Beibehaltung des Schwurgerichtes aussprachen.

Beschauen Sie sich nur unsere Literatur der damaligen Zeit!
Betrachten wir nicht blos die eigentlich gelehrten und streng
wissenschaftlichen Werke und Zeitschriften, sondern selbst die
populären und die Flugschriften, so wie die encyclopädischen
Werke von damals, die Conversations-Lexica in ihren zahlreichen successiven Auflagen: so überzeugen wir uns alsbald, dass
bis tief in die 40ger Jahre hinauf wohl die mehresten Stimmführer der Wissenschaft und der öffentlichen Meinung sich mehr
weniger entschieden für die Oeffentlichkeit und Mündlichkeit des
Strafprocesses aussprachen, ja dass man in der letztern Epoche
dieses Zeitabschnittes fast keinen wissenschaftlich gebildeten und
fortstrebenden Justizmann mehr fand, der nicht diese beiden Er-
fordernisse an die Strafprocess-Gesetzgebung als unabweisbare
Anforderungen der Gerechtigkeit anerkannt hätte; allein die weithin überwiegende Mehrheit derselben erklärte sich zugleich gegen
das Schwurgericht, und insbesondere gegen das Schwurgericht mit
der französischen Einrichtung. Allerdings machte hiervon die
preussische Justiz-Immediat-Commission mit ihrem berühmten Gutachten vom Jahre 1818 eine nicht zu unterschätzende Ausnahme,
indem sich dieselbe nach eingehender Würdigung des in der
preussischen Rheinprovinz aus der französischen Gesetzgebung
beibehaltenen Schwurgerichtes auch für die fernere Beibehaltung
desselben aussprach.

Wie aber lässt es sich erklären, dass diese durch eine lange
Reihe von Jahren ziemlich vereinzelt gestandene Autorität der
preussischen Justiz-Immediat-Commission nach und nach auch in
dem übrigen Deutschland Proselyten fand? — Die Hauptschuld
hieran trifft — diess darf die geschichtliche Wahrheit nicht verschweigen — die deutschen Regierungen. Den fast einstimmigen
und lautesten Forderungen der Wissenschaft und Praxis nach
endlicher Reformirung des geheimen, schriftlichen Inquisitions-
processes, der überdiess mit mannigfachen Reminiscenzen der
einstigen Folter gespickt war und den Angeklagten fast schutzlos
dem Walten eines einzelnen Untersuchungsrichters Preis gab,
setzten die meisten Regierungen bis zum Jahre 1848 völlige Passivität, absolute Stagnation der Gesetzgebung entgegen. Einige derselben, wie Baden, Würtemberg und im Jahre 1846 auch Preussen,
traten schüchtern mit halben Massregeln hervor, andere kamen
vor lauter Berathungen und Revisionen der sich immer wieder
mit andern ersetzenden Gesetzentwürfe zu keinem Entschlusse.
Das Gefühl des Missbehagens, um nicht zu sagen, der Schrei
der Entrüstung über dieses — Nichtsthun der Regierungen
war unter den intelligenten und besten Männern des deutschen
Volkes allgemein und ungetheilt. Die Regierungen wollten von

einem accusatorischen mündlichen und gar absolut öffentlichen Strafverfahren, von der freien offenen Vertheidigung eines jeden Angeklagten durch einen Advokaten, ja selbst nur von einer Hinausgabe der richterlichen Entscheidungsgründe auch bei Sentenzen der höheren Gerichte, und gar des höchsten Gerichtshofes und von der dadurch bedingten Controle der richterlichen Urtheile durch die Oeffentlichkeit u. dgl. nichts hören. Die Lethargie von Oben hoffte, dass es auch nach Unten für und für — bei dem Alten bleiben werde. In umso schneidenderem Gegensatze zu diesen allgemeinen Anforderungen nach radikaler Umgestaltung der gesammten Strafjustizpflege hatten andere politische Ereignisse in Deutschland gewaltsame Wandlungen selbst an demjenigen herbeigeführt, was man bis dahin wenigstens als eine nothwendige Bürgschaft einer gerechten Justizpflege hochgeschätzt hatte, indem man praktisch vielfach selbst den Grundsatz verliess: „Niemand kann seinem gesetzlichen Richter entzogen werden."

Man delegirte häufig, zumal bei politischen Strafprocessen, statt des competenten ein anderes — verlässigeres (!?) Strafgericht; man setzte endlich, als die demokratischen Bewegungen in Deutschland sich mehrten, an die Stelle der ordentlichen Gerichte ausserordentliche Gerichts-Commissionen, an die Stelle des gesetzlichen Verfahrens vor dem competenten Strafgerichte eine ausserordentliche — selbstverständlich geheimste — Inquisitions-Procedur vor politischen, richtiger polizeilichen Central-Untersuchungs-Commissionen! —

Kann es uns da noch Wunder nehmen, dass auf solche Rückschläge der Regierungen gegen die lautesten und jahrzehendelang unerhört gebliebenen Forderungen der allgemeinsten öffentlichen Stimme auch diese endlich einen energischen Anlauf nahm, um in natürlichem Gegendrucke in gerade entgegengesetzten Richtungen extreme Tendenzen und Strebungen zu erzeugen, und weil — man das Wenigere und durch die Gerechtigkeit Bedingte nicht gab, ein viel Mehreres zu fordern und das Strafverfahren lieber völlig in solche Bahnen zu leiten, wo das Volk selbst — nämlich mittelst des Schwurgerichtes — Herr der strafgerichtlichen Entscheidungen werden würde.

Den Anlass hierzu boten die Verhandlungen des Germanisten-Congresses im Jahre 1846 in Frankfurt a. M. und im Jahre 1847 in Lübeck.

Es hatten sich daselbst aus allen Ländern Deutschlands — nur aus Oesterreich erschien in Frankfurt blos Einer (Rössler), in Lübeck aber gar Keiner! — viele der gefeiertsten deutschen Schriftsteller zusammengefunden, um durch gegenseitigen persönlichen Ideenaustausch für Pflege des deutschen Rechtes, deutscher Geschichte und Sprache zu wirken. Von den Koryphäen der deutschen Juristen namentlich fehlten nur wenige.

Hier wurde denn auch die Reform des deutschen Strafprocesses und insbesondere die Frage der Jury angeregt. Da sich über die Unerlässlichkeit der Forderung, den Strafprocess nach den Principien des mündlichen und öffentlichen Verfahrens mit freiester accusatorischer Procedursform auszubilden, kein Meinungs-Dissens ergab, so ward die diessfällige Verhandlung auf das Schwurgericht beschränkt. Die Debatte in Frankfurt hatte sich fast ausschliessend um die historische Seite der Frage, nämlich um die Nachweisung der Genesis der Jury gedreht, und nur der gefeierte D a h l m a n n war es, der schon damals das Schwurgericht mit historischen Nachweisen aus der Geschichte Englands als das Palladium p o l i t i s c h e r Freiheit des Volkes erklärte. — Eingehender waren die Verhandlungen in Lübeck, wo aber ebenfalls in dem encomiastischen Berichte des ehrwürdigen M i t t e r m a i e r vorwiegend die p o l i t i s c h e n Lichtseiten des Institutes hervorgehoben wurden. Grossen Eindruck machte auf Alle, dass gerade dieser hochverehrte Coryphäe deutscher Rechtswissenschaft, der bis dahin in all' seinen Schriften, vom Jahre 1809 angefangen bis zu seinem letzten erst noch im Jahre 1845 erschienenen Werke über den Strafprocess das Schwurgericht bekämpft hatte, und dass ebenso ein anderer, gleich angesehener Schriftsteller und bisheriger Gegner der Jury, nämlich H e f f t e r, offen erklärten, dass sie durch gewissenhafte Forschungen und lebendige Anschauungen eines Besseren belehrt worden und sich nunmehr als A n h ä n g e r dieses Institutes erklärten. In der Plenar-Versammlung selbst ward nicht abgestimmt, daher auch keine Gewissheit darüber constatirt, ob nicht vielleicht dennoch die Mehrheit der Anwesenden durch die ernsten, s t r e n g j u r i d i s c h e n Bedenken, welche vor Allem W ä c h t e r, dann aber auch v. d. P f o r d t e n, S o u c h a y, B l u m e und M e y e r gegen diese Institution vorbrachten, und w e l c h e n i c h t w i d e r l e g t w u r d e n, sich bestimmt gefunden hätte, die Einführung der Jury in Deutschland wenigstens aus dem Standpunkte der Justiz zu verdammen. —

Die Thatsache kann aber und soll nicht in Abrede gestellt werden, dass die warme, theilweise begeisterte Fürsprache, welche bei diesem Anlasse von mehreren der angesehensten Publicisten und Juristen, die zugleich zu den edelsten Männern Deutschlands zählen, von einem D a h l m a n n, M i c h e l s e n, W i l d a, B e s e l e r, J a u p, B a u m e i s t e r, H e f f t e r und M i t t e r m a i e r — trotz der Widersprüche der früher genannten, gleich gewiegten Autoritäten — dem Schwurgerichte zu Theil wurde, in den Reihen der Intelligenten und Liberalen des deutschen Volkes bedeutsame Nachklänge zurückgelassen hat, unter deren nachhaltiger Einwirkung das Jahr 1848 hereinbrach. Die politische Bewegung dieses Jahres war überdies zu tief durchseelt von de-

mokratischem Geiste, als dass mit diesem bedeutsamen Wende-
punkte aller staatlichen Institutionen in den deutschen Lan-
den nicht auch das Schwurgericht einen neuen und kräftigeren
Aufschwung in Deutschland erhalten haben sollte. — Kam es
sofort nicht ganz natürlich, dass die deutsche National- und Reichs-
Versammlung in die berühmten „Grundrechte des deutschen Volkes
vom 21./27. December 1848" — welche ja überhaupt fast alle
von der damals herrschenden Publicistik aufgestellten Lehrsätze
in Betreff der volksthümlichen Gestaltung von Staatsverfassung und
in Beziehung auf die wichtigsten organischen Staatseinrichtungen
einschlossen — im §. 46 auch den Satz aufnahm: „Schwurgerichte
sollen jedenfalls in schwereren Strafsachen und bei allen politischen Vergehen urtheilen," und dass nicht blos diejenigen deutschen
Regierungen, welche die Grundrechte des deutschen Volkes als
Gesetz kundgemacht hatten, somit zur Einführung des Schwurgerichtes verpflichtet waren, sondern auch fast alle übrigen deutschen Länder der allgemeinen Strömung folgten, und in den Jahren
1849—1853 durch Particular-Gesetze das Schwurgericht nicht
blos überhaupt einführten, sondern demselben namentlich auch
die politischen Delicte und die Pressvergehen zuwiesen. — Diese
Umgestaltung des Strafverfahrens geschah überdies in den mehresten deutschen Staaten nach ziemlich uniformem Zuschnitte.
Unverkennbar hat hierbei eines der ersten diesfälligen Projecte,
nämlich der Entwurf der thüringischen Strafprocessordnung vom
Jahre 1849, welcher durchgehends dem französischen Strafprocesse nachgebildet ist, als Prototyp den mehresten neueren
deutschen Strafprocessordnungen aus jener Zeit gedient, und namentlich haben sehr viele Bestimmungen derselben auch in der
österreichischen St.-P.-O. vom 17. Jänner 1850 sogar wörtliche
Aufnahme gefunden. — Die gegen die Jury in den Jahren 1852
und 1853 eingetretene und zum Theile noch fortdauernde Reaction
wurde schon früher geschildert, als von der in mehreren deutschen
Ländern erfolgten gänzlichen Aufhebung des Schwurgerichtes,
und von der in den meisten übrigen verfügten völligen Ent-
ziehung oder doch wesentlichen Beschränkung der Competenz
desselben über die politischen Delicte und über die Pressvergehen in Rede war.

Wie aber stellt sich die herrschende öffentliche Meinung
von heute zu unserer Frage? — Da darf nun nicht verschwiegen
werden, dass in neuester Zeit, nämlich im Jahre 1862, die Autorität des deutschen Juristentages als Centnergewicht für die
Schwurgerichte in die Wagschale fällt.

Ich war zwar nicht persönlich zugegen auf dem zweiten
deutschen Juristentage in Dresden, wo die Frage verhandelt
wurde, und kann daher nur Dasjenige nachreden, was mir theils
durch mündliche Mittheilungen von dabei gegenwärtig gewese-

16*

nen Männern der verschiedensten politischen Glaubensbekennt-
nisse, von Gönnern und Gegnern des Schwurgerichtes, bekannt
geworden ist, theils in den gleichzeitigen Relationen verschiedener öffentlicher Blätter, endlich in der authentischen Quelle,
nämlich in den stenographischen Protocollen enthalten ist.

Diese letzteren sind nun freilich in Betreff der diesfälligen
Vorgänge in der Abtheilungs-Sitzung sehr dürftig, da sie über
die zwischen dem Präsidenten der Abtheilung, einem notorischen
Gegner des Schwurgerichtes (Schwarze), und mehreren Mitgliedern derselben, welche sich gleich dem Referenten (Stegemann)
als entschiedene Vorkämpfer für dasselbe erklärt hatten, entstandenen Differenzen völlig schweigen, und nur aus anderen,
theilweise sogar öffentlichen Mittheilungen bekannt geworden ist,
dass eben diese Differenzen jede eigentliche Discussion über die
Frage selbst bei der Abtheilungs-Berathung vornherein abschnit-
ten, indem namentlich von den Verehrern dieser Institution geltend gemacht wurde, dass jede Discussion über diese Frage rein
überflüssig wäre, da sich ja hierüber wohl Jeder der Anwesenden vorlängst seine Ueberzeugung gebildet habe. Es ist daher
laut der stenographischen Protocolle über die Anträge des Referenten, die von Anderen mehrfach amendirt wurden, blos —
a b g e s t i m m t worden, und die dritte Abtheilung fasste sofort mit
grosser Majorität, welche übrigens wenigstens rücksichtlich des
III. Beschlusses von mehreren Mitgliedern laut bezweifelt wurde,
folgende drei Beschlüsse:

I. „Der deutsche Juristentag erklärt es für ein Bedürfniss
deutscher Strafrechtspflege, dass Geschwornengerichte auch in
denjenigen Staaten, wo sie noch nicht bestehen, eingeführt
werden."

II. „Der deutsche Juristentag erklärt für seine Ueberzeugung, dass Strafsachen, welche nach der bestehenden Gerichts-
verfassung an sich der Aburtheilung durch Geschworne unter-
liegen, von der Competenz der Schwurgerichte deshalb nicht
auszuschliessen seien, weil die Strafthat politischer Natur ist, oder
durch das Mittel der Presse verübt wurde."

III. „Bei Vergehen, welche politischer Natur sind, oder durch
die Presse begangen worden, ist wegen dieser Natur, beziehungsweise wegen des gewählten Mittels, die Entscheidung der Thatfrage durch Geschworne mehr geeignet, als eine Aburtheilung
durch Richter-Collegien."

Beinahe dieselben Erscheinungen wiederholten sich des
anderen Tages bei der Plenar-Versammlung über diese Anträge.
Auch hier begehrten mehrere Mitglieder erst im Allgemeinen,
und sofort wenigstens über den einen oder anderen der vorliegenden Anträge auf's Entschiedenste die Zulassung einer Debatte,
zumal weil über diese so wichtige und tiefgreifende Frage in

der Abtheilung jede Discussion abgeschnitten wurde. — Allein die überwiegende Mehrheit lehnte auch hier jede weitere Discussion ab, und sofort wurden zuerst verschiedene von sehr gewiegten Juristen (darunter namentlich auch Krug und Lucius) gestellte, auf motivirten Uebergang zur Tagesordnung gerichtete Amendements abgelehnt, wobei freilich laut der öffentlichen Blätter der energische Präsident (der berühmte Bluntschli) seine notorische Vorliebe für das Schwurgesicht ziemlich präoccupirend vorwalten liess, und z. B. über den Gegenantrag eines Mitgliedes, welches die Anträge der dritten Abtheilung als ein unmotivirtes Misstrauensvotum gegen die deutschen Richter-Collegien bezeichnete, gar nicht abstimmen liess. — Sofort wurde zur Abstimmung geschritten, wobei merkwürdiger Weise wohl die beiden ersten Anträge der Abtheilung von der Mehrheit der Versammlung angenommen, dagegen der dritte — abgelehnt wurde.

Ich frage Sie nun selbst, meine Herren, ob Sie durch diese Vorgänge des zweiten deutschen Juristentages wirklich den Ausdruck der wahren Willensmeinung selbst nur dieses angesehenen rechtswissenschaftlichen Areopages, und gar der Majorität der deutschen Juristen, des deutschen Volkes verbürgt ansehen? — Im Gegentheile wurde mir von nicht wenigen Männern, die bei diesem Anlasse mit der Majorität stimmten, und zu den Enthusiasten für Schwurgerichte gehören, über die Procedur, welche rücksichtlich der Verhandlung über diese Frage stattfand, ihre Nichtbefriedigtheit, ja ihr volles Missfallen ausgesprochen und gesagt: „Dadurch, dass man im Voraus jede Opposition, ja jede Discussion abschneidet, kann und wird die Jury nicht gewinnen." Ich glaube daher, mich keiner Indiscretion schuldig zu machen, wenn ich behaupte, dass man in Betreff unserer Frage die wenn gleich an sich noch so gewichtige Autorität des deutschen Juristentages nicht als zweifellos constatirt und sichergestellt ansehen könne, und dass demnach dieselbe selbst von dieser Seite als noch keineswegs wissenschaftlich abgeschlossen betrachtet werden dürfe.

Aber auch die seit den Tagen des zweiten deutschen Juristentages da und dort wieder auftauchenden Stimmen der Wissenschaft sprechen sich keineswegs so übereinstimmend für das Schwurgericht aus *).

---

*) So hat namentlich der erste spanische Juristentag — wie dem Herausgeber erst während des Druckes dieser Vorträge aus Holtzendorff's deutscher Strafrechtszeitung, letztes Heft des Jahrganges 1863, Seite 712—713, bekannt wurde — im Jahre 1863 mit 70 Stimmen gegen 44 die Einführung des Schwurgerichtes verworfen. — Nach eben dieser Mittheilung hatten auch die Vertheidiger des Schwurgerichtes, d. h. die Vertreter der Minorität, nicht den Muth, es aus juristischen Gründen zu vertheidigen, sondern gipfelten sich in dem Satze: „dass das Volk als Grundelement des Staates ein politisches Recht habe, an der Justizpflege Theil zu nehmen."

Insbesondere aber wird seither von sehr angesehenen Praktikern zwar mit grösstem Nachdruck für die Beibehaltung der Oeffentlichkeit und Mündlichkeit des Strafverfahrens geeifert, dagegen mit gleicher Entschiedenheit gegen die Einführung und in mehreren deutschen Ländern sogar gegen die Beibehaltung des bereits bestehenden Schwurgerichtes Opposition gemacht. Hierbei wird noch immer auf das in meinen früheren Vorträgen ausführlich erörterte Argument der Accent gelegt, dass das einzige Moment, welches mit voller innerer Berechtigung für die Einführung der Schwurgerichte geltend gemacht werden könnte, nämlich die Schaffung einer wahrhaft unbefangenen Rechtsprechung und überhaupt einer durch vollkommen u n a b h ä n g i g e R i c h t e r auszuübenden Rechtspflege, auf anderen Wegen nicht nur ebenso gut, sondern zugleich für die Realisirung der Gerechtigkeit noch zweckmässiger erreicht werden könnte, als durch die Einführung oder Beibehaltung des Geschwornengerichtes. Dieses Ziel weise nämlich vor Allem auf Herstellung einer besseren, d. h. solchen Justiz-Organisation hin, durch welche ein wirklich unabhängiger gegen alle Massregelungen der Regierung für eine überzeugungstreue Ausübung des Richteramtes völlig gesicherter, aber auch sorgenfrei gestellter Richterstand systemisirt und verbürgt wird.

Darauf also möge und muss die erste Sorgfalt jeder deutschen Regierung, darauf möge insbesondere auch das Bemühen der Gesetzgeber Oesterreichs gerichtet sein, wenn sie das Schwurgericht wegen der vielen demselben aus dem Standpunkte der Justiz entgegenstehenden Bedenken hintanhalten wollen. — Wenn einst in dem deutschen Strafprocesse die Principien der Unmittelbarkeit und Oeffentlichkeit, sowie der accusatorischen Procedur zur vollsten und freiesten Entfaltung gebracht sein werden; — wenn ferner dem Richterstande allenthalben die ihm gebührende organische Stellung gegeben, und sofort die Ernennung, Beförderung, Versetzung, die Disciplinar-Behandlung, Pensionirung, Quiescirung und Entlassung nicht mehr dem *bon plaisir* eines Präsidenten oder Ministers Preis gegeben, sondern nur über collegialen Antrag und beziehungsweise durch Richterspruch eines höheren Gerichtshofes wird erfolgen können, wenn mit einem Worte der gute alte Satz des deutschen Staatsrechtes von der „Unabsetzbarkeit der Richter ausser durch Urtel und Recht" wieder in seine v o l l e Geltung eingesetzt sein wird; — wenn sofort auch Ernennungen und Beförderungen zu Richterstellen nicht mehr als Belohnungen für gesinnungslosen Servilismus, oder aus politischen Convenienz- und Opportunitäts-Rücksichten, oder gar in Ausbeutung eines cynischen Nepotismus werden erfolgen können; — wenn überdies diesem wichtigsten Stande des ganzen staatlichen Beamtenthums auch die gebührende materielle Stellung gegeben und gesichert sein wird, damit er sorgenfrei, gegen Versuchungen

bewahrt und mit Würde seinem Amte obliegen könne; — wenn
überhaupt über das persönliche Schicksal der richterlichen Beamten nicht mehr Willkür und Laune der Administrativ-Organe
entscheiden und es sofort unmöglich sein wird, dass Richter wegen eines nach Gewissen und Ueberzeugungstreue gefällten Richterspruches oder wegen ihrer etwa bei anderen Anlässen mani-
festirten politischen Gesinnung, oder sogar auf Grund hämischer
Denunciationen administrativ gemassregelt, präterirt, pensionirt
oder gar entlassen werden, es aber auch umgekehrt für undenk-
bar gehalten werden wird, dass eine Regierung (wie ich in meinem IV. Vortrage mit Hinweisung auf neueste Vorgänge in Italien dargelegt habe) so takt- und würdelos sein könne, Richtern
dafür, weil sie bei zweifelhaften Straffällen, zumal bei politischen
Delicten eine der Regierung willkommene oder gar von ihr ausdrücklich verlangte Verurtheilung ausgesprochen haben, Beförderungen
oder andere Belohnungen, Auszeichnungen oder Decorationen zuzuwenden; — wenn zudem sichere Garantien dagegen hergestellt
sein werden, dass die Regierung oder selbst ein einzelner Minister bestehende Strafgesetze und gar im constitutionellen Staate
die unter Mitwirkung der Volksvertretung zu Stande gekomme-
nen Gesetze in vertraulichen Weisungen an Staatsanwaltschaften oder selbst an Gerichte eigenmächtig interpretire, und ihnen
je nach Convenienz einen ihrer offenliegenden Tendenz entgegengesetzten Sinn beilegen, oder durch geheime Instructionen die
Gerichte anweisen könne, wie sie die bestehenden Strafgesetze
anzuwenden haben; — wenn Staatsanwaltschaften und gar Gerichte die Strafjustiz einst nur nach dem objectiven Richtmasse
des gegebenen Gesetzes und nicht mehr nach Opportunitäts-
Rücksichten ausüben, und für die Entscheidung darüber, ob und
gegen wen bei vorliegender strafbarer Handlung die strafgerichtliche Verfolgung einzutreten habe, nicht mehr Weisungen von
Oben empfangen oder gar einholen werden; — wenn es nicht
mehr vorkommen kann, dass Handlungen, die man monatelang
für nicht strafbar hielt, urplötzlich aus Convenienz-, Opportuni-
täts- oder persönlichen Rücksichten strafgerichtlich verfolgt werden; — wenn fürderhin über alle Strafsachen ausnahmslos blos
ständige erst nach bestimmten längeren Perioden zu erneuernde
Strafsenate zu entscheiden haben werden, und es sofort servilen
Präsidenten unmöglich gemacht sein wird, das Strafgericht für
jeden einzelnen Fall mit beliebigen, daher auch mit den für
höhere Winke am willfährigsten scheinenden Persönlichkeiten zusammen zu setzen; wenn also mit Einem Worte die gesammte
Judicatur, so wie überhaupt die Geltendmachung des Straf-
Rechtes und der Straf-Pflicht des Staates von jeder Will-
kühr der Regierung und von jeder administrativen Einflussnahme völlig emancipirt sein wird; dann, aber auch nur dann

— werden wir wahrhaft unabhängige Richter auch im Beamtenstande des Staates, und eine vollkommen unbefangene Rechtsprechung haben: dann, aber auch nur dann wird das Verlangen nach
den Schwurgerichten allmälig verstummen.

Werden nur einmal diese Garantien einer allseitig gerechten Strafjustizpflege hergestellt, gesichert und selbst blos kurze
Zeit in bewährter Wirksamkeit sein: dann wird — ich glaube
keine zu kühne Prophezeiung zu machen, und mancher, wenigstens von den jüngeren meiner heutigen Zuhörer, wird deren Be-
wahrheitung noch mit eigenen Sinnen schauen — auch bei uns,
sowie überhaupt in Deutschland, vielleicht sogar einst selbst in
Frankreich und England der Tag kommen, wo man der Jury
den Rücken kehren, wo Niemand im Volke sich nach dem
Schwurgerichte zurücksehnen, sondern das grosse Wort des Eng-
länders Bentham sich erfüllen wird, dass die Jury wohl für
barbarische, so Gott will für immer untergehende Zeiten, mit
unvollkommenen Gesetzen und corrupter Regierung, als eine be-
wundernswerthe Institution angesehen werden mag, nimmermehr
aber als eines aufgeklärten Zeitalters — das sich gerechter und
weiser Gesetze, einer kräftigen Entwicklung der Wissenschaft
des Rechtes, eines gut organisirten Richterstandes und einer redlichen Regierung erfreut, und wo also auch nur rechtswissen-
schaftlich gebildete Richter zu Gericht sitzen können — würdig
erachtet werden kann. Ja, ich wage es zu behaupten, auf die
Gefahr hin, heute vielleicht desshalb mitleidig verlacht zu werden, dass mit der fortschreitenden Civilisation die Zeit kommen
wird, wo die Wissenschaft und das allgemeine Volksbewusstsein
einst eben so auf die Schwurgerichte, wie heute auf die Ordalien
zurückblicken wird. Wie die letzteren jetzt schon, so werden
auch jene, und zwar bei dem riesigen Vorwärtsgehen der Jetztzeit vielleicht in nicht sehr ferner Zukunft — der Geschichte
des Rechtes angehören und von dieser allerdings als natur-
wüchsig entwickelte Elemente und traurige Nothbehelfe einer
mangelhaften, unsicheren Rechtspflege verklungener Zeiten, nimmermehr aber als volksthümliche Rechtsinstitute einer solchen
Aera anerkannt werden, wo Rechtsfindung und Rechtssprechung
nicht blos — dem Zufalle Preis gegeben sein sollen.

So lange aber die früher aufgezählten gebieterischen und
unerbittlichen Dictamina der Gerechtigkeit für eine gesicherte
und erreichbar vollkommene Justizpflege unerfüllt bleiben, oder
nur halb erfüllt werden: so lange wird und — gestehen wir es
uns ganz offen — muss fast naturnothwendig der Schmerzensschrei nach Einführung der Schwurgerichte auch in dem deutschen Volke forthallen, und wenn auch periodisch unterdrückt,
immer wieder aufgerüttelt werden, weil das Volk gegen die
Rechtsprechung der Beamten-Richter des Staates ohne die an-

gedeuteten Bürgschaften, wenigstens bei Strafprocessen politischer Natur und bei Pressdelicten, niemals alles Misstrauen ersticken, und daher der Verweigerung selbst dieser Bürgschaften immer wieder das Verlangen entgegensetzen wird, diese Rechtsprechung lieber gleich in die eigenen Hände zu nehmen!

Und nun zum Schlusse noch ein Wort zur Abwehr von Missverständnissen! Habe ich hie und da scharfe Worte gebraucht, so galten sie doch niemals Personen, sondern immer nur Meinungen oder gegebenen Zuständen. Es war ausschliessend der Eifer für die Sache, für das, was mir nach jahrzehendelangem Forschen und Ringen nach Wahrheit als das Richtige erscheint, die Begeisterung für des Lebens höchste Güter, für Wahrheit und Recht, die meiner nun einmal festgewurzelten persönlichen Ueberzeugung die Worte lieh. Ich wollte Niemanden verletzen: ich achte die ehrliche Ueberzeugung jedes Meinungsgegners, spreche aber gleiche Achtung auch für meine gewiss ebenfalls ehrliche Ueberzeugung, und diess um so berechtigter an, da m e i n e, vor Ihnen, verehrte Herren! ausgesprochene Ansicht schon im Allgemeinen — dies habe ich mir ja nie verhehlt — heutzutage höchst unpopulär, nach Oben und nach Unten missfällig ist, und viele der zur Begründung meiner Ansicht furchtlos geäusserten Beziehungen bald nach Rechts, bald nach Links anstössig erscheinen werden. — Allein ich bin auch in diesen meinen — wie ich nicht oft genug wiederholen kann — nicht von mir angebotenen, sondern von Ihnen selbst mehrmals und nachdrücklichst, trotz meines Sträubens, provocirten Vorträgen jenem antiken Wahlspruche treu geblieben, der mich von jeher in all' meinem amtlichen und öffentlichen Wirken nach jeglicher Richtung hin geleitet hat, und auch fürderhin unverrückbar leiten wird:

„Maluerim veris offendere, quam adulando placere!"

—⟨≈⟩—

Druck von Friedr. & Moritz Förster